INDIEN

DIE FRAUEN DER WÜSTE THAR

Hans Silvester
Catherine Clément

BUCHER

VERSUCH EINER ANNÄHERUNG

Faszination

Indien fasziniert das Abendland, das war schon immer so. In allen europäischen Sprachen verwendet man Wörter, die «bezaubern» oder «faszinieren» bedeuten, wenn von Indien die Rede ist. Indien, der Kontinent der tausend Gurus, der tausend Paläste, übt eine magische Anziehungskraft auf Europäer aus. Vor allem die Frauen Indiens faszinieren in ihrer natürlichen Anmut. Aber auch die leuchtenden Farben, die einem überall begegnen – Rosa und Orange –, die silbernen Sterne, mit denen die Tücher der Frauen über und über bedeckt sind, die weißen Armreifen, die sie sich überstreifen … In Nagaur sehen wir die berühmten Kühe mit ihren langen, geschwungenen Hörnern, und alles wird überspannt von einem Himmel, der so gewaltig und so ruhig zugleich ist. Wir können es nicht lassen! Seit Marco Polo sind wir Europäer auf der Suche nach unserem Indien.

Es gab europäische Herrscher in Indien, doch wie in allen anderen Kolonien mußten sie letztlich weichen. Vom Ruhm Portugals, den Camões in den «Lusiaden» beschrieben hat, sind im Bundesstaat Goa nur die barocken Kirchen übriggeblieben, und das britische Raj hat den Palast des Präsidenten der Union in Neu-Delhi hinterlassen, ferner die Bahnhöfe, die Straßen und Brücken, die Milch im Tee, ein Verwaltungssystem und eine der 24 offiziellen Sprachen der Republik. Auch Frankreich hat sich in Indien versucht, ist jedoch gescheitert. Hans Silvester allerdings stammt nicht aus einem Land, das Indien mehr oder weniger unterwerfen wollte. Auch wenn er nahe der deutsch-französischen Grenze geboren ist, im Schwarzwald, – er ist Deutscher. Und von allen Spielarten der Liebe zu Indien hat sich Deutschland fast immer für die beste entschieden: die des Wissens und der Bildung. Die deutsche Sicht auf Indien mag in ihrer Romantik träumerisch sein, ernsthaft und poetisch zugleich – doch sie ist niemals kolonial. Seit der Zeit des Sturm und Drang und Goethes «West-östlichem Diwan» sucht Deutschland in Indien vor allem die Verbindung zum Sakralen, zum Heiligen.

Der Vorteil des Sakralen besteht darin, daß es sich zur Religion wie die Milch auf dem Feuer verhält: überschäumend. Es läßt sich weder einordnen noch eindämmen – nicht in Indien und nicht in der Wüste, und schon gar nicht in einer indischen Wüste! Das Heilige ist hier überall, es haftet an einem Vogel, einer Hand, einer Schulter oder auch an einer Ratte. Ja, kaum zu glauben, einer Ratte. Für uns ist es schwer vorstellbar, daß es einen Tempel gibt, in dem lebende Ratten als Götter verehrt werden. Doch es gibt ihn tatsächlich: Er steht in Bikaner, und die durch solide Drahtgitter gebührend geschützten Rattengötter tollen voller Begeisterung darin herum, sie sind wohlgenährt. Diese Ratten mit ihrer schmalen Schnauze verkörpern die Angehörigen einer niedrigen Kaste, die stets gering geachtet wurden. Bis eine heilige Asketin die Herrscher des Reiches dazu brachte, die Nagetiere zu verehren und vor Raubtieren zu schützen. Sie erhob die Ratten in den Rang von Gottheiten. Dieses auf Tausende von Schwänzen verteilte Heilige ist so verwirrend, daß ich nach einigen Stunden im Tempel schließlich versehentlich einer Ratte auf den Schwanz trete. Eigentlich unvermeidlich. Die Ratte, deren kaudales Anhängsel ich mit Füßen trete, quiekt empört. Unter dem wirkmächtigen Einfluß des Heiligen entfährt mir unpassenderweise eine Entschuldigung: «Oh, Verzeihung!», bitte ich den göttlichen Nager.

Die heilige Asketin, die diese Verwandlung bewirkt hatte, ist auf den Heiligenbildern, die im Rattentempel verkauft werden, übrigens als Frau mit Bart dargestellt. Angesichts eines so weitgehenden Surrealismus macht der Verstand den Merkwürdigkeiten Platz und erkennt das Heilige in seiner göttlichen Absurdität. Offenbar tritt der Engel der Merkwürdigkeiten in Indien bei jeder sich bietenden Gelegenheit in Erscheinung, und gewiß war er es, der mich dazu veranlaßte, mich bei einer Ratte zu entschuldigen. Aber wer nach der geistigen Verbindung mit dem Land sucht, der will das wirklich Geheiligte finden: die Unendlichkeit des Sandes, die Leere des Horizonts und die Fülle der Oase, an deren Quelle die Kamele trinken. Wir finden in diesem Buch keine exotischen Sadhus, die sich verrenken, von Luft ernähren und auf einem Bein stehend schlafen, um ihr Gelübde zu erfüllen. Und die abgebildeten Tiere sind Haustiere, die sich so gut an das Dorfleben angepaßt haben, daß sich ihr tierisches Wesen zur größten Zufriedenheit beider Gattungen kaum noch vom menschlichen unterscheidet. Was jedoch nicht bedeutet, daß Tiere dort besser behandelt werden als Menschen, wie dies bekanntlich im nationalsozialistischen Deutschland der Fall war. Hunde und Haustiere hatten in der Eisenbahn damals Rechte, die Juden nicht zugestanden wurden. Nicht so in Indien. Die durch die Götter mit den Tiergesichtern repräsentierte Verbindung zwischen den verschiedenen Arten von Lebewesen gereicht dem gesamten Universum, an dem die Menschheit teilhat, zum Ruhm.

Hans Silvester ist kein Fotograf mit wissenschaftlichem Interesse. Auch kein Reporter. Er ist ein Einzelgänger, der in die Wüste gegangen ist, um einem Volk nahezukommen, das in Wirklichkeit nicht mehr existiert. Einem Volk, das spartanisch in der gleißenden Hitze lebte, in einem Land, in dem Quellen selten waren. Wie Sternschnuppen in der Wüste leuchten von diesem ewigen Volk immer wieder Spuren auf. Es war ein Volk, wie es in allen heiligen Schriften beschrieben wird, die vom

Glück des Einsseins, vom seligen Zustand ursprünglicher Harmonie berichten.

Im Zeitalter der Start-up-Unternehmen und der Computer gibt es also doch noch Spuren des Paradieses, die wir als Essenz, als das Wesentliche suchen müssen. Aber wir müssen uns klar machen, daß diese noch nicht verlorenen Paradiese weder fließendes Wasser noch Elektrizität haben. Man lebt dort im Rhythmus von Tag und Nacht und geht zur selben Zeit schlafen wie die Tiere. Es gibt keine Tankstellen und keine Bäckereien. Man bäckt das Fladenbrot auf dem Holzofen und trinkt Wasser aus dem Brunnen. Ich sage «man», aber es sind natürlich vor allem «sie», die Frauen. Eingehüllt in lange Tücher, zeichnen sich ihre schmalen Körper gegen das Licht ab, wie das uralte Bild der ersten Frau.

Auch Eva lebte in der Wüste. Der Garten ihrer Geburt hat seine ursprüngliche Frische verloren. Statt dessen Sand, Gebüsch im Wind, Kieselsteine, Gestrüpp und Dornen. Um sich vor der Sonne zu schützen, bedeckt Eva ihren Kopf, aber ihr Leib unter dem Schleier ist nackt, und ihre Beine unter dem runden Rock sind kräftig. Eva hat gesündigt – deshalb ist sie jetzt bekleidet und trägt Schmuck: an den Armen massive Reifen, an den Füßen und an den Ohren Ringe. In der Dämmerung entfacht sie eilends das Feuer, in dem sie Fladen bäckt. Diese Bilder duften fast nach dem frischen Brot. Nicht selten trägt Eva auch noch ihren jüngsten Sohn auf der Hüfte. Dabei lacht sie und zeigt ihre strahlenden Zähne.

Jeder, der eine Wüste durchquert, wird mit ein bißchen Glück eine Eva treffen, aber nirgendwo ist sie schöner als in Indien. Schön wie die Frauen, denen Hans Silvester begegnet ist, als er sich auf die Suche nach Frieden machte. Sie leben alle in einem ausgedehnten Gebiet mitten im Bundesstaat Rajasthan, zu dem die Wüste Thar gehört, im Westen des heutigen Indien. Paradoxerweise sind diese Evas allesamt Hindus. Nicht die Bibel ist ihr Heiliges Buch, und ihre Götter sind keine Wesen aus Büchern, sondern erscheinen als undeutliche Luftspiegelung, in Gestalt verschiedener Geister oder als grob bearbeitete Statuette und sind unzählbar wie die Sandkörner der Wüste. Dennoch sind diese starken Frauen wie Eva; der Blick unseres Frieden-Suchers macht sie dazu.

Indien – eine Falle für Fotografen

Es genügt, in Indien gereist zu sein, um zu wissen, daß dieses Land eine «Bilderfalle» ist. Es genügt, die Kamera eine Minute lang in eine bestimmte Richtung zu halten, ohne sich zu bewegen, und es ergeben sich zehn Situationen, die es gleichermaßen verdienen, festgehalten zu werden.

In der Stadt oder auf dem Land, am Flußufer, in den Bergen, an jedem beliebigen Ort gelangt ein umherspringender Affe, ein Papagei, der gerade auffliegt, ein hochmütig blickendes Dromedar, ein Greis mit Turban, ein Priester, ein Verrückter, ein Weiser oder eine der Millionen Evas mit ihren im Wind flatternden Tüchern vor das Objektiv; Eva vielleicht, während sie unterwegs ist oder wenn sie vom Bad kommt und ihre nackten Brüste mit den Händen bedeckt, weil ihr Sari gerade trocknet. Von mir aus! Ich kenne aber auch Menschen, die von Indien nur die Bilder gesehen haben, die sie in ihrem Sucher hatten. Offenbar eine hervorragende Art, sich vor diesem Land zu schützen. Benoît Quirot, ein junger Psychiater, der in den neunziger Jahren des 20. Jahrhunderts Attaché an der französischen Botschaft in Neu Delhi war, beschreibt in einer sehr aufschlußreichen Untersuchung den Fotoapparat als Möglichkeit des Reisenden, sich von der überwältigenden und manchmal auch bedrohlichen Wirklichkeit zu distanzieren, mit der er in Indien konfrontiert ist.

Die Bedeutungsschwere der Bilder schützt vor der Erschütterung durch die Realität – sie wirkt wie ein Verband. Der fotografierende Reisende, der sich hinter seinem kleinen Gerät versteckt und sein Auge an den winzigen Sucher heftet, findet ein kleines und überschaubares Indien vor, in dem es nichts Häßliches, keine Fladen von heiligen Kühen, keinen zerkauten Betelbrei, keine Kalkmilch und keine Gerüche nach Honig, Kot oder Asche gibt. Ein Sadhu mit gelb und rot gepuderter Stirn und geschwärzten Augen, aber leerem Blick: Klick! Ein schönes Foto – ich entziehe mich. Eine Frau am Brunnen, die eine Hand ins Kreuz gestützt, mit der anderen erschöpft ihr nasses Haar haltend: Klick! Ich muß mir ihre Erschöpfung nicht vergegenwärtigen. Frauen beim Straßenbau, die auf ihren Köpfen schwere Körbe mit Schotter herbeischleppen: Schnell abdrücken!

Unser Frieden-Sucher ist allerdings nicht so vorgegangen. Man hat vielmehr den Eindruck, daß er Fotograf geworden ist, um sich vor der Welt zu retten, die vor seinen Augen entstanden ist. Weit weg von Straßen oder grellen Scheinwerfern sucht Hans Silvester nach dem Paradies, um darin zu leben und uns anschließend zu beweisen, daß es existiert. Dafür verwendet er seinen Fotoapparat, aber fast bittet er um Entschuldigung. Er ist weder Ethnologe noch Beobachter. Er ist ein Mensch, der aus einer Versenkung wieder auftaucht. «Ich habe gesehen, wie Frieden gegenwärtig wird, wirklich! Ich schwöre es ... Dieses Lächeln, die Schönheit dieser Augen, ihr Lachen ...» Bei seiner Rückkehr ist er kaum in der Lage, zu erklären, wo er war, in welcher Gegend. Wo waren Sie, Hans? Irgendwo, wo es sich gut leben läßt. Aber wo? Im Paradies.

Verraten Sie uns, wohin wir fahren müssen, wenn wir uns Ihnen anschließen wollen? Die Antwort ist und bleibt nein.

Er wird uns nichts sagen. Es bleibt jedem von uns selbst überlassen, Eva im Dorf zu begegnen. Die Antwort bleibt nein: Man stattet diesen Paradiesen keinen Besuch ab, man muß sich dort schon eine Weile aufhalten. Hans Silvester hat genau das getan, und zwar ausführlich. Und wie Parzival auf der Suche nach dem Gral ist er ein vergeßlicher Held, der vom Weg abgekommen ist und es nicht sagen darf, weil der Weg geheim ist.

Wenn Indien nicht den «Fotoeffekt» auslöst, kann es Menschen wie unseren Freund Hans vollständig verschlingen. Sie kommen zufällig in ein Dorf und richten sich dort ein. In Indien werden Besucher nicht verjagt, und an verrückte Ausländer, die ihren Wahnsinn mit etwas indischem Chaos behandeln, hat man sich schließlich auch gewöhnt. Polizisten sind in der Wüste selten, und die Stadt vergißt die Neuankömmlinge. Das langsame Alltagsleben mit seinen Gewohnheiten nimmt die verzauberten Besucher gefangen; die Zeit vergeht; sie finden eine Unterkunft, eine kleine Arbeit, etwas Haschisch – sie richten sich ein. Zeit spielt für sie keine Rolle mehr, während man zu Hause in der Heimat die Jahre zählt. Die Besucher haben längst einen neuen Namen – aus dem Sanskrit – angenommen. Sie nennen sich Ananda, tragen eine Kutte und haben abgenommen, warum auch nicht. Manchmal kommen sie gar nicht mehr aus dem Paradies zurück. Meistens jedoch spuckt der Wal Indien diese außer Atem angekommenen Fischlein, diese Jonas-Figuren aus dem Abendland, wieder aus, und sie kehren nach Hause zurück, mit einem für alle Zeiten verklärten Blick. Auch Hans Silvester ist ein wenig so; aber er ist auch anders. Er kennt den Wal Indien, denn er ist von ihm gut verdaut und wieder ausgespien worden.

Dieser Wal Indien bildet die Kulisse, vor der die Evas in einer biblischen Wüste auftreten. Eine weitere Falle. Ein Christ oder ein Jude begreift das gar nicht. Die Bibel, mitten in der Wüste bei den Hindus! Hier die Karawane, die, wie das von Gott erwählte und vom Propheten Moses und seinem Bruder Aaron geführte Volk, ihres Weges zieht, die Esel und Kamele mit verschnürten Bündeln bepackt. Dort tollen Kinder herum, vor Häusern aus gestampftem Lehm und gehacktem Stroh, hier liegen Knäuel aus vertrocknetem Gestrüpp, die der Wind vor sich hertreibt, dort sind der Berg und der Widder, der am vor Hitze glühenden Felsen geopfert werden soll, hier die Quelle und das zur Tränke galoppierende Vieh, ein Schäfer, der herbeieilt und ein noch unsicher stehendes Lämmchen … Und immer wieder die Frauen, alle schön wie Eva, selbst die alten mit dem zahnlosen Lächeln … Genug!

Jenseits der Illusion

Kehren wir wieder in die Realität zurück. Hören wir auf zu träumen. Sprechen wir beispielsweise vom zahnlosen Lächeln. In Indien wurde das breite, wenig zurückhaltende Lächeln durch Mahatma Gandhi populär, der jede Zahnbehandlung verweigerte, um genauso zu leben wie andere mittellose Inder zur damaligen Zeit – Dörfler, die nichts besitzen. Natürlich fielen schließlich auch die Zähne von Mohandas Karamchand Gandhi aus. Mit etwa siebzig Jahren wies sein Lächeln nur noch zwei oder drei Zahnstummel auf, und ganz Indien ließ sich von diesem respektablen Zahnlosen rühren. Aber wehe, wenn ich in Europa davon erzähle, unmöglich! – «Aber nicht doch! Sie wollen doch nicht sagen, daß er keine Zähne mehr hatte!» bekomme ich dann zu hören. – «Das hat er mit Absicht gemacht!» – «Er war verrückt! Keine Zähne? Nein, das kann nicht sein.»

Ich kann knurren, schimpfen, protestieren, Beweise anführen, die Bücher über den «berühmten Zahnlosen» zitieren – nichts zu machen. Ein zwingendes Kriterium für die bei uns so wichtige Jugendlichkeit ist ein tadelloses Gebiß. Daß ein indischer Nationalheld in seinem Trotz darauf bestand, seine Zähne zu verlieren, um auf die Lebensbedingungen der Armen hinzuweisen, ist in unseren Augen nicht zulässig. Wir Abendländer stellen uns vor, daß man im Paradies Indien seine Zähne nicht verliert.

Aber wir verlassen das Paradies, wir sind in Rajasthan. Nicht in dem der Paläste oder Touristen. Weit entfernt von Maharajas und buntem Stuck, weit weg von Pilgerrouten und Kamelmärkten. Wir sind im Rajasthan der Wüste Thar. Es gibt nichts zu sehen, kein Grund, stehenzubleiben! Nur sie – sie sind da.

Die Evas, denen unser Fotograf auf seiner Suche nach Frieden begegnet, haben kein leichtes Leben. Ihre Männer, diese unbequemen Adams, sind keine zärtlichen Männer; manchmal schlagen sie zu. Hier, in dieser Gegend, werden die meisten Kindermorde des Landes begangen, wobei Kindermord in Indien immer nur Mädchen betrifft. Ja, das Leben ist hart in Rajasthan. Wie allen Frauen in armen ländlichen Regionen gelingt es den Frauen hier zum Beispiel mehr schlecht als recht, ausreichend Kalzium zu sich zu nehmen – in Afrika zerbeißen schwangere Frauen deshalb weiche Steine –, und es kommt noch immer gelegentlich vor, daß die Haare ihrer Kinder blaßrot sind, was den Nährstoffmangel verrät. Zwar gibt es die schrecklichen Hungersnöte nicht mehr, die in der Kolonialzeit die Bevölkerung des britischen Indien dezimierten. Seit der Unabhängigkeit verhungert in Indien niemand mehr, aber Vitaminmangelkrankheiten sind weit verbreitet, und viele Säuglinge sterben an den Masern. Die Kühe in Indien geben nur 5 Liter Milch pro Tag – in West-

europa 40 –, und aufgrund der Trockenheit geht häufig das Vieh ein. Und überall ist das Wasser verschmutzt. Während der Erntezeit grassieren Epidemien wie Typhus und Cholera. Zu den im Hinduismus geltenden Reinheitsvorschriften gehört, daß man mit der rechten Hand ißt, weil sie rein ist, aber leider auch, daß man sich der unreinen linken Hand bedient, um die weniger edlen Verrichtungen – die Exkremente betreffend – zu erledigen. Leider ist es weder schön noch rosig, das Paradies Indien. Wie bereits gesagt, müssen wir aufhören zu träumen... Wo soll man sich die Hände denn waschen, wenn es kein Wasser gibt? Und wie soll man da Infektionen verhindern?

Wir sprachen von den Frauen: Sie sind schön, von unvergleichlicher Würde. Sie sind stark, und ihre Gesundheit ist ausgezeichnet; sie essen kaum Fleisch und ernähren sich vor allem von Hirse. Sie leben in idyllischen Dörfern, die weder häßlich noch gewöhnlich aussehen. Aber sind diese Dörfer wirklich die letzten Orte, in denen noch einfaches Leben zu finden ist, oder sind sie im Gegenteil eine Illusion, tanzende Abbilder an der von Platon in der Republik beschriebenen Höhlenwand? Und: «Einfaches Leben» klingt sehr schön, aber darin existieren nebeneinander zwei Kasten, die Herren-Kaste der Rajputen und die Diener-Kaste der Ram. Ohne die Idylle schlechtreden zu wollen – dieses Paradies ist zweigeteilt. Man weiß nicht, was man von dieser falschen Harmonie halten soll. Lächeln und Lachen, Gastfreundschaft. Und wir? Wir mit unseren Impfungen, unserem fließenden Wasser, unseren sauberen Händen, lassen wir sie glücklich lachen, ohne etwas zu tun?

Ein altes Dilemma. Mahatma Gandhi zog das Leben in den Dörfern dem in der Stadt vor, eine einfache vegetarische Kost dem Festessen, den Gesang den Instrumenten, die Idylle der Fabrik. Wie Jean-Jacques Rousseau und die großen Reformer wollte Mahatma Gandhi das Leben durch die Rückkehr zu einer ursprünglichen Einfachheit verändern. Er stand den Veränderungen der Moderne nicht völlig ablehnend gegenüber, wie es immer heißt, sondern er verachtete Modernität, wenn sie unnötig und sinnlos war: die industriellen Ballungsräume, die Maschinen, die keine Freiheit schufen. Und er verweigerte jegliche Einnahme von Medikamenten und medizinische Behandlung nach westlichem Vorbild.

Ein altes Dilemma und ein schrecklicher Gewissenskonflikt, wenn man in jenem Paradies lebt. Um seinen Idealen treu zu bleiben, weigerte sich Gandhi, seinen ernsthaft erkrankten Sohn mit Medikamenten behandeln zu lassen und zog eine Behandlung mit feuchtem Ton vor. Sein Sohn überlebte. Aber als Gandhis betagte Ehefrau im Winter 1943 eine Lungenentzündung bekam, wollte sie ebenfalls kein Penizillin einnehmen, um die Ideale ihres Mannes nicht zu verraten. Diesmal half der Ton nichts; sie starb.

Gibt es ein Gleichgewicht zwischen der Idylle des dörflichen Lebens und der Moderne? Gibt es eine Möglichkeit, das Leben mit Eva zu teilen? Gibt es das biblische Paradies der Einfachheit?

Die Spuren der Geschichte

Durch diese Wüstenregionen Indiens zogen Karawanen und Krieger. Die bis auf die nicht sehr hohen Arawalli-Berge eher flachen Ebenen von Rajasthan waren Ziel der Invasion durch die Arier. Unweit von hier endet der Khyber-Paß im Industal, der die trockenen Gebirgszüge Afghanistans durchschneidet und den Weg nach Pakistan freigibt. Alexander der Große führte die Mazedonier, die 316 v. Chr. von Chandragupta aus dem Punjab vertrieben wurden, über diesen Paß. Gegen 80 v. Chr. errichteten die Skythen ihr Reich in Gujarat. Das war schon beachtlich, aber die echten Sieger fielen erst viel später ein. Es waren die hephtalitischen Hunnen, die plünderten, zerstörten und brandschatzten, bevor sie sich genau dort, in dieser Wüste, die uns so an die Bibel erinnert, niederließen. Offenbar sind die Rajputen, die in Rajasthan die Aristokratie bilden, Abkömmlinge dieser grausamen Hunnen.

Aber es gab verschiedene Arten von Hunnen. Die, die unter der Führung von Attila in Frankreich einfielen, waren die «schwarzen» Hunnen, während die hephtalitischen Hunnen auch «weiße» Hunnen hießen. «Sie hatten vor allem eine helle Haut und wurden häufig ,weiße Hunnen' genannt. Diese Bezeichnung findet sich im Sanskrit als Cvetahûna oder Sitahûna wieder, im Gegensatz zu den Harahûna, was vermutlich die Sanskrit-Transkription einer mongolischen Form Qara Qun («schwarze Hunnen») ist».[1] Attilas Hunnen stürmten im 5. Jahrhundert durch Europa, während die Houa, die später in Rajasthan eindringen sollten, zu dieser Zeit den Awaren unterworfen waren. Ihr König Hephtalanos oder Hetailit, der in den Annalen der Tang-Dynastie als Ye-ta auftaucht, schlug die Sassaniden und fiel in Persien, in der Sogdiana und in Baktrien, und schließlich im Westen Indiens ein. Etwa im Jahr 500 erstreckte sich das Reich der hephtalitischen Hunnen vom Kaspischen Meer bis an die Grenzen von Gujarat. Die Hauptstadt des Königreichs wurde im wunderbaren Bamyan-Tal errichtet, wo die aus dem Fels gehauenen riesigen Buddhastatuen über die Mohnfelder wachten, bis die Taliban des 21. Jahrhunderts sie zerstörten. Und wenn ich das Regime von Kabul erwähne, dann deshalb, weil ihre Anführer, fanatische Sunniten, auf schreckliche Weise die Brutalität der in der Geschichte offenbar unvermeidlichen Abfolge illustrieren: Sieg, Plünderung, Abschlachten von Menschen, Abschaffen der Götter. Das heißt, daß die Wüste Thar, die häufig erobert wurde, auch entsprechend oft das Joch von «Mächtigen» ertragen mußte, welche die «schwachen» Einheimischen zurückdrängten.

Die weißen, hephtalitischen Hunnen lebten in Zelten, waren aber dennoch keine Nomaden. «Bestimmte Quellen gehen davon aus, daß sie seßhaft waren oder zumindest wurden; einer syrischen Quelle ist zu entnehmen, daß sie in Zelten wohnten, und der chinesische Botschafter Song Yun beschrieb sie ebenfalls als Nomaden.»[2] Ihre Schrift war das ins Griechische transkribierte Persisch. Die Rajputen von heute vereinigen folglich mongolische, persische, griechische und alexandrinische Einflüsse, auch wenn sie wie «echte» Einheimische aussehen.

Die Hephtaliten selbst wurden viel später von islamischen Truppen angegriffen. Das erste Mal, am Vorabend des Jahres 1000, von Sultan Mahmud von Ghasni; das letzte Mal im 16. Jahrhundert vom Urenkel Tamerlans, Kaiser Akbar, den das Abendland den großen Mogul nannte. Aber der Widerstand der Rajputen war so groß, daß man sie bis heute fürchtet. Sie sind wahrhaftig nicht zimperlich; daß bei ihnen noch immer Witwen gezwungen werden, sich auf dem Scheiterhaufen ihres verstorbenen Ehemannes mit verbrennen zu lassen, ist nur ein Ausdruck davon. Wer genau hinsieht, kann es erkennen. Der berüchtigte Stolz, die großspurige Art der Männer, ihren turbangeschmückten Kopf zu halten, das sind Überreste der Kultur der Rajputen in Rajasthan. Im Westen Indiens ist man wild und stolz. Nicht zartbesaitet, nicht humanistisch, nein. Man bleibt Hunne und «weiß».

Zumindest was die Aristokratie angeht. Denn die anderen, alle anderen, die Ureinwohner genannt werden, weil sie sich damals bereits vor Ort befanden – und vermutlich Jahrtausende zuvor eingewandert waren –, wurden in die Dunkelheit zurückgedrängt, welche die Geschichte der Schwachen umgibt. Nomaden, «Zigeuner», die als Gitanos bis nach Spanien wanderten, Kunsthandwerker oder Wilde, eingeborene Bhil, Bauern, Kupferschmiede, Angehörige des Stammes der Banni von Kutch, all die «kleinen» Leute Indiens mußten lange Zeit warten, bevor sie anerkannt wurden. Die englische Regierung verlangte bis zur Unabhängigkeit von den Brahmanen, daß sie die sehr formelle und strenge Unterteilung in Kasten anhand der heiligen Texte rechtfertigen sollten. Das war der Versuch der Engländer, in diesem verrückten Chaos durchzublicken, das Menschen aufgrund von Speisevorschriften unterschied, da diese den Grad ihrer Reinheit anzeigten. Die Ureinwohner waren per definitionem unrein; ihre dunkle Haut wies sie in einem Land, in dem plötzlich die Hellhäutigen die Macht hatten, ohnehin als unrein aus. Die Unabhängigkeit Indiens verursachte die folgenschwere Katastrophe der Teilung des britischen Indien: Der Punjab wurde in zwei Teile zerschnitten, das aktuelle Grenzgebiet um Jaisalmer am Rand von Pakistan wurde zerrissen; eine muslimische und eine hinduistische Seite entstanden. Das Blut floß drei Monate lang und ließ die alte Ordnung erstarren.

Erst nach 50 Jahren Freiheit besann sich das neue Indien seiner Ureinwohner. Das war im Jahr 2000, und man widmete ihnen drei neue Staaten. Die Wüstenbewohner waren davon zwar nicht betroffen, aber seit etwa zwanzig Jahren wird ihre Existenz immerhin deutlich sichtbar. Diese langsame Entwicklung vollzieht sich mit Hilfe der Kunstgeschichte: Seit man im Europa des 19. Jahrhunderts begann, für die klassische indische Kunst zu schwärmen, hat sie hier ihre Museen, wo vor allem die wichtigsten Götter des indischen Pantheon thronen: Brahma, Vishnu, Shiva und ihre Nebengötter. Das war die klassische Reihenfolge, unveränderlich und klar. Falsch! Erst Ende des 20. Jahrhunderts begriffen die Inder, daß ihr Pantheon aus hunderttausend Göttern besteht, zu denen auch jene der «kleinen Leute», der unsichtbaren und klassenlosen Menschen der Wüste im Westen von Indien gehören.

Oh Pithora, Gottheit der Krieger und heiligen Pferde der Bhil in Gujarat, oh Savaja, Tigergott mit dem Menschengesicht, der von den Kathi in Gujarat verehrt wird, oh ihr unzähligen Götter und Göttinnen mit den tönernen Nasen und Füßen aus Lehm, die ihr die abgelegenen Dörfer bevölkert, was wird mit euch geschehen? Ihr wohnt in privaten Altären, im Eckchen des Fensters, im Winkel, der von der aufgehenden Sonne gestreift wird, ihr wartet ab, ihr lauert... Eine einzige von euch ist wiederbelebt worden: Aditi, die Erdmutter, deren Erdtrommeln die Stimme vibrieren lassen; Aditi, die Muttergottheit, die die Felder wieder fruchtbar macht, wenn das Getreide umgeknickt und die Ernte verdorben war. Man muß sie sehen, wie sie mit dunklen Wolken schwanger geht und den Horizont der Wüste verhängt und wie sie, getrieben vom Wind, dahineilt und hastig Indien durchquert.

Man hört den Namen Aditi in Indien selten, denn sie hat sich in das weibliche Prinzip verwandelt. Sie taucht unter der einfachen Bezeichnung «Sri» (die Dame) auf oder eher abstrakt, wenn sie «Devi» (die Gottheit) genannt wird, bildlich, als «Dourga» in Gestalt einer bewaffneten Göttin, die auf einem Löwen reitet. Wenn sie vergeistigt als «Shakti» auftritt, ist sie das weibliche Prinzip und leiht ihren Namen einer Richtung, die man

«Shaktismus» nennt. Aber welche Rolle spielt schon ihr Name! Nur die Darstellungen mit den breiten Hüften und dem fruchtbaren Becken zählen, der Kopf mit den riesigen runden Augen – Vorläuferin der «Mutter Indien», dieser jungen Göttin eines neuen Typs, für die es im heutigen Indien so viele Tempel gibt.

Das ist jedoch weder das aristokratische Indien der Gelehrten, noch das der Dichter oder Philosophen. Am Altar von Aditi wird nicht meditiert, indem man «Om» rezitiert. Man produziert, baut an, handelt, schmuggelt. An diesen Dünen sind so viele Dromedare, Karren, Pferde, Esel und Wildesel vorübergezogen – der Boden hier ist sozusagen durch die Karawanen entstanden. Die Tiere transportieren Lasten in geheimnisvolle Richtungen, die Luft ist erfüllt von kurzen Schreien, Glocken, dem Flattern gestutzter Flügel, unbekannten Geräuschen; alles atmet Spiritualität, sie lauert überall, tanzt. Das ist nicht das Indien der Brahmanen, und selbst wenn diese ihre befestigten Schlösser behalten haben, ist es nicht mehr das Indien der Krieger. Was die dritte und letzte Kaste der «Zweimalgeborenen», die Händler, angeht, so nähert sie sich den «kleinen Leuten» an, weil sie sie braucht.

Mirabais Töchter

Bevor er der Held wurde, den jeder kennt, gehörte Mahatma Gandhi zur Kaste der Händler; er kam an der Küste, ganz in der Nähe unserer paradiesischen Wüste zur Welt. Nachdem er in London und Südafrika selbst Diskriminierung erfahren hatte, stellte sich Mohandas Karamchand Gandhi entschieden auf die Seite der Schwachen. Er verteidigte von Afrika aus erfolgreich Inder, kehrte nach 20 Jahren Abwesenheit zurück und zog durch Indien, um das Land kennenzulernen. Nur wenige Inder hatten so vielseitige Erfahrung gemacht. Heute sind durch den zunehmenden Reichtum der mittleren Schichten zwar mehr Flugreisen möglich, aber reisen die Inder nur, um die Familie zu besuchen. Gandhi dagegen reiste systematisch überallhin, bevor er sich in den Unabhängigkeitskampf stürzte, und war einer der sehr wenigen Inder, die ihr Land wirklich gut kannten.

Während Inder von hoher Geburt – also vor allem Brahmanen – Karnataka-Musik oder Drhupad-Gesänge hörten, war Ghandi begeistert von den volkstümlichen Bhajans. Das sind monotone Gesänge, Singsang, einfache Lieder. Begleitet werden sie von einem tragbaren Harmonium, bei dem ein Musiker den Blasebalg betätigt, dazu wohlklingende Becken und manchmal eine einfache Trommel. Sie dienen der Verehrung der Gottheit. Welcher Gottheit? Je nachdem. Es genügt für Bhajans, daß «Bhakti» gepriesen wird. Beide Wörter haben übrigens dieselbe Wurzel «bhaj», die Verehrung und Anbetung ausdrückt.

In dieser Gegend sangen die Frauen auch. Zwar war und ist es auf dem Land durchaus üblich, daß die Frauen auf dem Feld oder beim Verlesen des Getreides singen. Aber nicht in allen Winkeln Indiens hatte dieser Gesang dieselbe Intensität. Die Wüsten, die wir hier vor uns haben, gehören jedoch zu den Regionen, in denen der Gesang eine große Rolle spielt. Die Frauen singen zum Beispiel: «Ji ji ho re ho re, ich sage ho, ich singe ho, ich singe dir ein Wiegenlied, ich sage ho, ich singe ho, du bist mir wie mein Leben lieb…» In diesem alten Lied aus Gujarat finden sich hier und da fremdartige Namen von Engeln wie Mehar Ijad, Sharori Ijad, die aus der Religion des Zoroastrismus stammen. Oder: «Mein Herz ist rein und weiß, oh Rannada, schenk mir ein Kind, sein Fußabdruck soll bleiben!»[3], mit dem kinderlose Frauen in ihrer Traurigkeit die Königin der Sonne anflehen.

Wunderbare Lieder, welche die Frauen begleiten, wenn sie ihre feuchten Saris auswringen, das Spinnrad drehen, mit dem sie die Baumwolle spinnen, die Schwägerin kitzeln oder den Schwager necken. All das spielt sich auf dem handtuchgroßen Hofplatz vor dem Haus ab, der den unendlichen Raum der Wüste unterbricht…

Die Gesänge entstanden im Mittelalter zwischen dem 12. und 14. Jahrhundert; etwa zur gleichen Zeit wie in Europa der Mythos von Tristan und Isolde. Aber auch diese bescheidenen Lieder können den extremen Stil eines Liebesgedichtes haben, denn auch in Rajasthan entstanden zu dieser Zeit Liebeslieder. Wie in den europäischen Legenden des Mittelalters werden die Frauen darin als untreu dargestellt, nur daß sie ihre Ehemänner nicht mit anderen menschlichen Wesen betrügen, sondern den charmanten Gott Krishna zu ihrem Geliebten machen. Und dann – welche Leidenschaft! Alles ist möglich und erlaubt. Erstaunlicherweise waren es in Rajasthan Dichterinnen, die diese ehebrecherischen und göttlichen Liebesverhältnisse verherrlichten. Ihre Namen waren Ratanbai, Gangasati, Radhabai, Gauribai und vor allem Mirabai[4]. Alle Mädchen in Rajasthan haben etwas von Mirabai.

Mirabai selbst wurde als Prinzessin in einem Nest auf dem Land geboren, einem Königreich ohne Land. Ihr Vater, der der Kriegerkaste angehörte, gab sie einem mächtigen Raja zur Frau, eine hervorragende Partie. Aber die kleine Mira hatte bereits anders entschieden. Sie besaß eine Statue des Gottes Krishna, die ihn darstellte mit einer Krone aus Pfauenfedern, als Querflötenspieler, der sich aufreizend wie ein Mädchen in den Hüften wiegt. Das Kind Mira verliebte sich in den Gott Krishna und schwor, ihm für immer treu zu bleiben. Nicht daß sie sich geweigert hätte, den Raja zu heiraten, keineswegs, aber die Ehe wurde nicht vollzogen. Die Rani, die Gemahlin des Raja, lag statt dessen verzückt zu Füßen der Statue. Für einen Raja schickt es sich natürlich nicht, auf einen Gott eifersüchtig zu sein. So zog er es höflich vor zu sterben. Schon damals sah es der Brauch in Rajasthan vor, daß adlige Witwen sich im Bestattungsfeuer des Gatten mit verbrennen. Aber Prinzessin Mira weigerte sich. Weil sie nicht die Gattin des verstorbenen Prinzen war, sondern die des Gottes Krishna.

Die Familie des verstorbenen Gemahls tobte. Der Schwager schickte ihr einen Korb mit Früchten, in dem sich eine Schlange verbarg. Mira legte sie sich um den Hals und wurde nicht gebissen. Sie starb auch nicht durch einen Giftbecher und nicht durch einen absichtlich herbeigeführten Unfall, der sie ihres Lebens berauben sollte. Schließlich wurde sie aus ihrem Palast vertrieben und machte sich in einem weißen Sari, der Kleidung der Witwen, auf den Weg. Sie nahm eine Ekatara mit sich, eine Art Viola mit nur einer Saite, ähnlich einem Trumscheit. Sie ging fort, bettelte und besang ihre Liebe zu Krishna:

«Kuckuck, sprich den Namen des Geliebten nicht aus,
wenn die verliebte Frau dich hört, reißt sie dir die Flügel aus!
Kuckuck, ich schneide dir den Schnabel ab, ich gebe dir
                                             schwarzes Salz …
Denn mein Geliebter gehört mir und ich gehöre ihm.
Wer ist er, der Liebste, von dem du sprichst, Kuckuck?
Würde dein Lied die Ankunft meines Geliebten ankündigen,
dann legte ich Gold auf deinen Schnabel und du wärst
                                             mein Diadem …»[5]

Prinzessin Mira starb 1546 singend zu Füßen einer Statue ihres Gottes.

Der alte Mahatma mochte die Lieder von Mirabai so gerne, daß er sie quasi bis zum letzten Atemzug hörte. Das war kein Zufall. Denn Prinzessin Mira besang auch die Liebe ihres Gottes Krishna zu den am schlimmsten gedemütigten Frauen. Man denke etwa an die Bhil-Frauen, die als Unrat gelten, die weniger sind als nichts! Aber der Gott Krishna stieß sie nicht zurück, die Frauen, deren Züge man auf den Fotos wiederfindet.

«Die Bhil-Frau hat die Jujuben[6] gekostet, eine nach der anderen, bis sie eine fand, die sie ihm anbieten konnte. Was hatte sie denn aufzuweisen? Sie war nicht unwiderstehlich. Von einfacher Herkunft, bei gewöhnlichen Leuten aufgewachsen und mit schmutzigen Tüchern bekleidet … Dennoch, Krishna hat die Jujuben genommen, die sie bereits angebissen hatte, diese unreinen Früchte, denn sie waren der Beweis ihrer Liebe. Sie war eine Frau, die den Geschmack der Liebe kannte. Ob hohe oder niedere Kaste, Krishna machte sich nichts daraus.»[7]

Hier ist sie nun, die gesuchte Annäherung! Man kann über diese melodramatische Version des Mythos lachen, über die arme Frau und ihre angebissenen Früchte, doch in Indien und besonders in der Wüste ist derjenige ein Heiliger, der die von einer Bhil-Frau angebotenen Früchte nicht geringschätzt. Was sagt das Gericht der Brahmanen dazu, das über die Einhaltung der Reinheitsgebote wacht? In Anbetracht der Tatsache, daß Frömmigkeit sich in der Reinheit der Beziehungen zeigt und daß jeder Kontakt mit unreinen Geschöpfen vermieden werden soll; in Anbetracht dessen, daß von allen möglichen Kontakten der der Nahrungsaufnahme am stärksten verunreinigt; in Anbetracht dessen, daß das Anbieten einer angebissenen Frucht der Frevel ist, der am schlimmsten beschmutzt …

Darüber, daß das Mädchen nicht aus gutem Hause war, lachte der Gott. Obwohl sie schmutzig und gewöhnlich war, hat die unreine Frau die beste der Jujuben-Früchte gefunden; sie hat dabei nur den Geschmacksnerven ihrer Zunge vertraut. Kein schlimmerer Fehler, keine schönere Liebe. Welche Revolution, daß es im 16. Jahrhundert eine Frau gab, eine Prinzessin, die bedichtet wurde; wer Indien ein wenig kennt, begreift es!

Alle Mädchen in Rajasthan haben etwas von Mirabai. Ihr rebellisches Aussehen. Ihren spöttischen Blick. Ihre scheue Schamhaftigkeit in dem einen Moment und gleich darauf ihre Schamlosigkeit gegenüber allen, lebendig und nackt. Ihre königliche Erscheinung, die Umrisse ihres in Tücher eingehüllten Körpers, ihre Art, die Welt auf dem Kopf zu tragen. Ihr entwaffnendes Lächeln und ihre Kraft, ihr Mut. Sie sind nicht adlig, sie sind weit mehr.

Lieder aus Rajasthan

Sie sind wie Kardamom, diese Körner mit der harten Schale, die, wenn man sie knackt, einen Geruch nach Minze und Pfeffer verbreiten. Sie sind wie Melonen, die im Sand wachsen und an jeden, der sie spaltet, ihren süßen Saft verschwenden. Sie sind wie Bockshornklee, Chili, Safran, Betelblätter, Gold und Silber, das man ausbeutet; sie sind die Gewürze, die man in den Honig mengt. Sie sind der Himmel, der auf die Erde fällt, wenn die Sonne plötzlich untergeht.

Ihre Hände sind sehr geschickt, wie bei allen Frauen in Indien. Geschickt und sauber. Um ein Haus zu reinigen, hat die Frau auf den Wegen Kuhfladen gesammelt, die sie trocknen läßt, entweder übereinandergestapelt als Ziegel, oder als Kacheln an der Wand, mit dem Abdruck der fünf Finger darin – wie Blumen. Die Technik besteht darin, den trockenen Fladen im Wasser aufzulösen, um daraus eine antiseptische Flüssigkeit zu machen, mit der die Mauern,

die Böden, der Hof verputzt werden. Mit der Hand natürlich. Dann malen die Frauen die Alpanas, wunderbare Zeichnungen, auf den verputzten Boden, immer noch mit den Händen, mit in Wasser gelöstem Kalk. Eine gute Hausherrin macht sie bei Tagesanbruch, diese Bodenverzierung, die einen Monat halten kann, wenn die Kinder sie nicht beim Spielen zerstören.

Diese Hände sind zu komplizierten Tätigkeiten fähig, sie verzieren die Gewänder mit kleinen Spiegelchen, indem sie die Scherben mit fliegendem Stich umsäumen, sie stellen Kissenbezüge her, auf die sie Muster in allen möglichen knalligen Farben mit sicherer Kunstfertigkeit applizieren, Orange und Rosa, Apfelgrün und Schwarz, Rot und Pink, – leuchtende Fahnen im Gegensatz zu den eleganten Saris. Über diesen Feengewändern klimpert ihr wunderbarer Schmuck. Früher waren die Armreifen aus Elfenbein, die bei verheirateten Frauen rot gefärbt wurden. Heute sind sie aus Plastik, und das ist nicht wirklich schlechter. Die Fußkettchen, die Ringe an jedem Finger, die Halsbänder – nichts ist wirklich wertvoll, aber die unfeine Mischung hat eine so enorme Ausstrahlung, daß kein kostbares Schmuckstück sie an Eleganz übertreffen könnte. Aber wozu das alles beschreiben? Kleider und Schmuck werden heute von der Haute Couture weltweit kopiert, so daß sich europäische Frauen als Mädchen aus der Wüste verkleiden – und ein groteskes Bild abgeben, mit ihren Henkelhandtäschchen.

Nicht nur in der Wüste gibt es goldene Kälber. Als ich mir die Porträts von Hans Silvester ansah, wurde mir der Ursprung des in der Bibel beschriebenen Goldenen Kalbes klar. Ich begreife, daß es nötig war. Für Moses verletzte das Idol mit dem Kalbsgesicht, das der ägyptischen Göttin Hathor nachempfunden war, die Liebe und die Achtung vor Gott! Na gut! Der Begründer der jüdischen Gesetze hatte gerade die Stimme Gottes auf dem Berg Sinai vernommen. Seine Wut war so groß, daß er dreitausend seiner Israeliten umbringen ließ, immerhin. Aber in Indien – kein alleiniger Gott, kein Verbot. Idole sind durchaus empfehlenswert, vor allem in der Wüste, denn ohne sie wäre die Wüste arm und für die menschliche Seele zu trocken. Was mußte das erwählte Volk Gottes auf seinem Weg durch die Wüste in 40 Jahren nicht alles erdulden? Immer unterwegs, den Befehlen Gottes Tag für Tag gehorchen, seinen unerforschlichen Wegen folgen, sich von Manna, der einzigen Speise, ernähren, immer weiter gehen. Man zählte die Aufstände nicht mehr, die Klagen über den Durst, den Hunger, die Erschöpfung. Und über die Beklommenheit und Furcht der armen, geschundenen Seele angesichts der strengen Forderungen Gottes, der Israel aus Ägypten führte.

Hätte ich als Jüdin nach Kanaan gehen müssen, hätte ich zweifellos hier und da eine Revolte angezettelt. Und um die geplagten Seelen meiner Sippe aufzumuntern, hätte ich heimlich mein goldenes Halsband verdreht, um daraus eine Schlange, einen Vogel, eine Löwin mit dem Gesicht einer Frau oder irgendeine andere kleine Gottheit zu machen, welche ich dann in meiner leeren Handfläche gehalten hätte, um sie anzuflehen, wenn die Hitze allzu erstickend wäre. Nur in der Wüste gibt es goldene Kälber, denn sie erfrischen und nähren die Seele, wenn es kein Wasser mehr gibt.

Mögen die strengen Bibelkommentatoren aufhören, die Faszination der Amulette zu leugnen, die Schönheit der Kleinode und ihre Zauberkräfte! Mögen sie das Hohelied noch einmal lesen, das einzige Liebesgedicht in unserem großen Heiligen Buch! Denn hier ist sie, die gesuchte Annäherung, die Nähe von Mann und Frau, die schöne, die einzige Verbindung zwischen Natur und Mensch – die Braut, der die Ziegen und Schafe vertrauensvoll folgen, die Braut mit den an Früchte erinnernden Brüsten und Haaren wie ein Weinberg…

Sie stöhnt, weil sie von ihm getrennt ist, leidet, liebeskrank: «Ohne meinen Geliebten kann ich nicht leben, ich habe ihm meinen Körper geweiht, mein Leben, meine Seele, Nacht und Tag warte ich auf ihn, verrückt vor Liebe für meinen Schönen. Oh Herr, die Sehnsucht nach dem Wiedersehen durchdringt mein Herz…» Und die Mädchen um sie herum bereiten sie vor, hier ist er, voller Ruhm… Doch die zitierten Sätze stammen nicht von König Salomon, sondern von Prinzessin Mira. Aber das ist nicht wirklich wichtig! Alle Liebesausbrüche finden in der Wüste statt. In der Öffentlichkeit legen Mann und Frau ein distanziertes Verhalten an den Tag. Er sieht sie nicht an; sie verbirgt ihr Gesicht unter einem Zipfel ihres Schleiers. Aber wehe, wenn sie alleine sind, die Eheleute! Zwei turtelnde Tauben könnten nicht fröhlicher sein.

Betrachtet man die Gesänge von Mirabai, das Hohelied und die Gedichte, die Mâjnun, der Verrückte, für Layla schrieb, so findet man dieselben Ausdrucksweisen darin. Drei Wüsten: die Wüste Thar, die Wüste von Judäa, die Arabische Wüste. Drei Männer: Krishna, König Salomon und Qays, welcher zu Mâjnun, dem Verrückten, wird. Drei Frauen: Prinzessin Mira, Balkis, die Königin von Saba, und Layla, die mit einem anderen verheiratet ist. Drei getrennte Paare: Mira liebt einen Gott, Salomon eine fremde Königin, die gehen muß, und Qays stirbt aus Kummer, weil seine Geliebte nicht seine Frau werden kann. Dieselbe große Liebe, dieselben Wüstenworte.

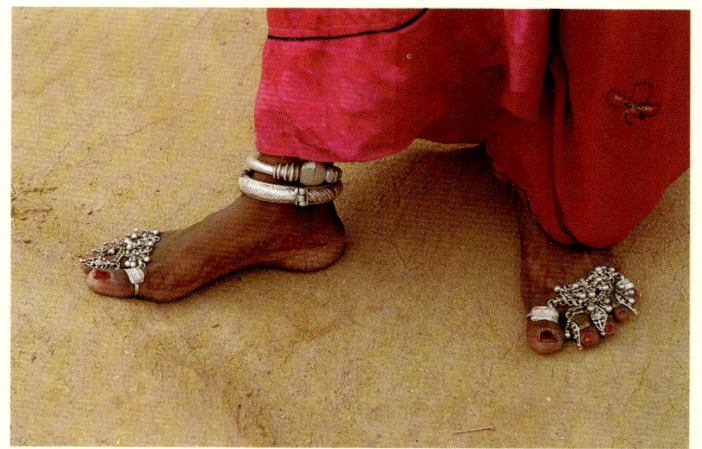

«Du Vogel des Morgens, flieg los und bring ihr meinen Gruß,
laß mich hoffen, wenn ich rufe!
Bring du ihr diese Worte, Gott bringt dich zu ihr!
Wenn du zur Erde zurückkehrst, möge dieses Land
eine Wüste sein, in der man sich verirrt.»[8]

Offenbar ist das Bedürfnis, leidenschaftlich zu lieben, in der Wüste unauslöschlich. Ob es die Stimme des einzigen Gottes plötzlich auftauchen läßt, die Gestalt einer geliebten Frau oder die Verzückung, das ist einerlei. Soviel zum Absoluten.

Annapurna, Göttin des Reises

Annapurna ist die Göttin, die für den gekochten Reis sorgt. Anna war auch die Geldwährung im britischen Indien und stand für das für einen vollen Magen notwendige Minimum. Sie ist eine Göttin, die in der Wüste andere Sorgen als die Liebe hat. Für die Göttin Annapurna läßt sich das Absolute in Reis messen. Oder in Getreide, Zwiebeln oder roten Linsen, aus denen (wenn man reich ist, jeden Tag) Dhal zubereitet wird – halb Eintopf, halb Püree. Oder auch in Kartoffeln, aus denen mit Gewürzen Ragout gemacht wird. Hirse, vor allem Hirse. Und achtmal im Jahr das Fleisch einer Ziege.

Annapurna ist die Nährende, die «Große Lieferantin», wie sie Liliane Jenkins in ‹Mâ, L'Inde au féminin›[9] nennt. Diese Fotos zeigen die Gesichter der Frauen und die Männer an ihrer Seite: Annapurna, nährende Frau, aber frei.

Das ist nicht selbstverständlich. Eigentlich ist die Nährende nicht frei, sie lebt unter der Vormundschaft des Mannes, den sie bedient. Wir gehen nicht so weit, die Bevormundung von Frauen durch Männer in dem sehr konservativen Bundesstaat Rajasthan zu leugnen, aber die Fotos sprechen für sich. Diese Frauen tragen nicht immer den Schleier vor dem Gesicht. Wenn die Männer am Brunnen sind, um Wasser zu schöpfen, dann schütten sich die Frauen aus vor Lachen. Sie meiden das Zusammensein mit den Männern nicht. Also sind sie frei.

Freier auf jeden Fall als die Frauen des städtischen Bürgertums oder die der Neureichen. Natürlich ändert sich das allmählich. Die Entwicklung Indiens schreitet so rasch voran, daß die verheirateten Frauen in den Städten und Dörfern die Tradition immer mehr vernachlässigen. Und die Mädchen, die heute Jeans tragen, werden später vielleicht die schwere Bürde der arrangierten, um nicht zu sagen erzwungenen, Heirat abwerfen. Aber immer noch gibt es Reste der Tradition, wie den Brauch des *purdha*.

Purdha ist ein Wort, das aus dem Persischen stammt und ursprünglich «Vorhang» bedeutete.[10] *Purdha* ist ein Schleier, eine geschlossene Sänfte, ein Behang, der Tschador im Iran, der Tschadri in Kabul. Er soll die Frauen vor den Blicken der Männer schützen. Vor der islamischen Invasion waren die Frauen in Indien nicht verhüllt, mit Ausnahme der Ehefrauen von Brahmanen, die das Haus gar nicht verließen. Wenn wir dem Islam den Brahmanismus hinzufügen, haben wir ein System der Unterwerfung, das seinesgleichen sucht: Die höhergestellte Frau ging nicht aus dem Haus, aber wenn sie es aus unvermeidlichen Gründen doch tun mußte, dann in einer Sänfte und verschleiert. Die Muslimin ging gelegentlich spazieren, in Kaschmir unter der *Burqa*, einem vollständig plissierten Tschador, der dem afghanischen Schleier ähnelt, aber größer ist, wie ein tragbares Zelt. Ich hatte den Eindruck, daß man immer mehr davon sieht. Die Hindufrauen jedoch lassen in ihren Bemühungen, sich zu emanzipieren, nicht nach.

Das wichtigste Bollwerk dagegen scheint allerdings nicht zu fallen – fast alle Ehen in Indien werden arrangiert. Die Eltern entscheiden nach den Kriterien Kaste, Vermögen, Bildung und Schönheit; das Ganze wird von einer soliden astrologischen Konsultation begleitet. Die zukünftigen Eheleute hingegen werden nicht konsultiert. Es gibt keinerlei Freiheit der Wahl. Und obwohl diese Heiratspraxis dem Artikel 21 der Menschenrechtserklärung vollständig widerspricht, die seit 1948 das freie Einvernehmen der Ehepartner vorsieht, ist die arrangierte Ehe noch immer die Regel. Aus diesem Grund existiert *purdha* weiterhin im Geheimen. Nicht in Form des Schleiers natürlich; vielmehr als eine Gewohnheit, wenn man den Pallu, den bestickten Rand des Kopftuches, über die Wange rutschen läßt. Eine Hand hält ihn, und er funktioniert wie eine Jalousie, ein Fächer: Er verbirgt.

Bei der Hochzeit wird die Braut aufgefordert, ihren Gatten jeden Morgen wie einen Gott zu verehren. Sie hat keinen richtigen Gott mehr. Sie hat ihn. Dieser Ehekult hat einen Namen: *pativrata*, die Verehrung des Ehegatten. Die Frau spricht ihren Mann niemals mit seinem Vornamen

an, sondern respektvoll in der dritten Person. Vor allem ist sie ihm Gehorsam schuldig, das heißt Nahrung, Kinder, Wohlstand. Das bürgerliche Recht gestattet die Scheidung oder Klagen wegen schlechter Behandlung, aber es verändert nicht die Geisteshaltung des Paares. Und diese fordert, daß die Frau schamhaft zu sein hat.

Wie alle Religionen, die etwas auf sich halten, gebietet der Hinduismus in seinen heiligen Texten der Frau eine dem Manne untergeordnete Position – aus einem einzigen Grund, der immer derselbe ist: das Blut, das jeden Monat aus ihrer Scheide rinnt. In dieser Hinsicht ist das Gesetzbuch von Manu, das jenseits des Hinduismus die Grundlage des indischen Lebens bildet, nicht nachsichtiger als die orthodoxen Rabbiner in Jerusalem. Die menstruierende Frau ist am ersten Tag unrein wie eine Unberührbare, am zweiten Tag so unrein, als hätte sie einen Brahmanen getötet. Folglich darf sie die Sonne, ihre Kinder oder andere Menschen nicht anschauen, sich die Zähne nicht putzen und den Mund nicht ausspülen; auch die Haare darf sie sich nicht ölen, ihren Körper nicht parfümieren, sich nicht auf ihrem Bett ausstrecken oder tagsüber schlafen, nicht einmal weinen darf sie. Dies alles ist verboten während der Menstruation, zumindest in den oberen Kasten und unter Gebildeten.

Wer in Indien lebt, nimmt wahr, wie tiefgreifend der Einfluß von *purdha* auf den Geist der Frauen tatsächlich ist, mögen diese Auswirkungen auf den ersten Blick scheinbar noch so geringfügig sein. Diese bescheidene Zurückhaltung, die wir an den Inderinnen bewundern, ihre zierlichen Schritte, ihre Kopfhaltung. Aber wie kommt es, daß sie so anders sind als ihre Ahnen aus Stein? Wo sind die kühnen Gesten, die weit hochgezogenen Schenkel, die dem erigierten Penis gebotenen Pobacken geblieben, wo ist die Zärtlichkeit der Liebespaare, wo ihre Lust geblieben?

Die Antwort findet sich in der Wüste, bei den Ureinwohnern, wo Annapurna Adivasi heißt (von adi = zuerst, asi = angekommen). Die Frauen dieser «zuerst Angekommenen», die keine Arier waren, waren nicht verschleiert, wie man hier sieht. In Indien ist es bekannt, daß die Adivasi-Frauen im sexuellen Umgang freier sind, fröhlicher, mutiger, als ihre Schwestern aus den Kasten der Zweimalgeborenen. *Purdha?* Kennen wir nicht. Wir haben zuviel zu tun. Im Haus bleiben – unmöglich, die Feldarbeit muß doch getan werden. Ja, wenn es sein muß, können wir unser Gesicht verschleiern vor Fremden, aber wir tun es nicht oft. *Purdha?* Eine andere Welt, in der wir niemals leben werden. Früher war sie uns verschlossen, und jetzt wollen wir sie nicht mehr.

Dennoch genießen diese unverschleierten Frauen nicht das Privileg, ihren Gatten auswählen zu dürfen. Doch sobald man dem Kastensystem entkommt, ist die Sexualität in Indien freier. Am unteren Ende der Ordnungsleiter erleben die Körper mehr Lust. List der Vernunft, daß die Mittellosen die Befreiung der anderen vorwegnehmen. Auch beim Kochen machen sie sich über die Gesetze der Reinheit lustig.

In dieser Wüste mit ihrem schonungslosen Licht verwirren sich die Widersprüche. Eine Liebe zum Absoluten und eine unendliche Mystik einerseits, andererseits der körperliche Genuß. Unterwerfung unter das Göttliche, das Gesetz, die Regeln, aber auch Aufstand, Rebellion des Gottesvolks. Der trockene Wind trägt die Gerüche der Oase mit sich. Hier vermählt sich die schreckliche Wirklichkeit eines spartanischen Lebens mit dem Ideal des Paradieses. Eine Prinzessin auf der Flucht, die bettelnd und singend durch das Land zieht – hätte sie anderswo als in der Wüste existieren können? Nein. Ein magerer und sehr schüchterner Jüngling, der 1947 der Vater der Nation wurde – hätte er woanders geboren werden können als am Rand der indischen Wüste? Nein.

Und Hans Silvester, hätte er woanders die ungekannte geistige Verbindung mit der Erde eingehen können? Nein. Er sagt: «Ich habe das Glück gesehen.» Er sagt: «Freude und Lust existieren tatsächlich.» Er sagt: «Die Paare, die ich gesehen habe, sind immer zärtlich, sie turteln und liebkosen sich.» Und er führt uns seinen Traum in Bildern vor, damit wir daran teilhaben können.

---

1 Renou/Filliozat: L'Inde classique, Band I, 1947.
2 ibid.
3 Women writing India, 600 B.C. to the Present, Bd. I, Hrsg.: S. Tharu/K. Lalita, Delhi, Oxford University Press, 1991
4 «bai» ist eine Wortendung, die Respekt zum Ausdruck bringt und eine Frau zur «Dame» macht.
5 Nach Zide/Pandey: Women Bhakta Poets, Manushi, 1989
6 Jujuben sind beerenartige Steinfrüchte; die Gattung gehört zur Familie der Kreuzdorngewächse (Anm. der Ü.).
7 Nach Zide/Pandey: Women Bhakta Poets, Manushi, 1989.
8 Majnun: L'amour poème, Sindbad, 1984, ins Deutsche übertragen nach der Übersetzung von André Miquel.
9 Mercure de France, Paris 1984.
10 *Purdha* bezeichnet aber auch das alle für Frauen gültige Verhaltensreglement, das ihre Unterwerfung und Weltabgeschlossenheit fordert (Anm. der Ü.).

41

42

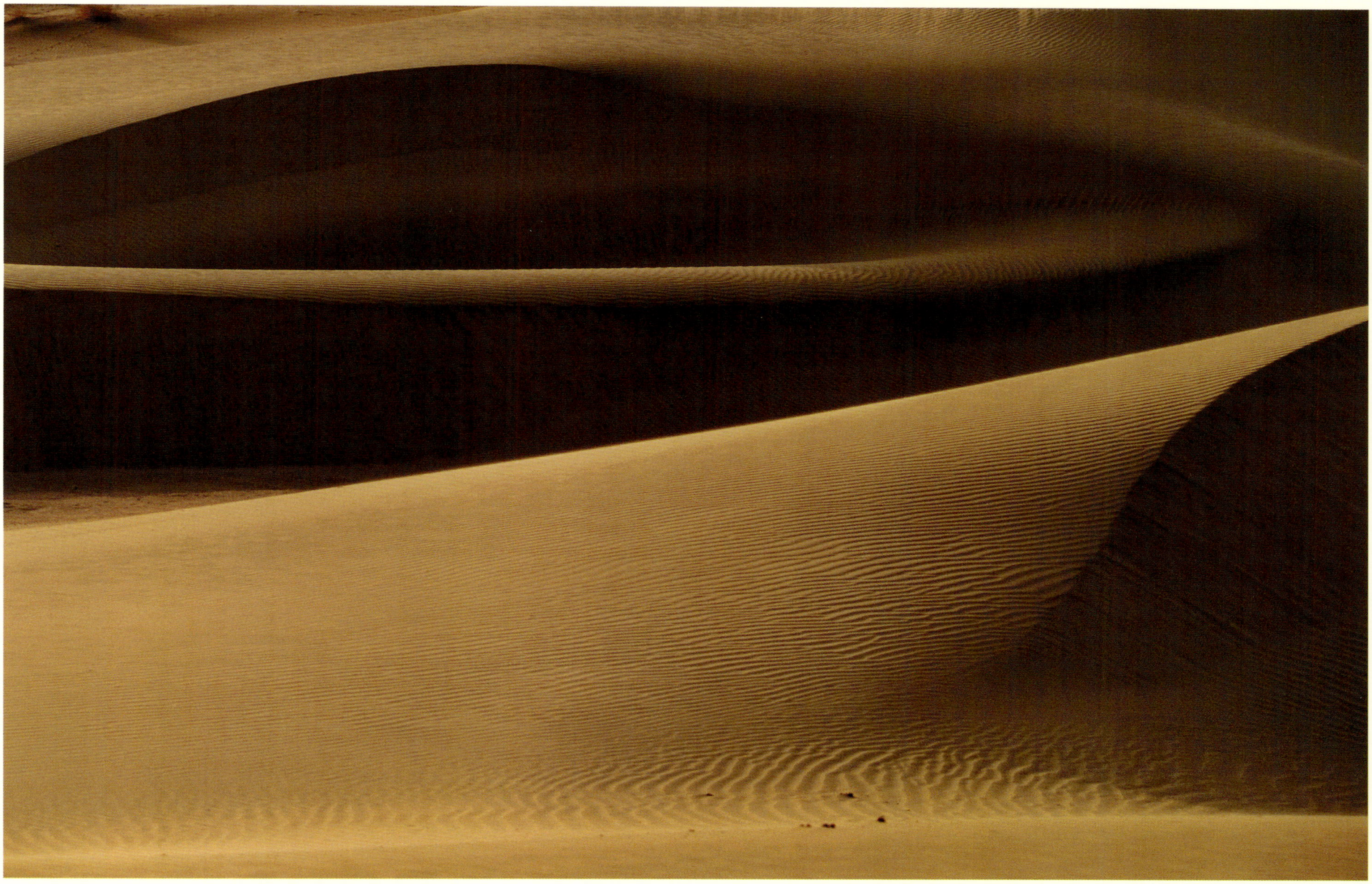

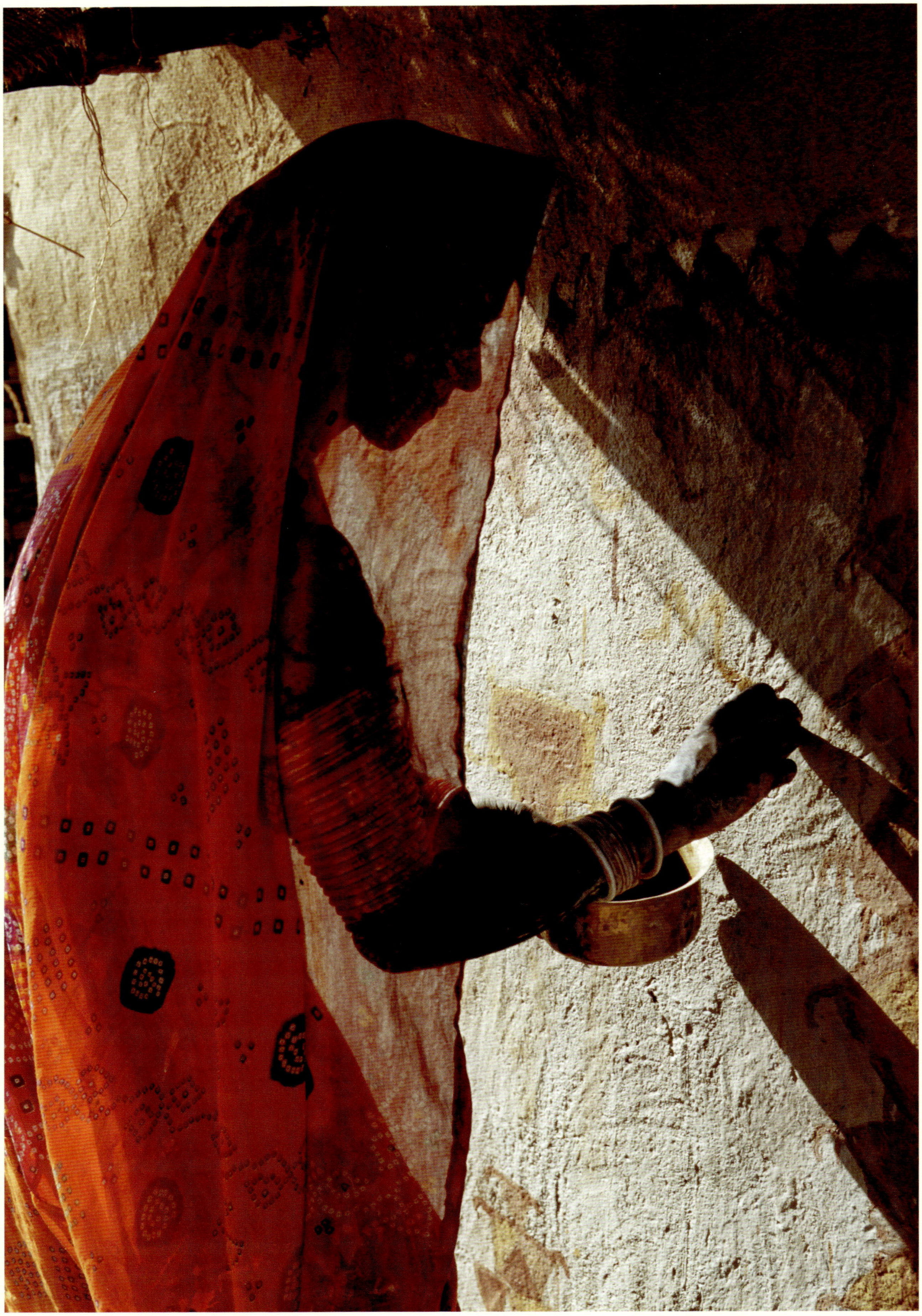

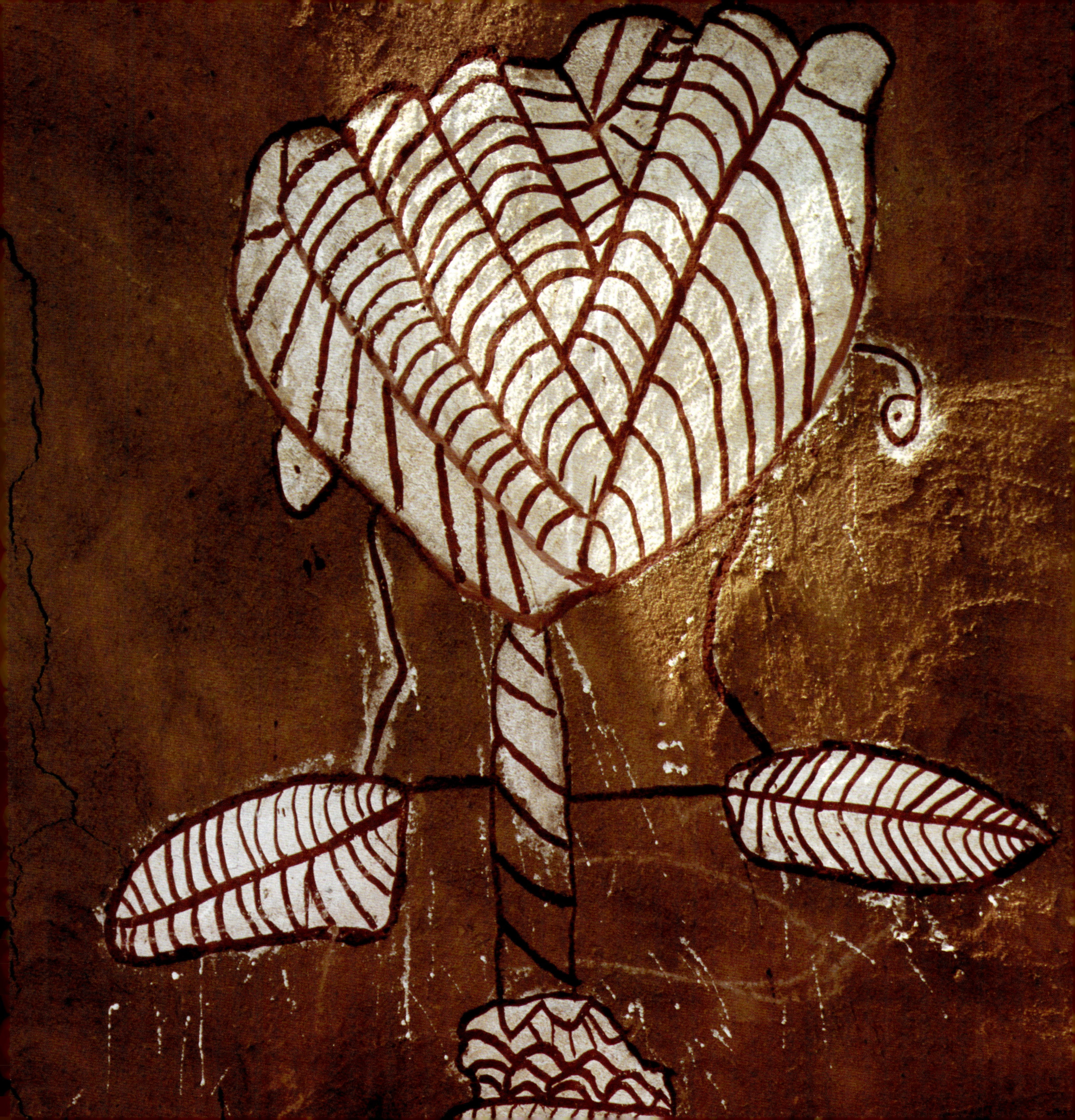

46

47

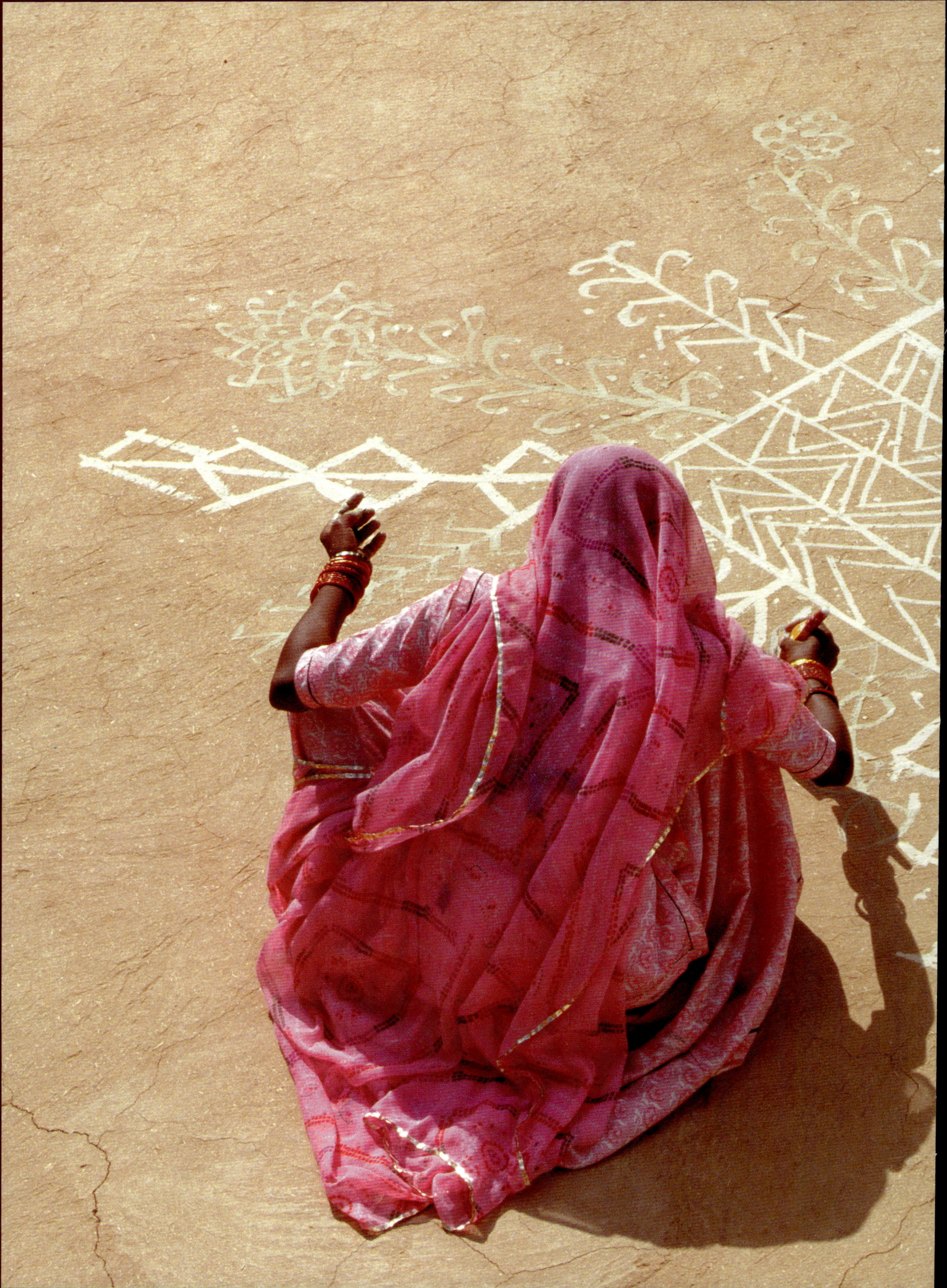

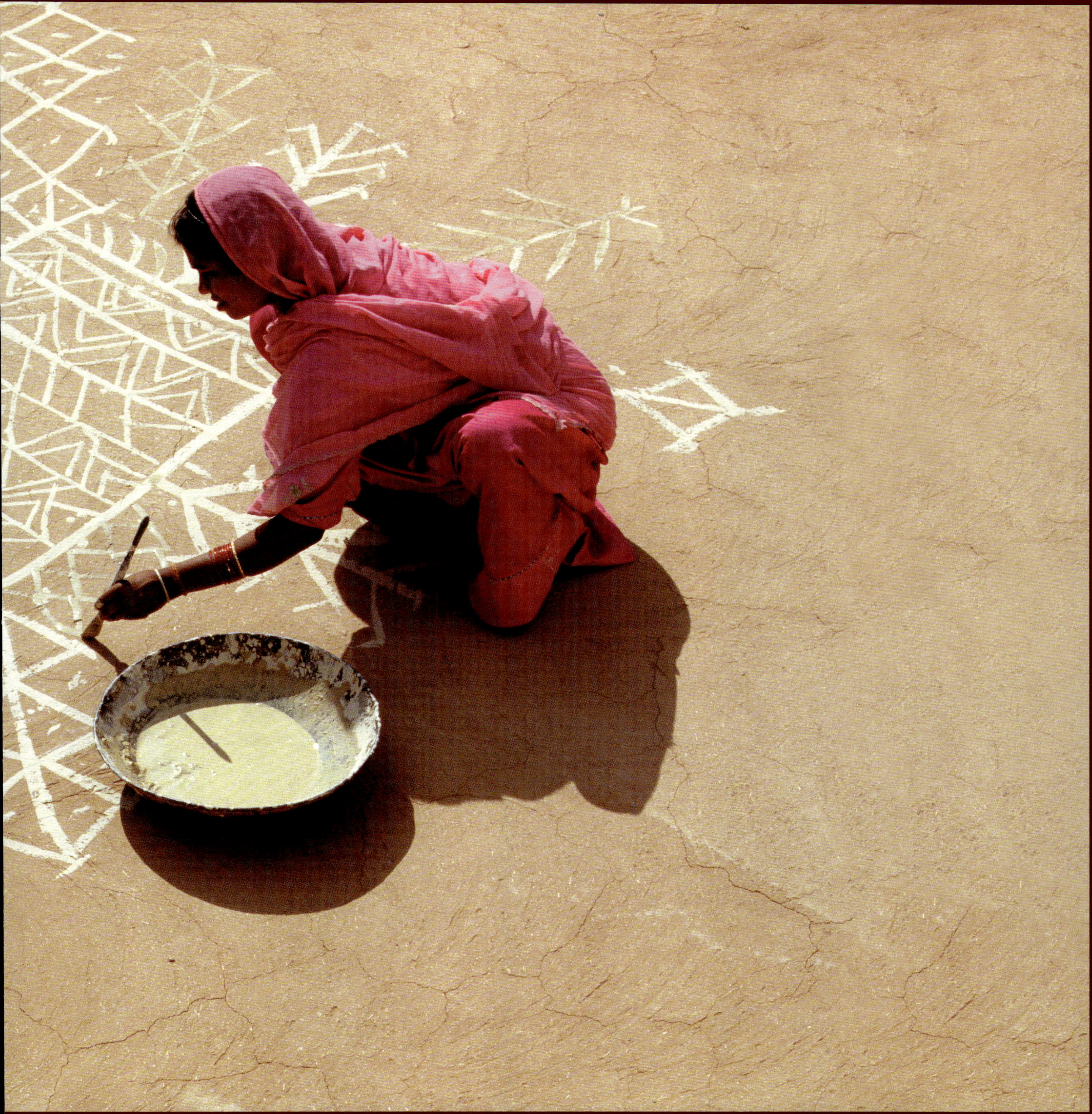

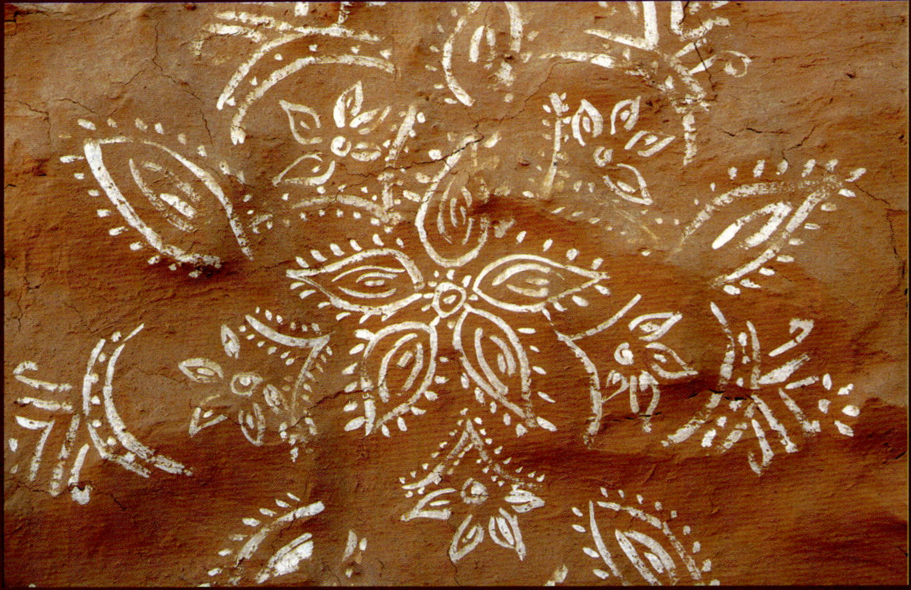

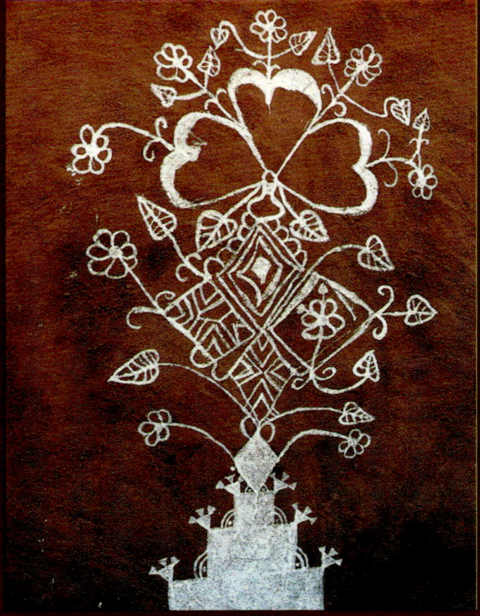

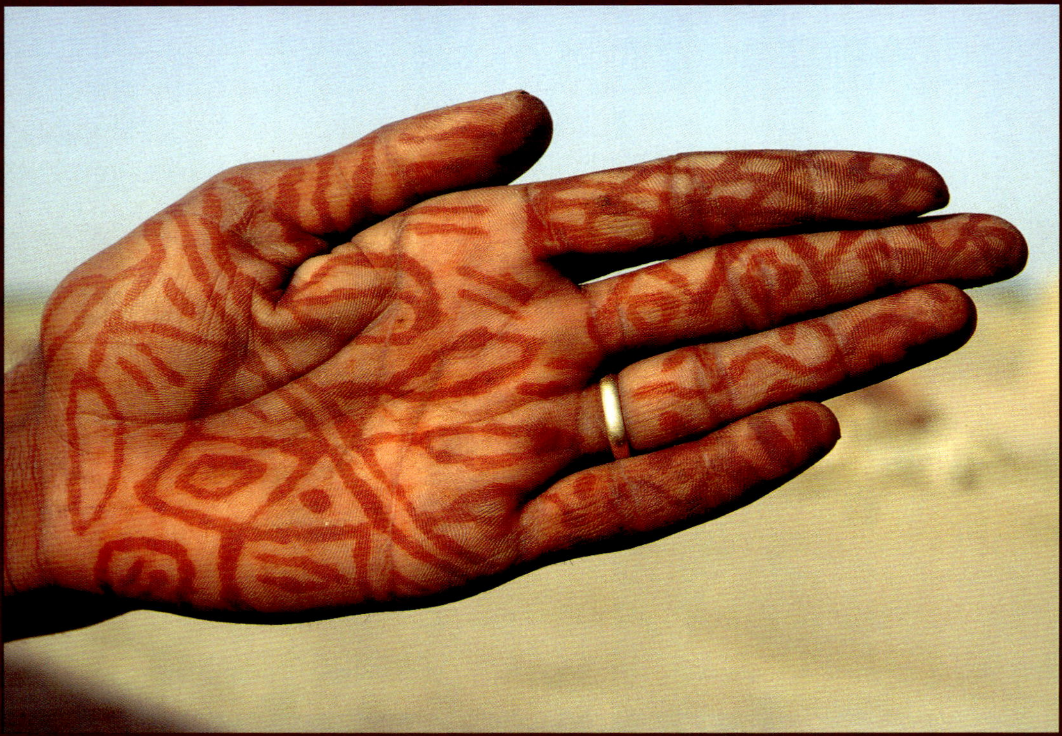

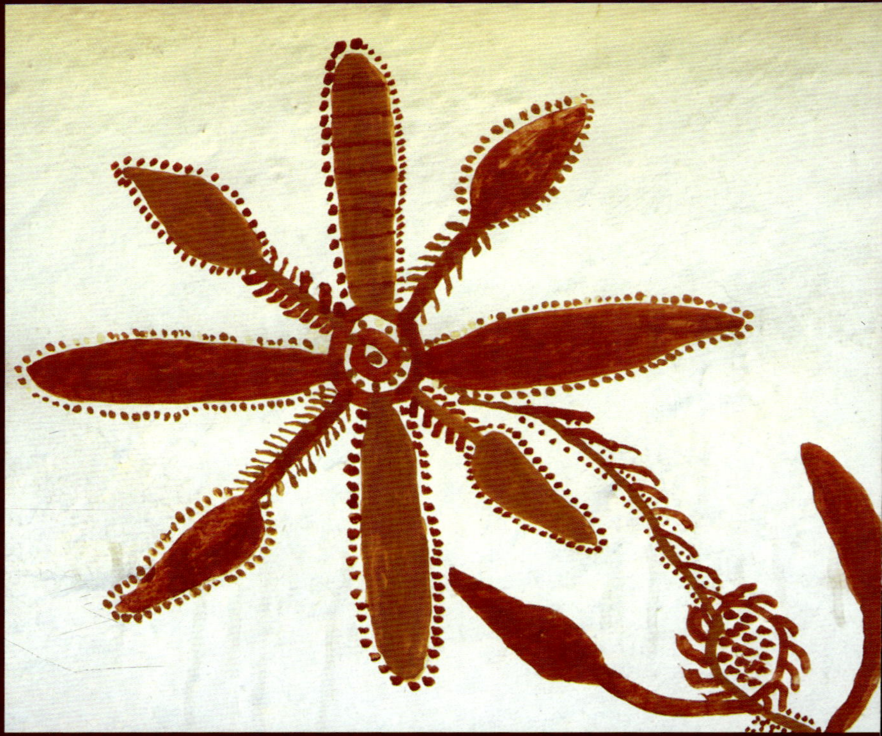

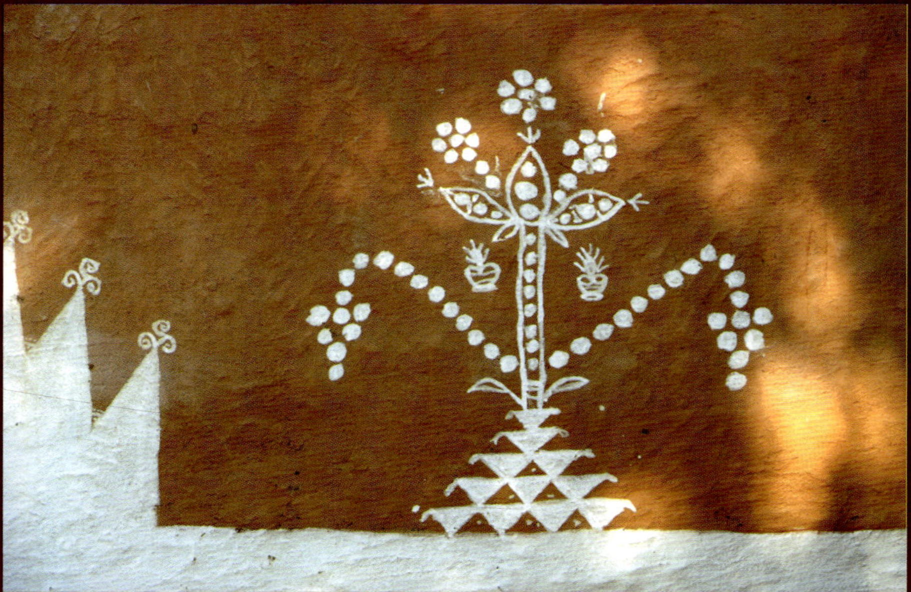

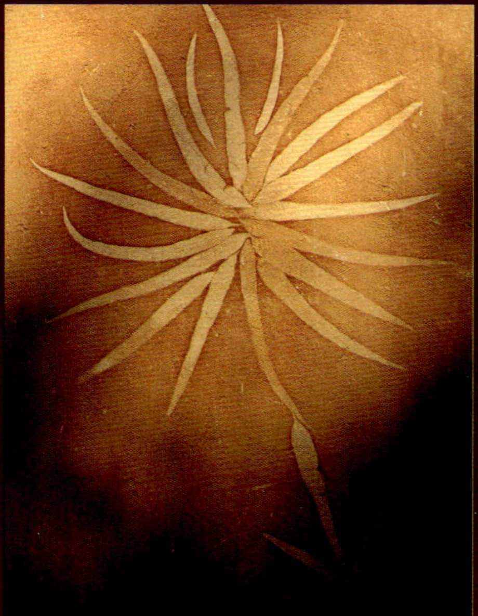

51

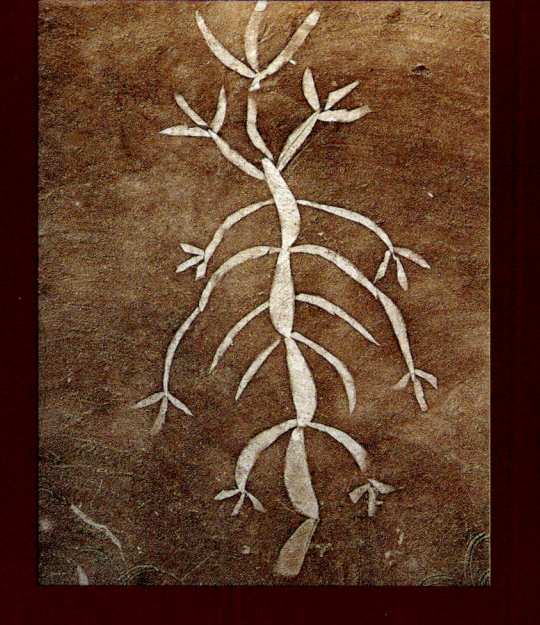

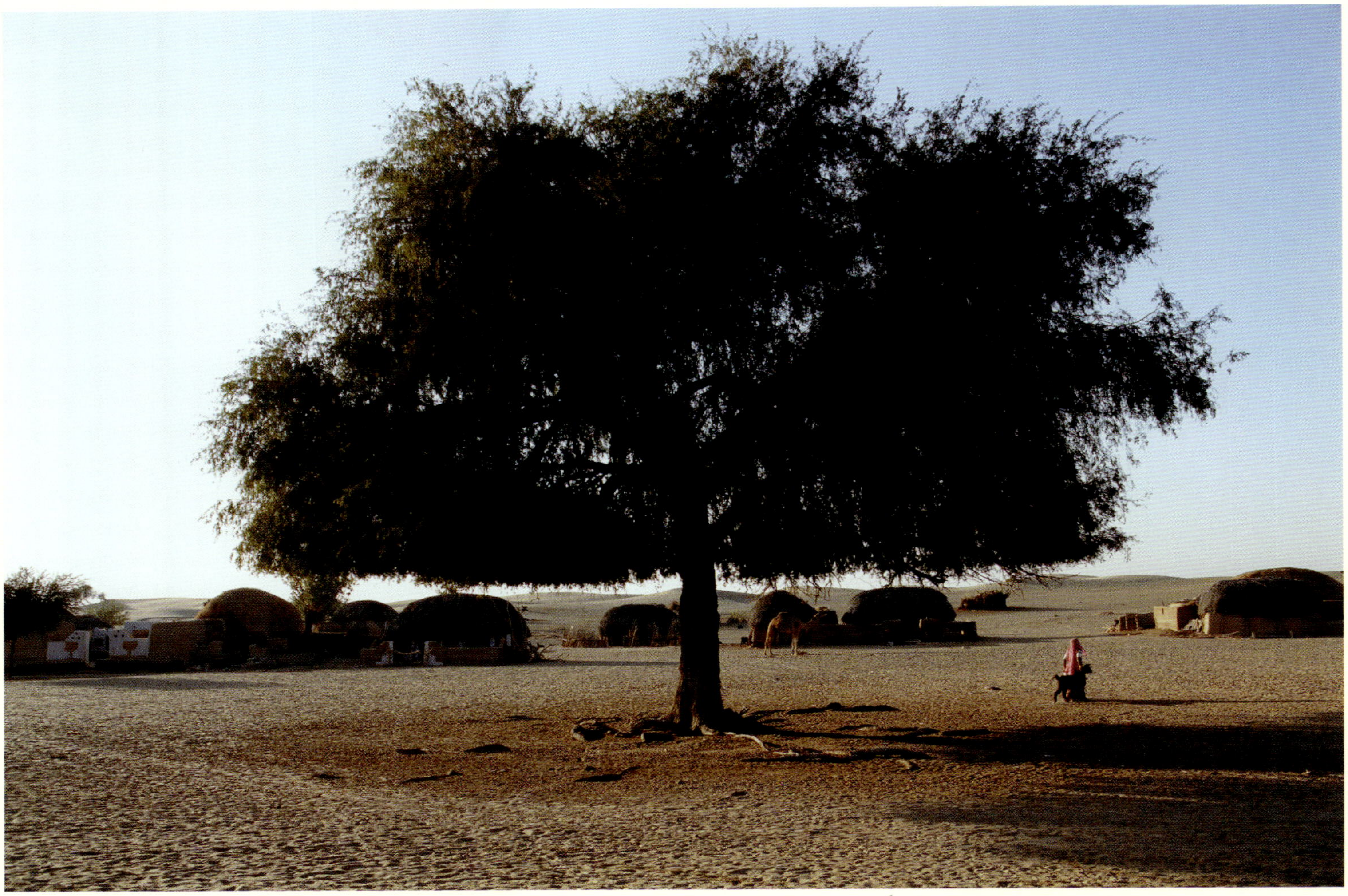

53

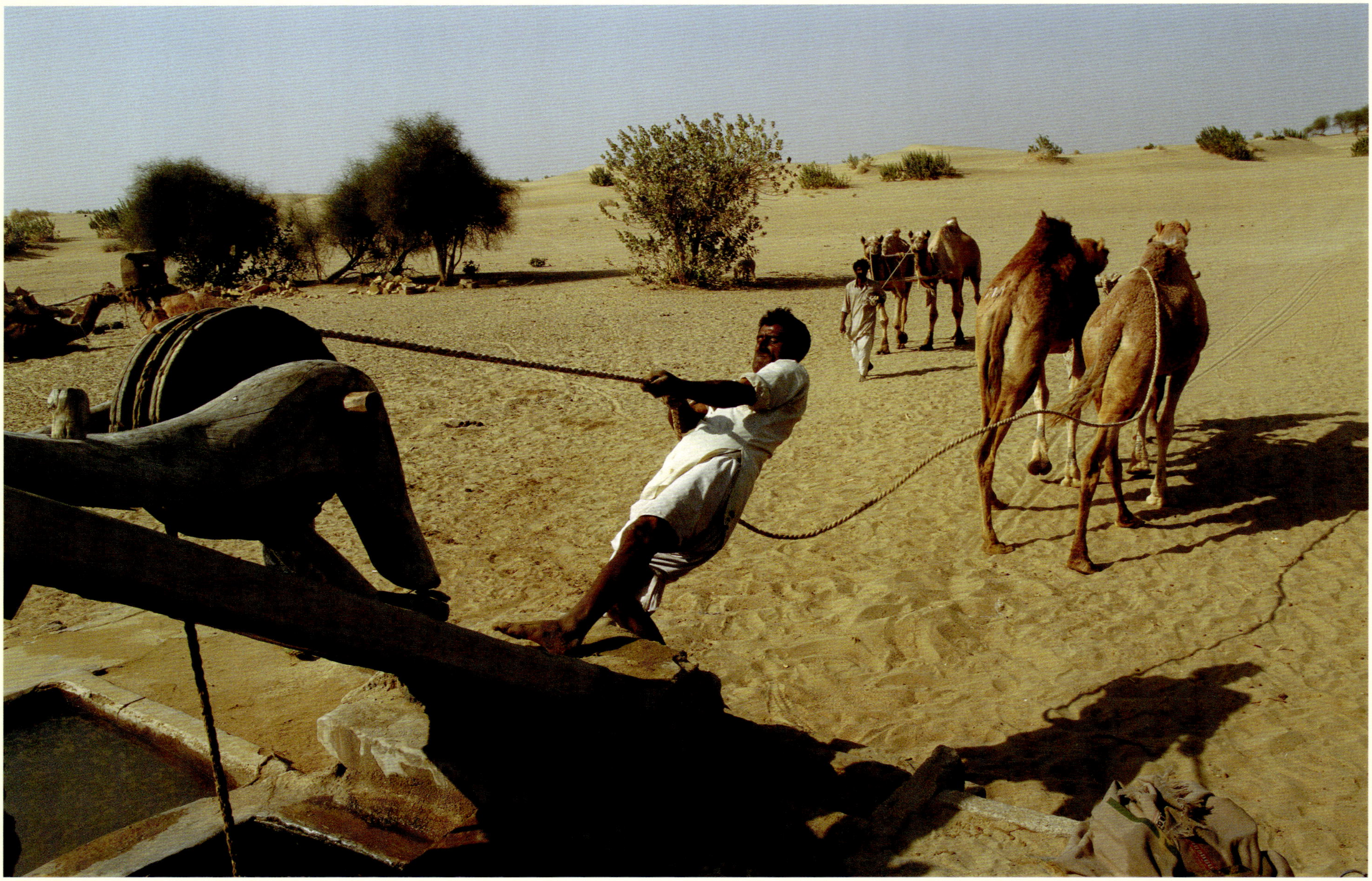

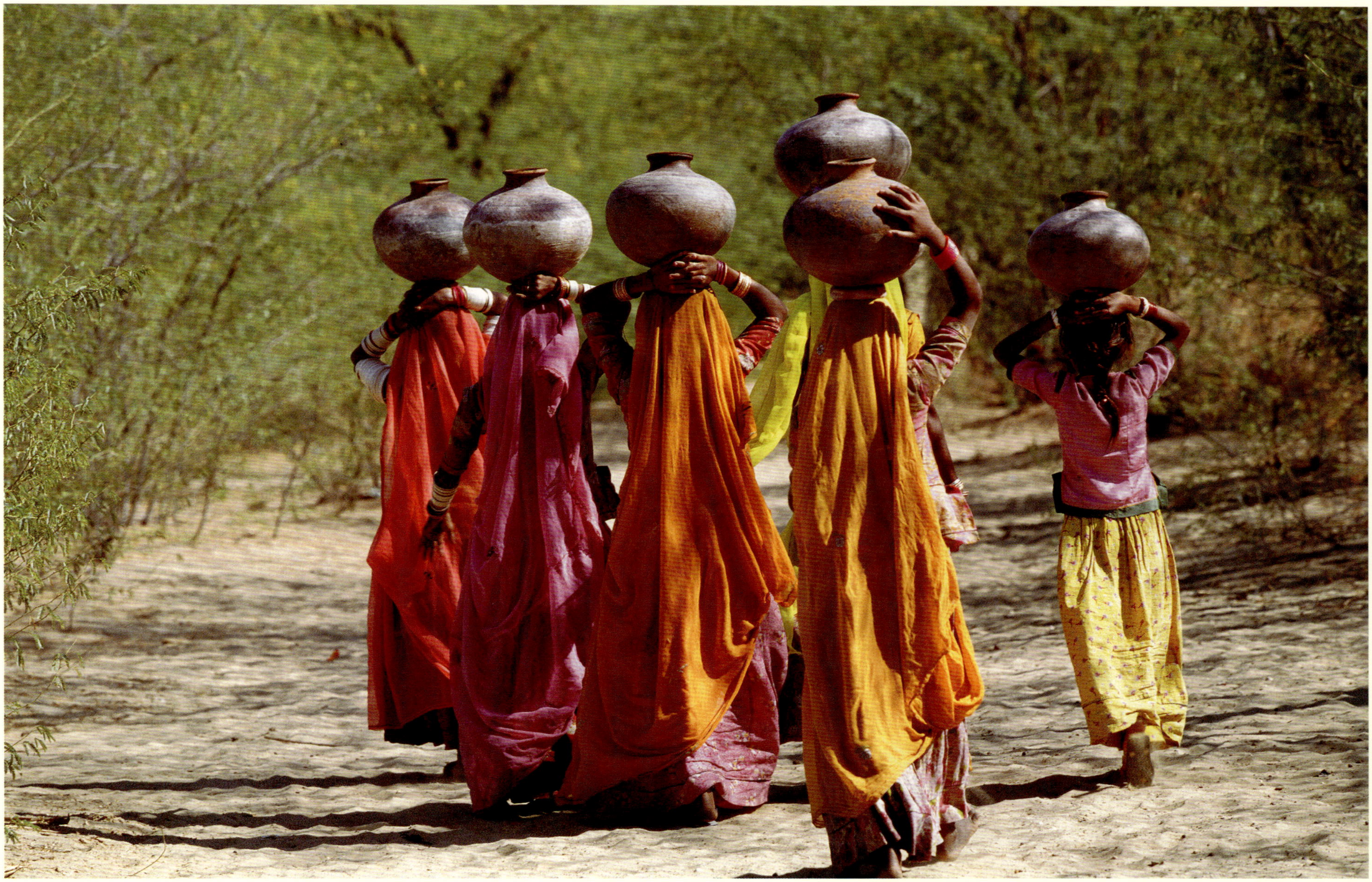

56

57

58

59

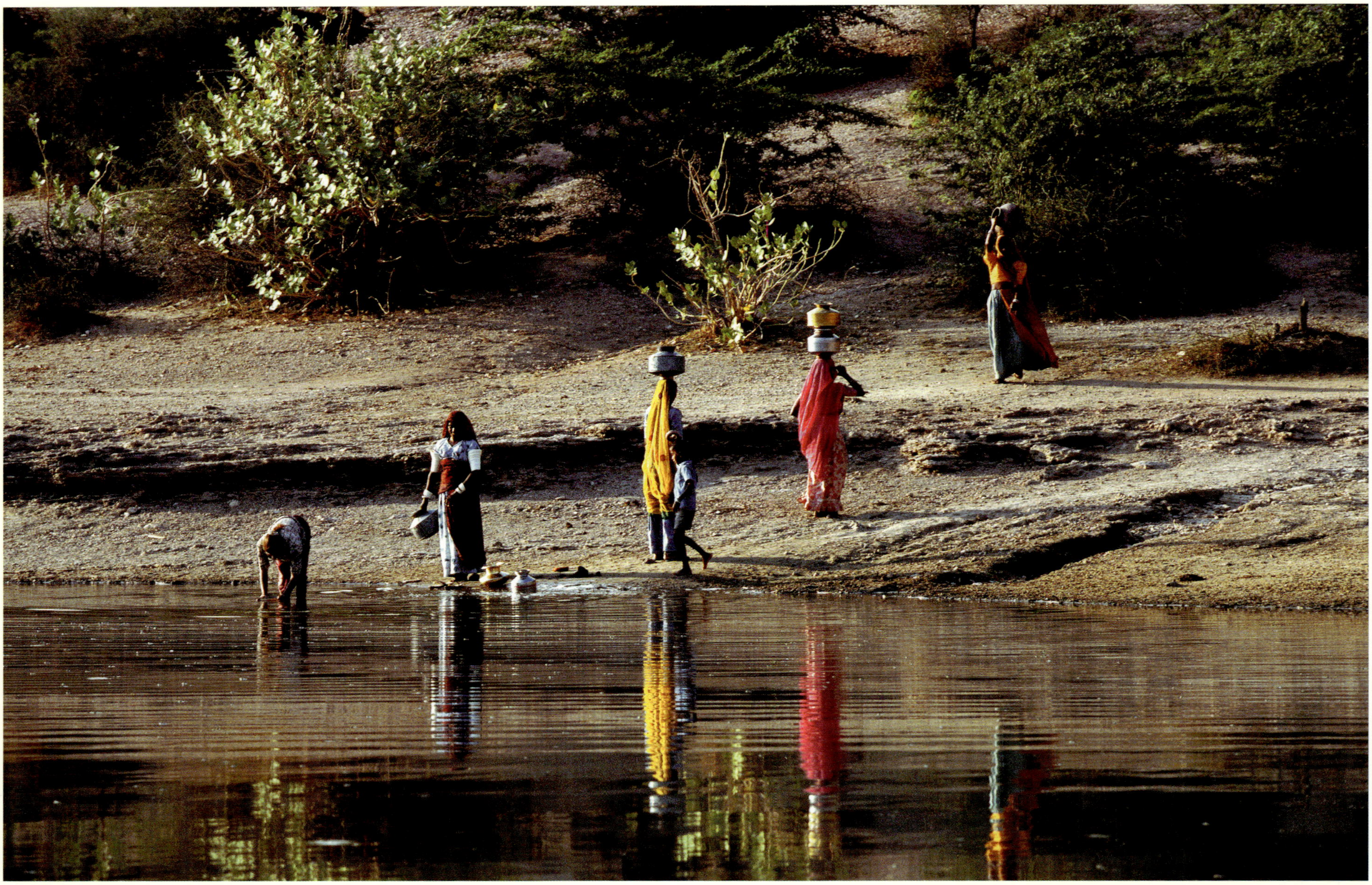

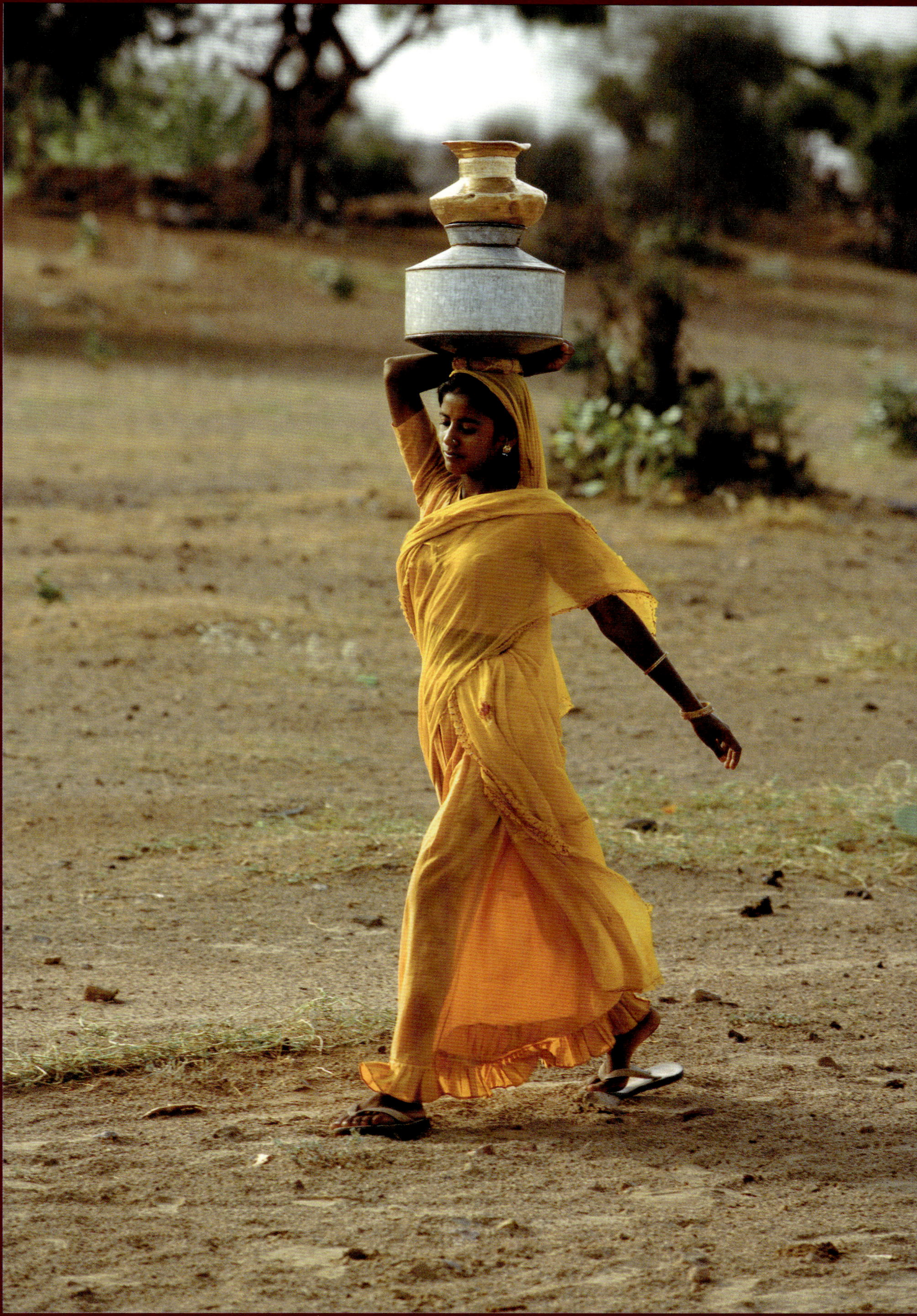

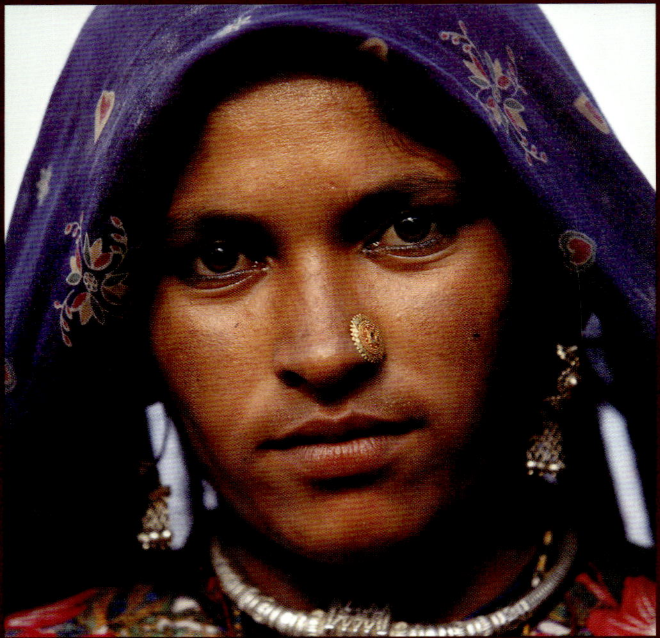
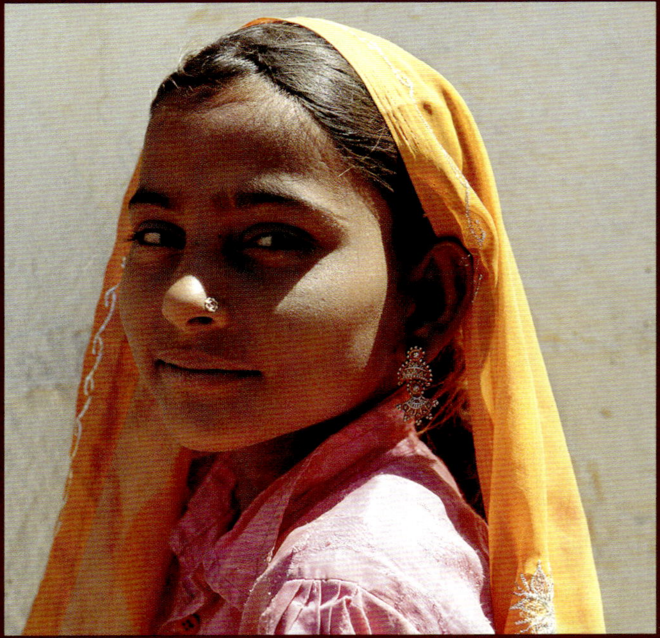
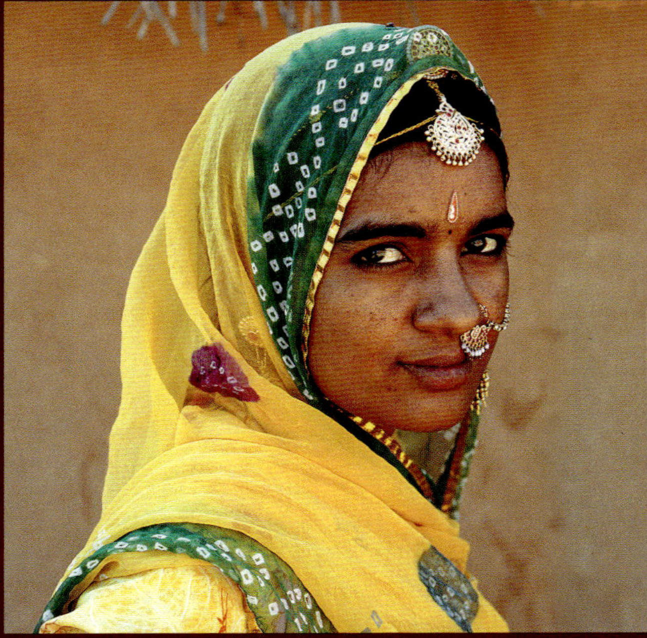
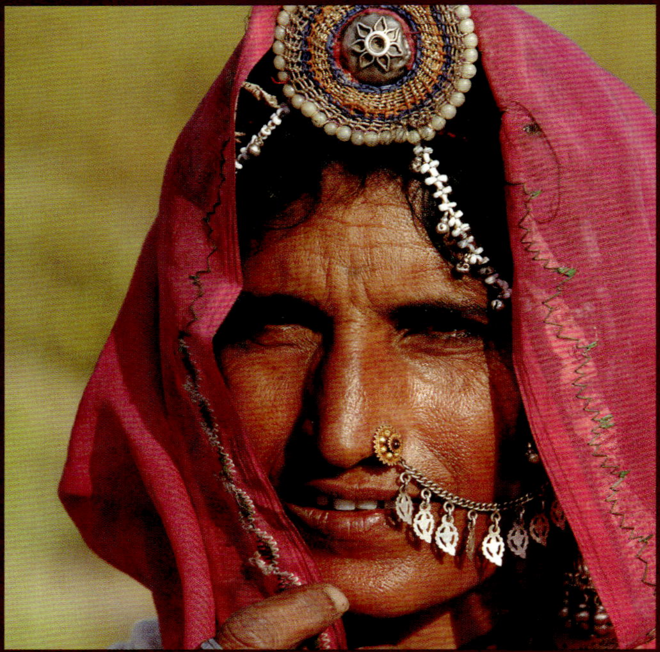
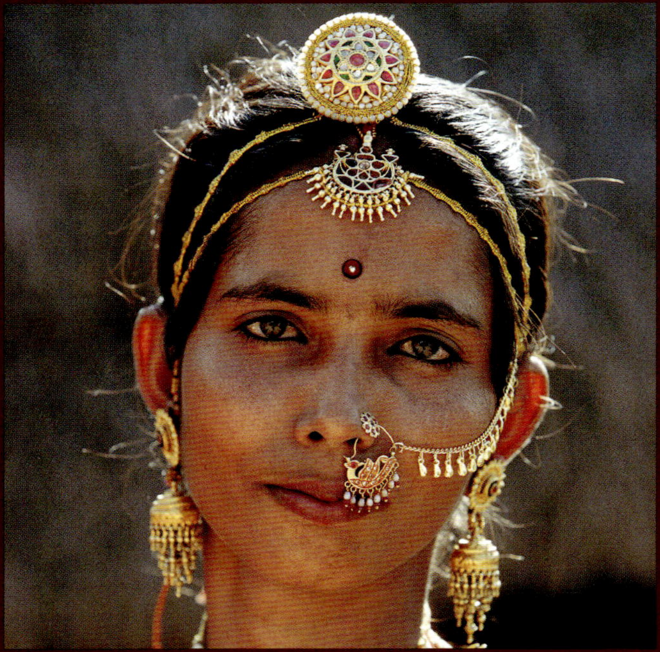
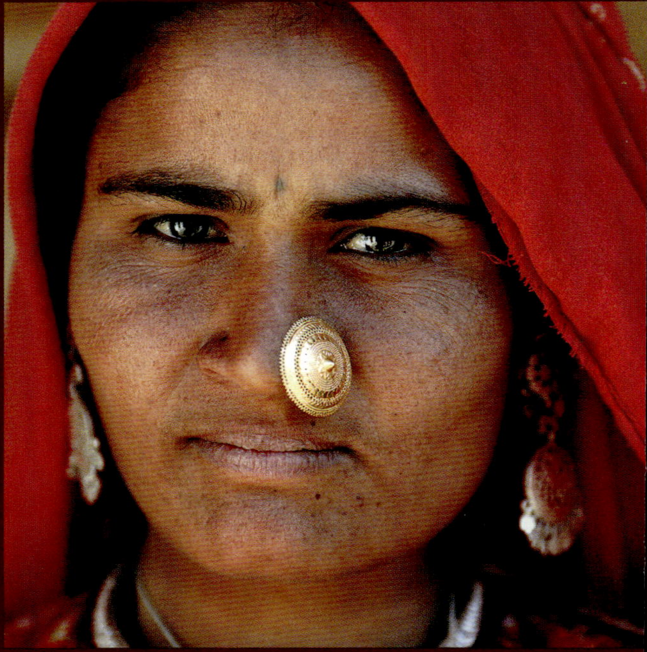
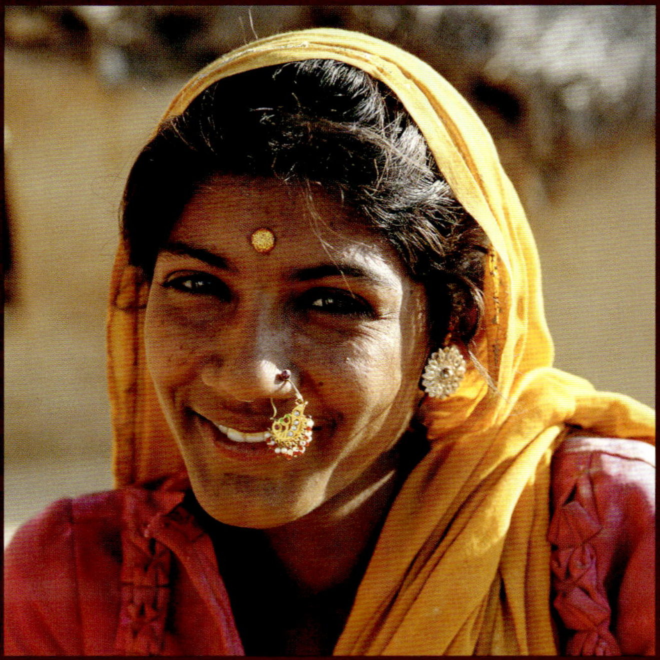
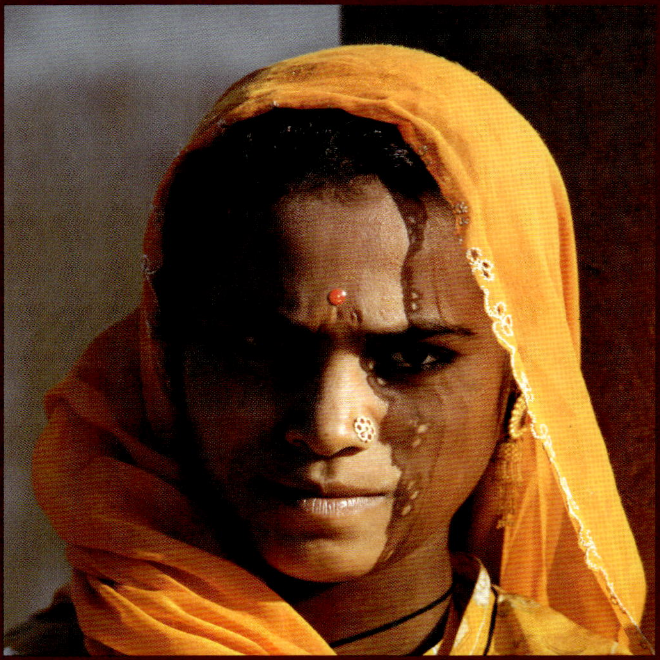
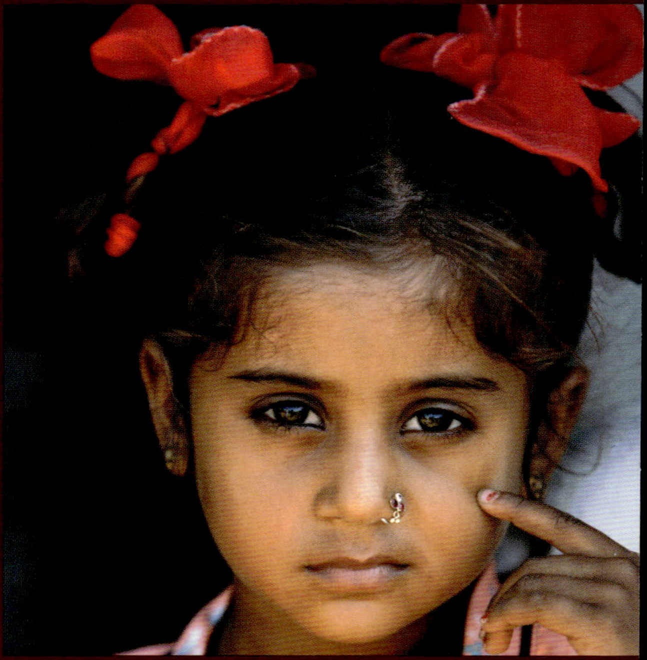

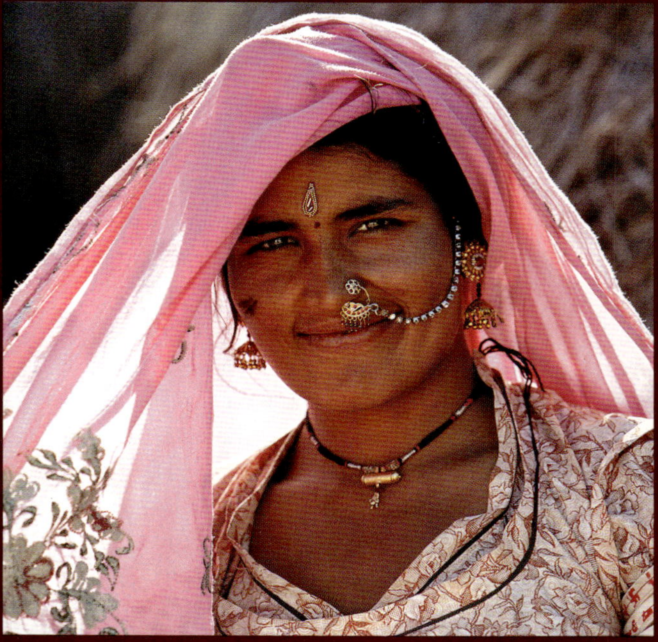
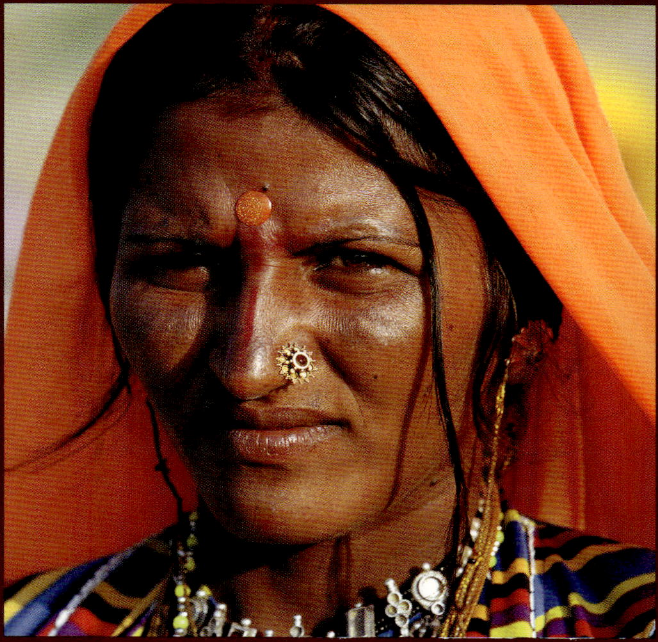
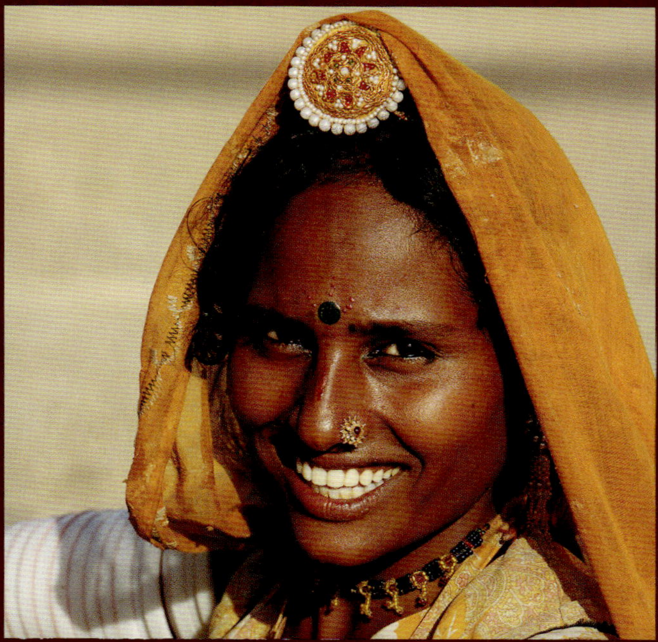
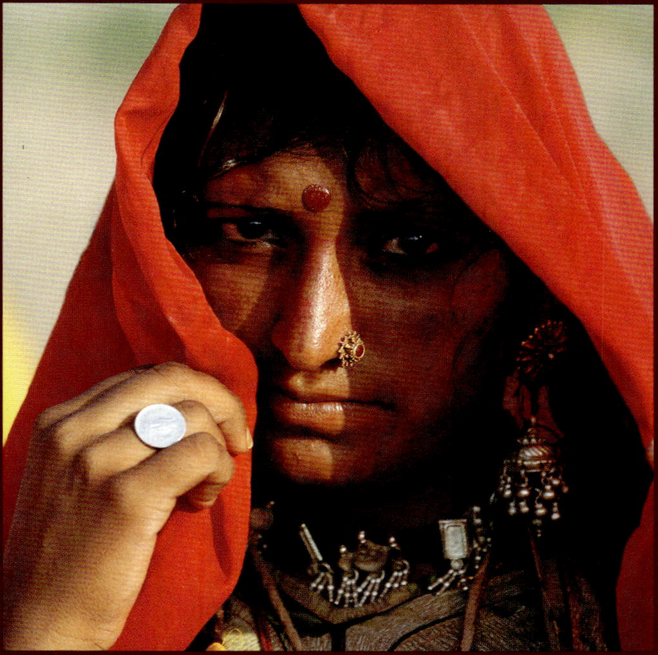
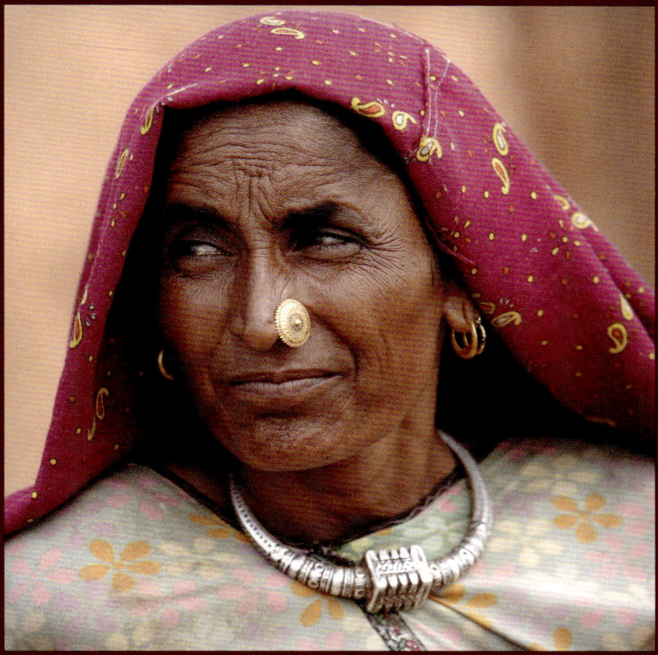
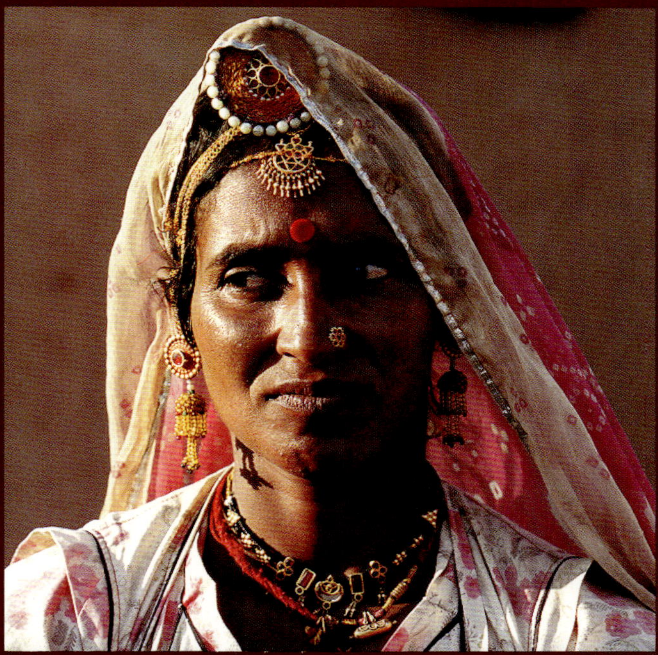
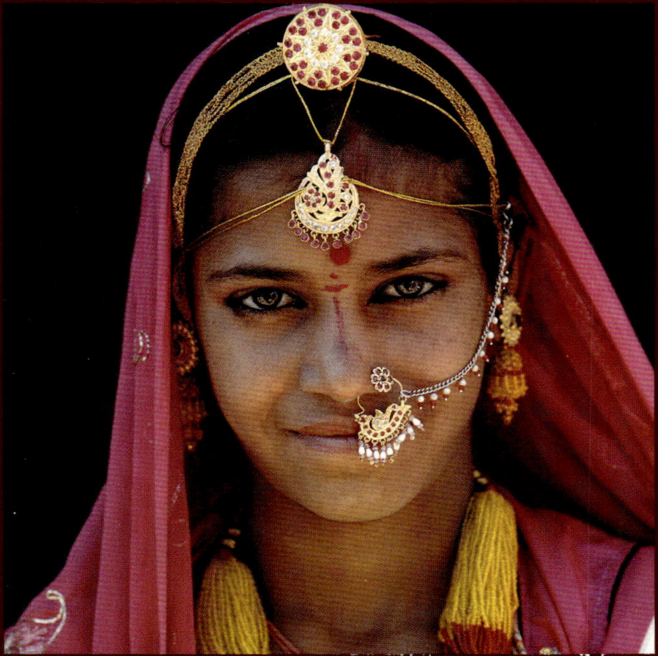
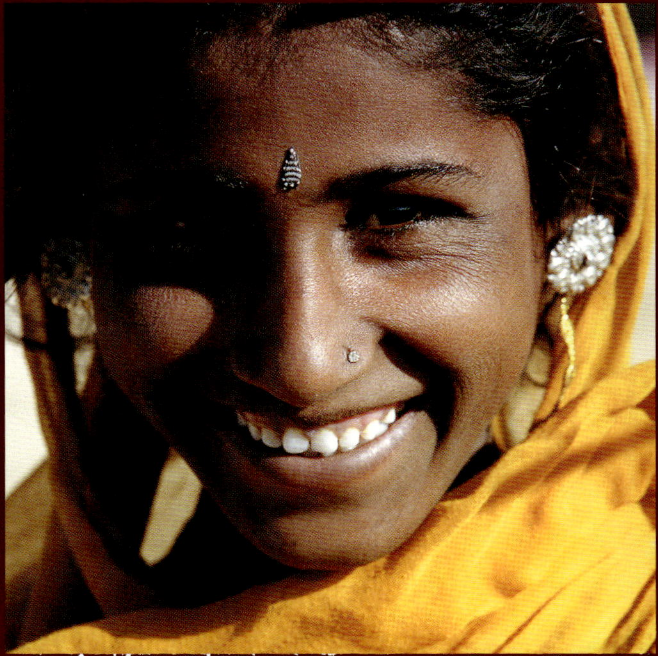
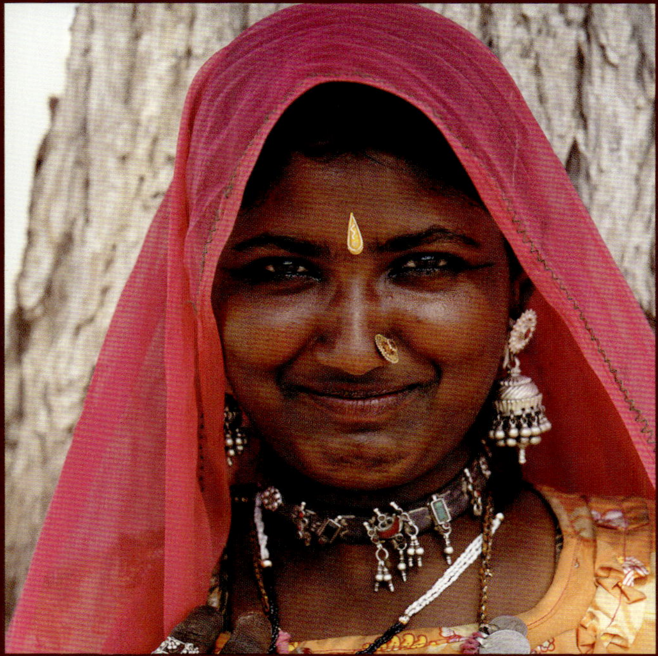

64

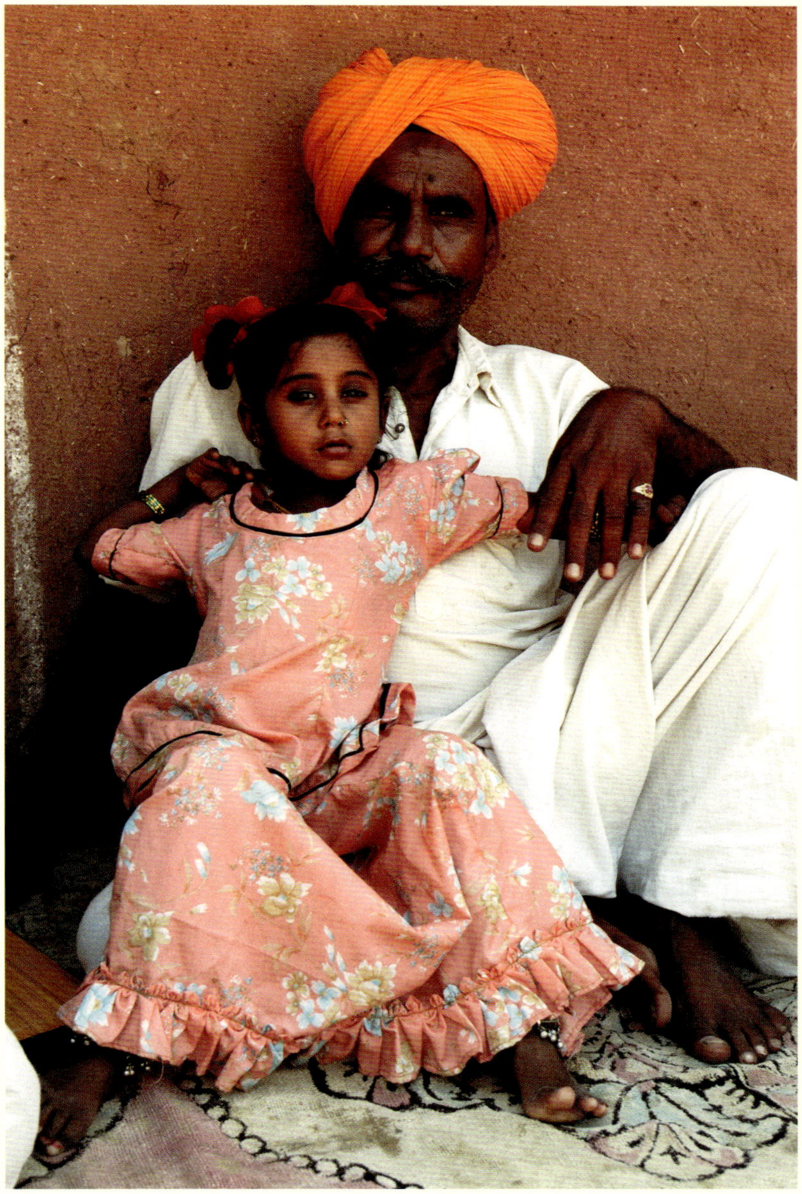

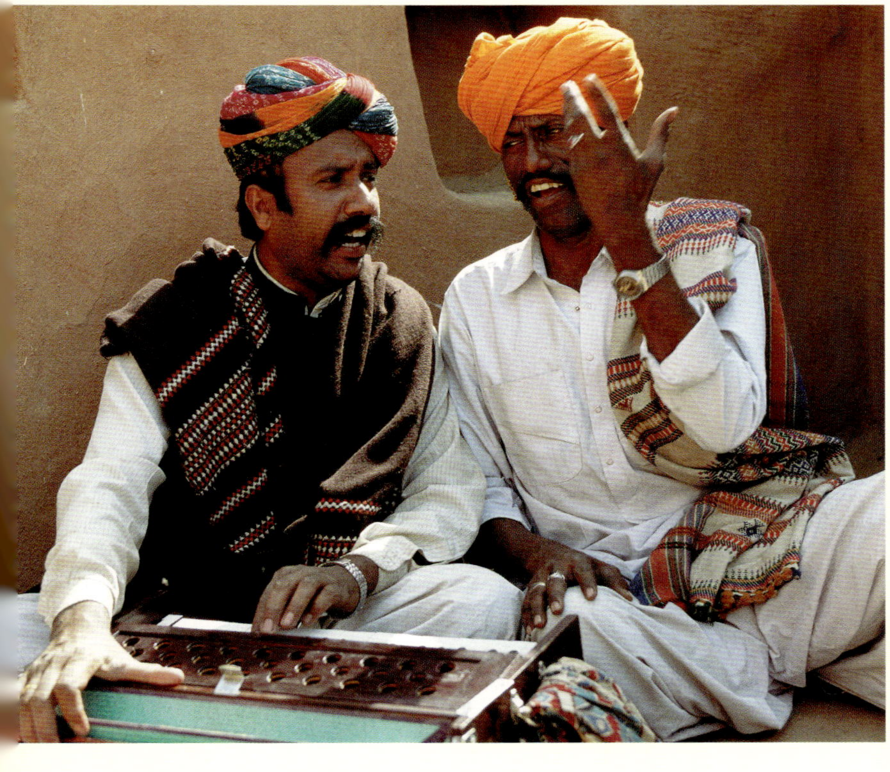

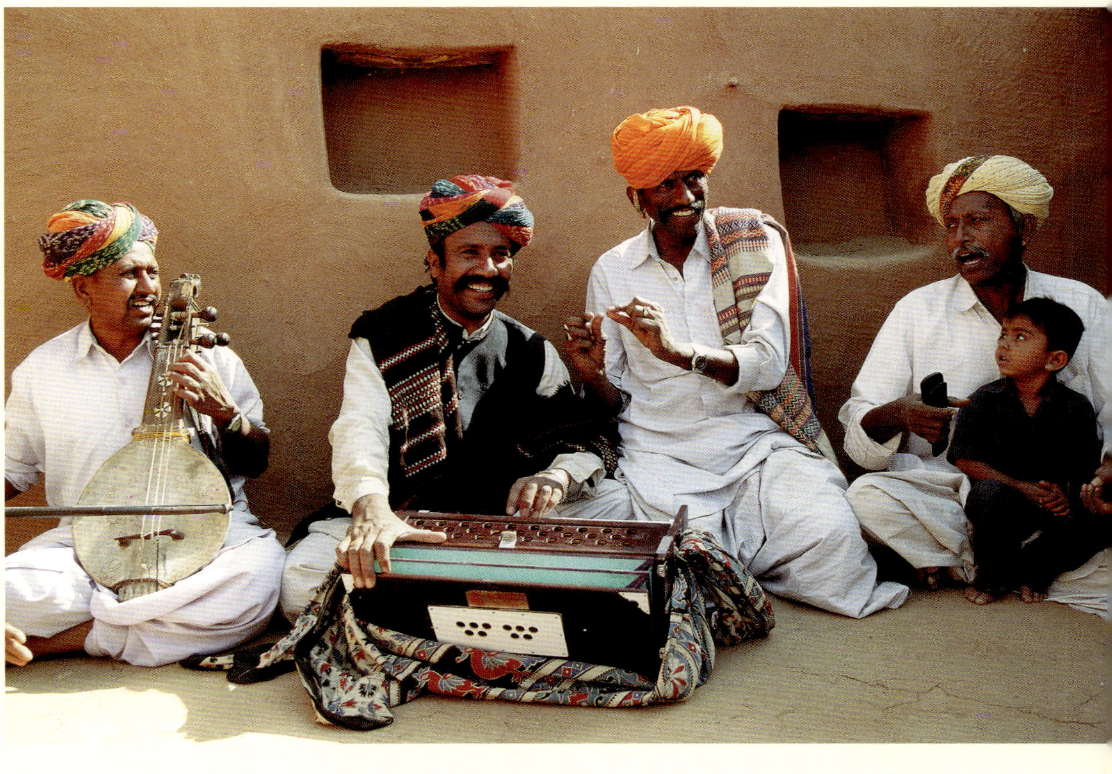

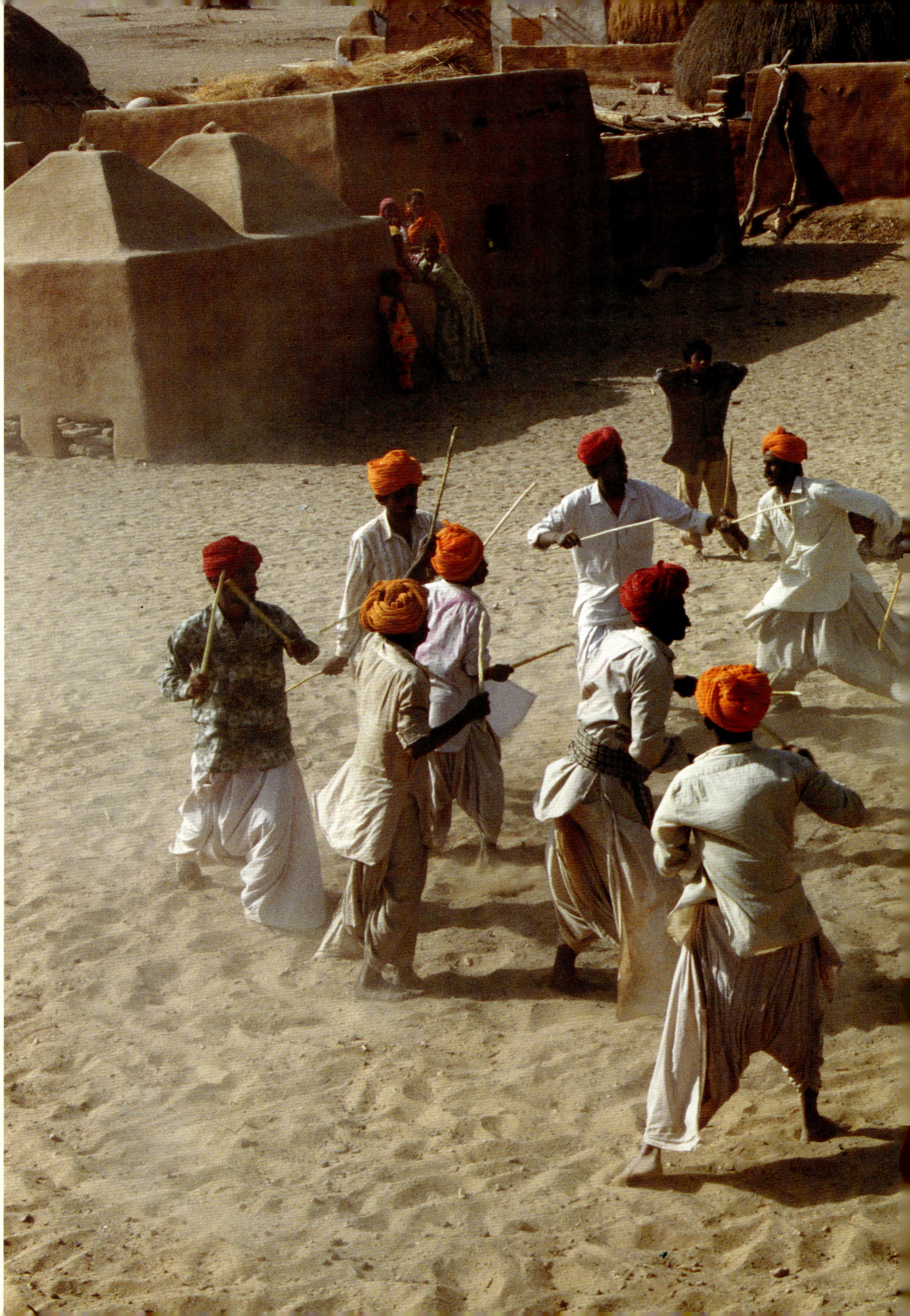

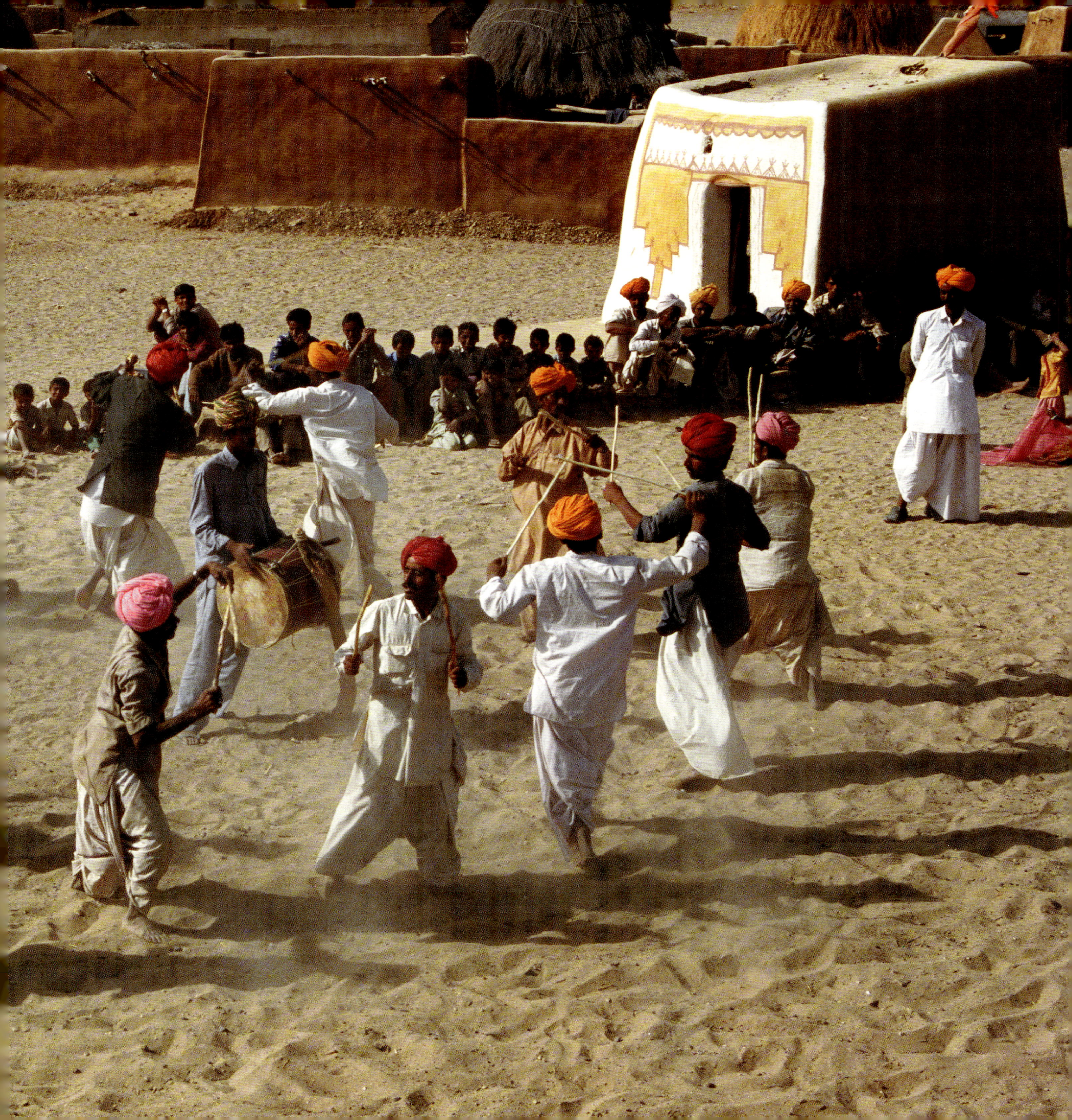

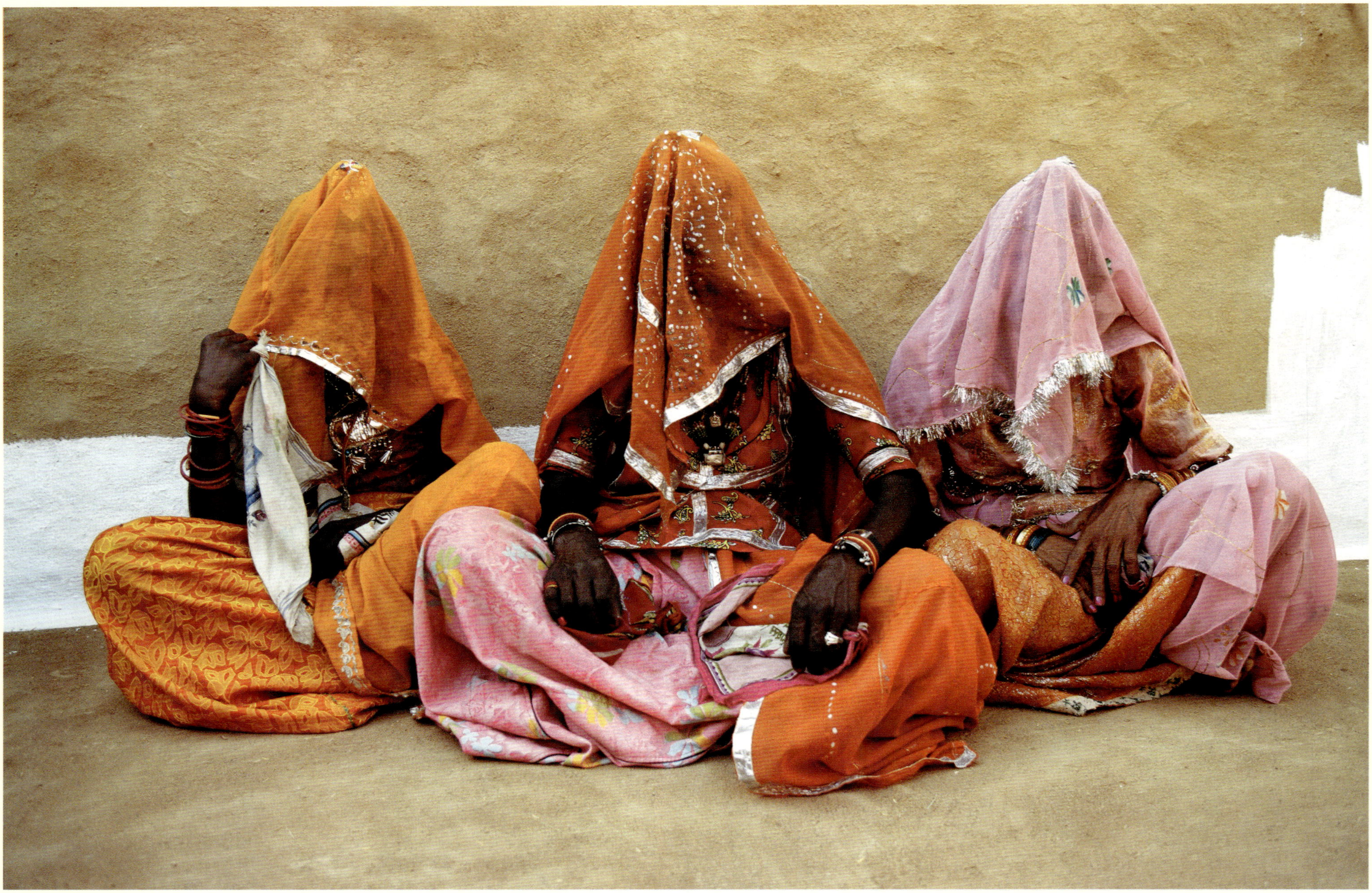

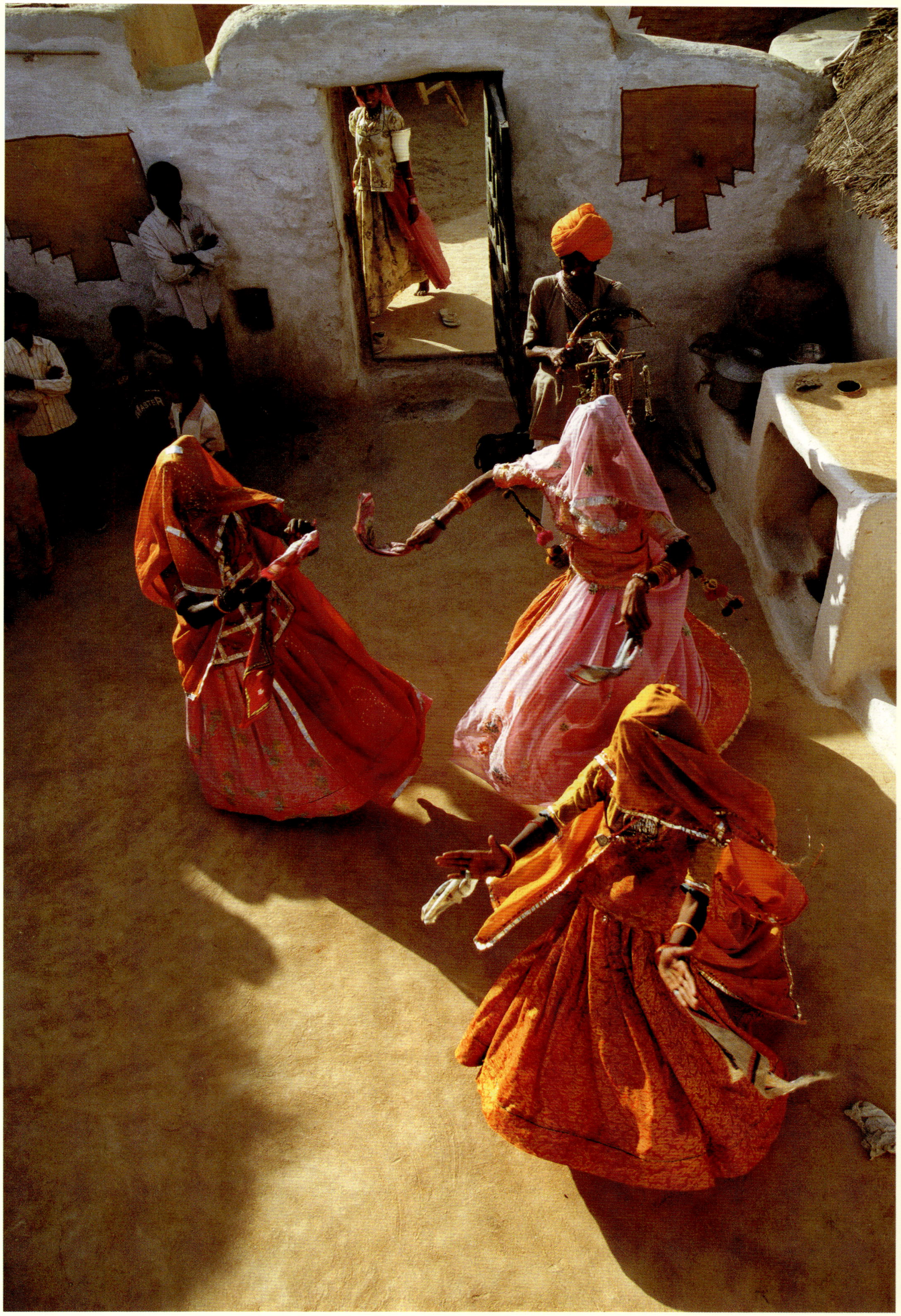

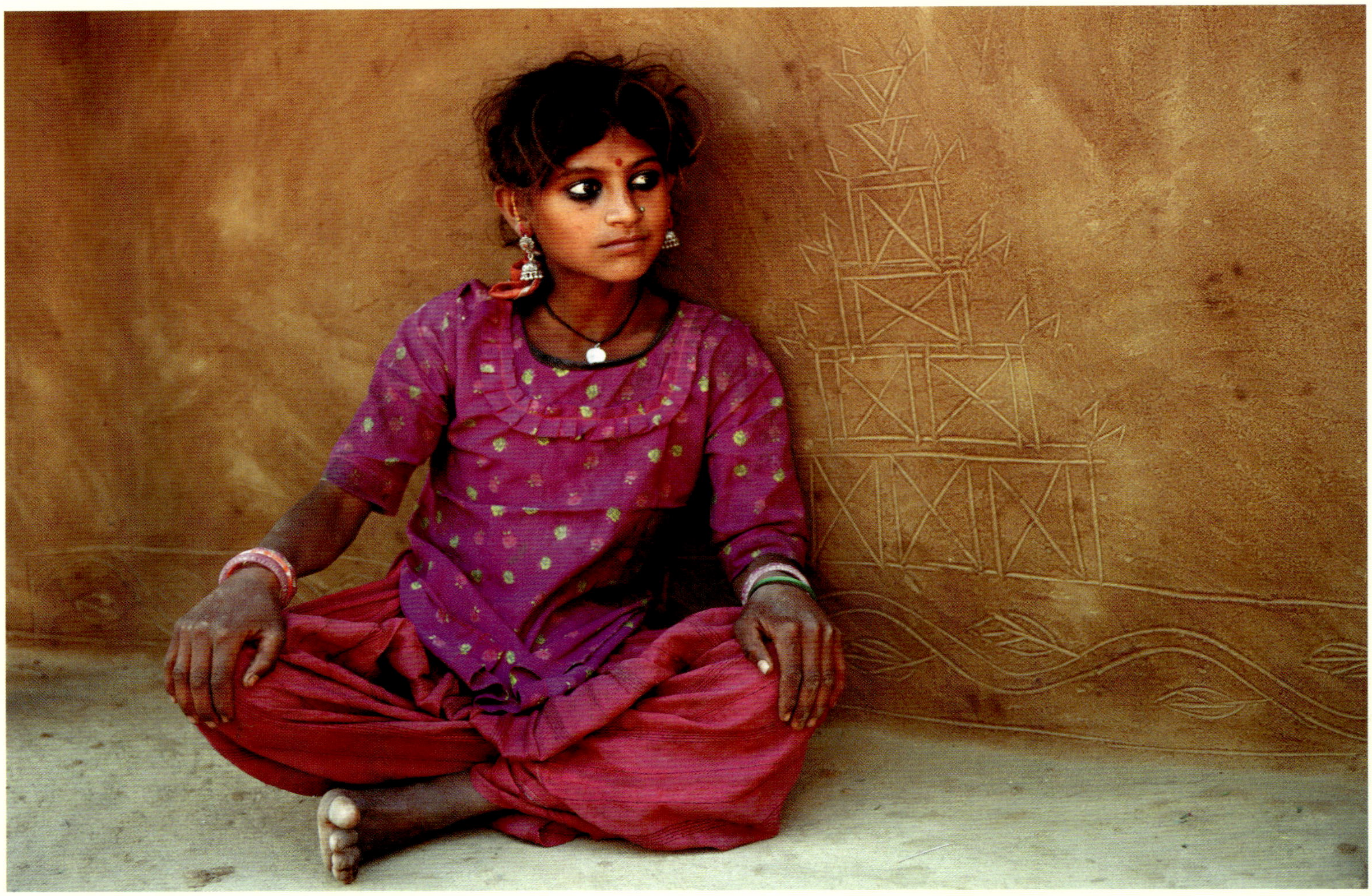

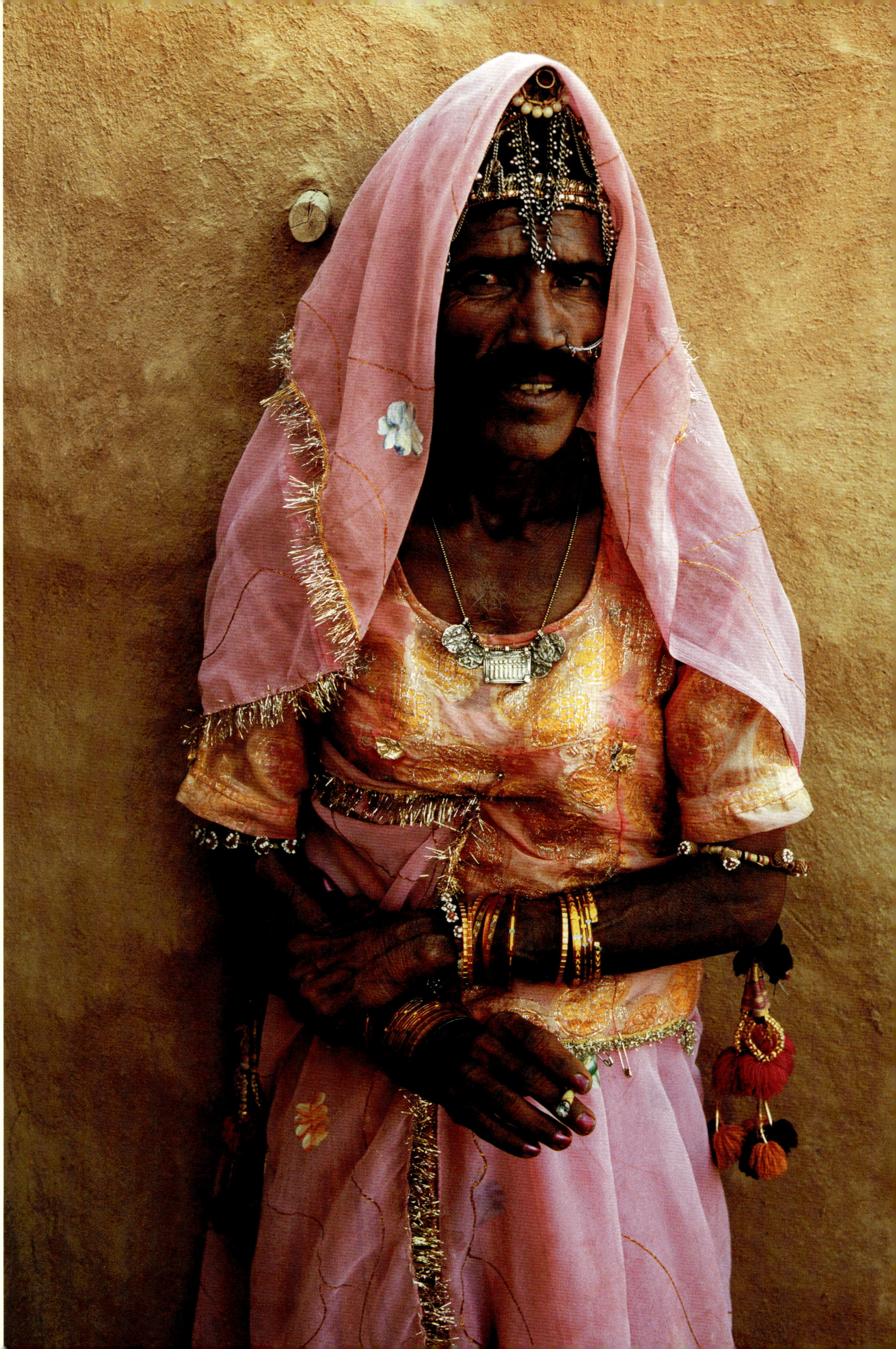

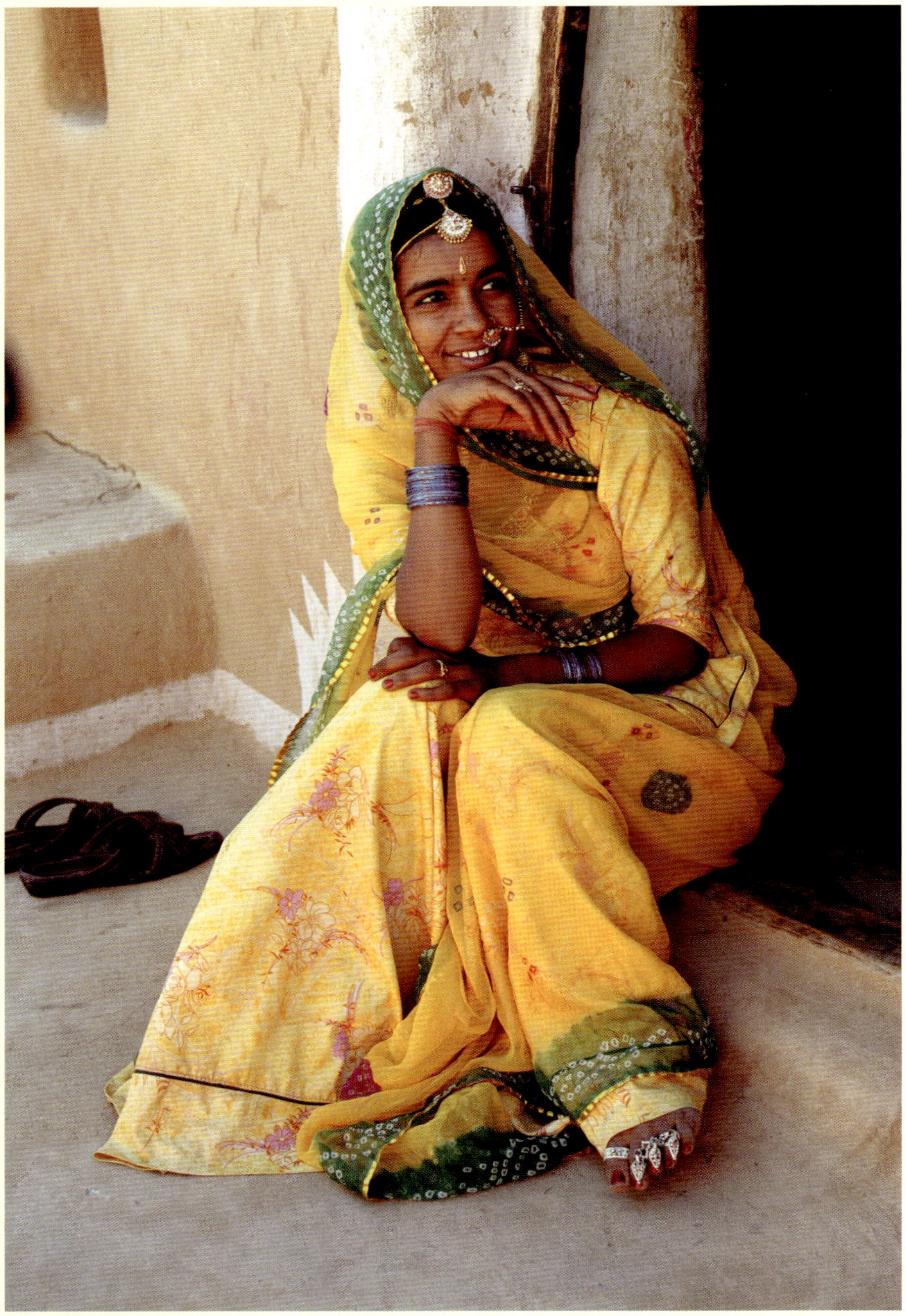

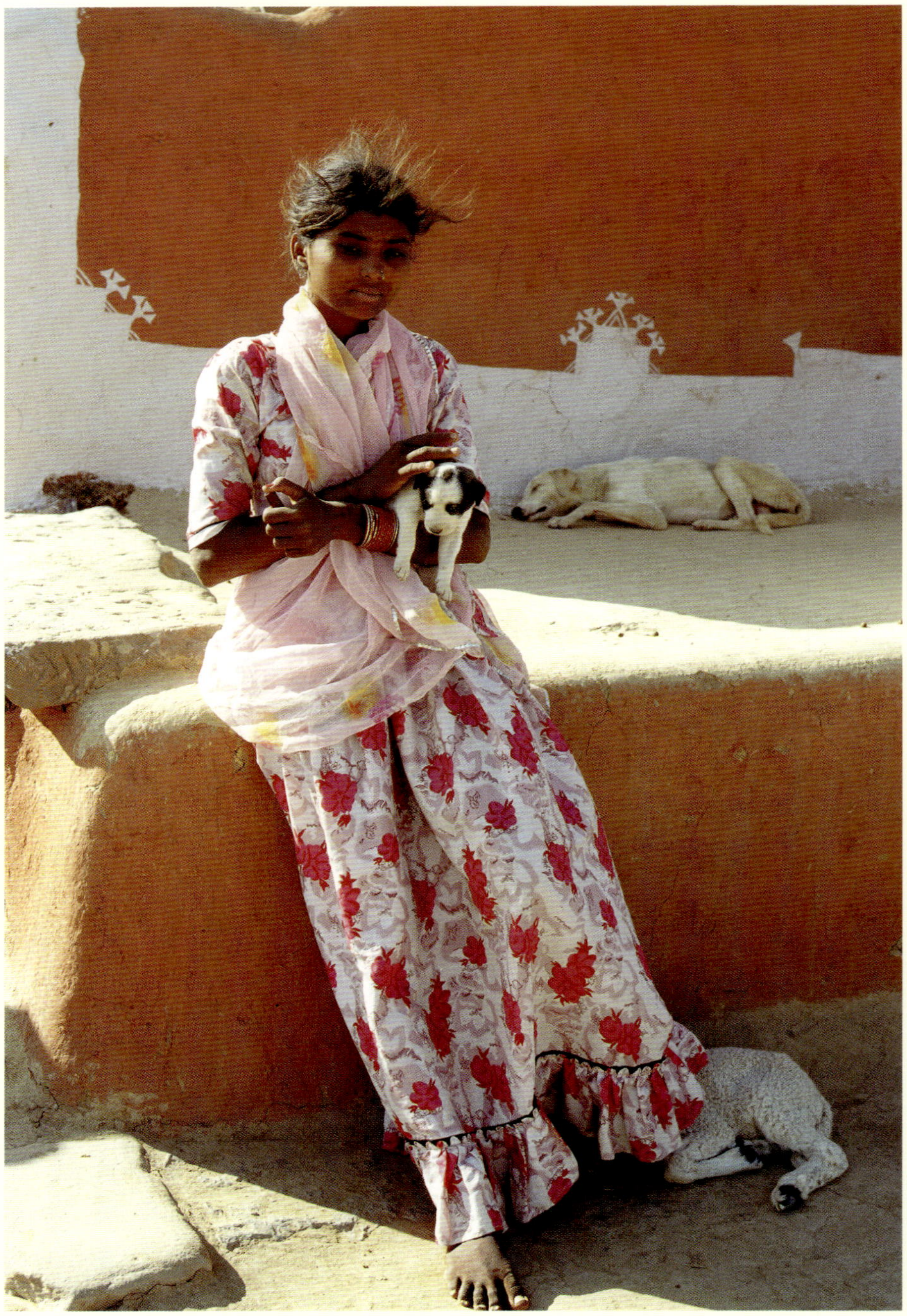

73

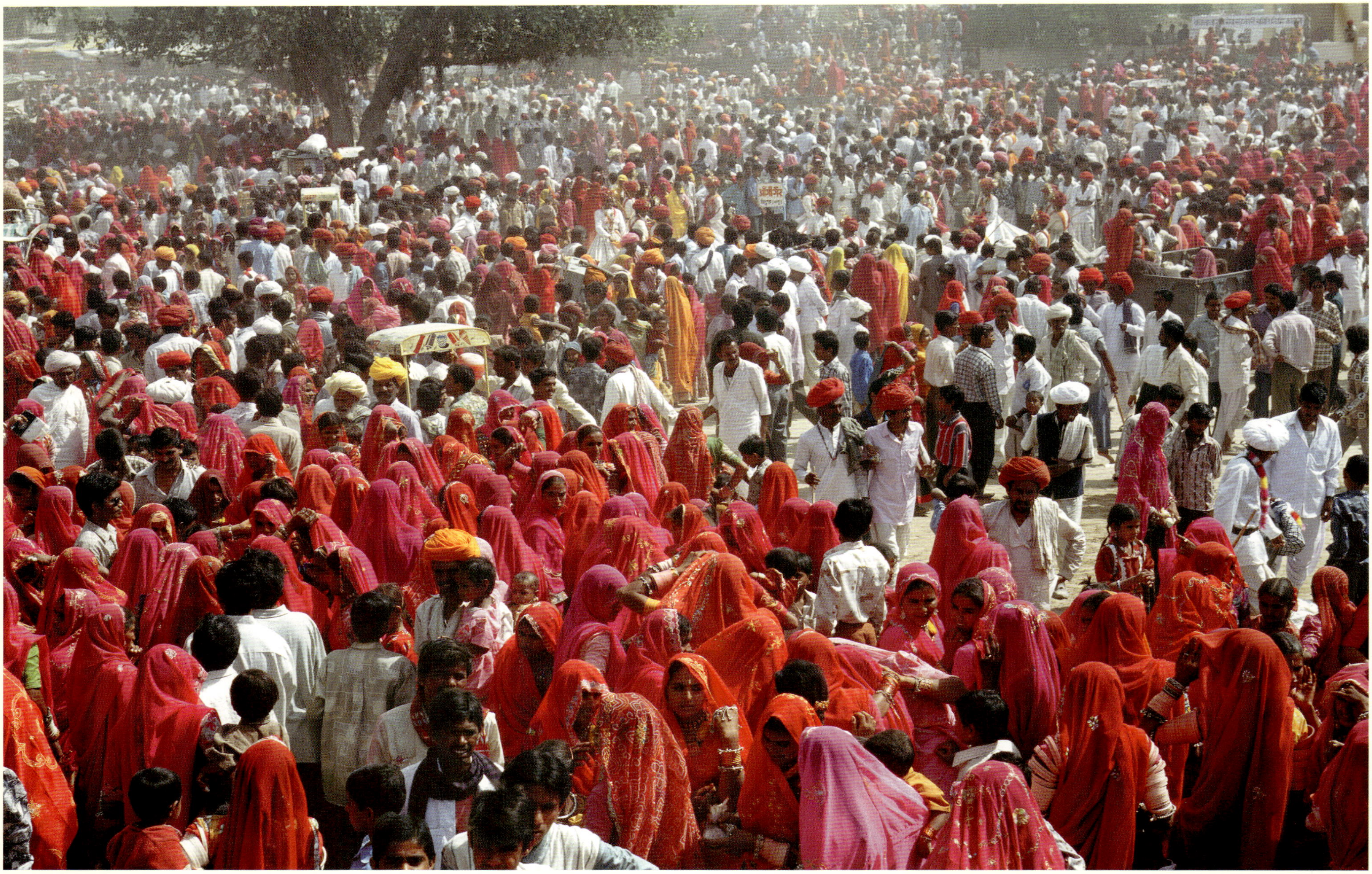

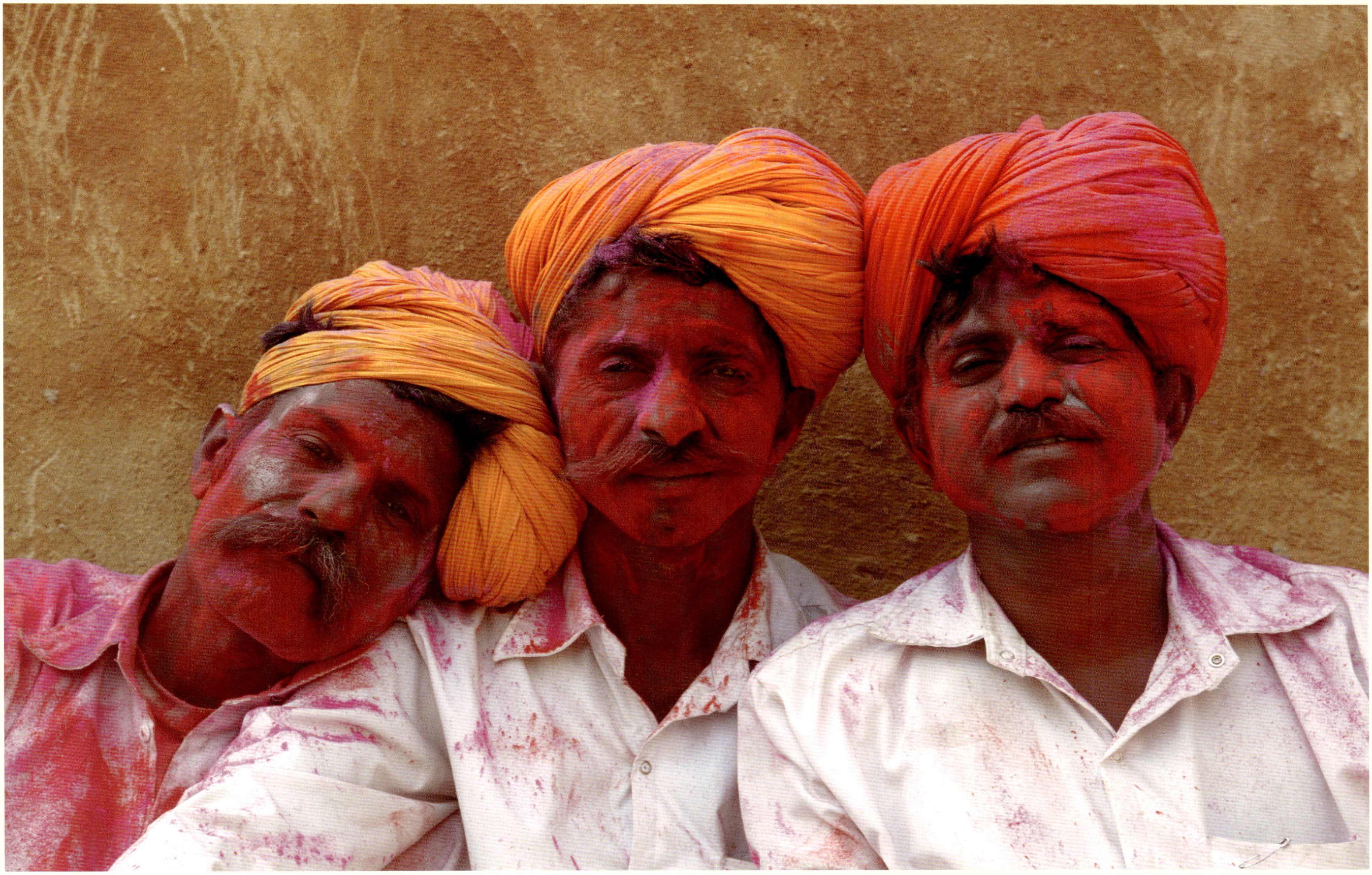

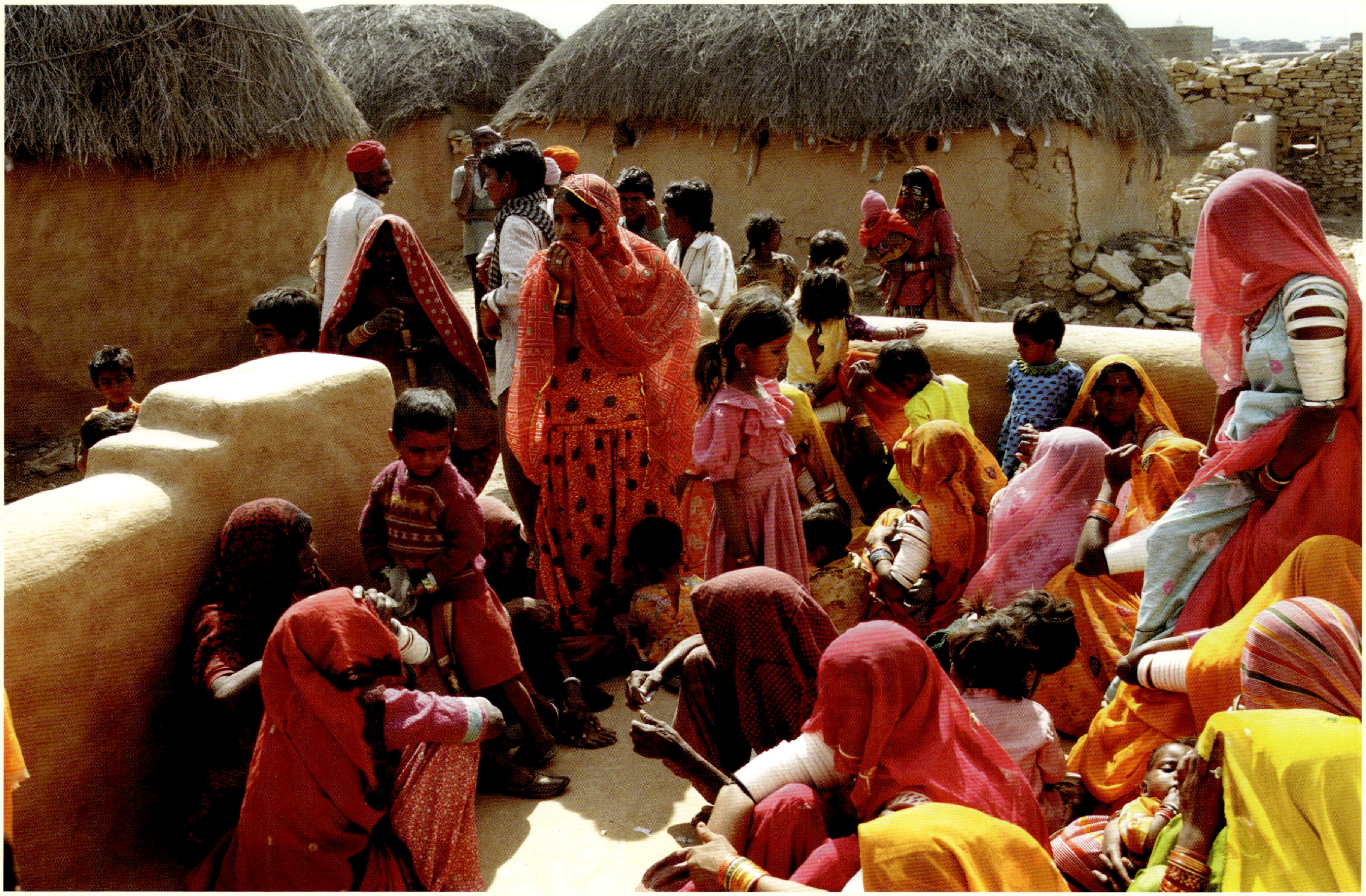

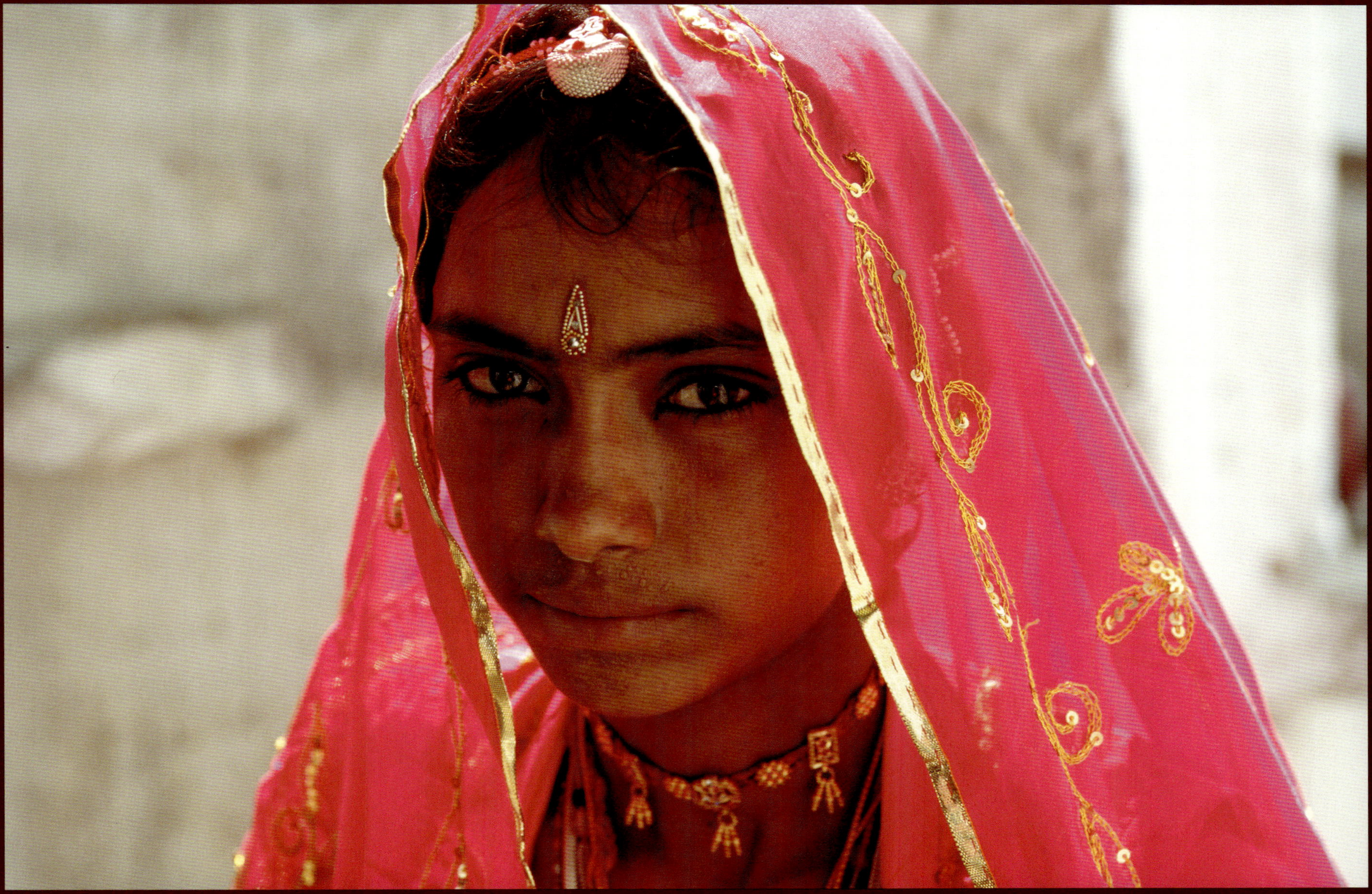

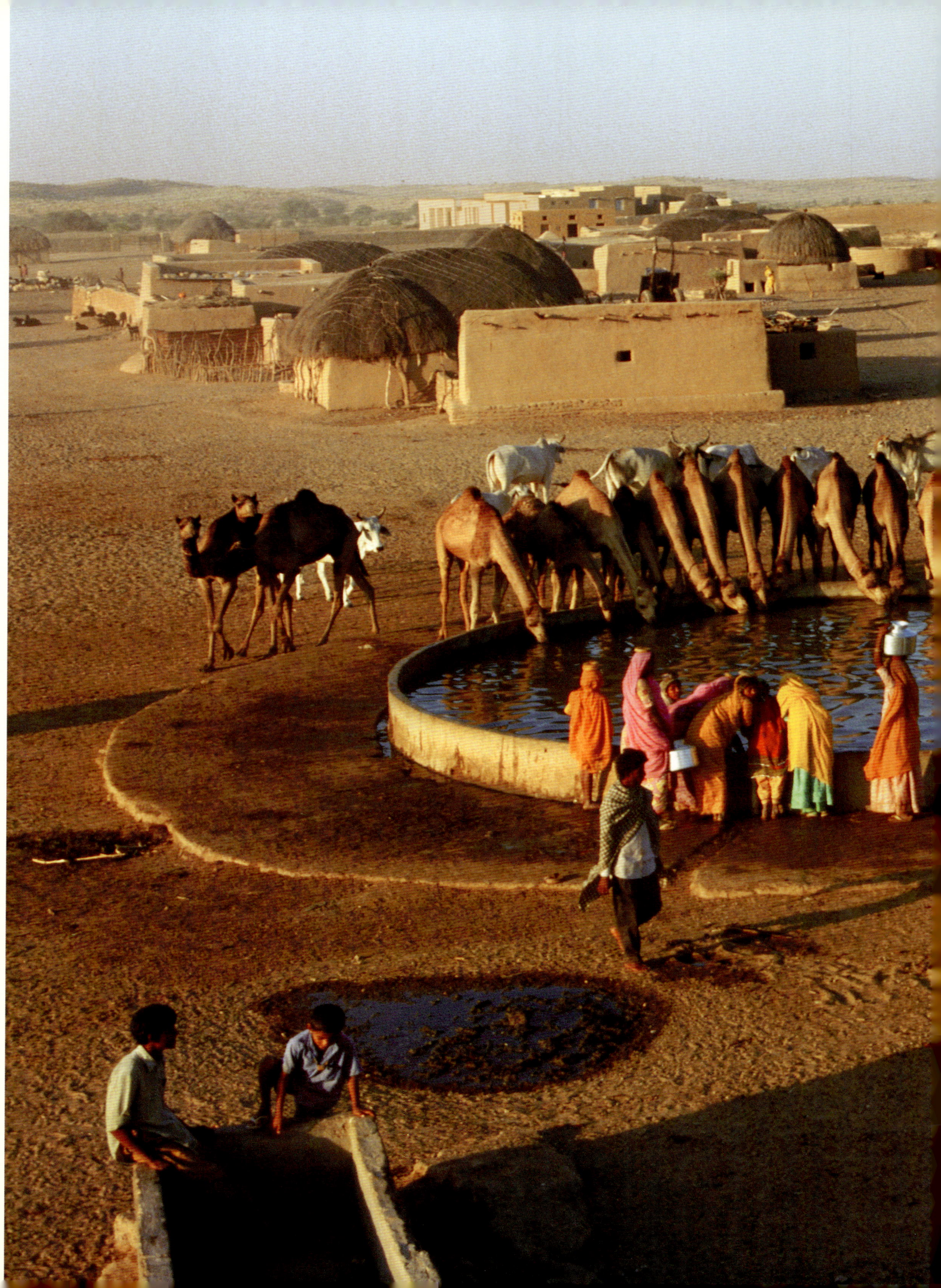

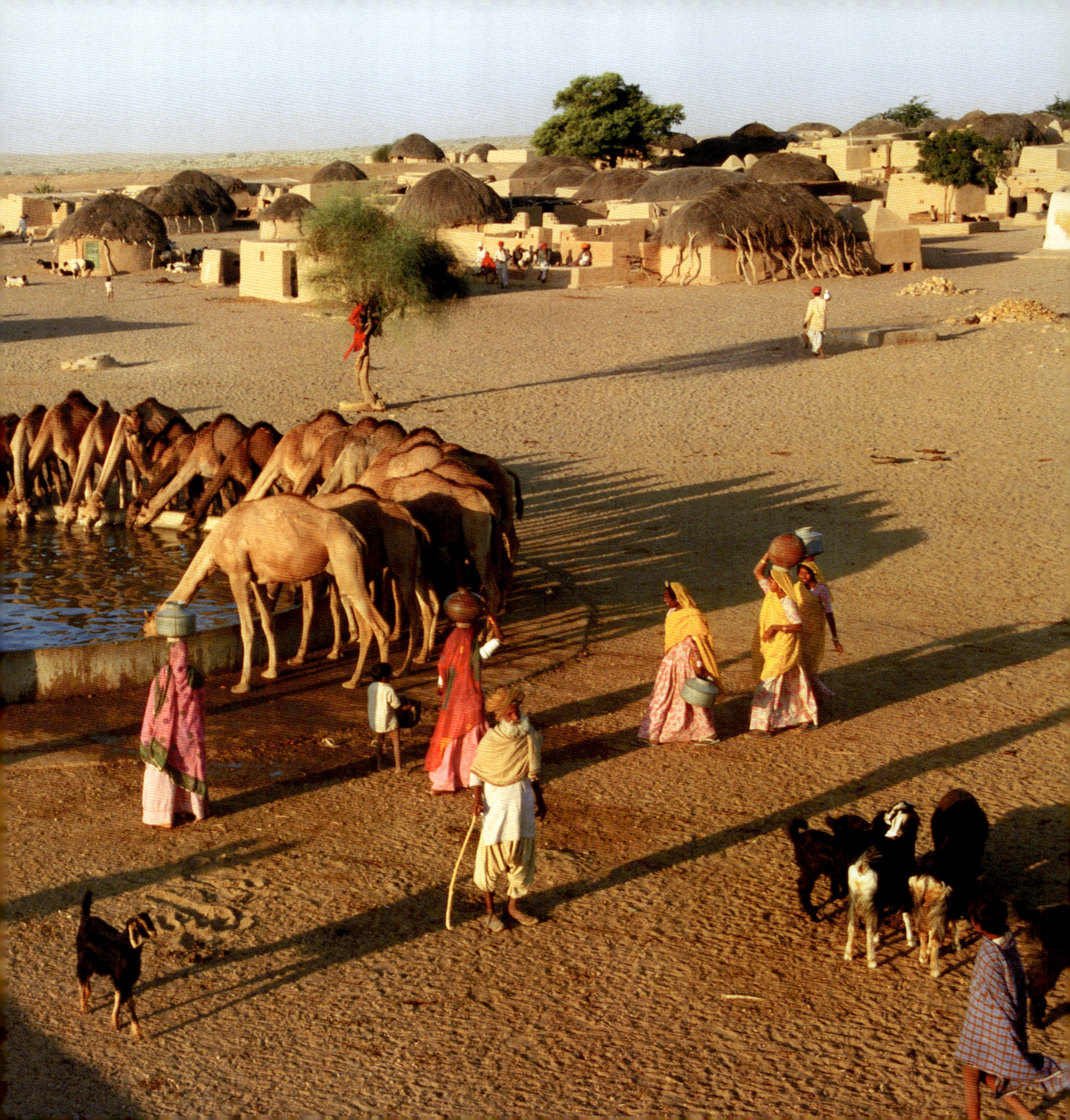

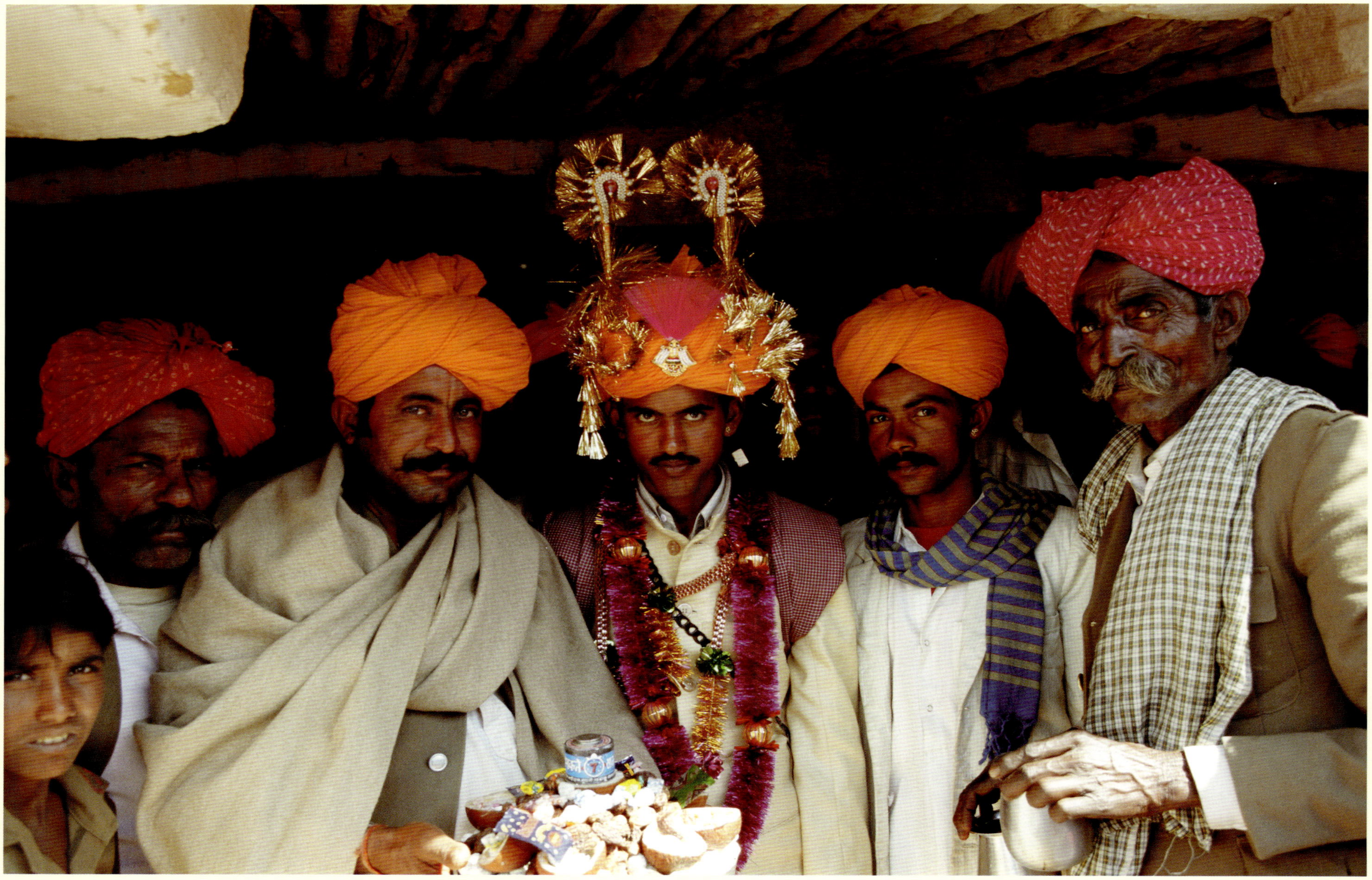

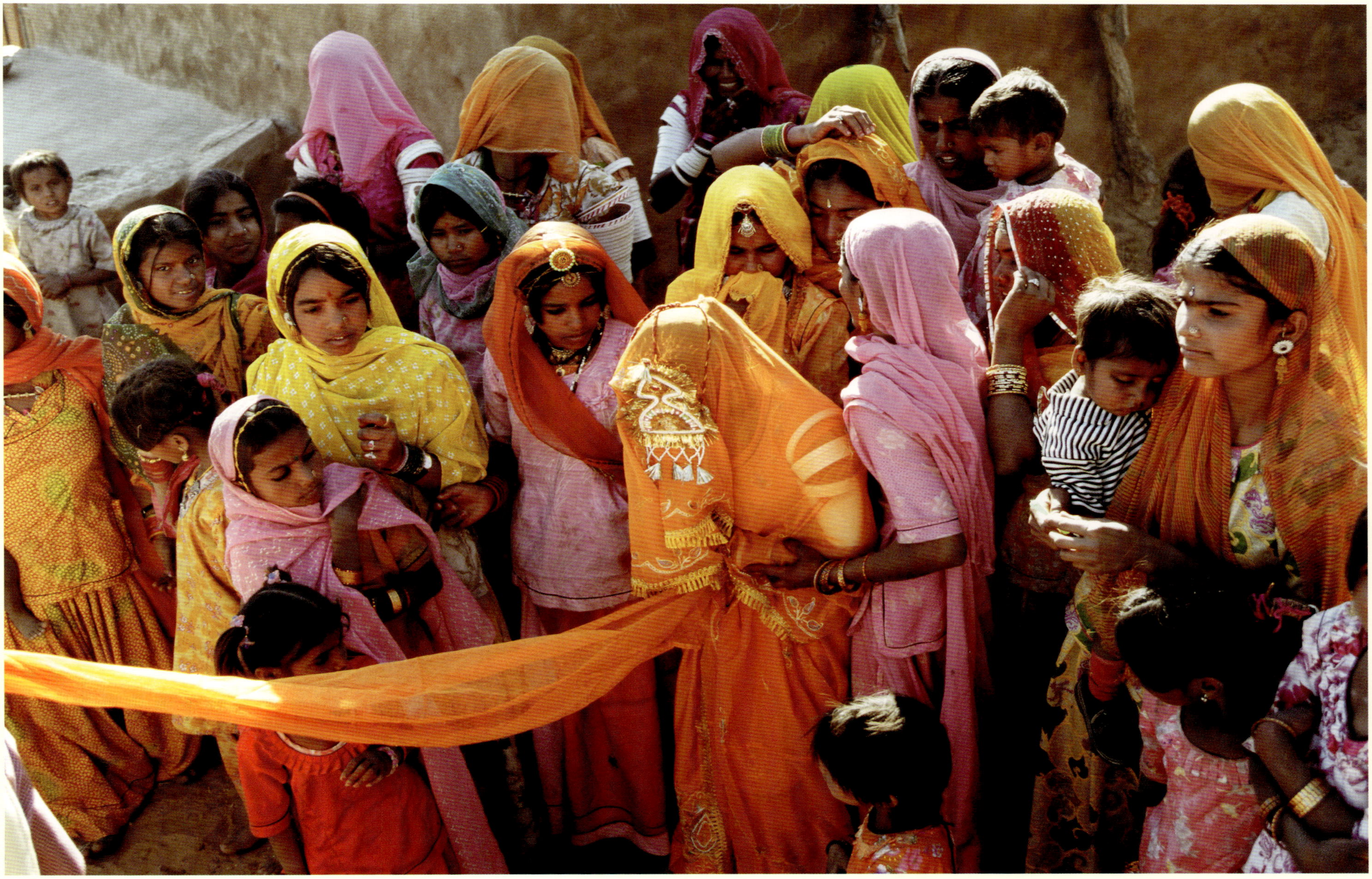

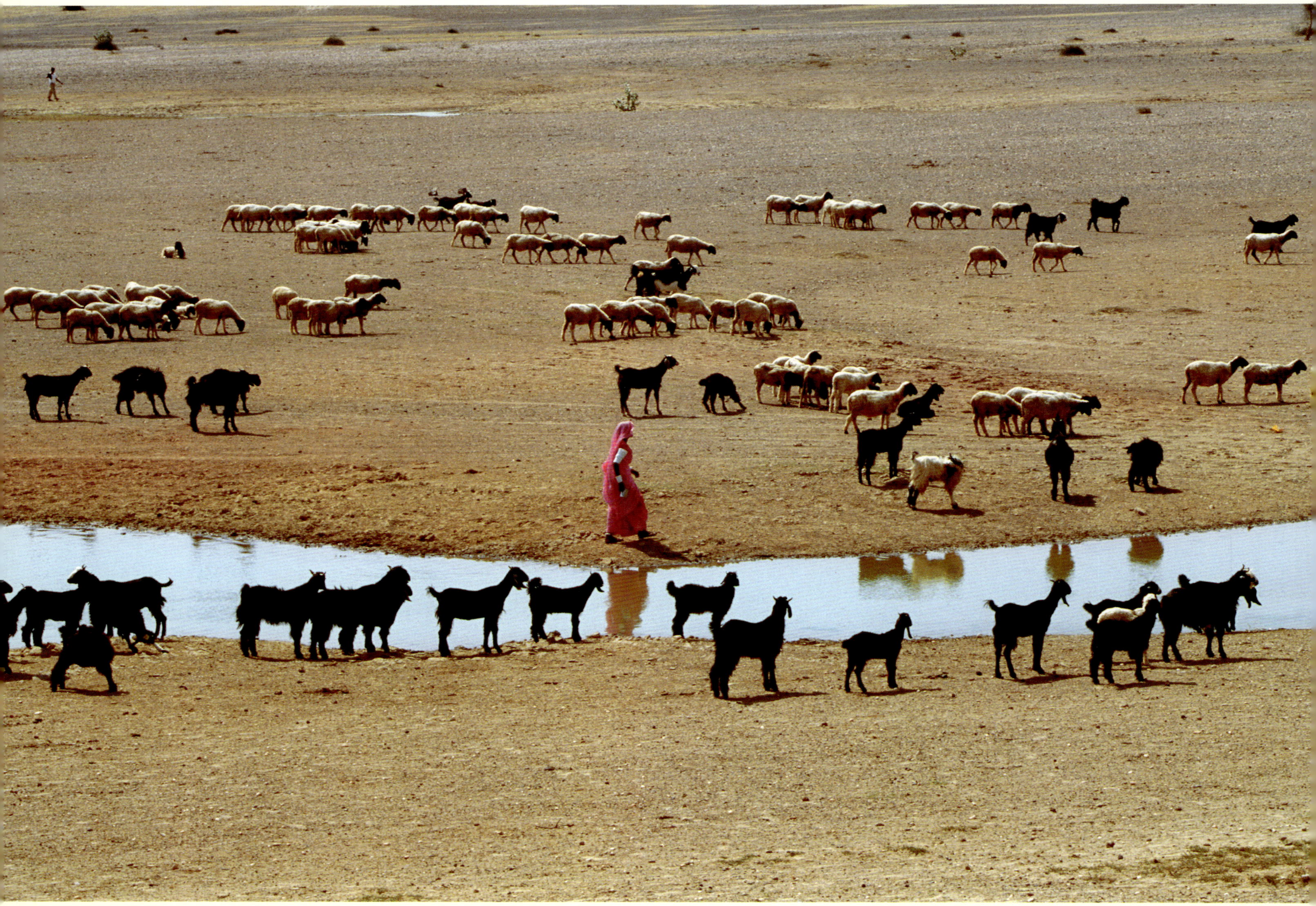

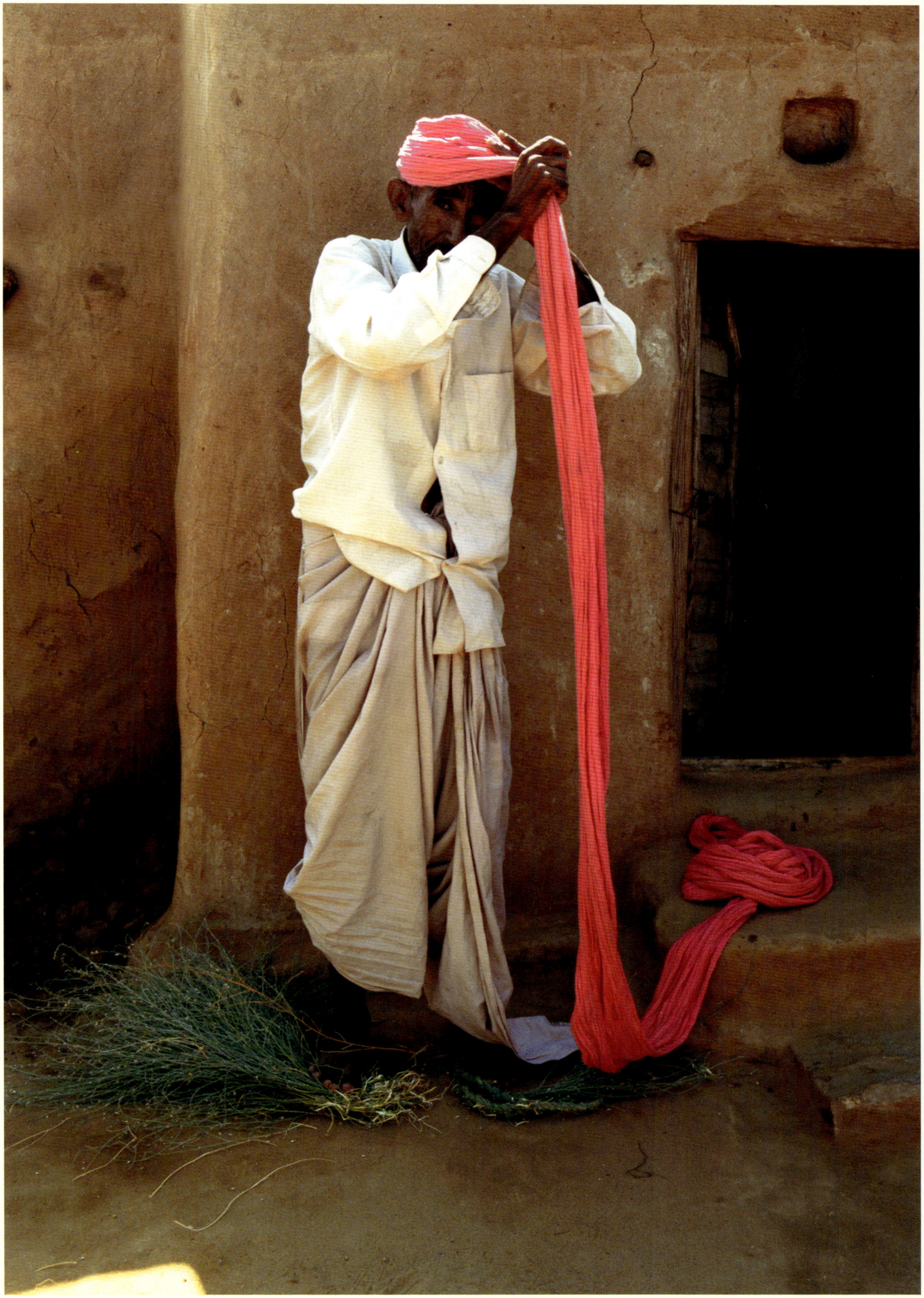

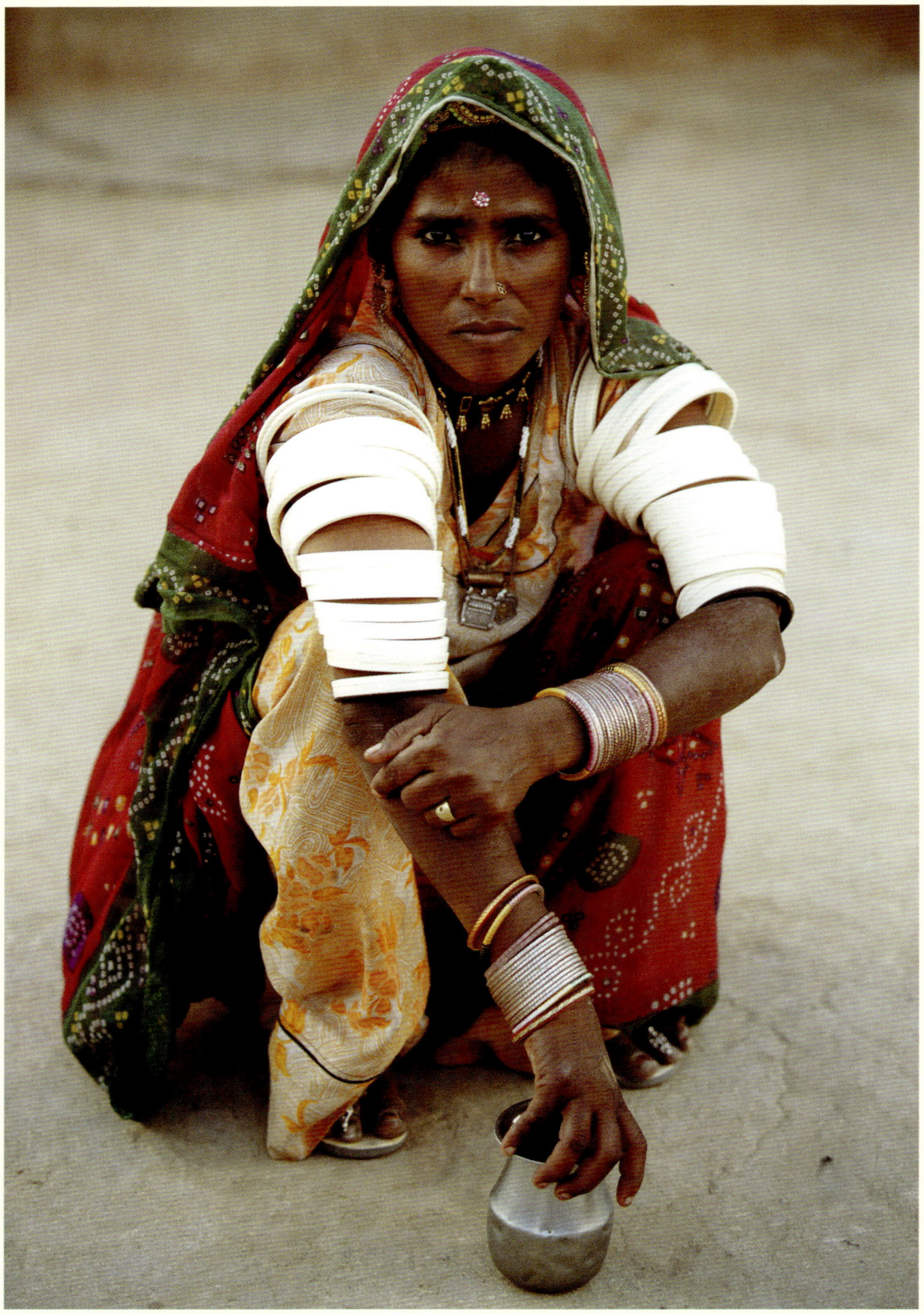

85

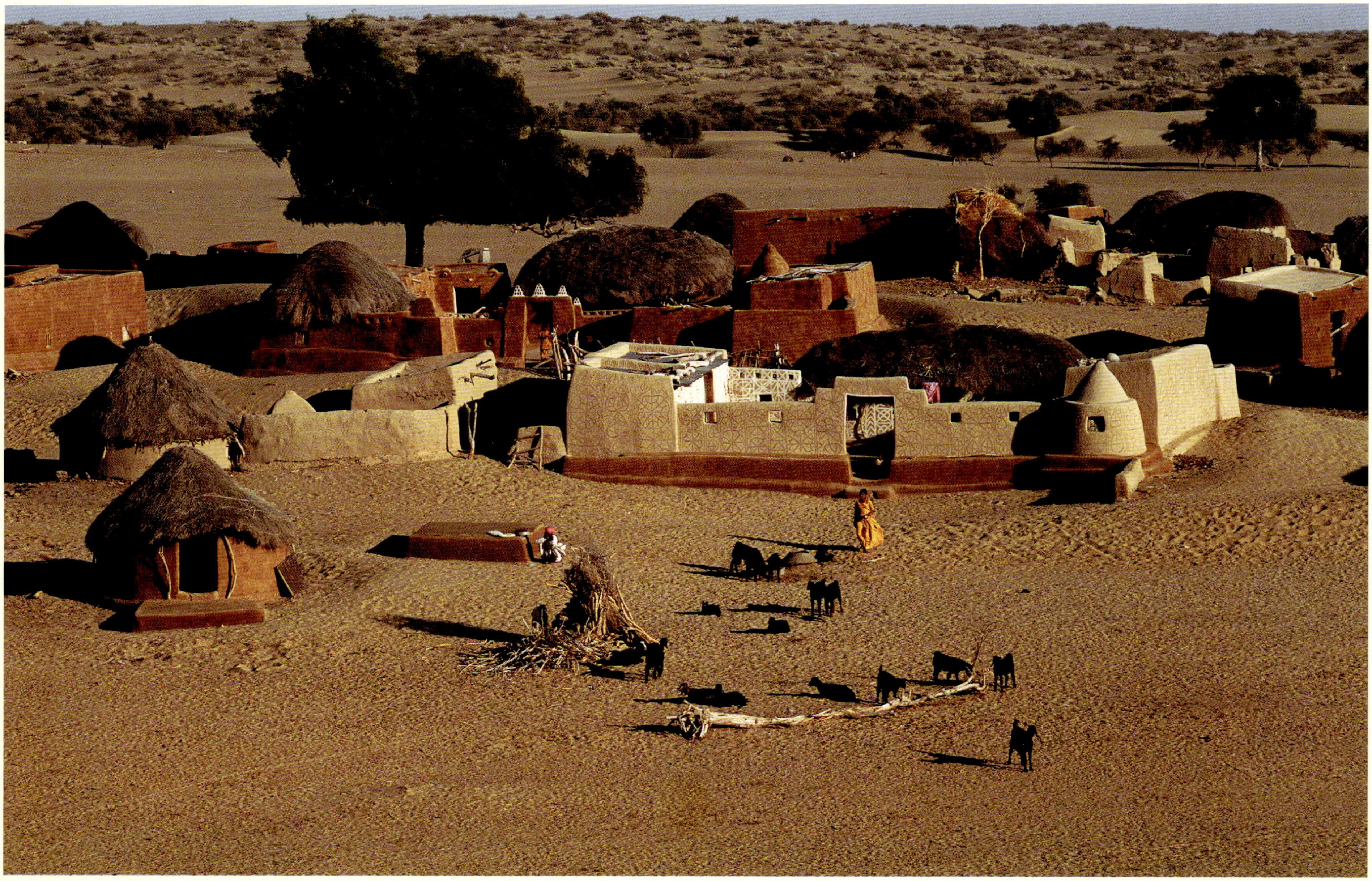

87

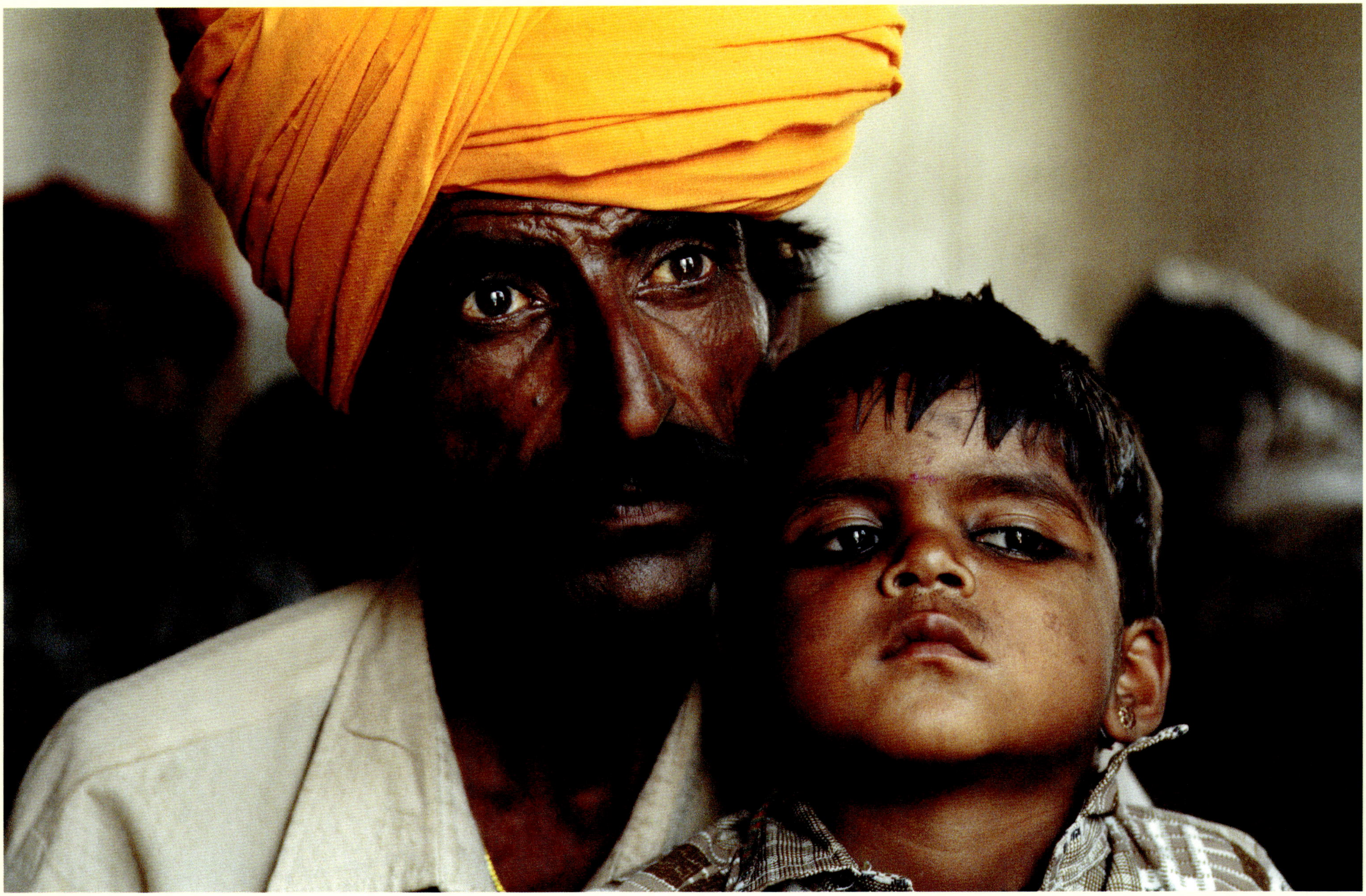

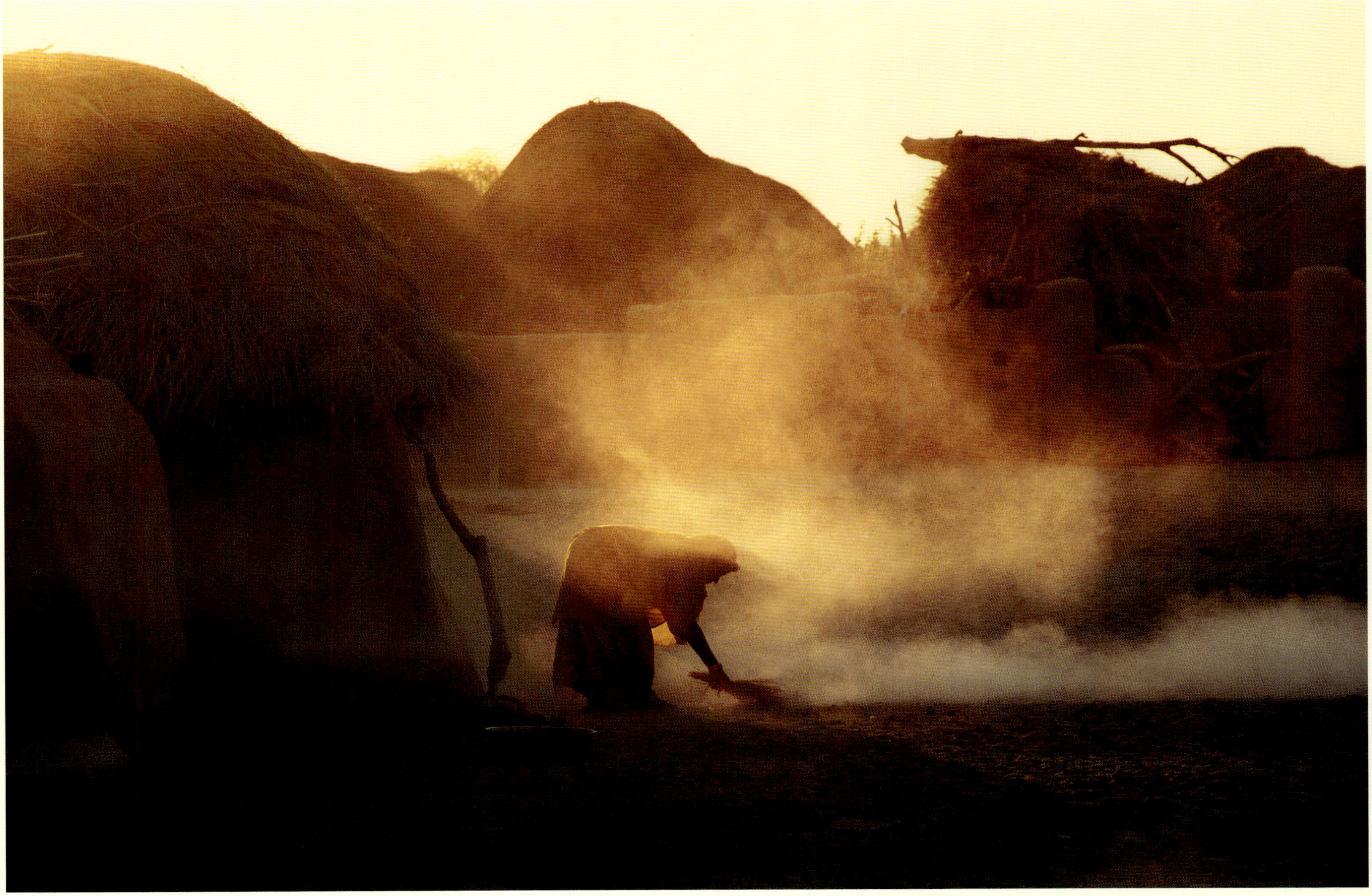

90

91

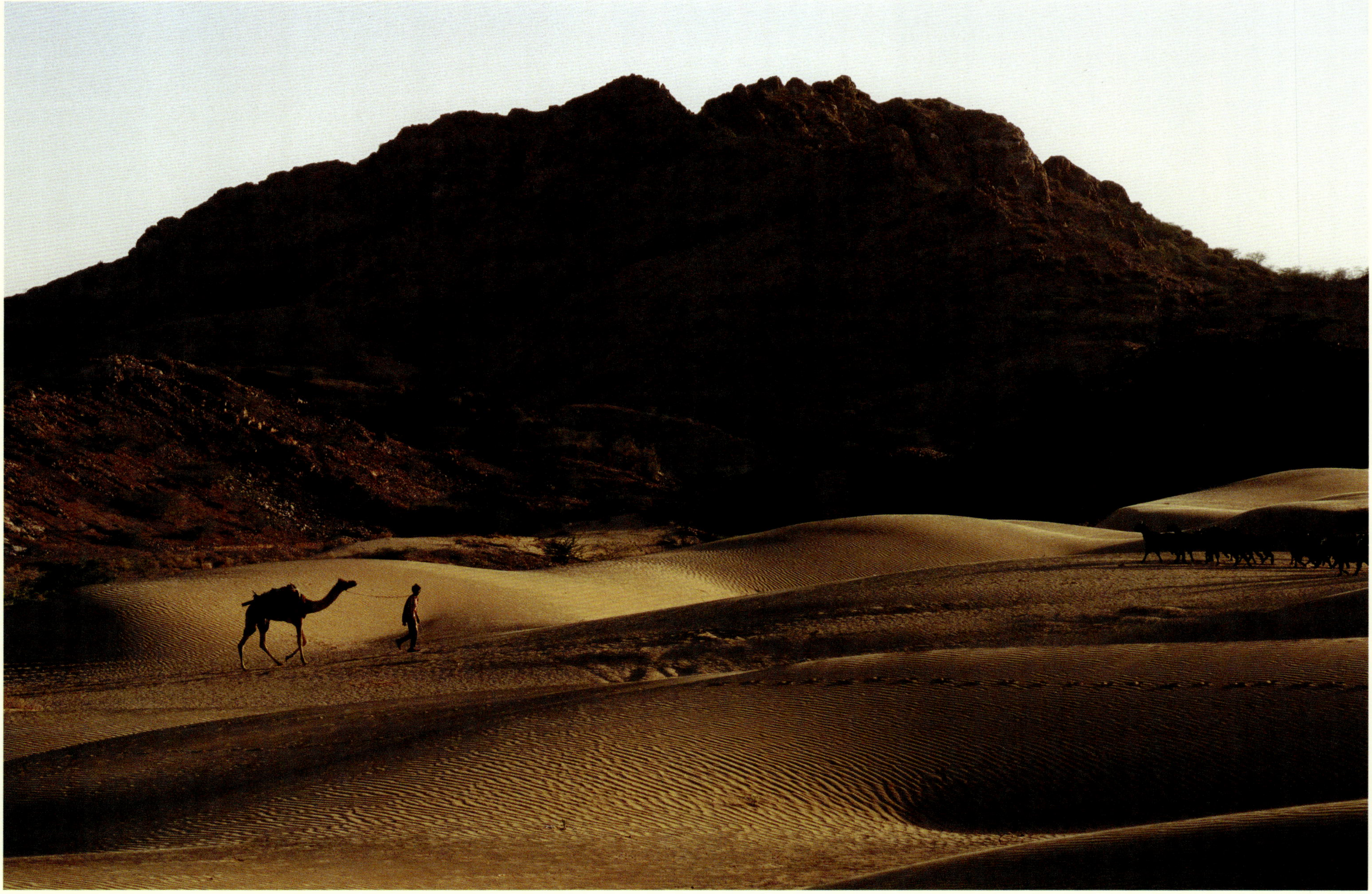

93

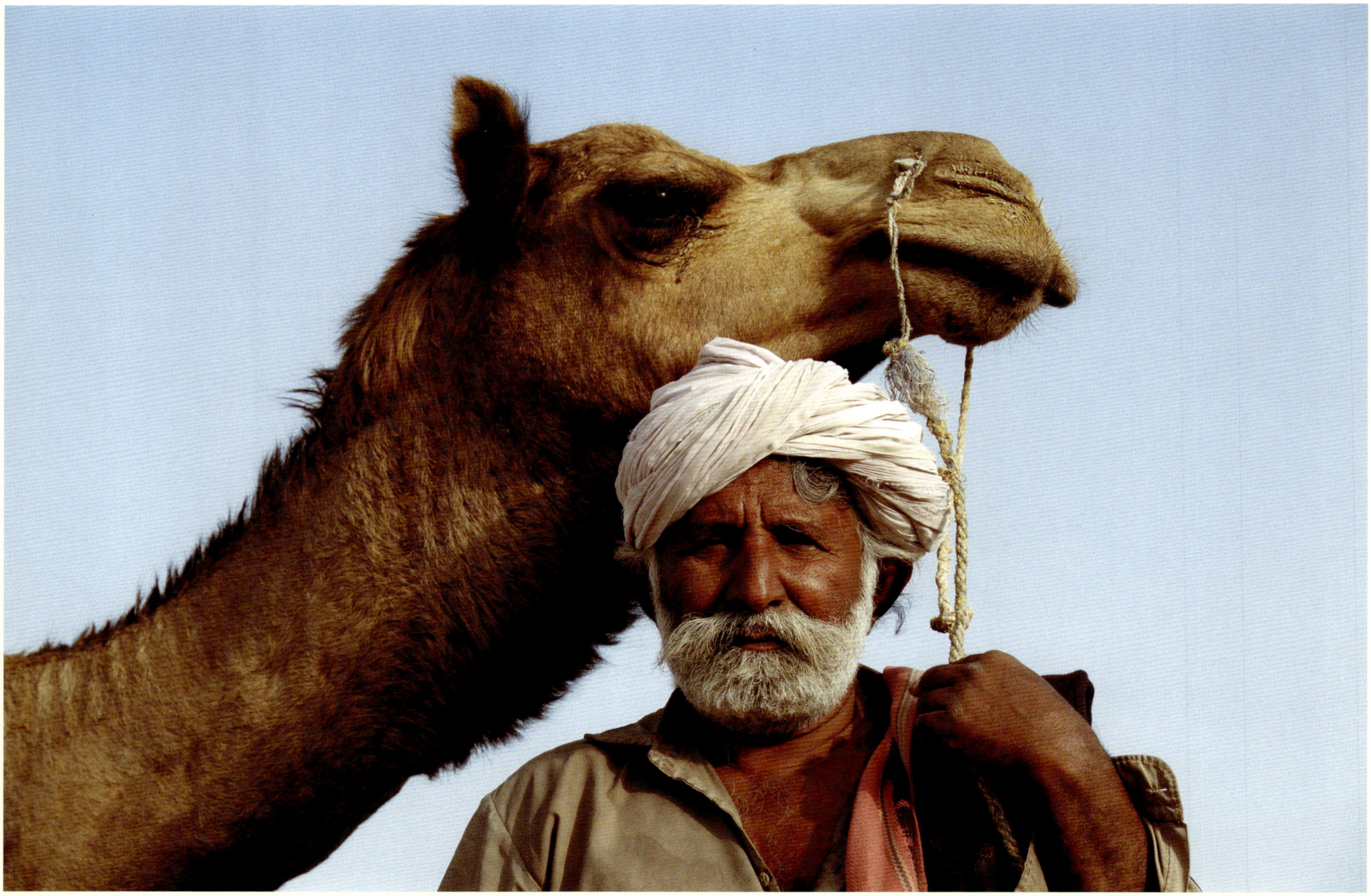

95

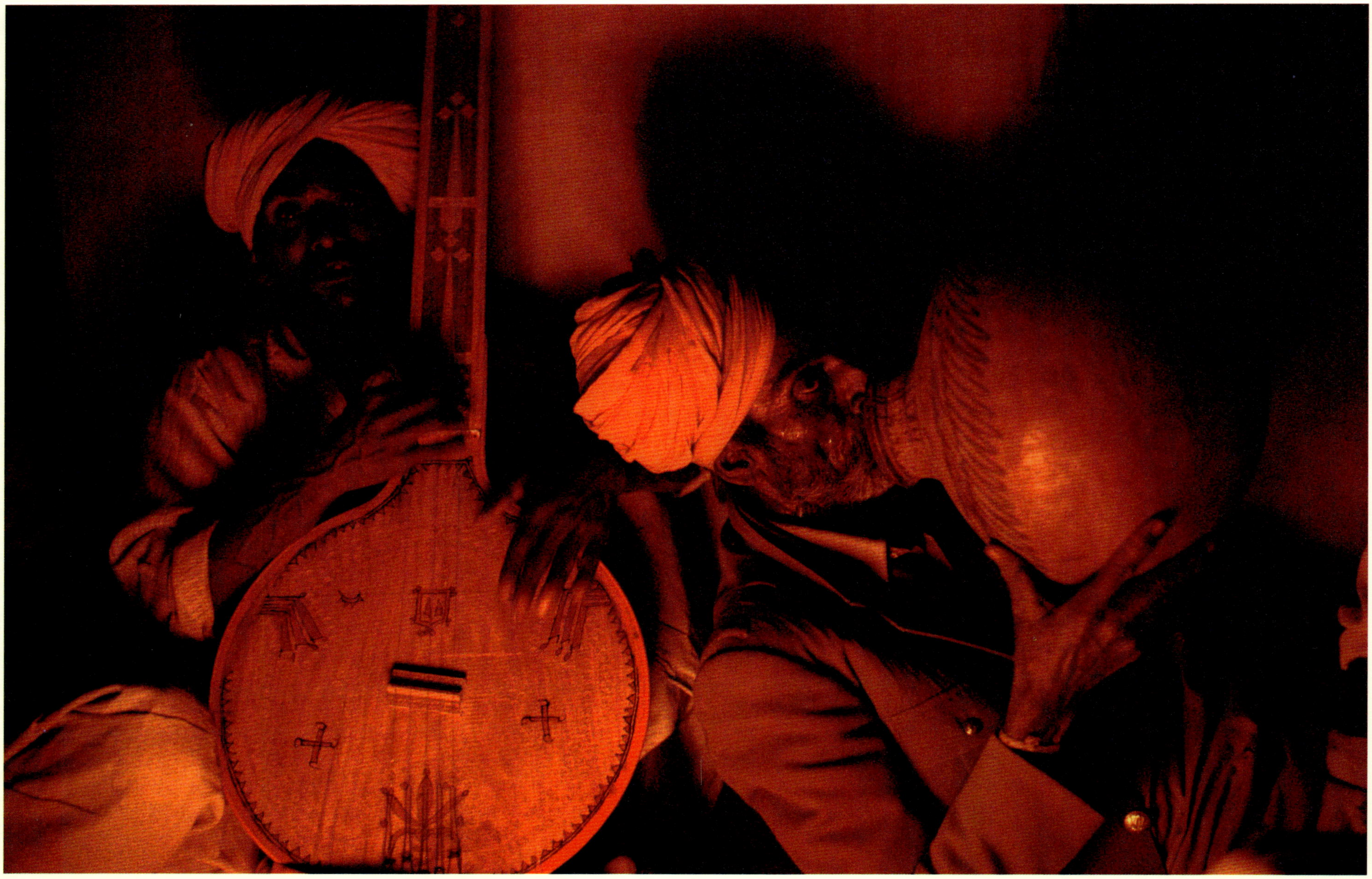

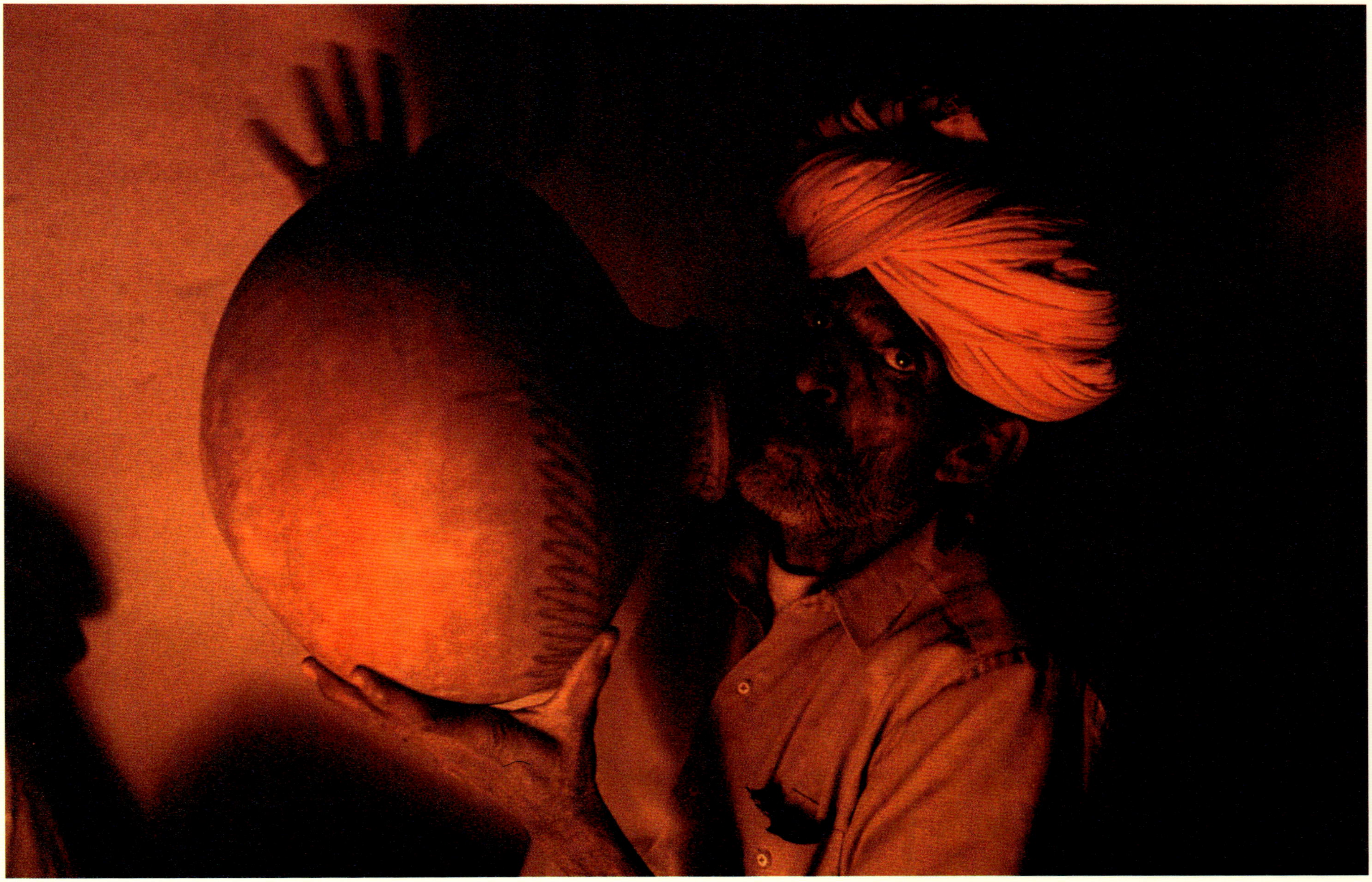

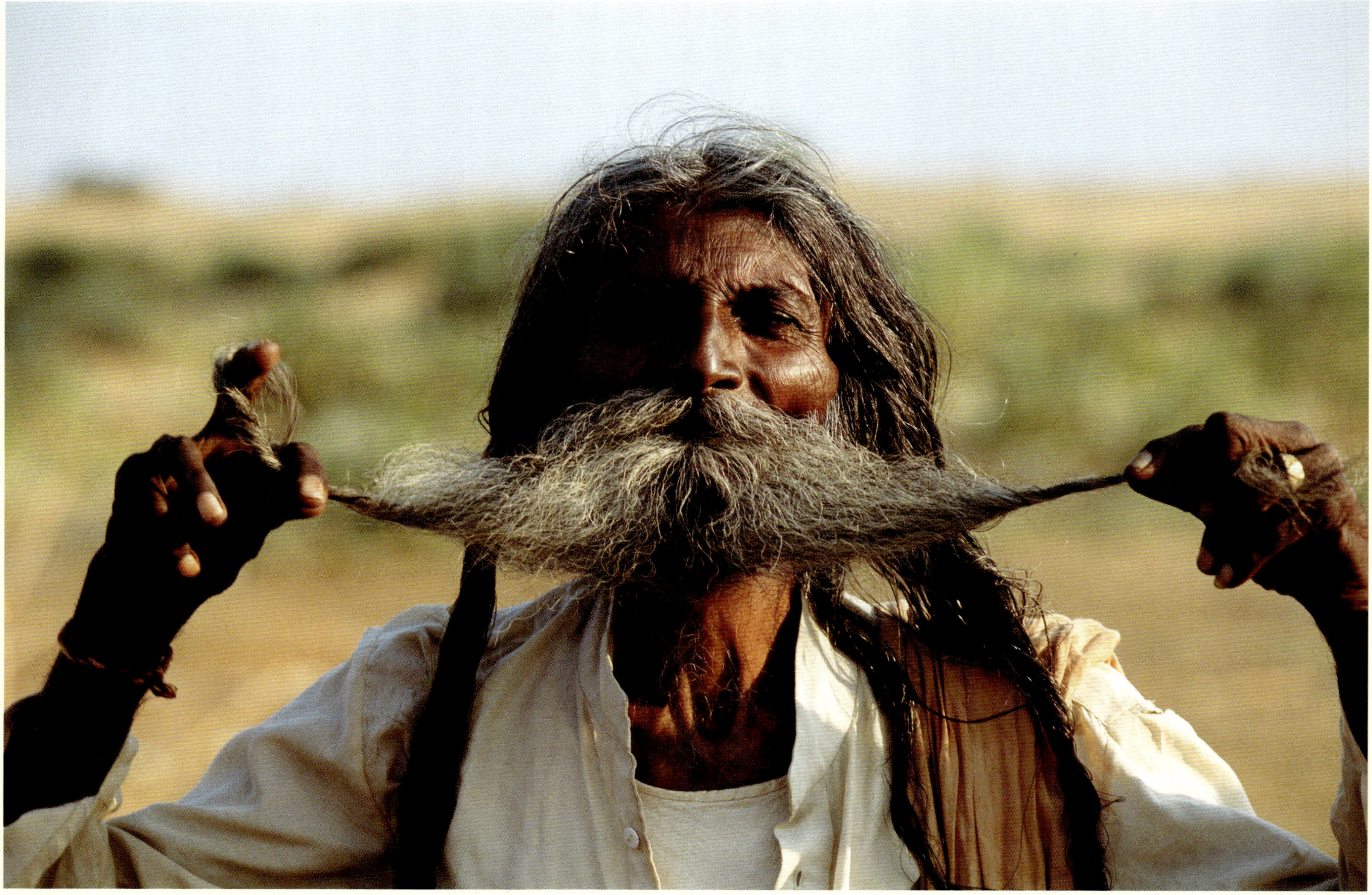

99

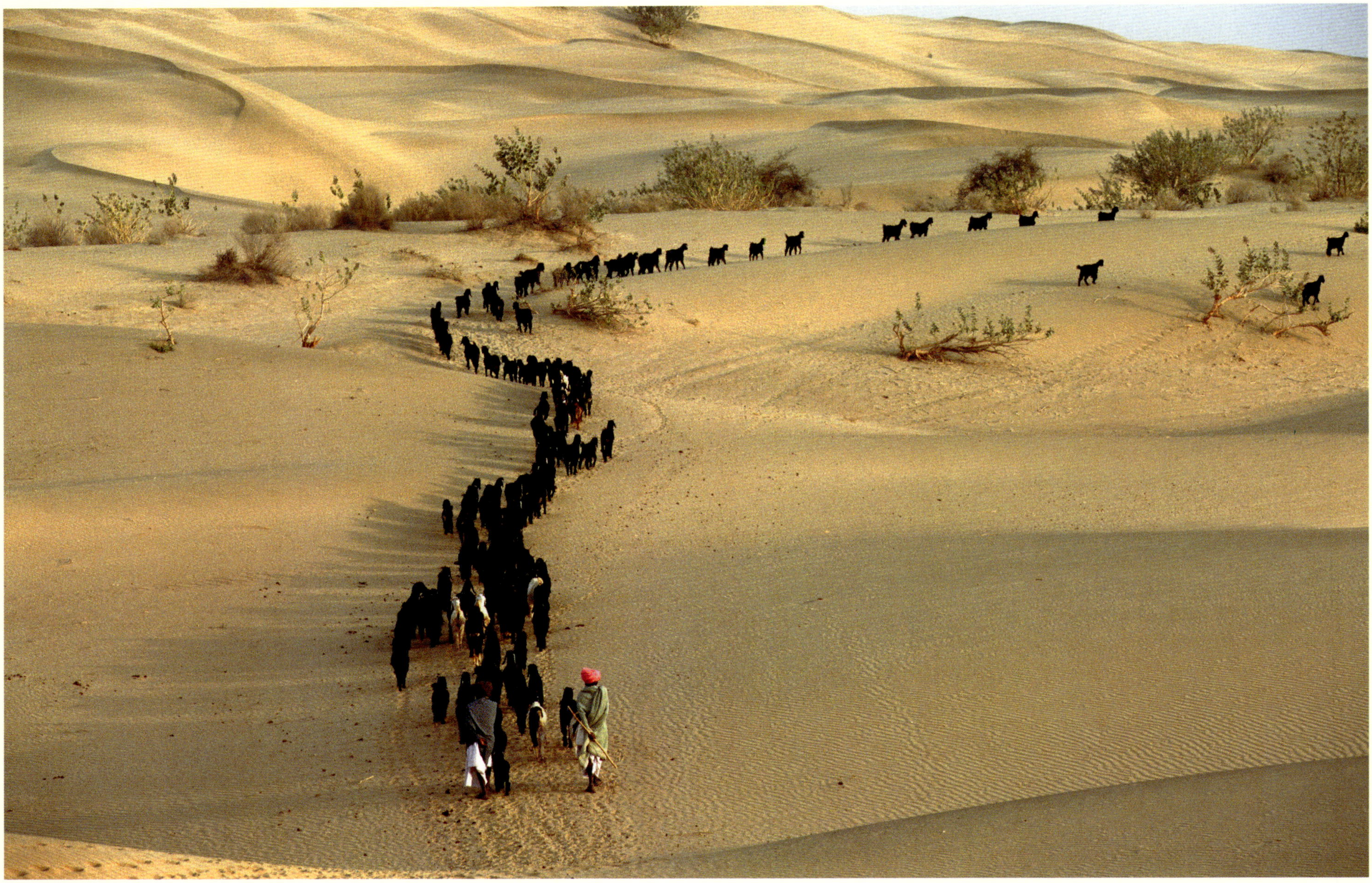

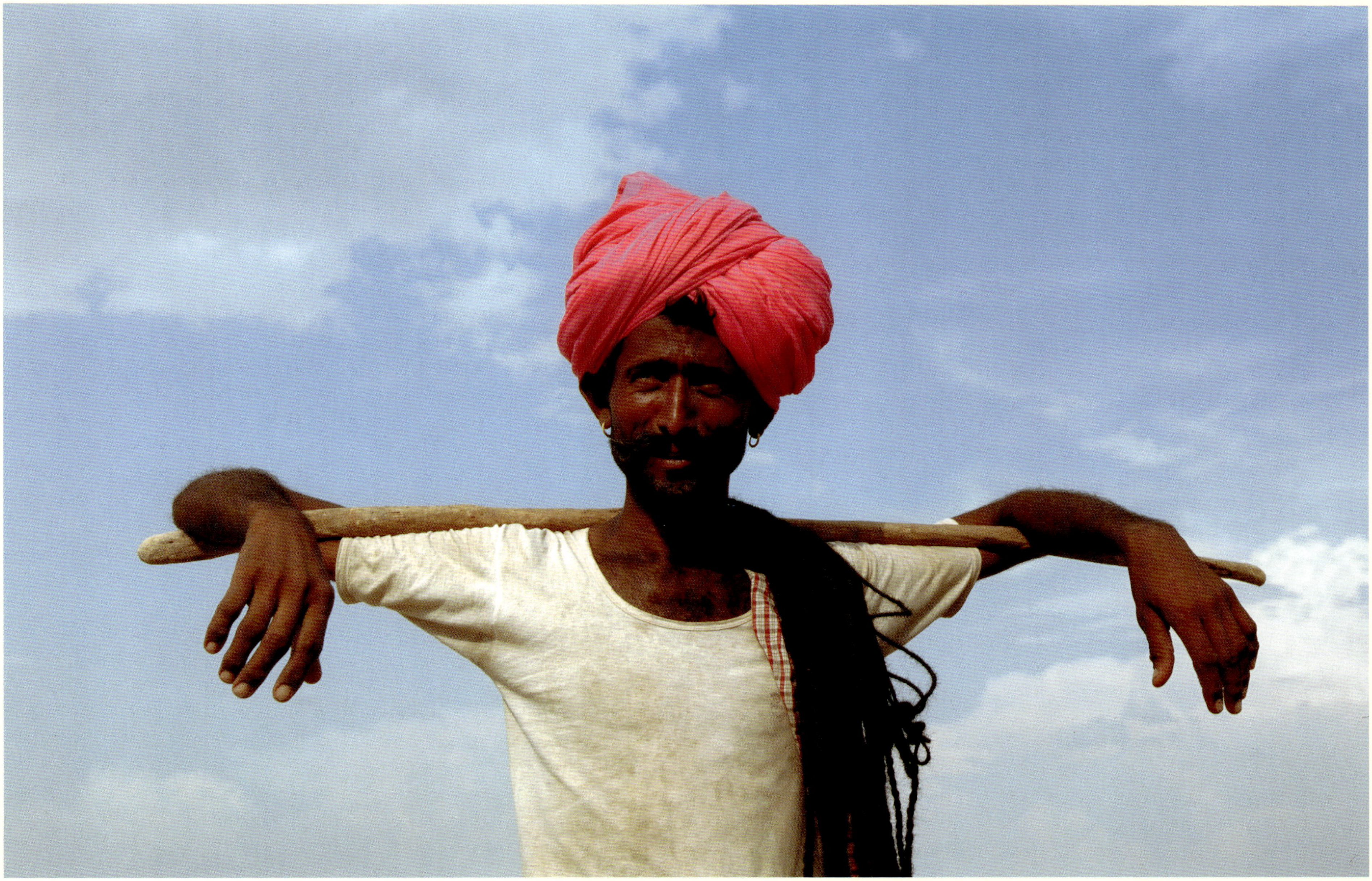

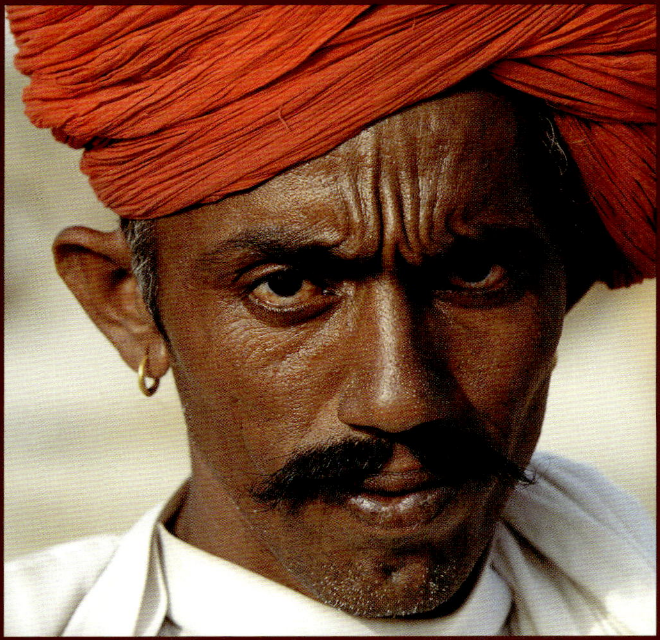
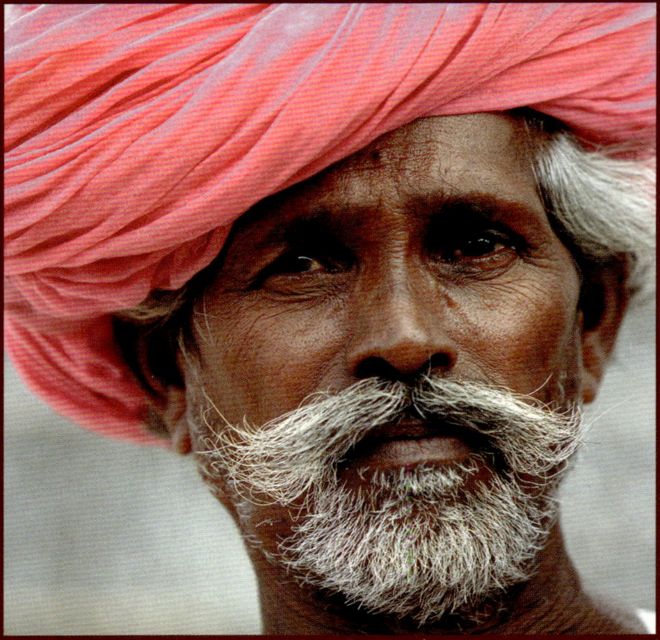
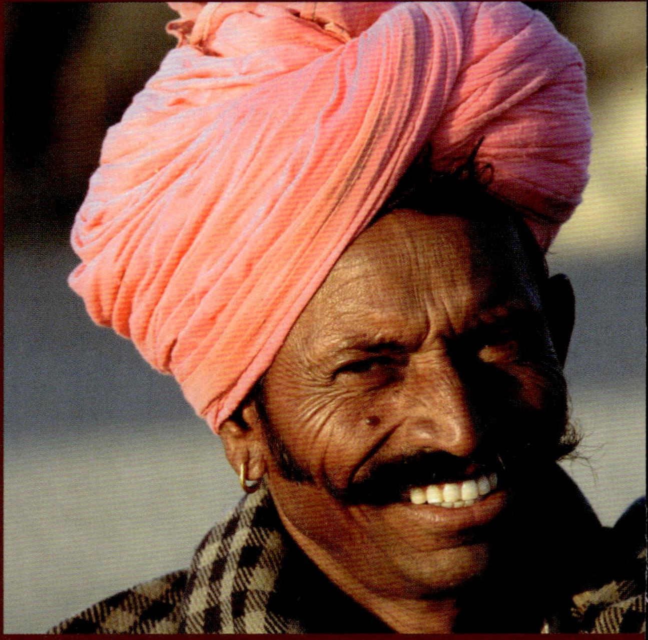
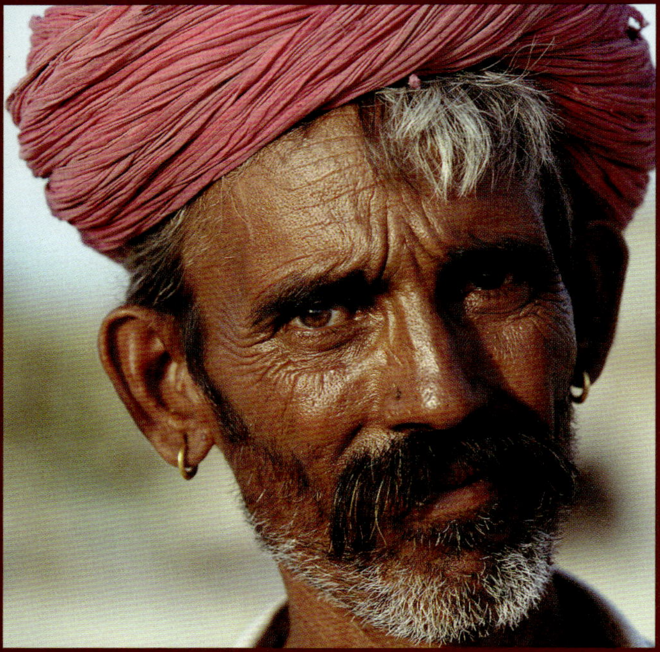
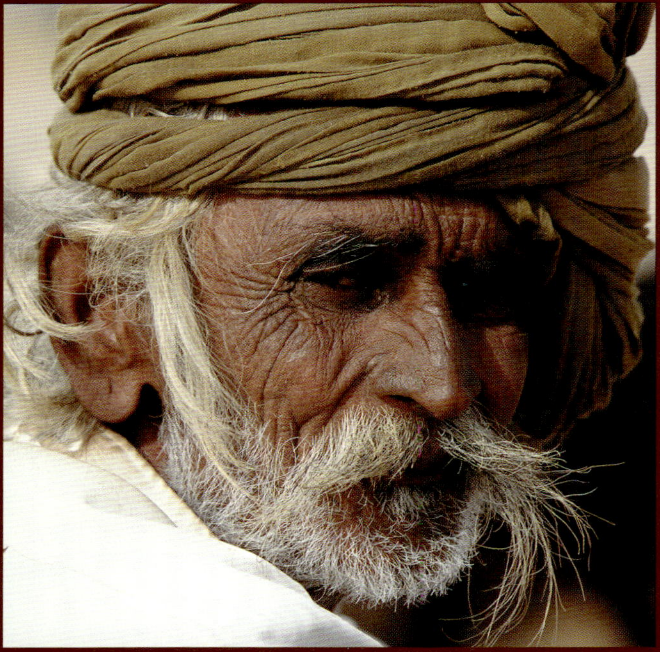
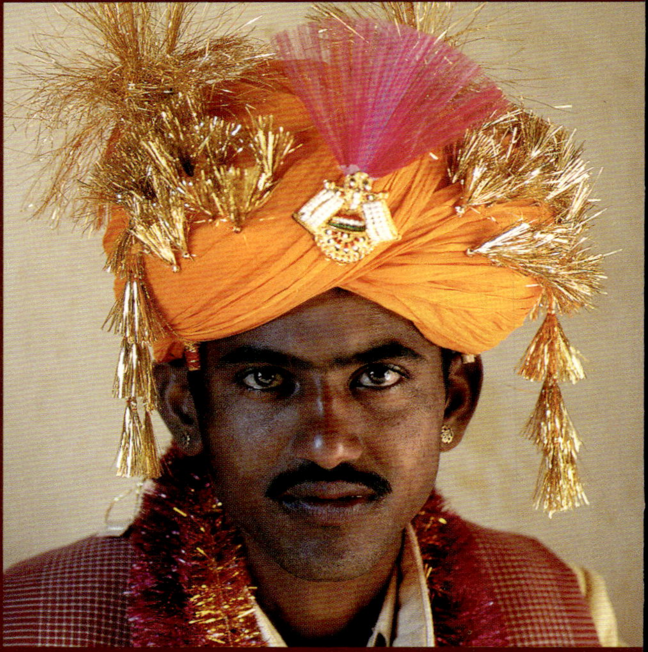
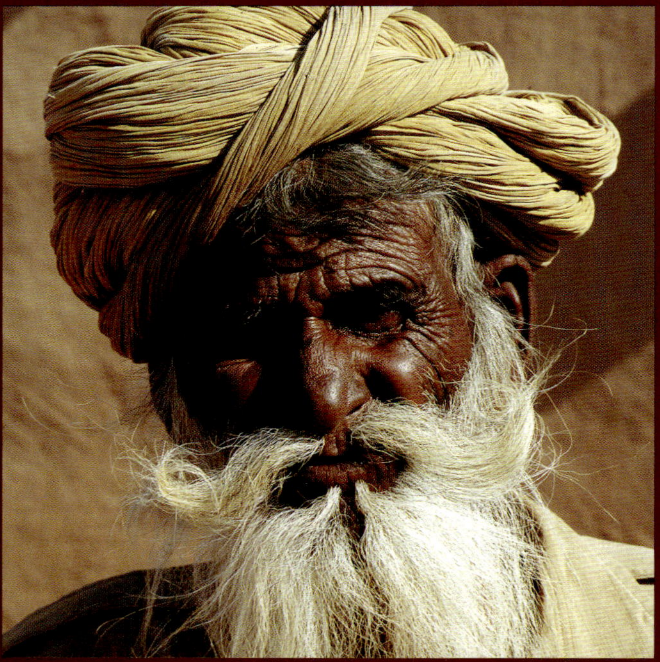
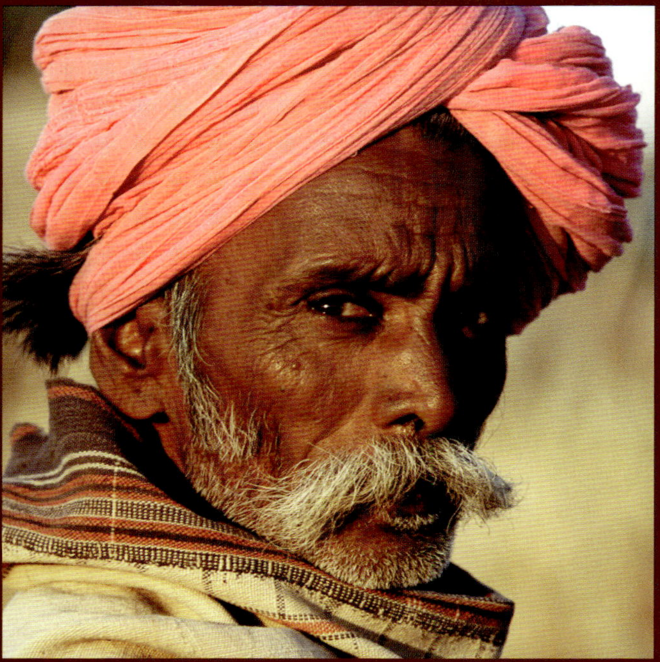
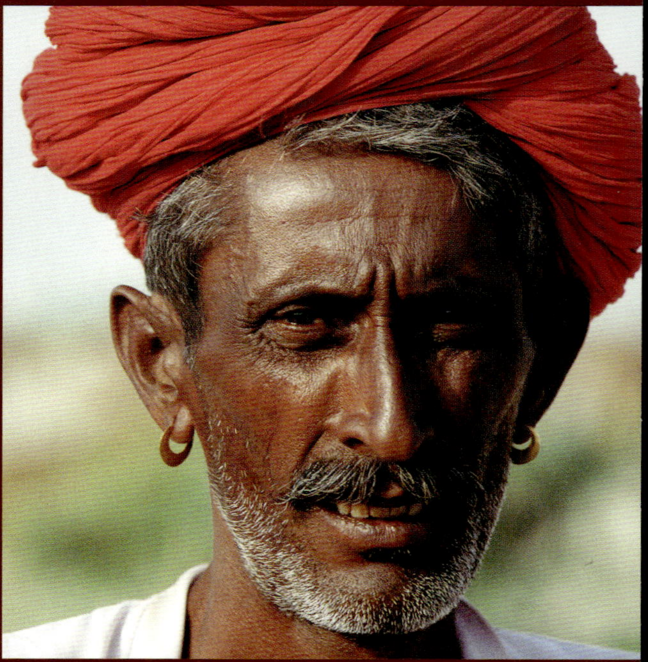

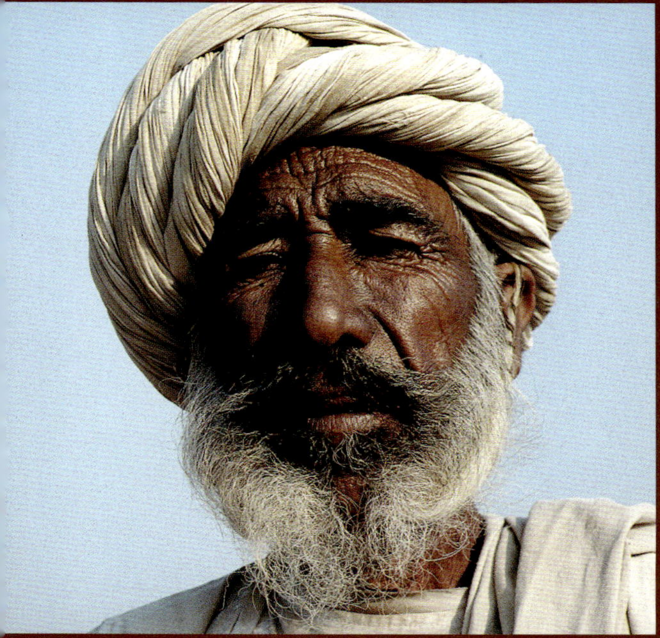
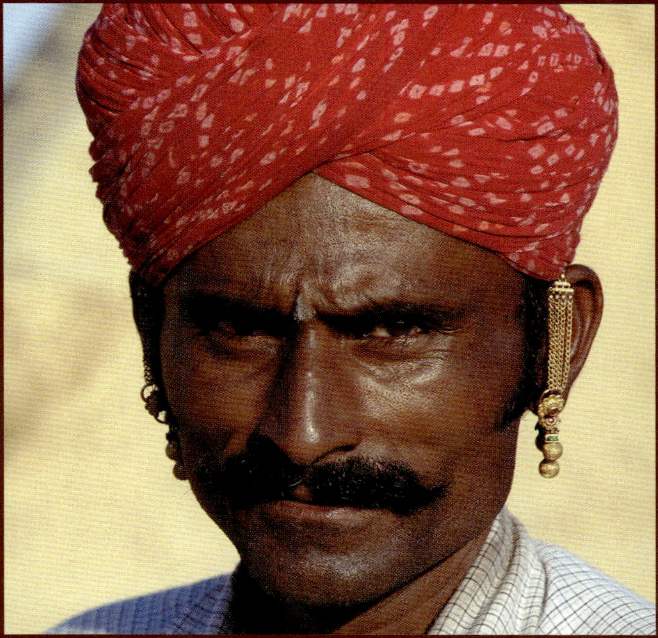
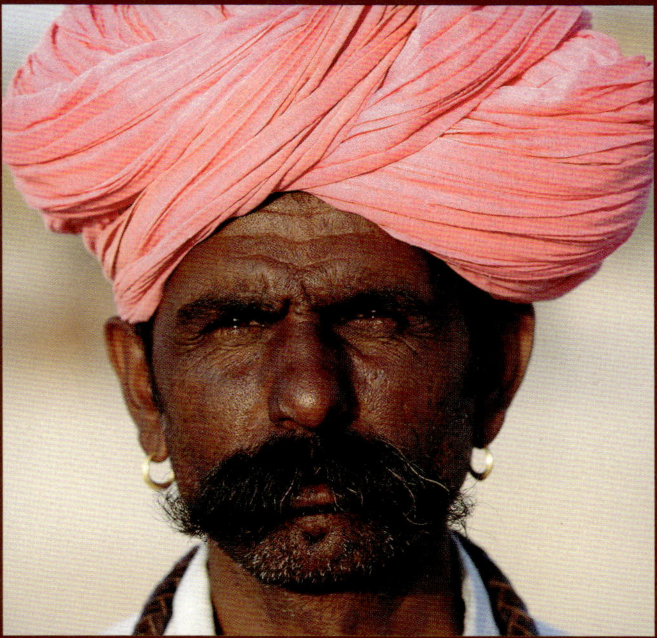
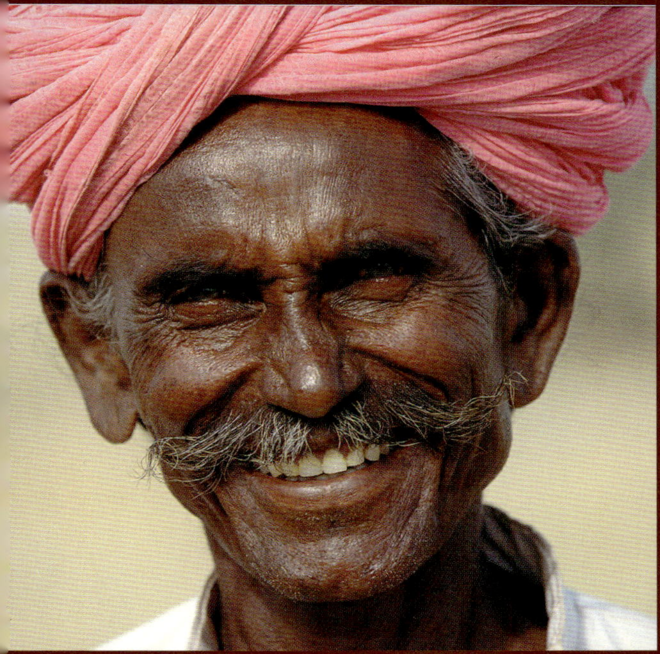
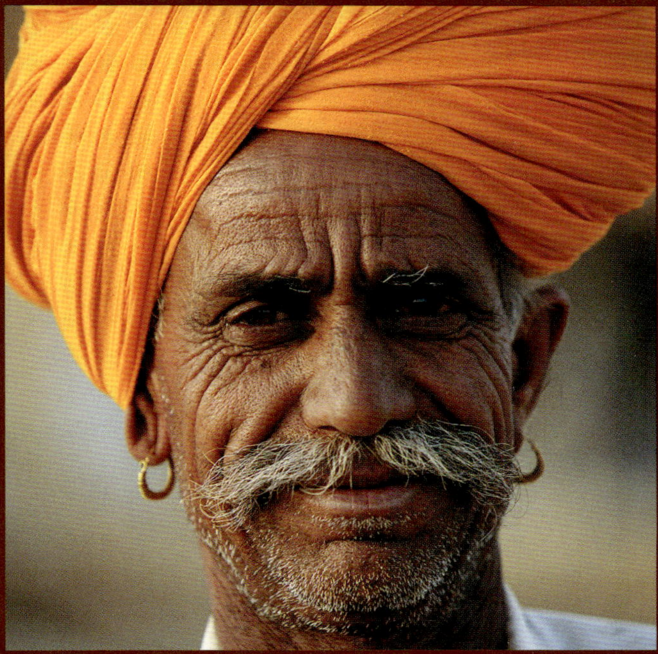
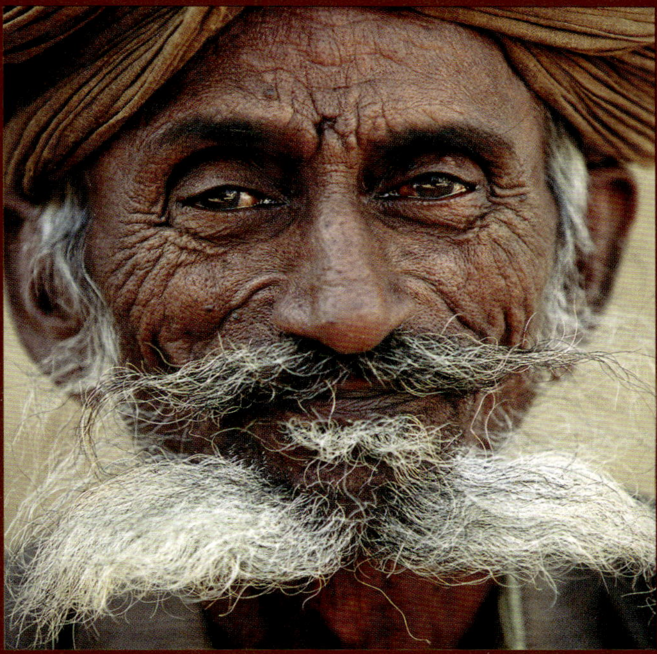
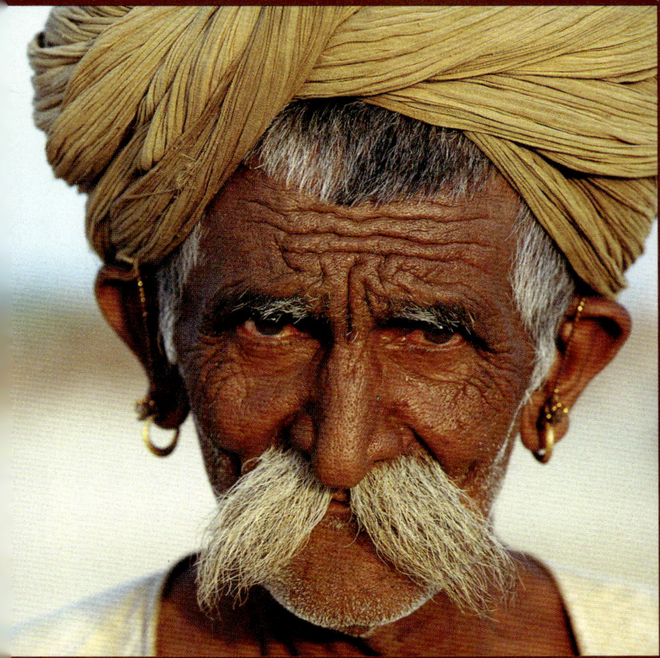
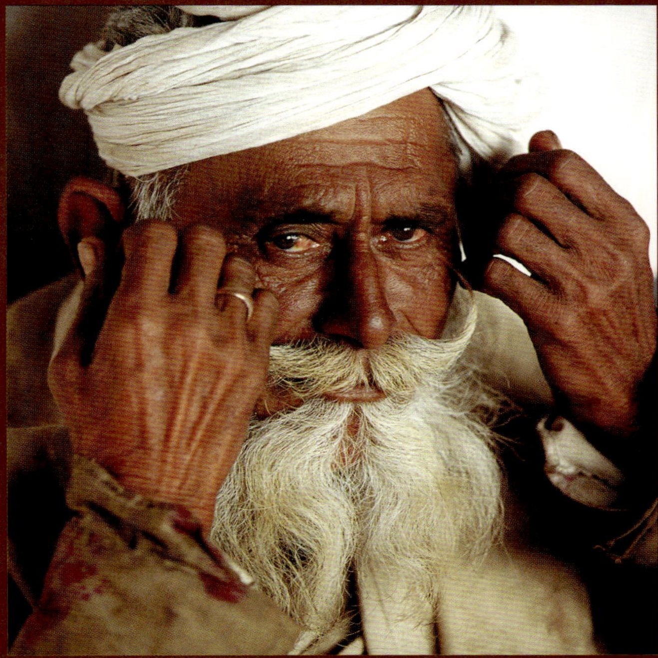
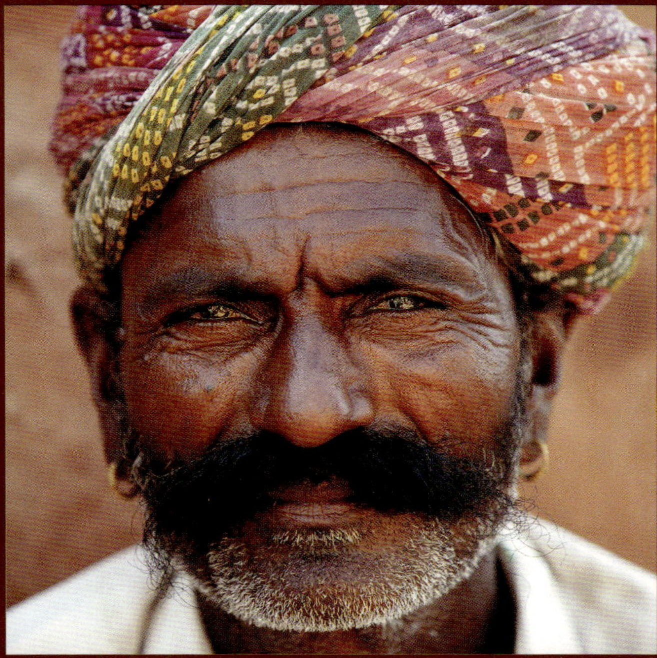

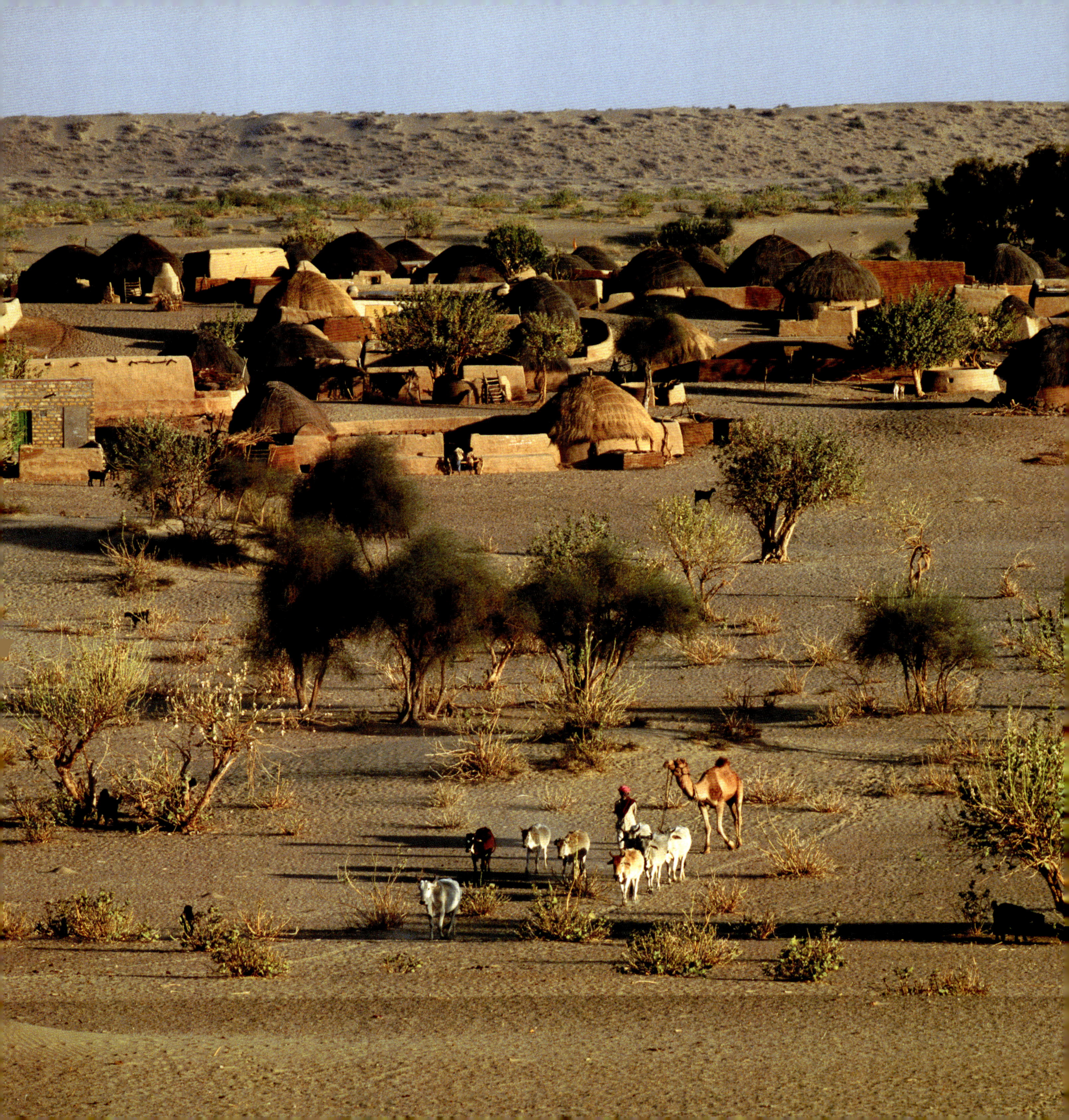

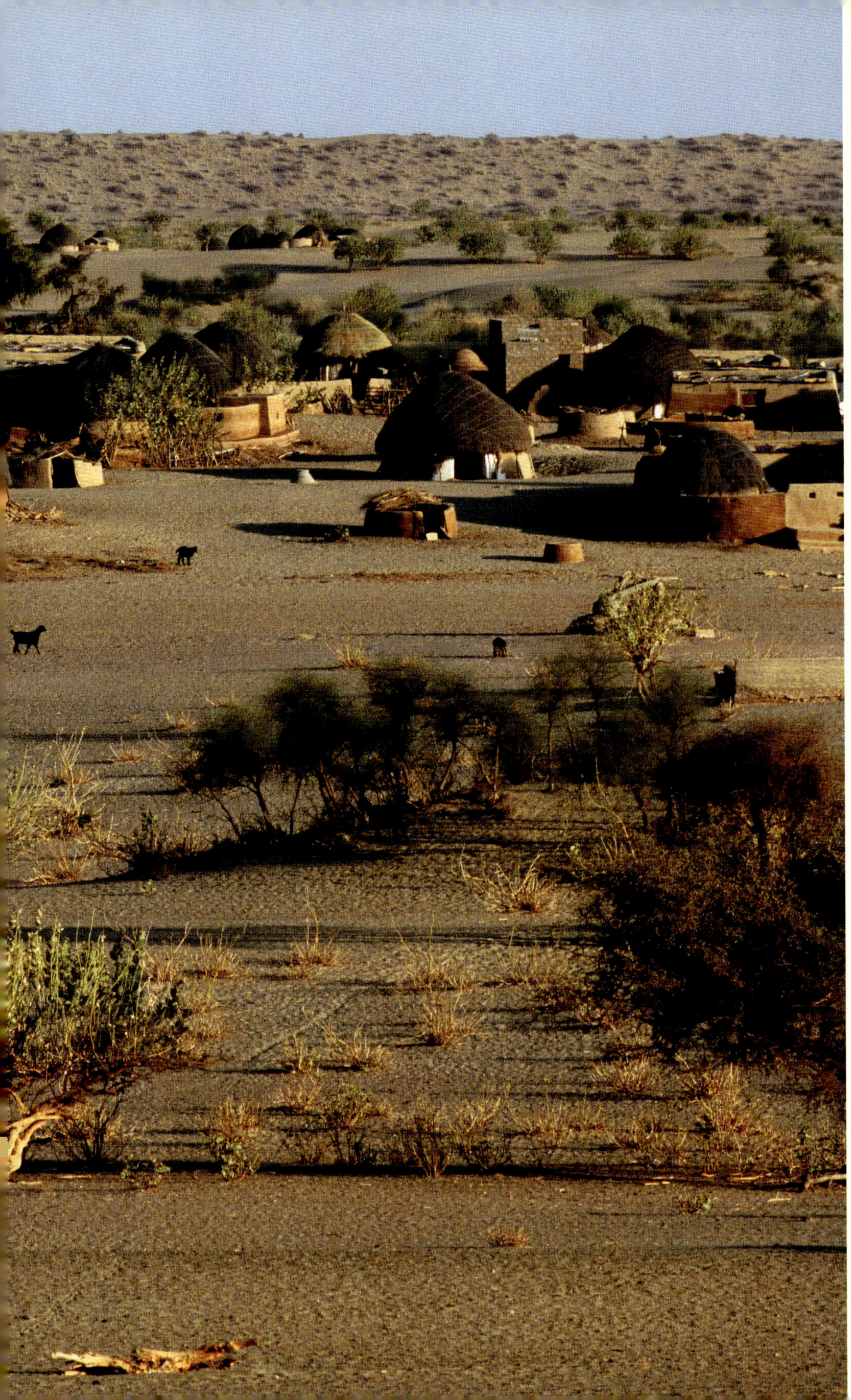

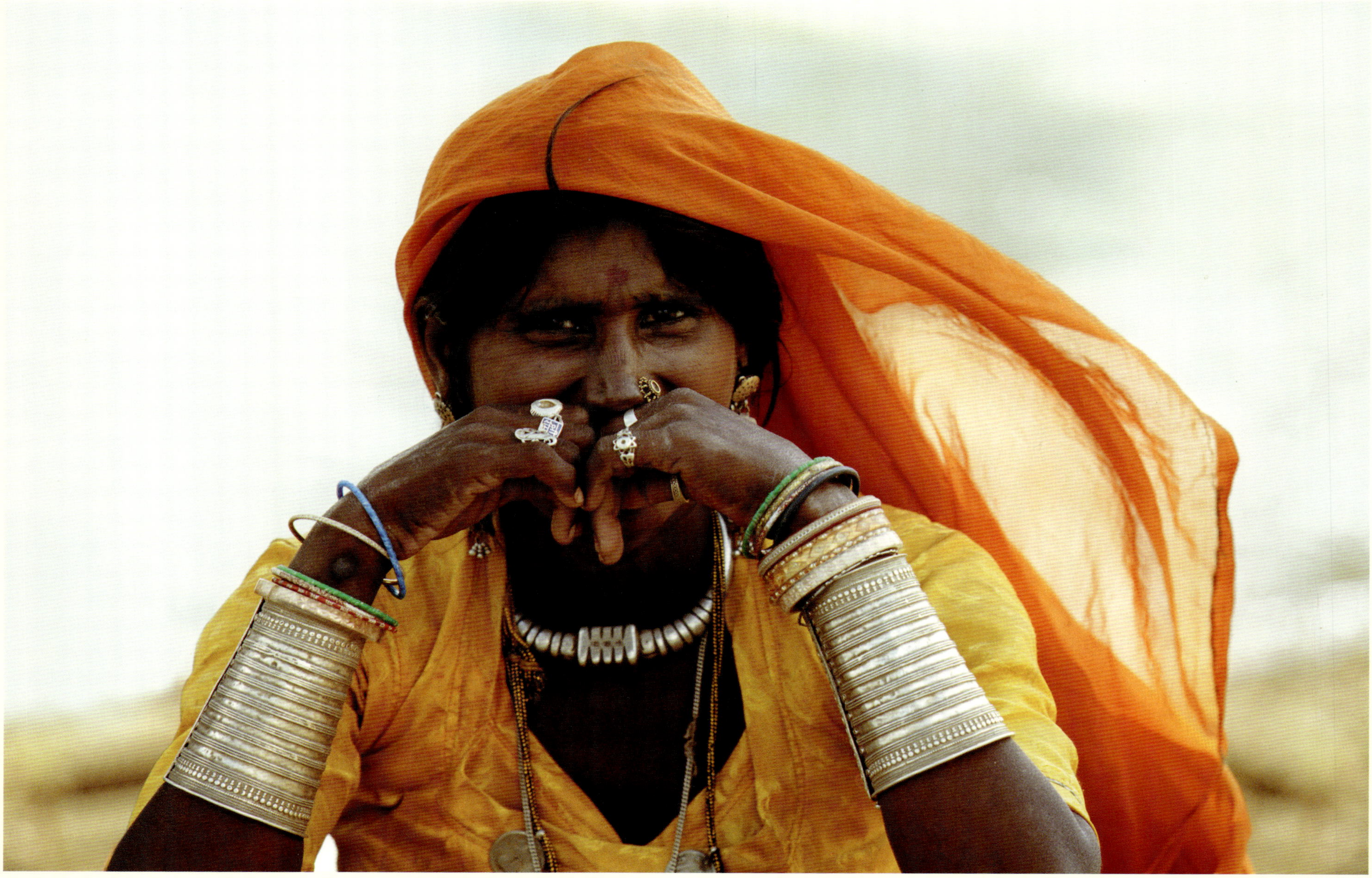

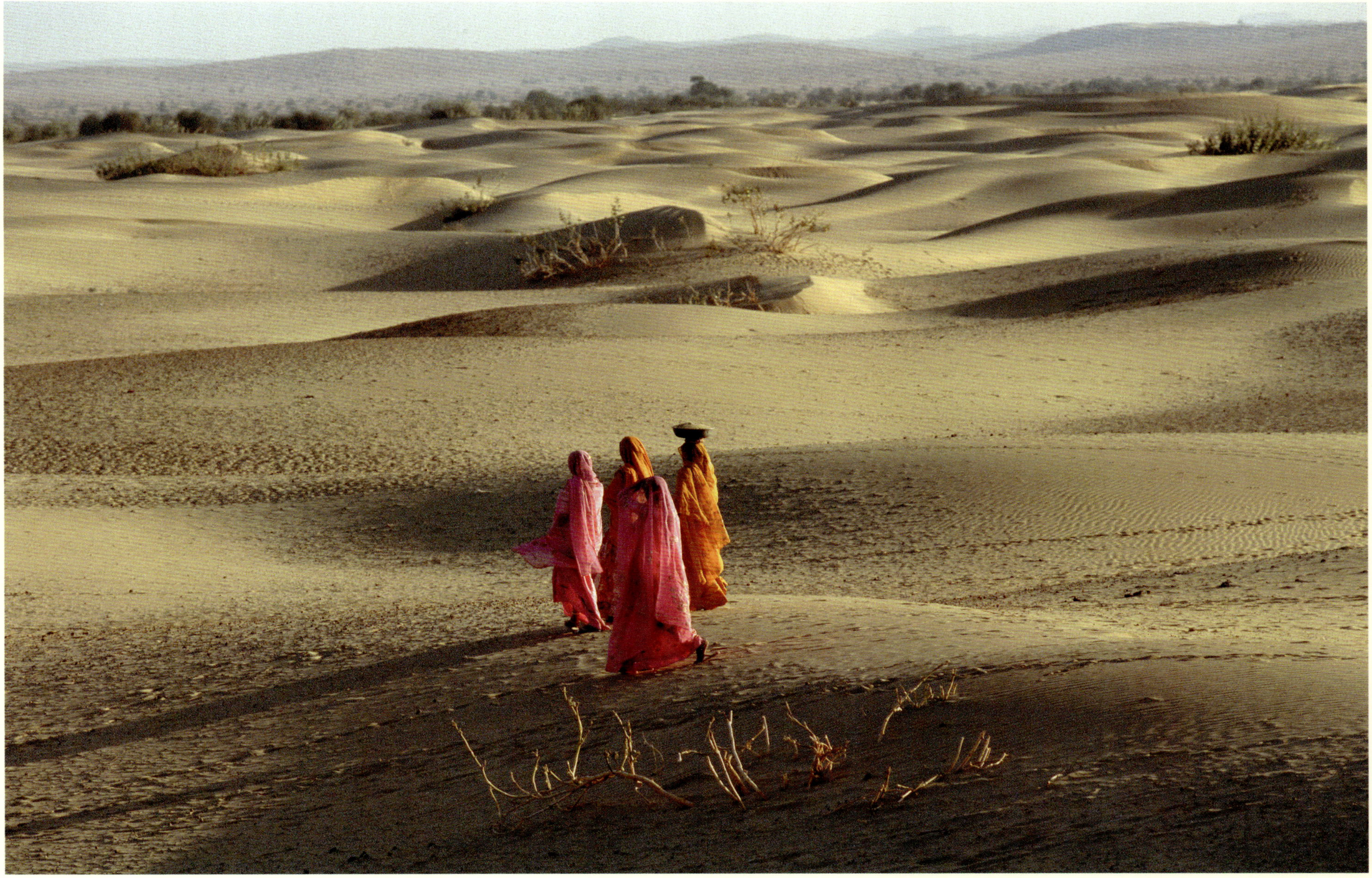

108

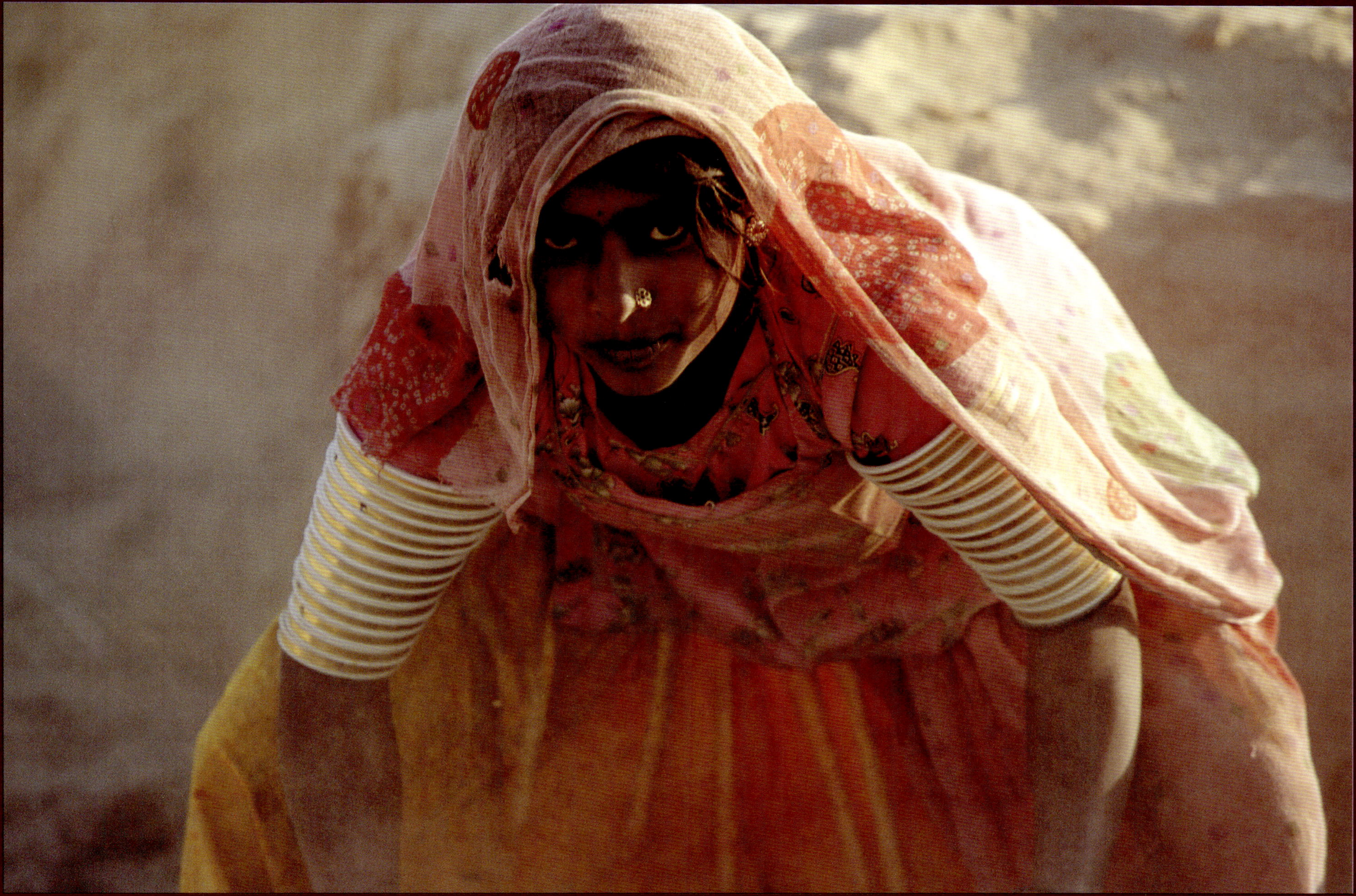

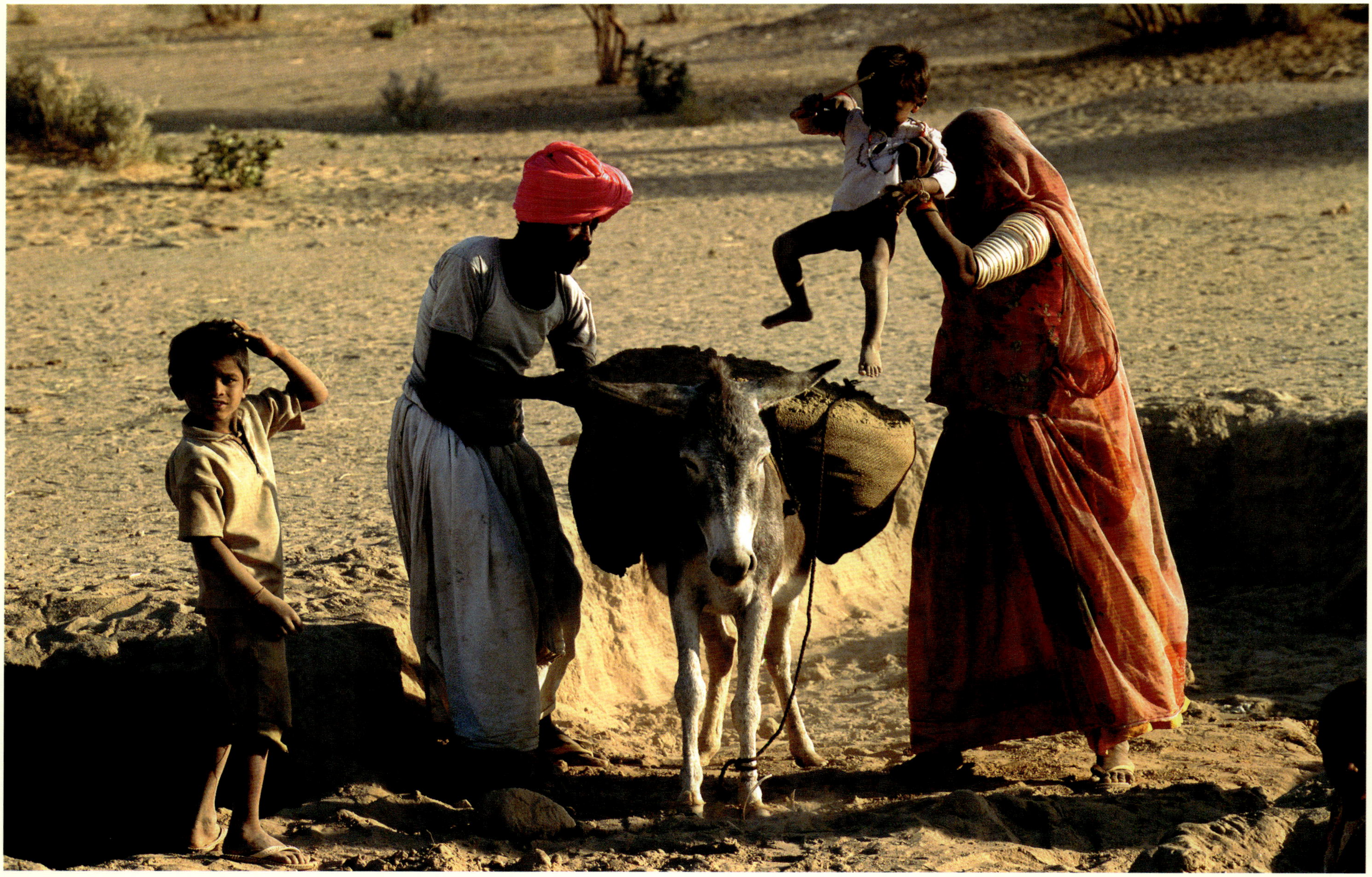

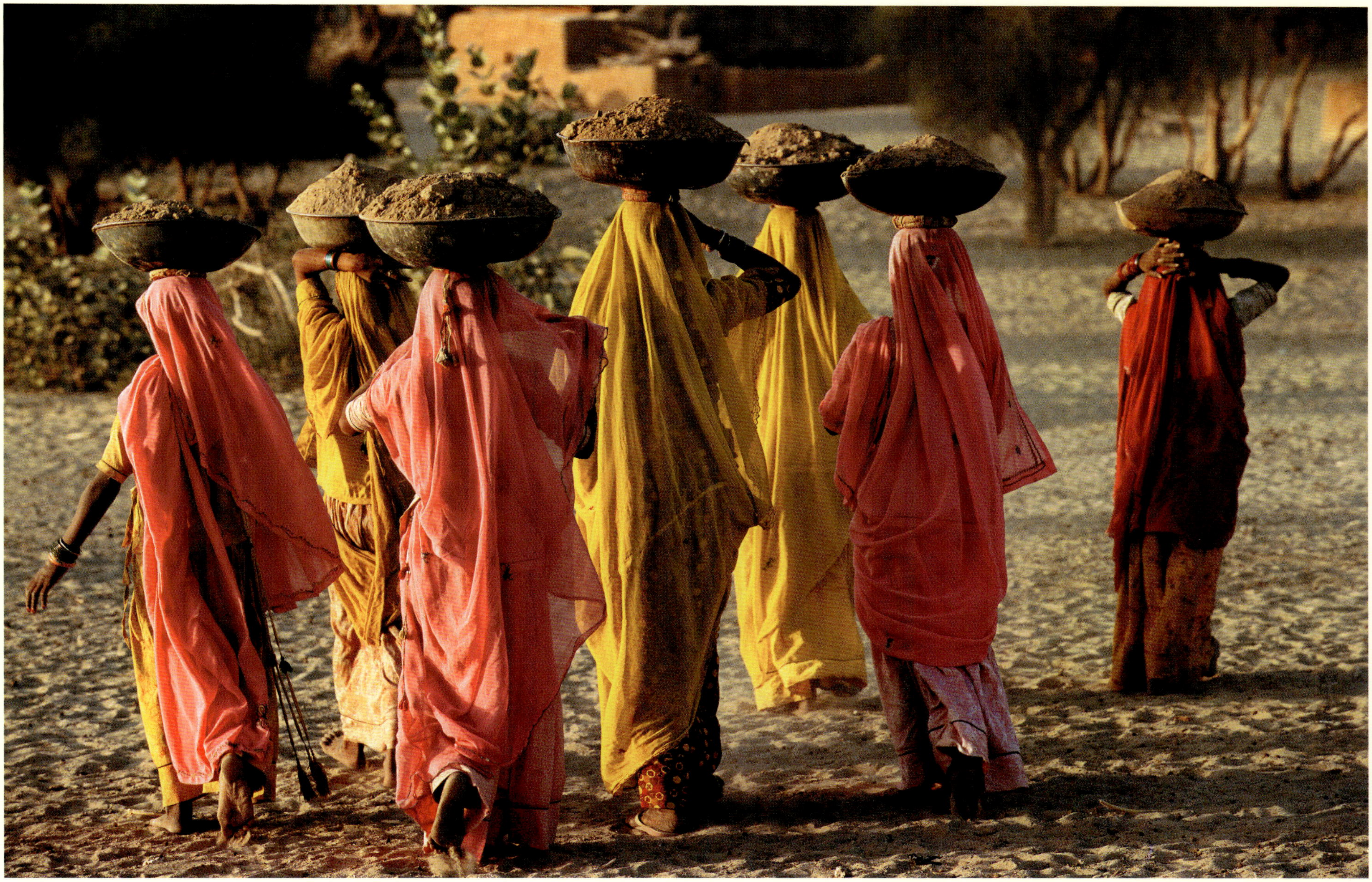

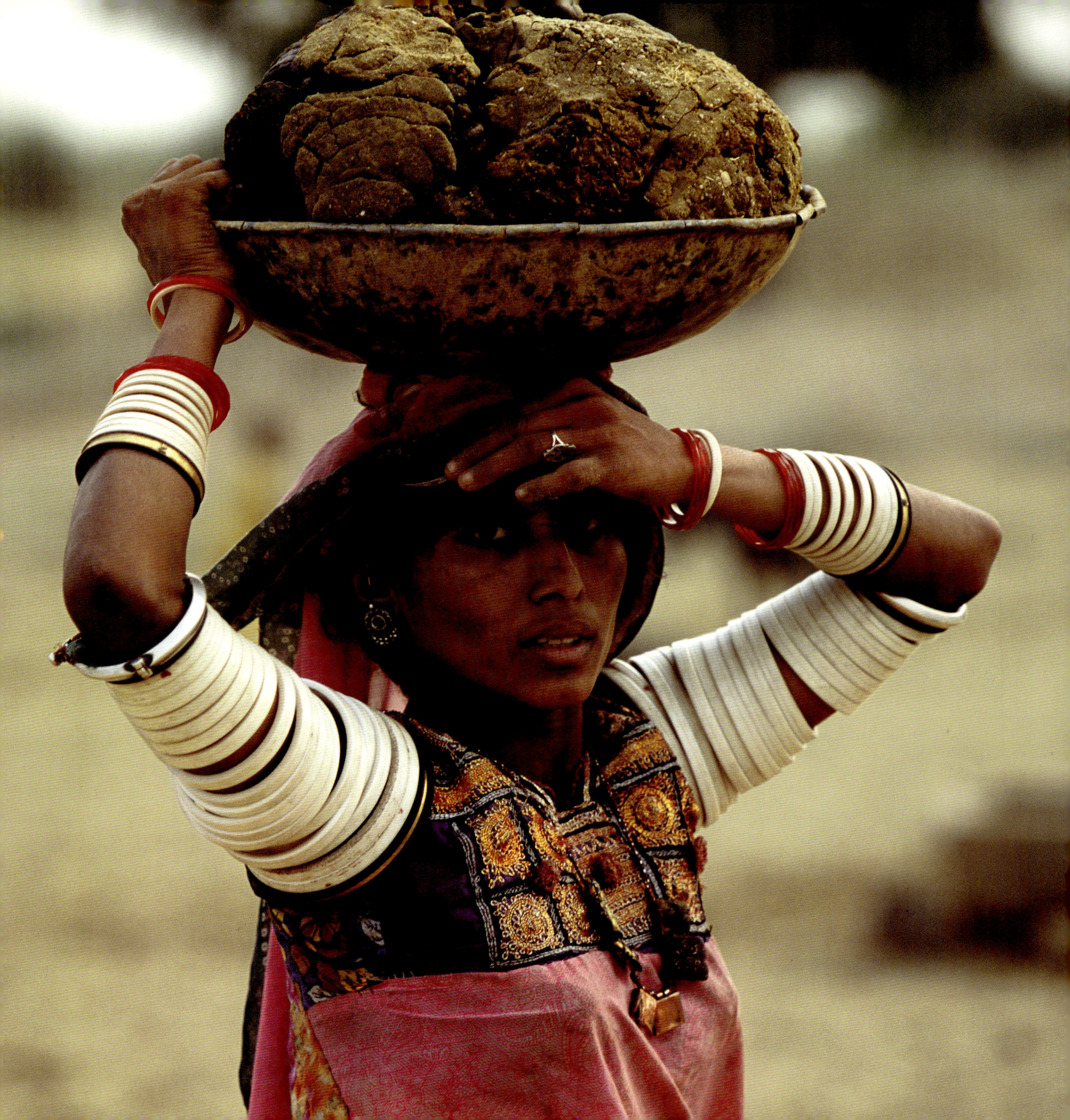

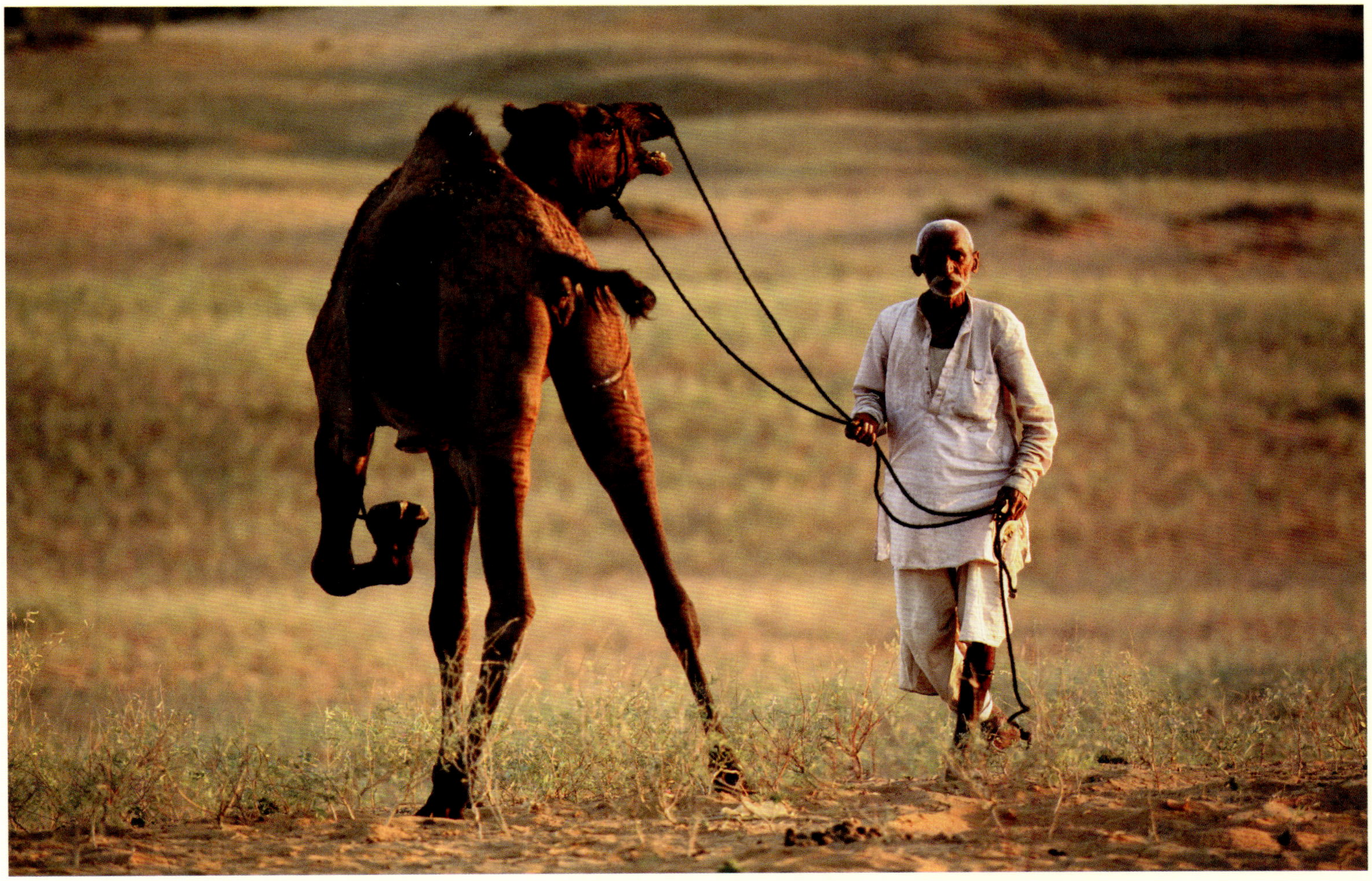

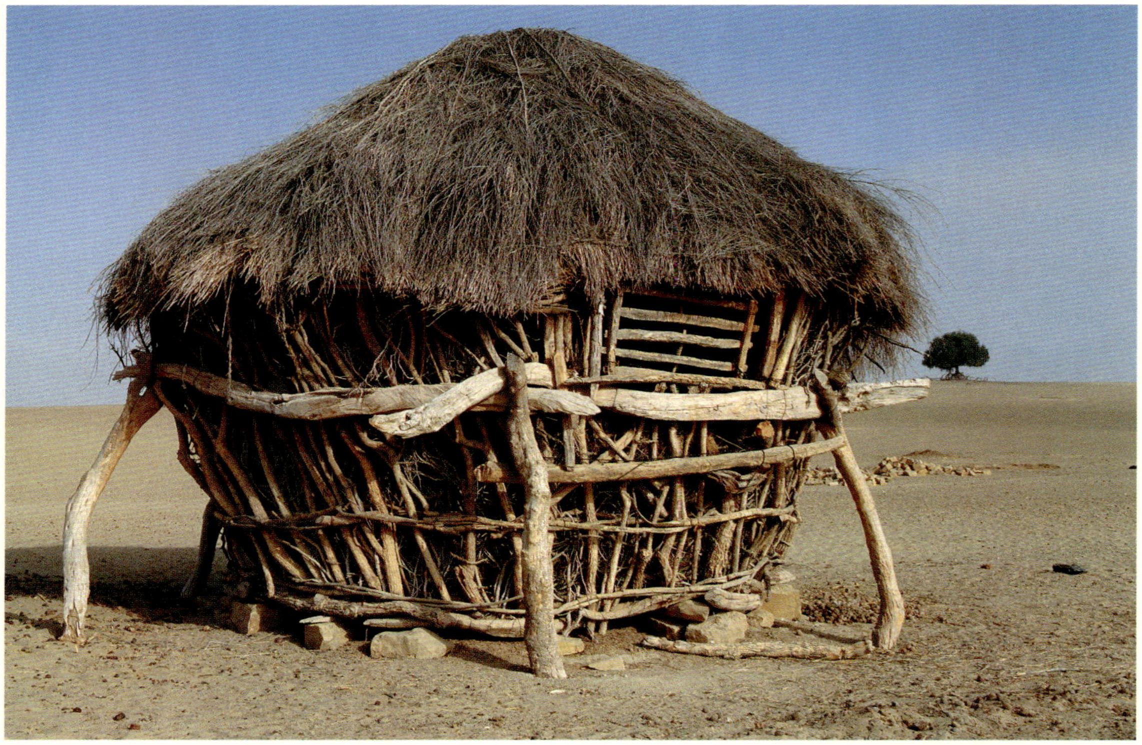

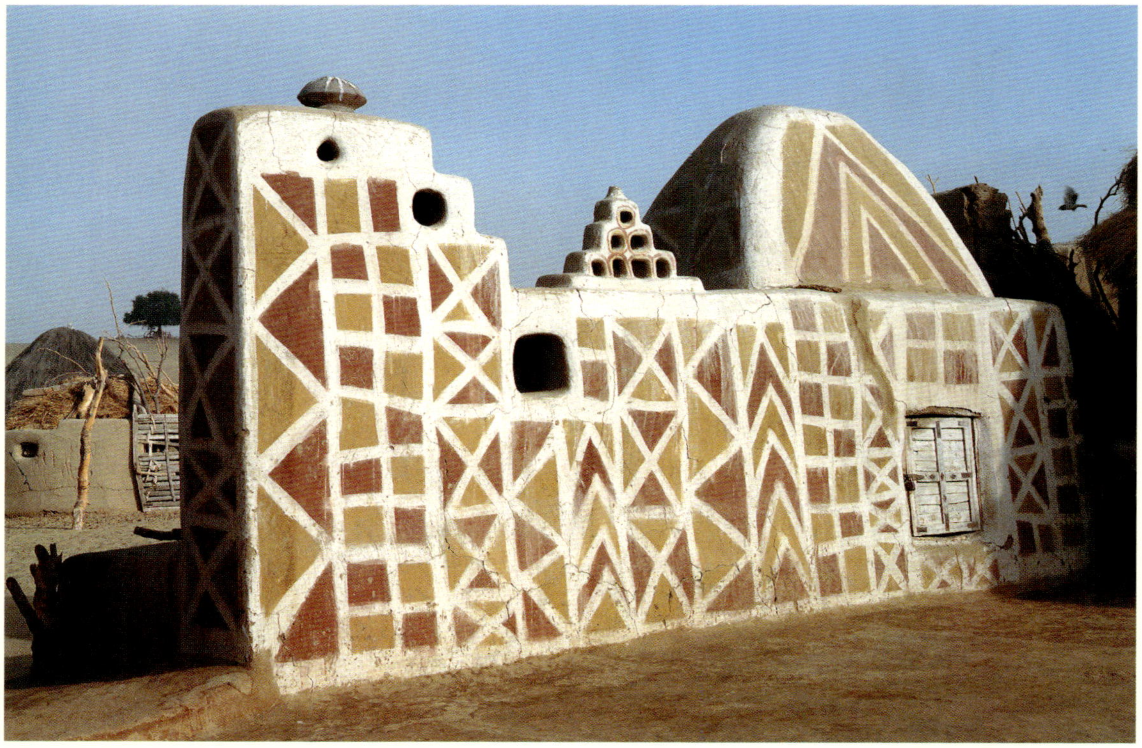

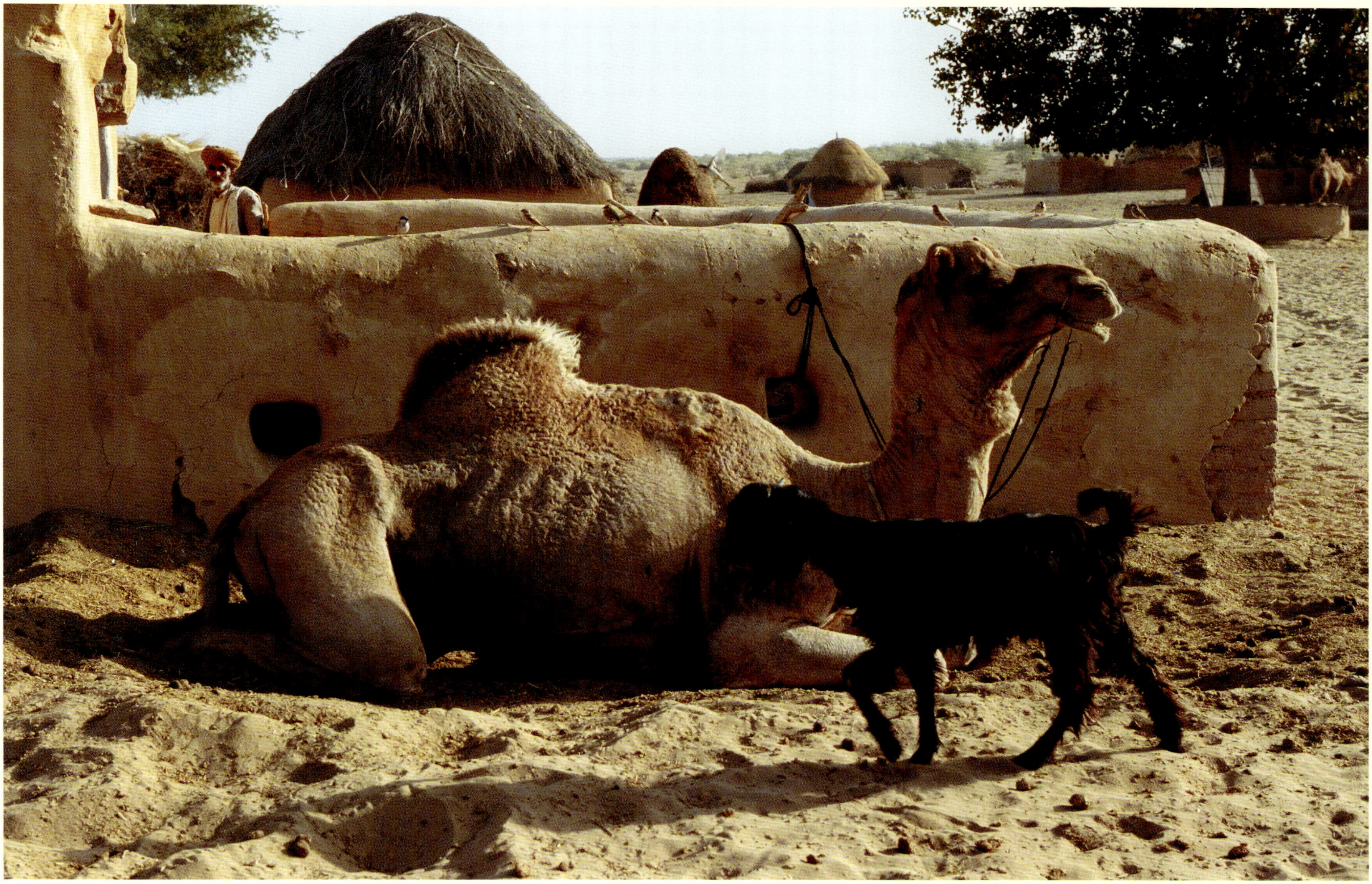

116

117

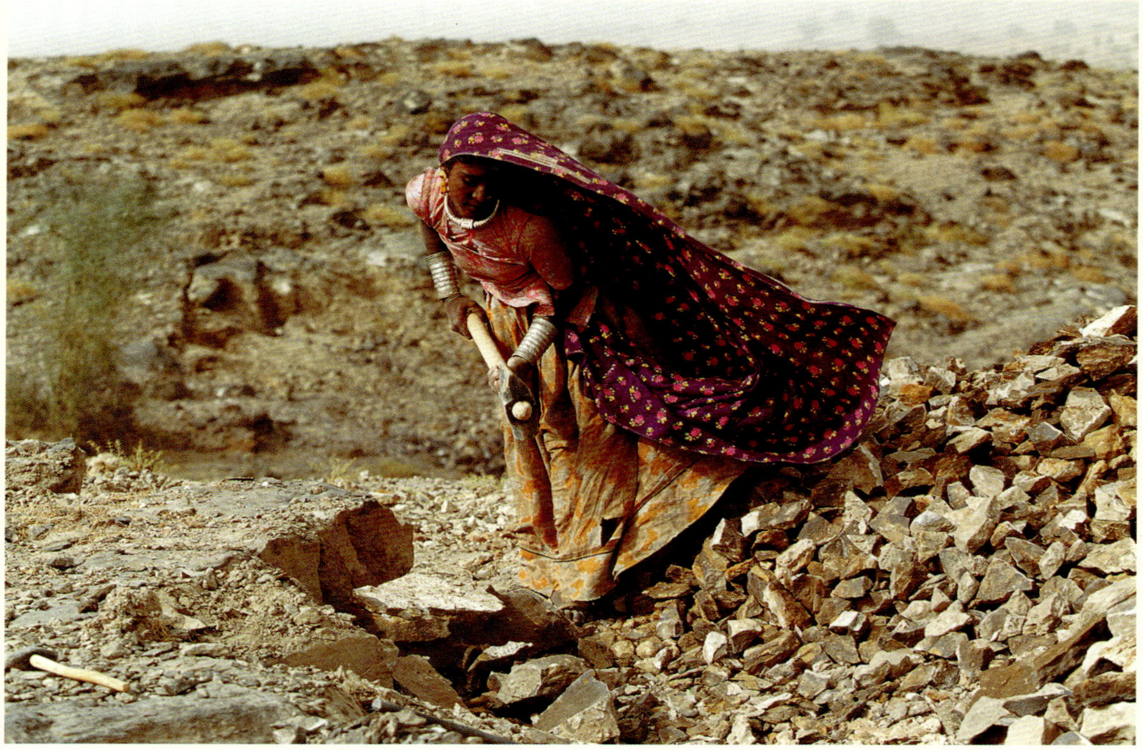

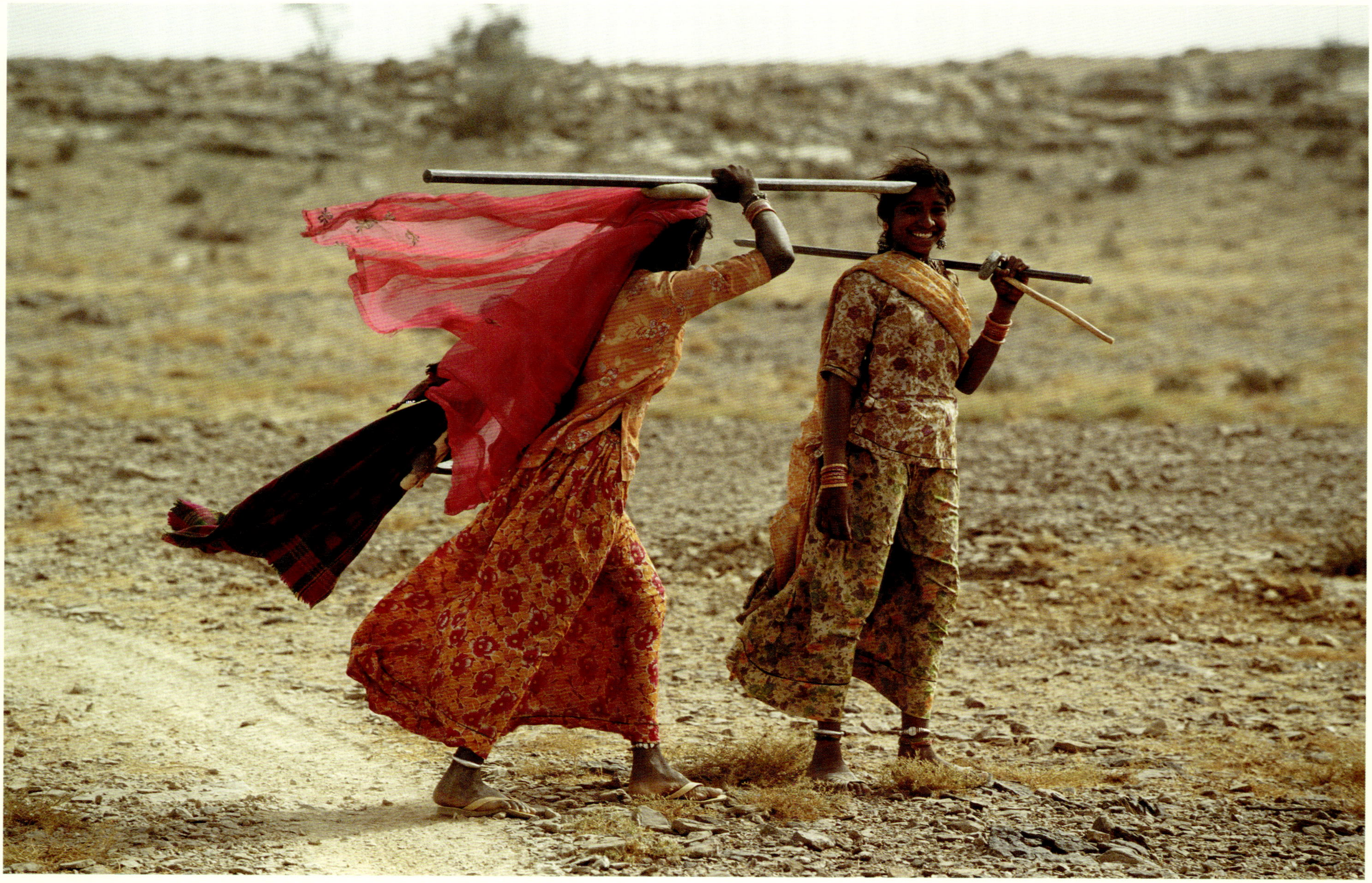

119

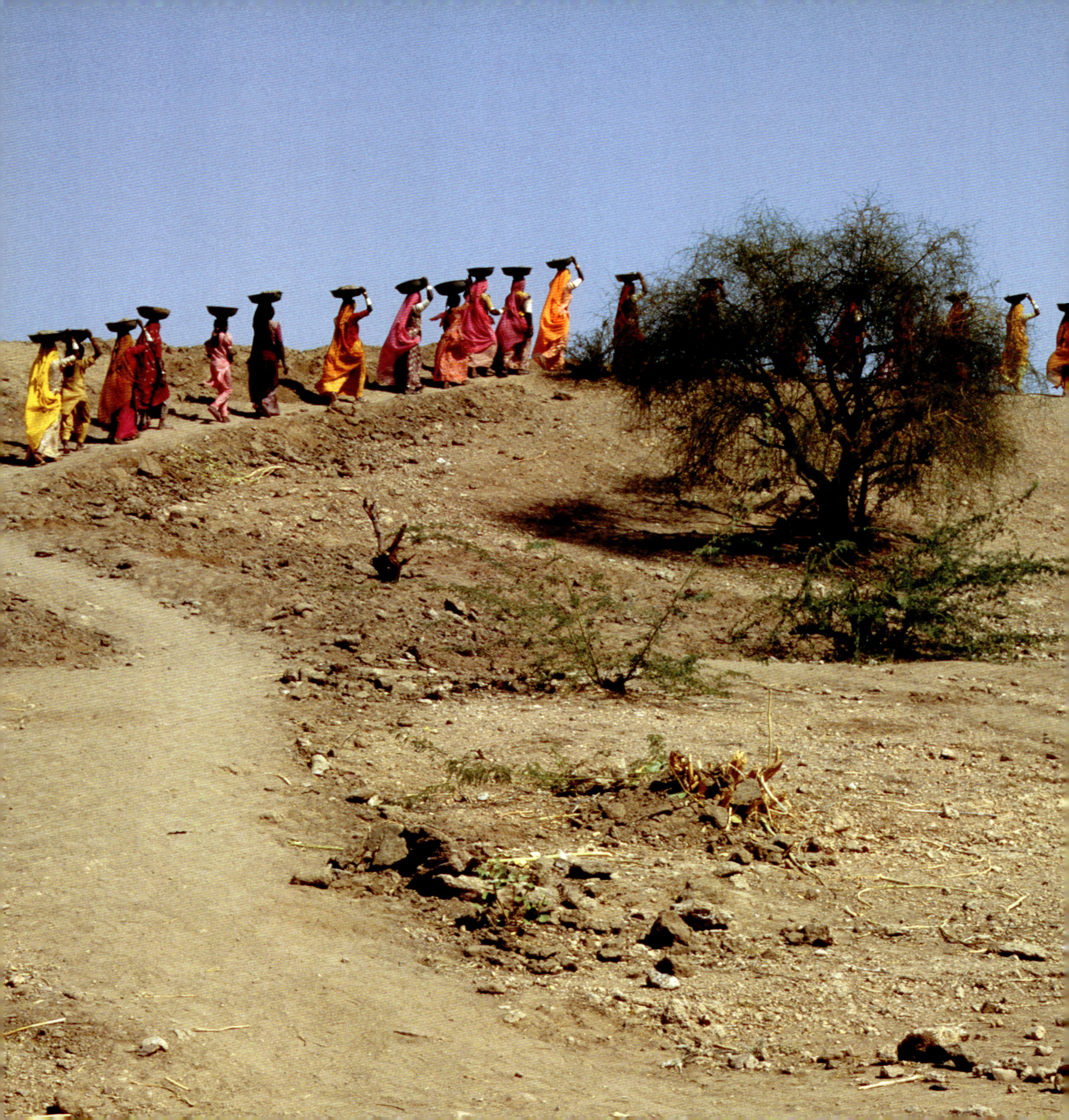

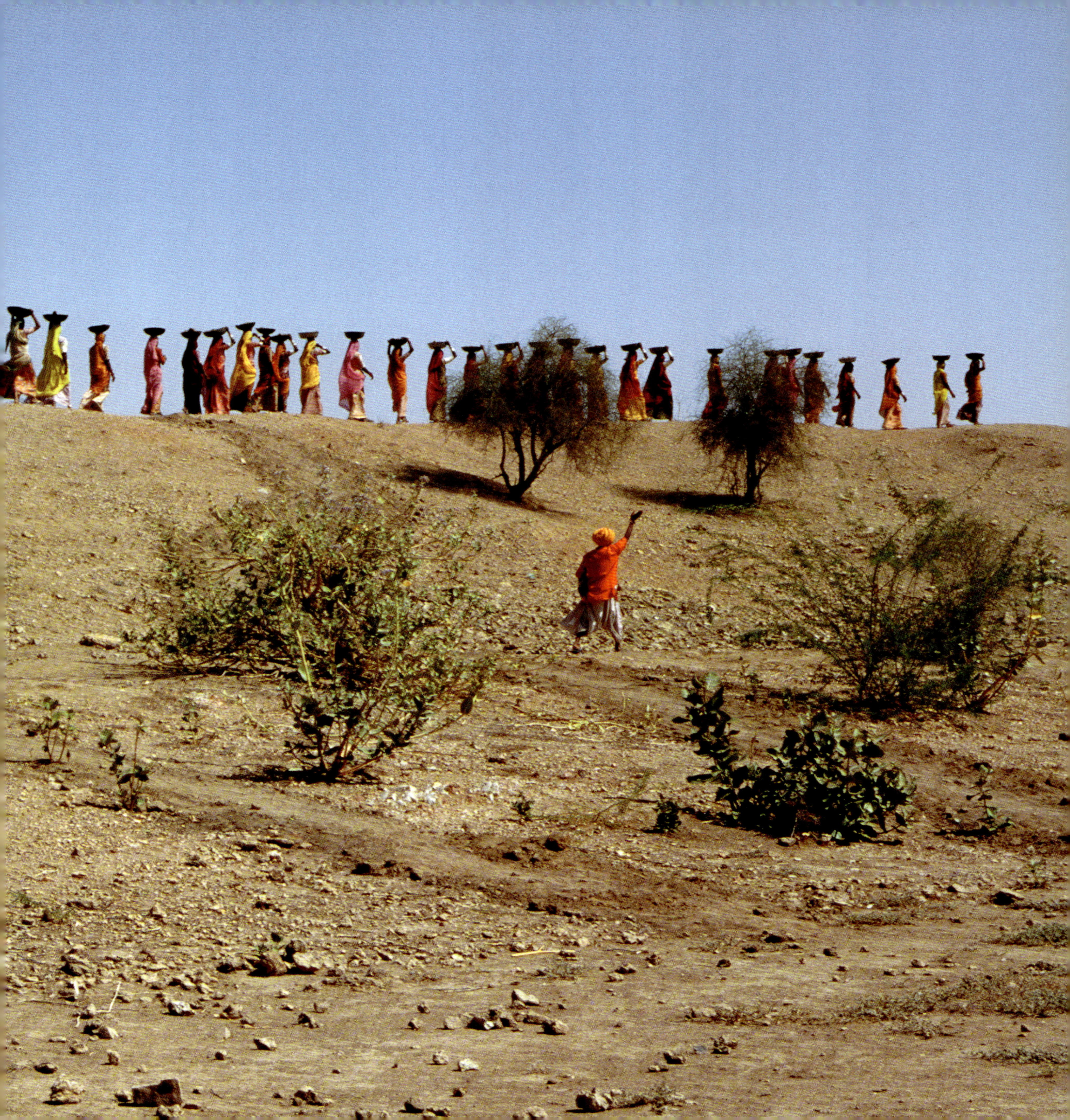

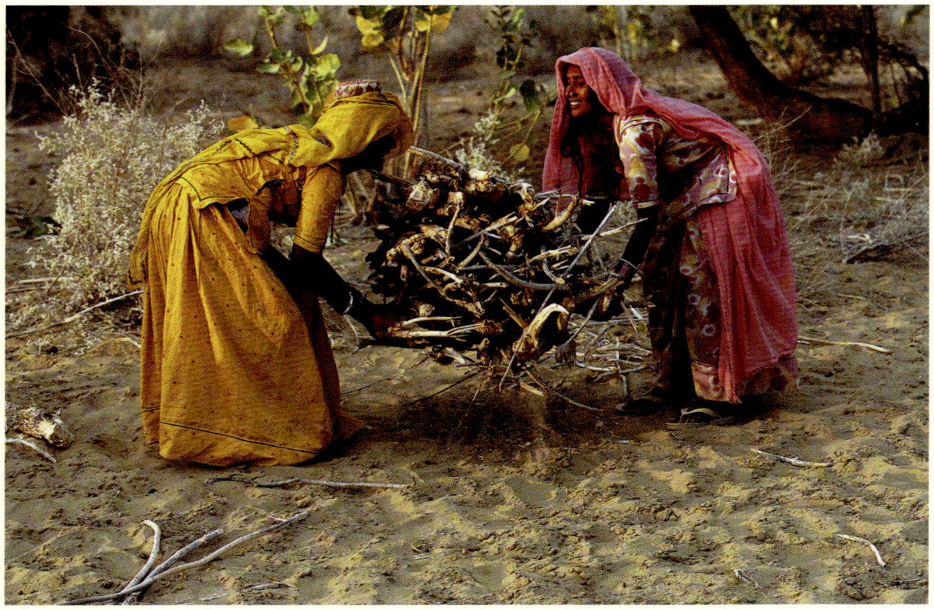
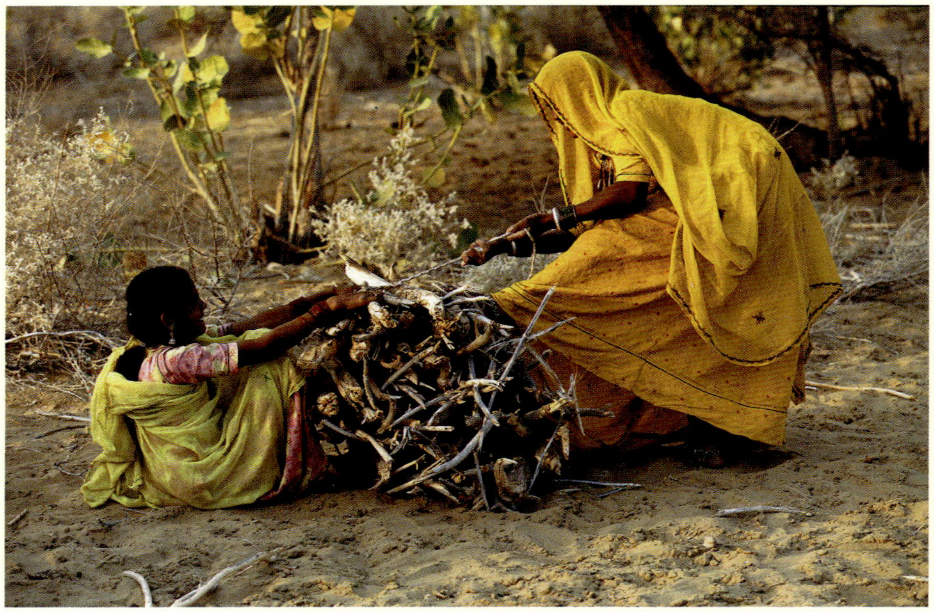
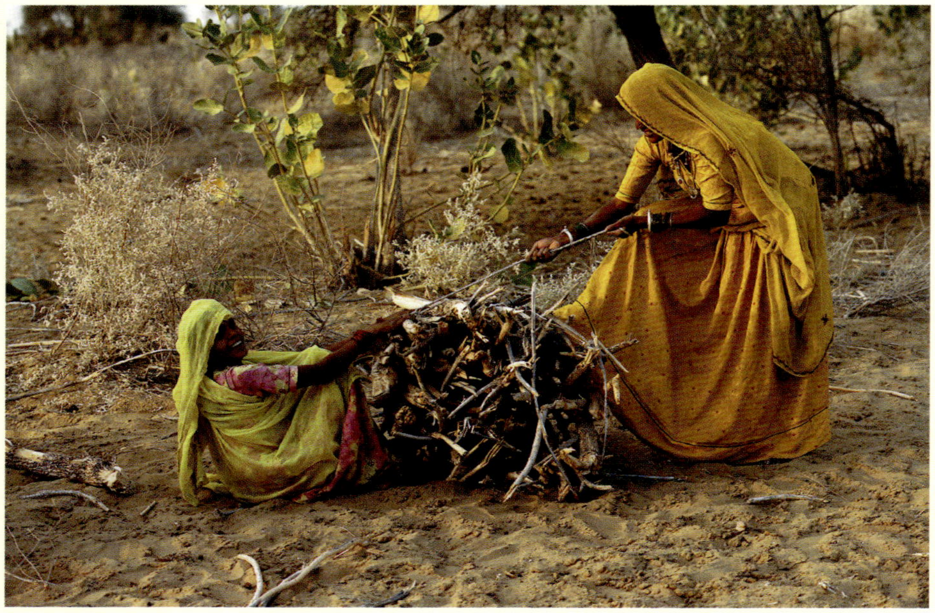
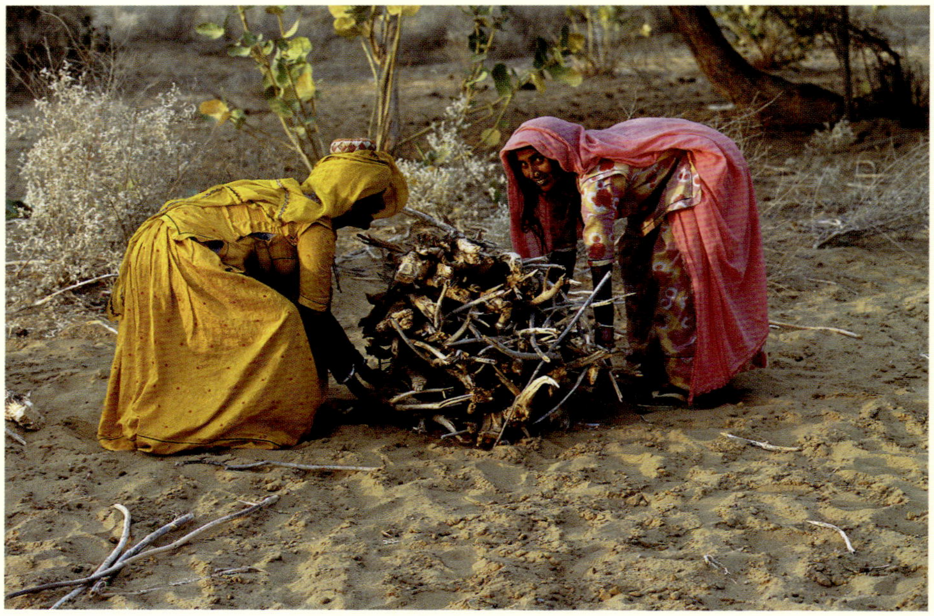

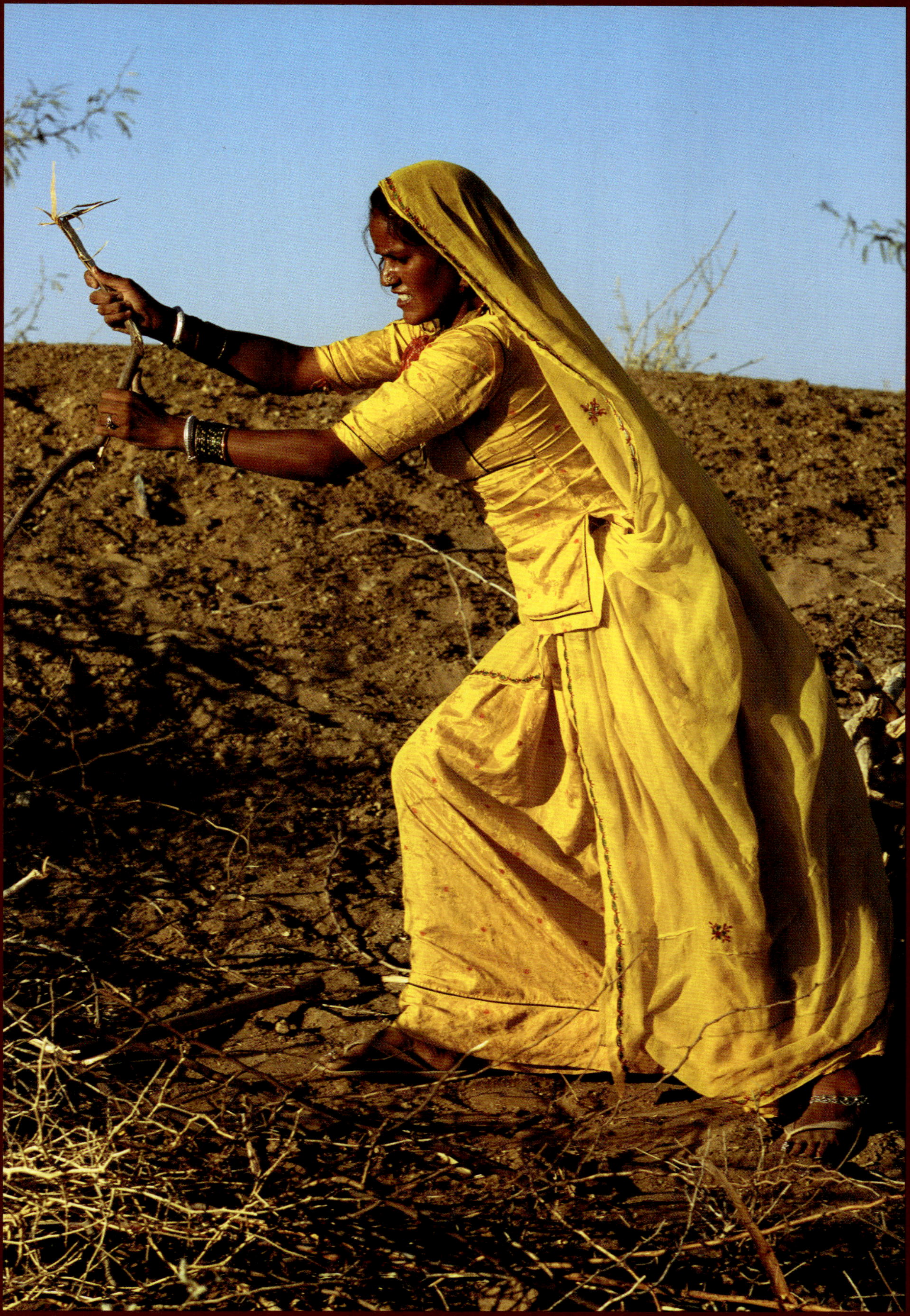

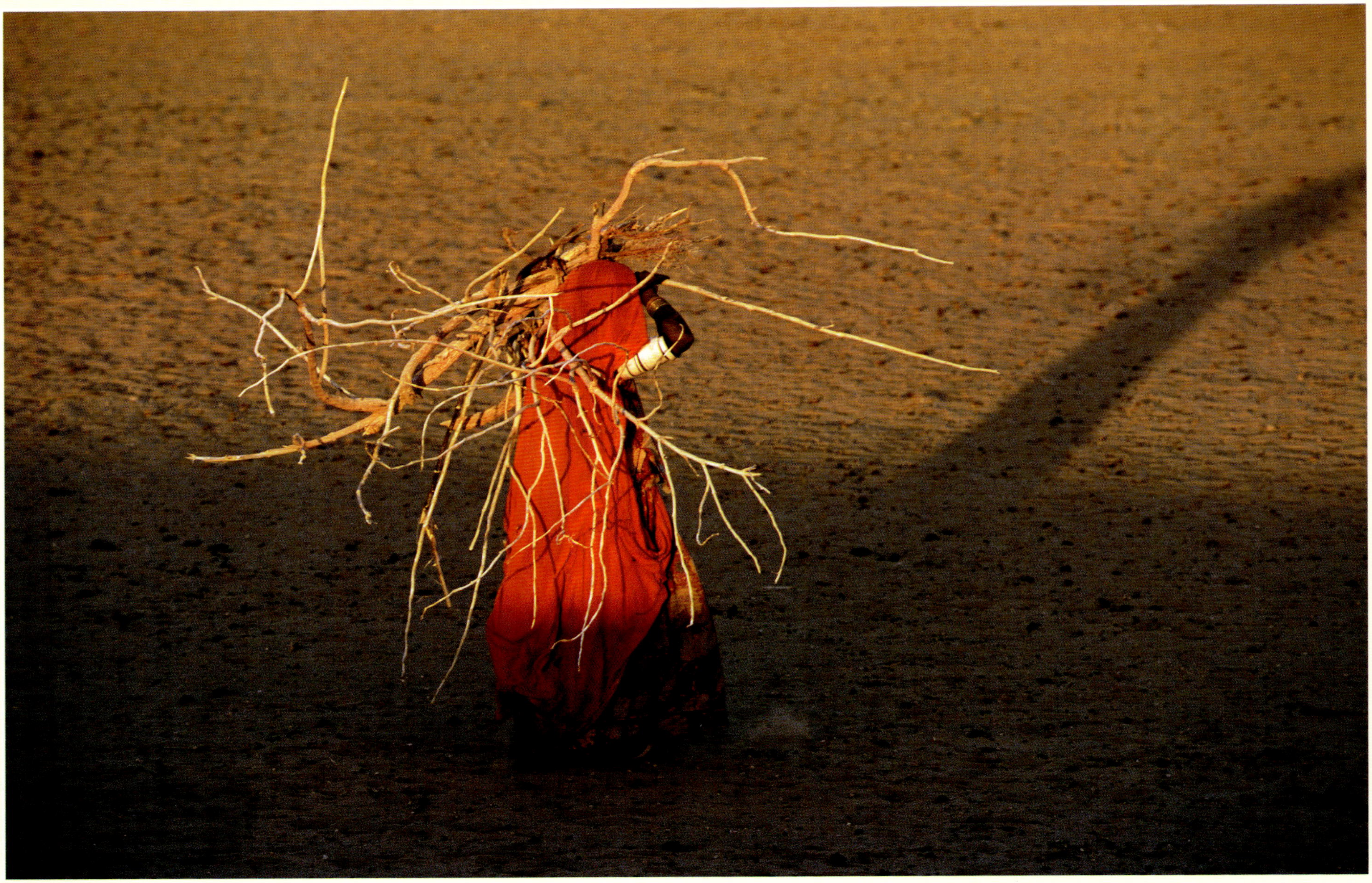

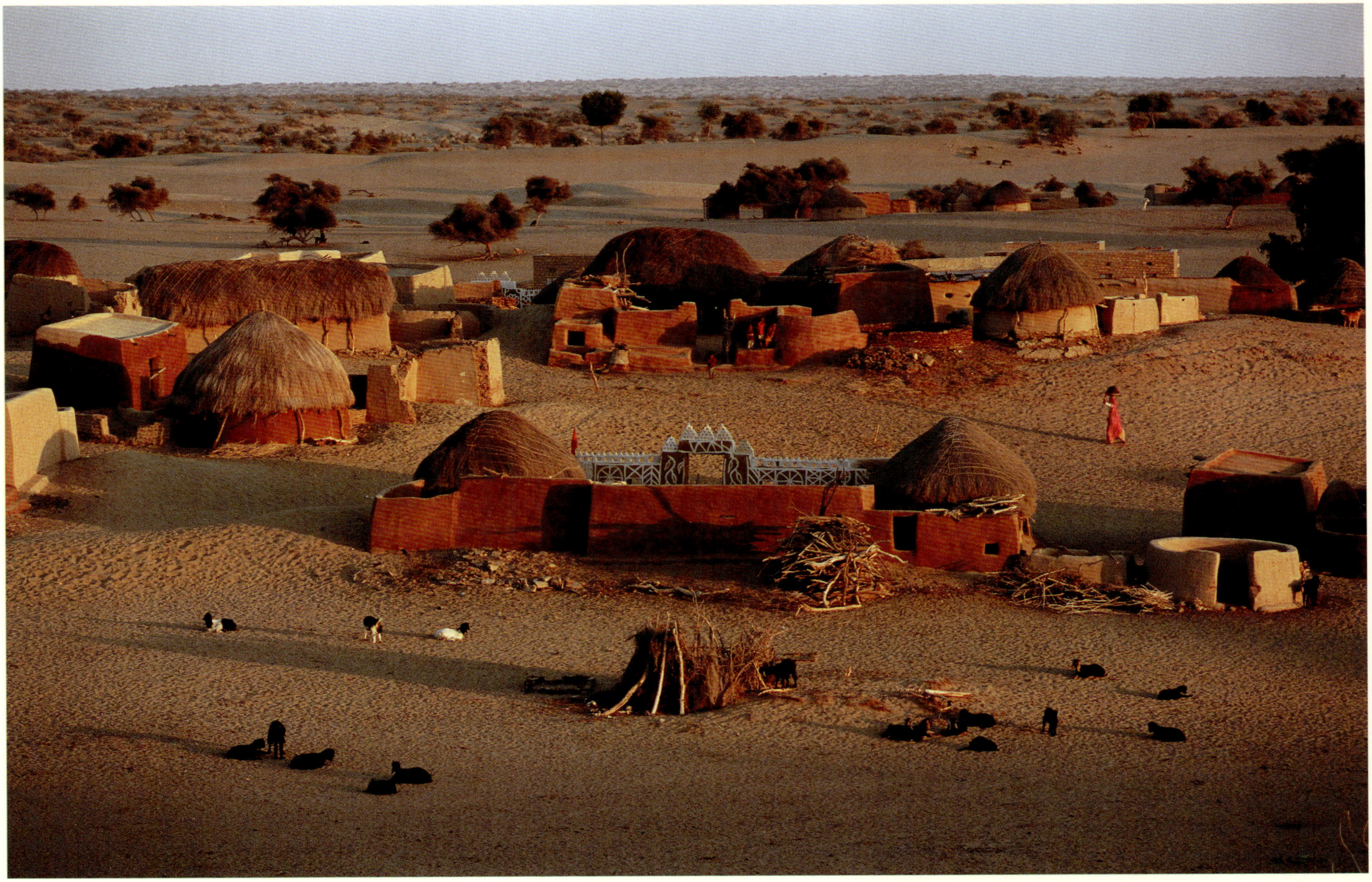

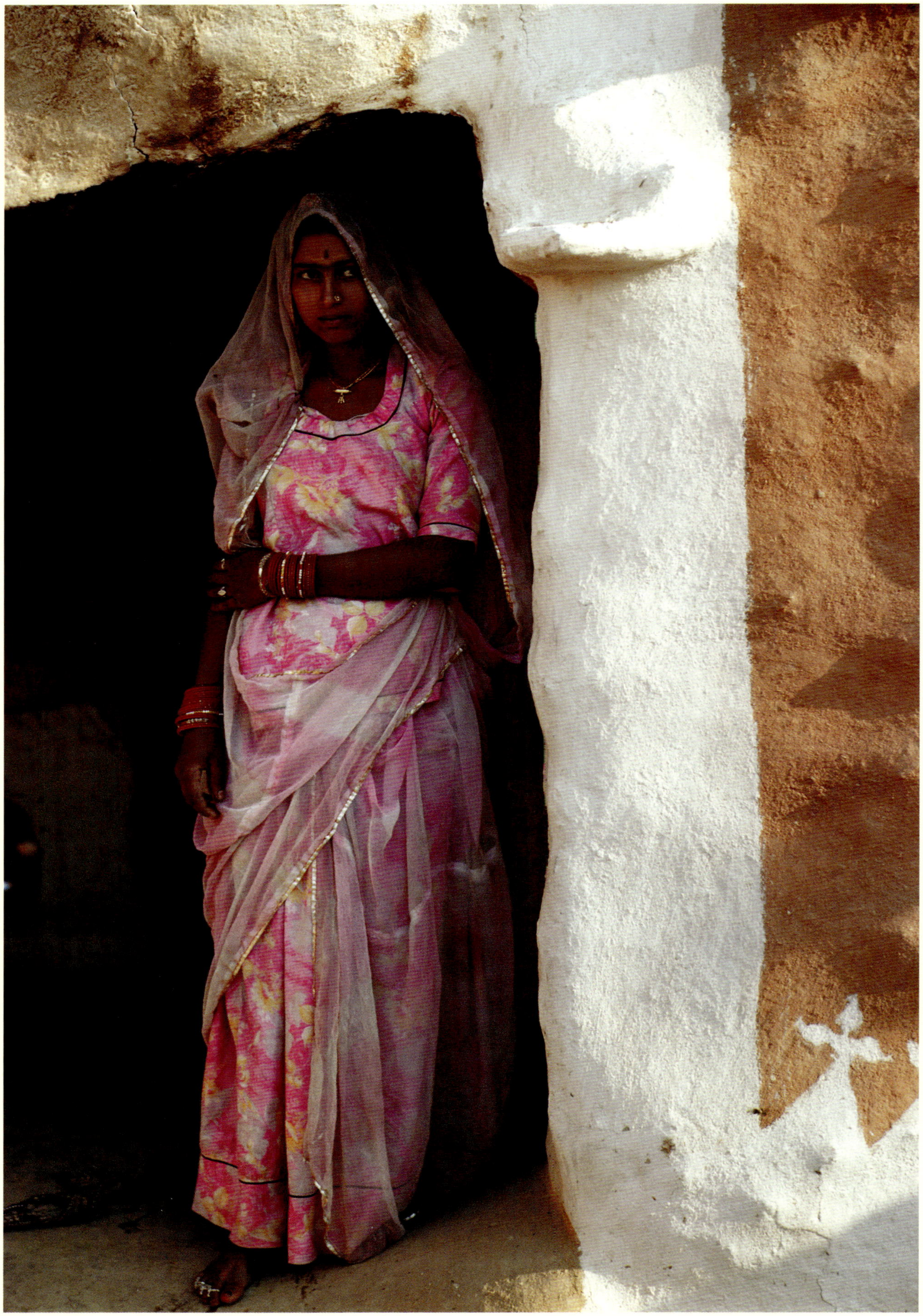

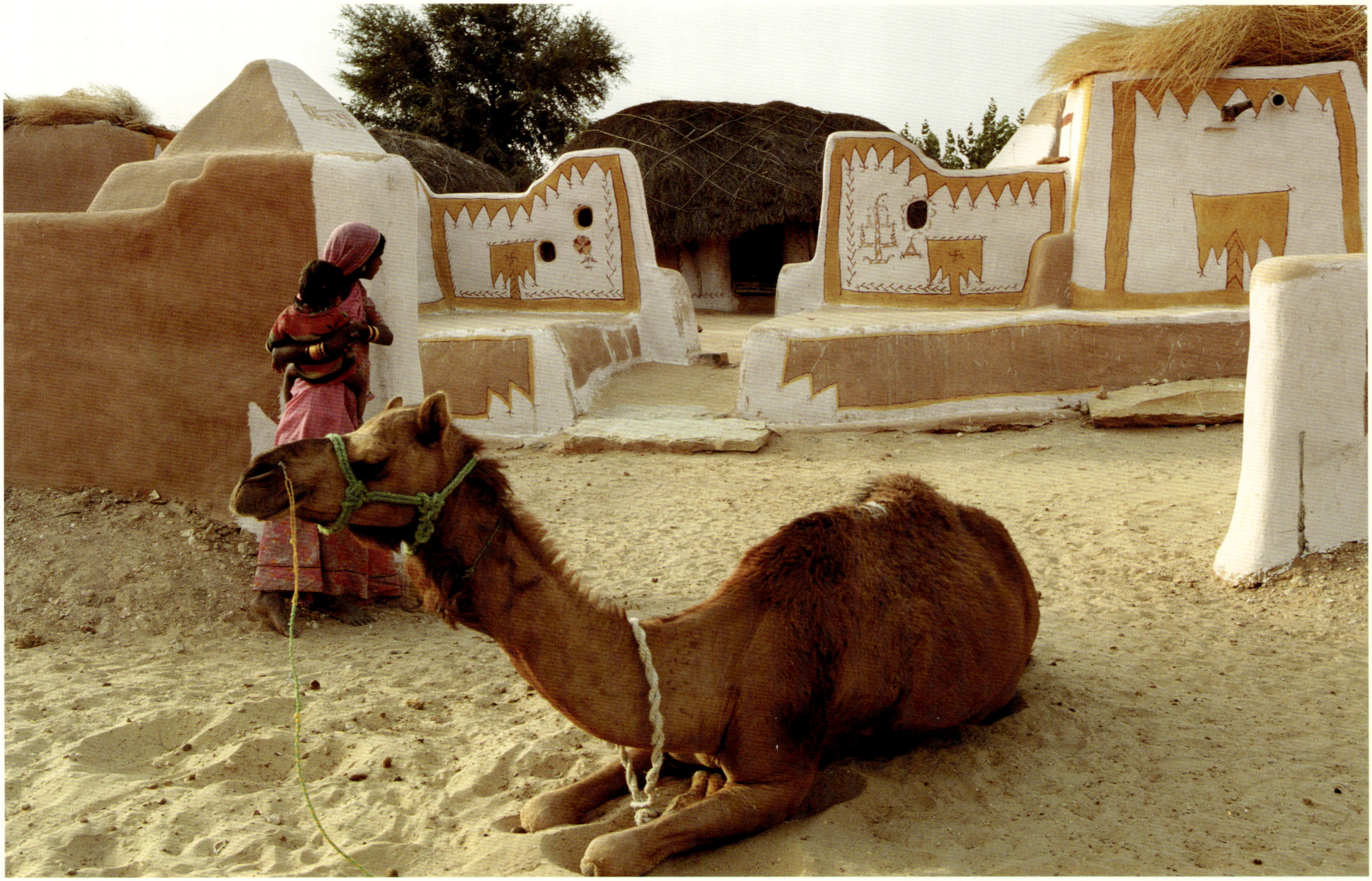

128

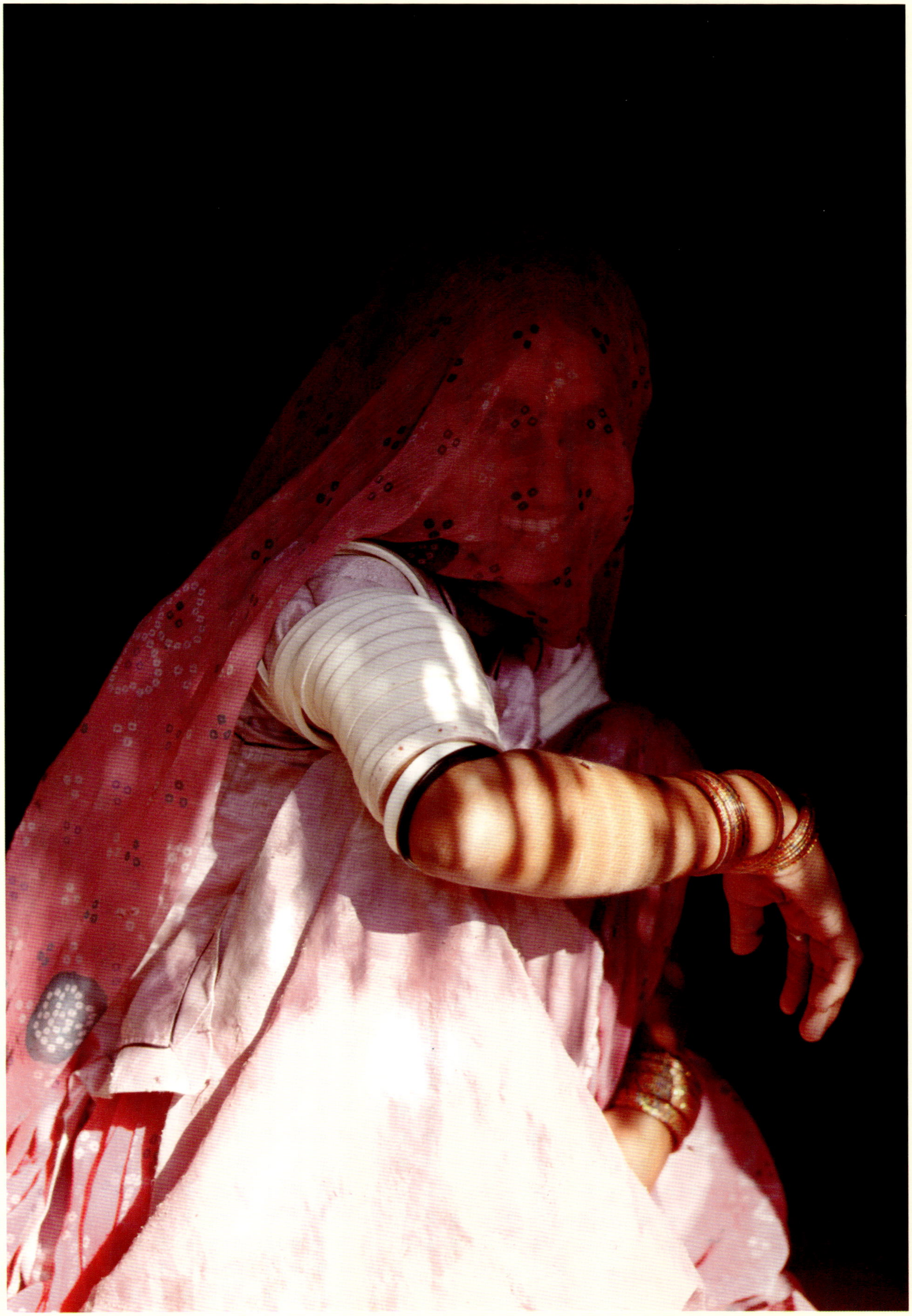

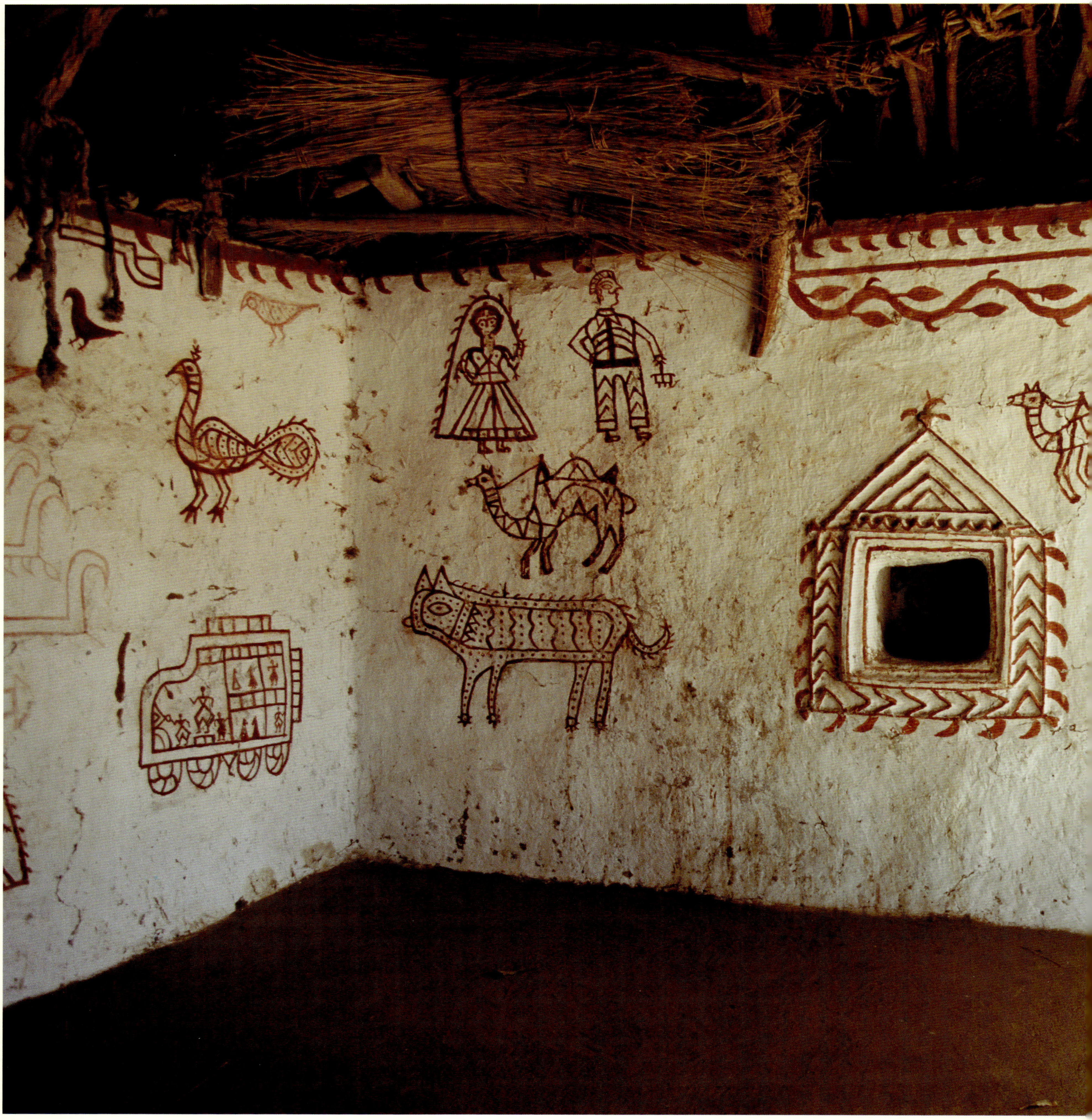

131

132

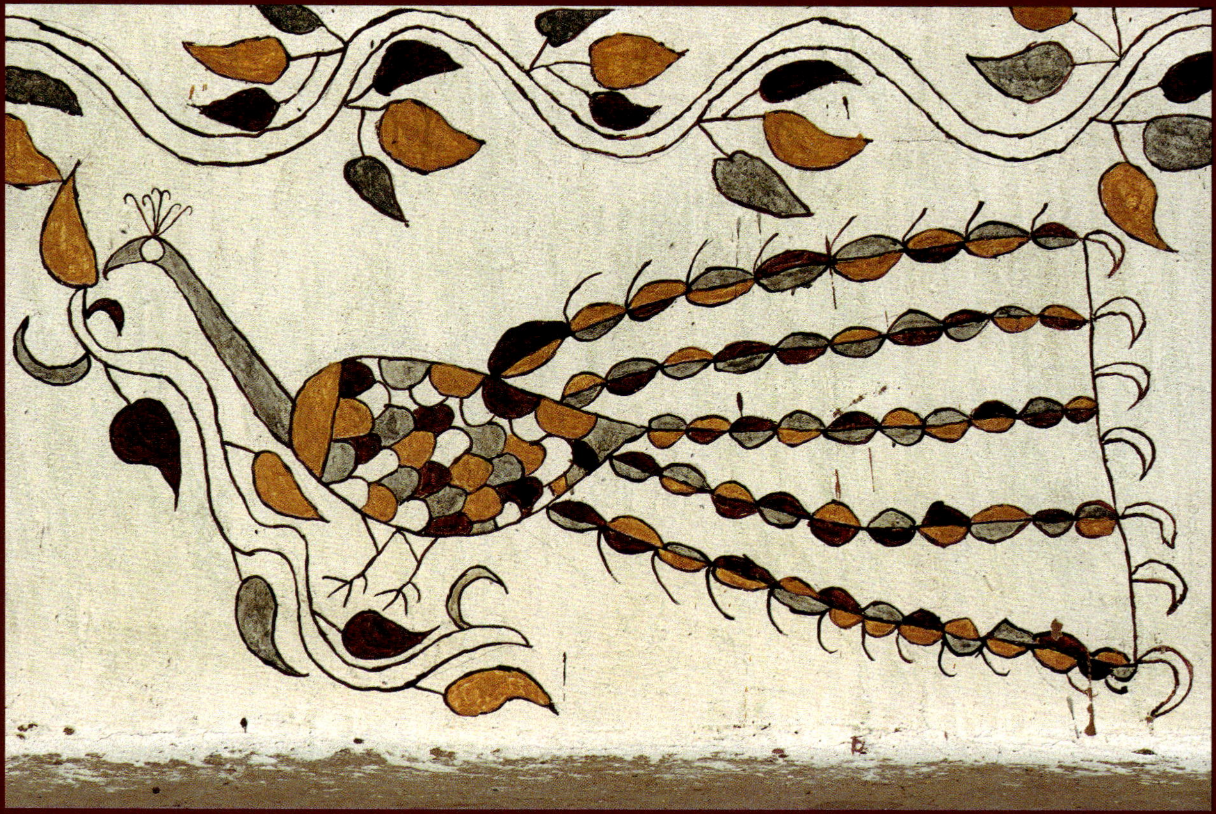
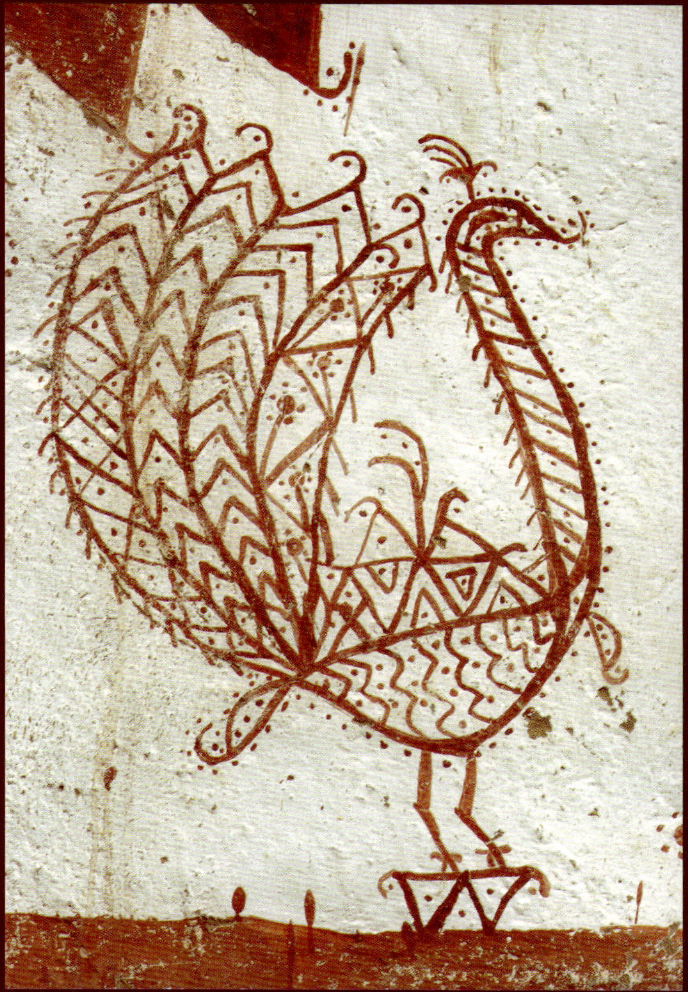
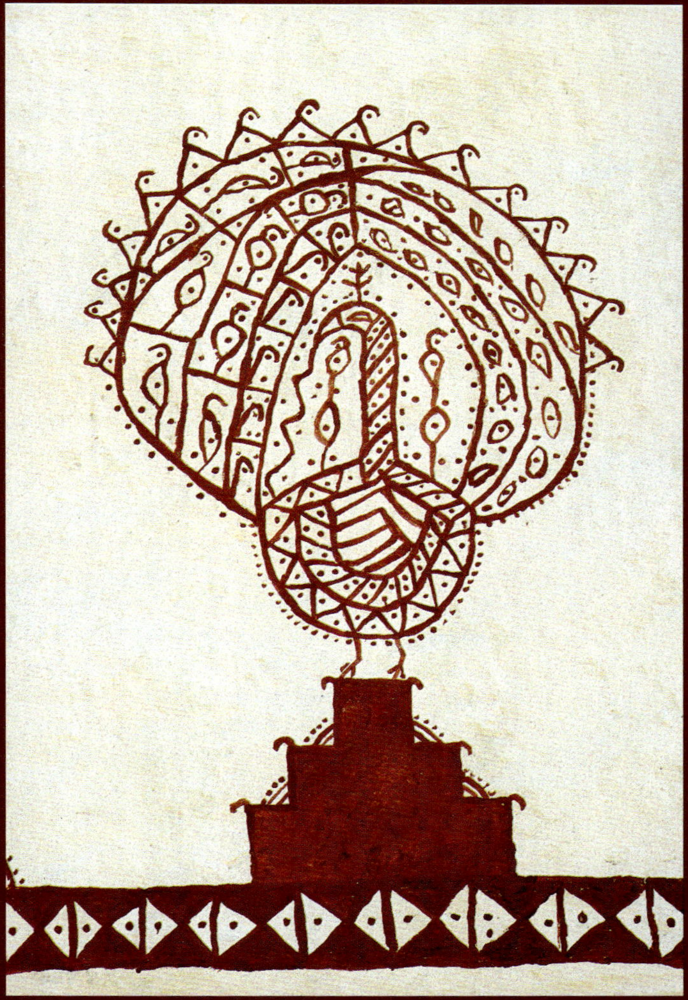
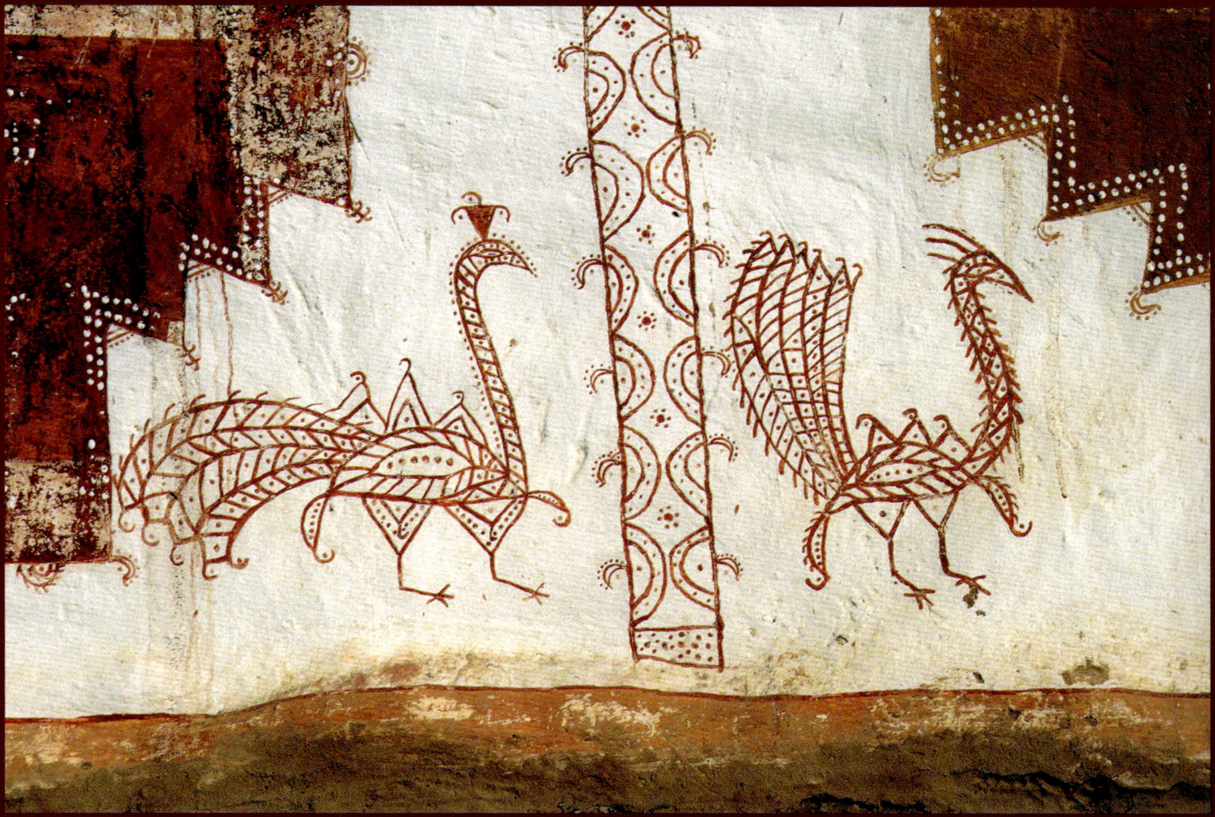

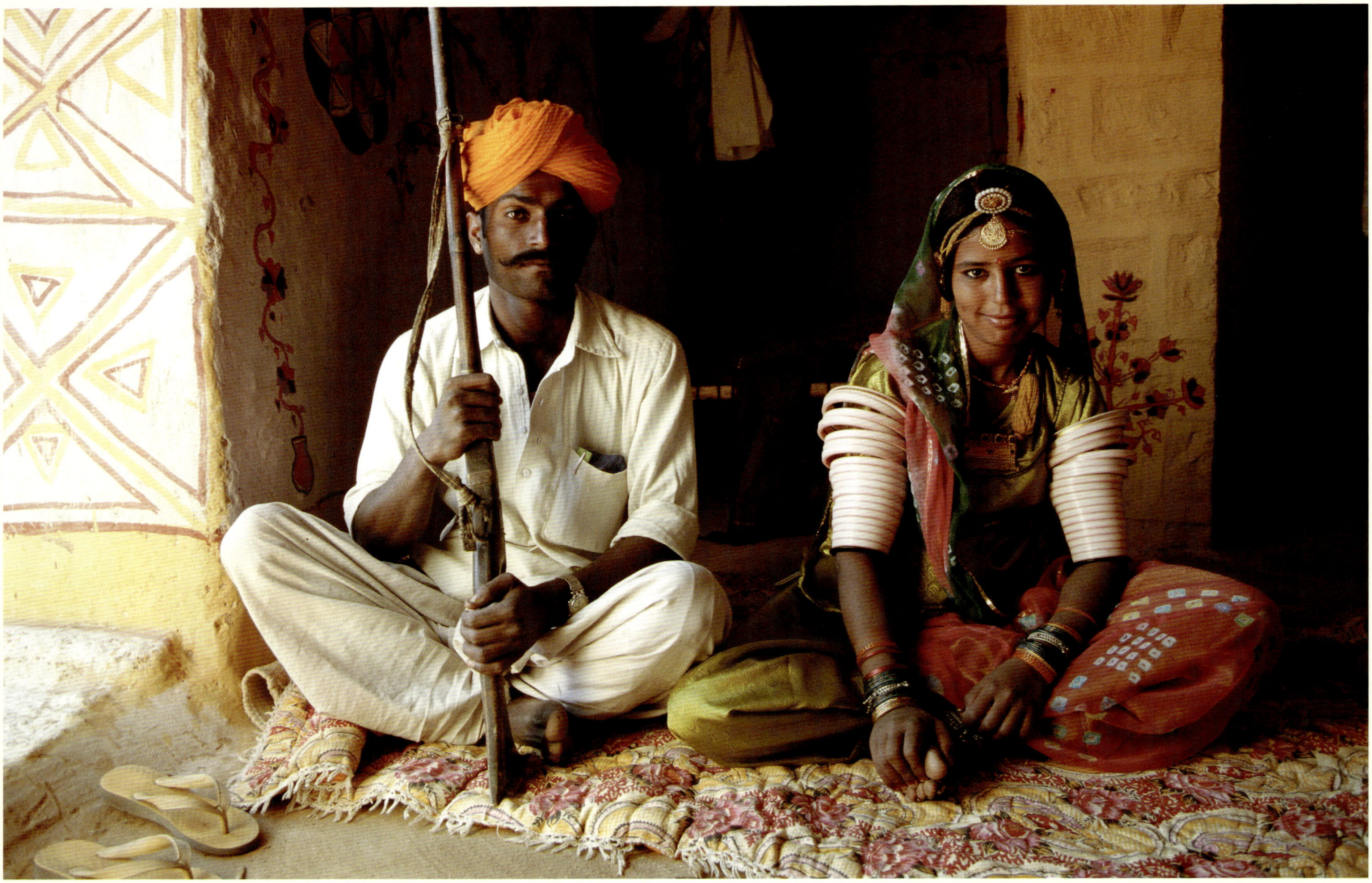

135

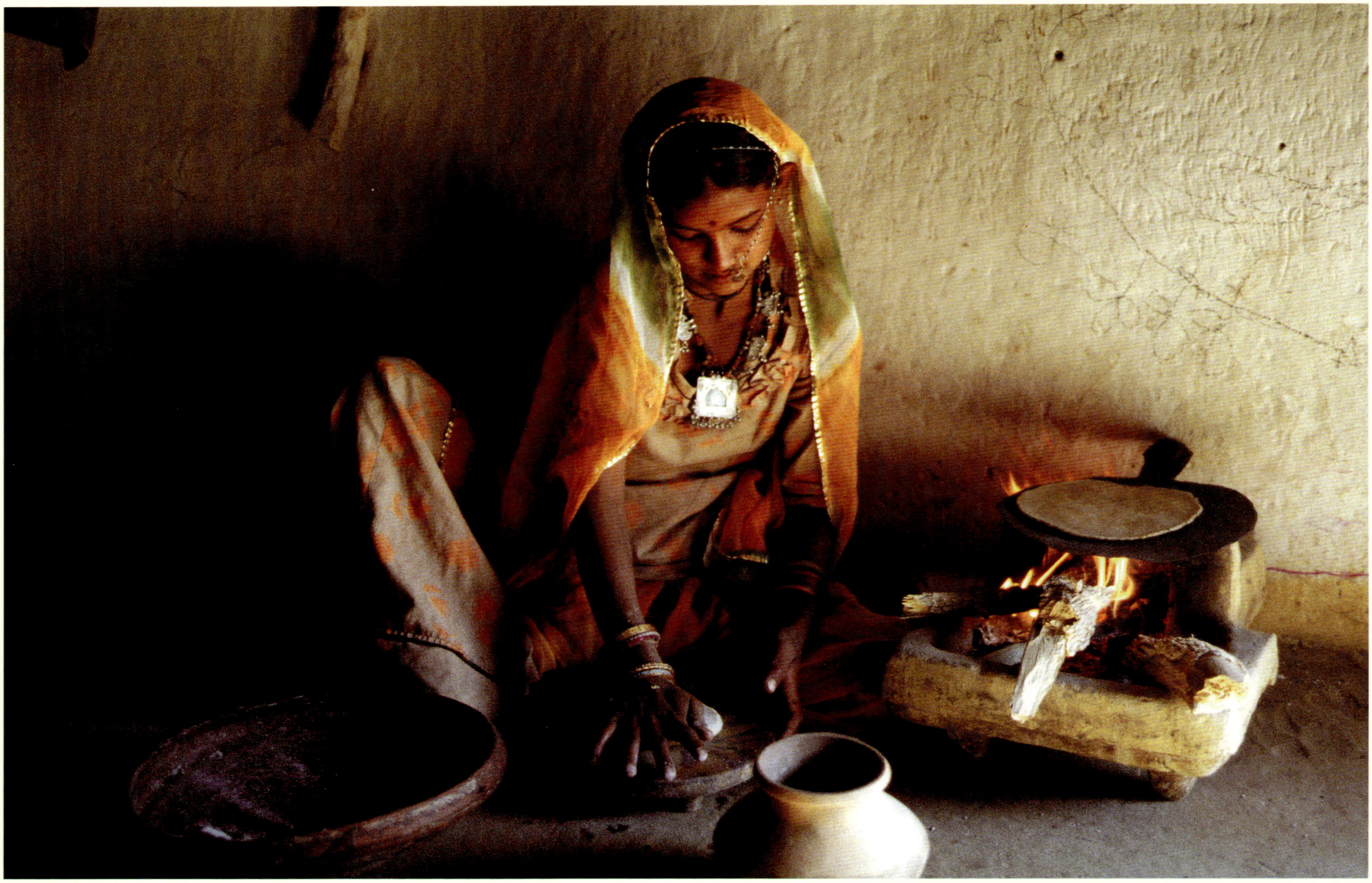

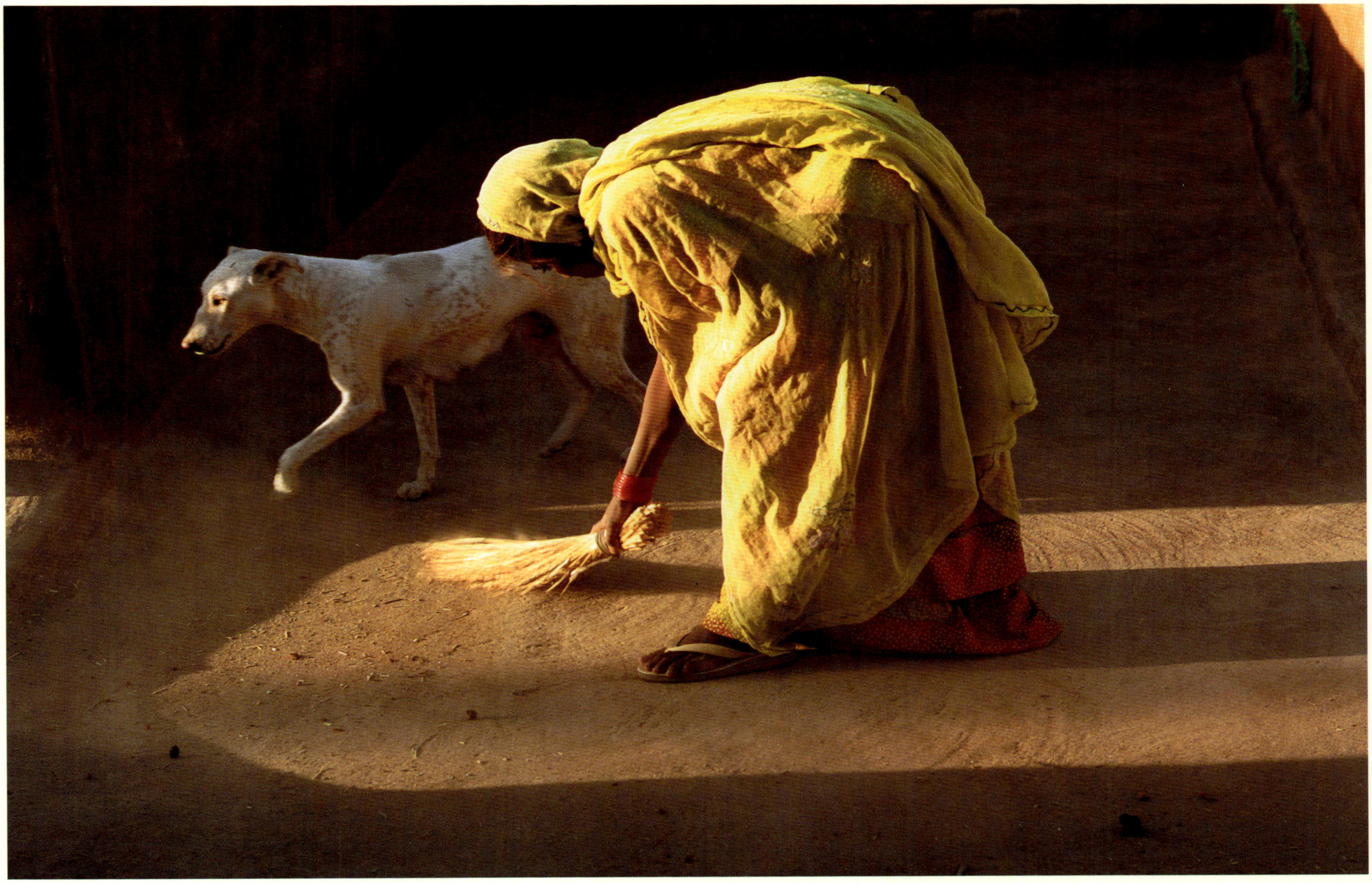

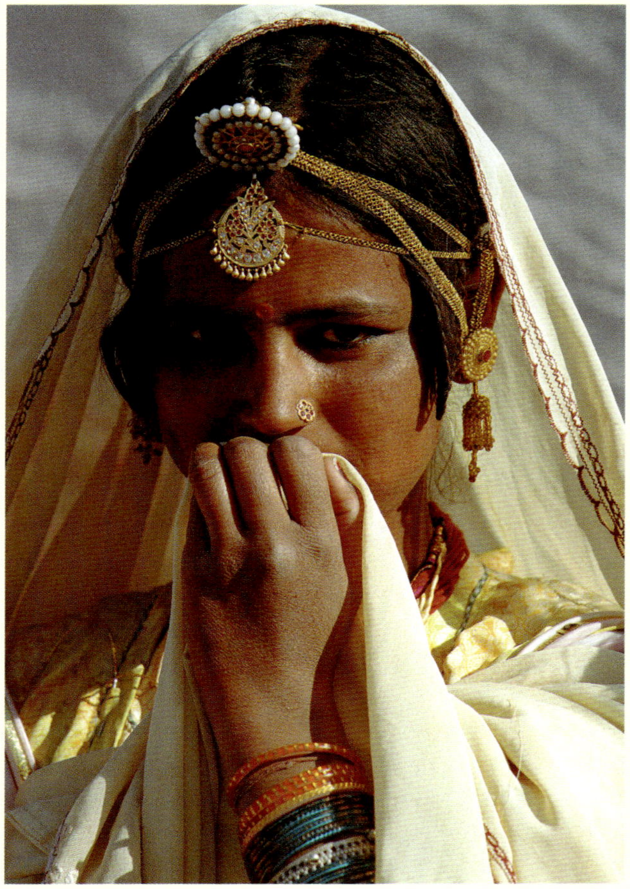

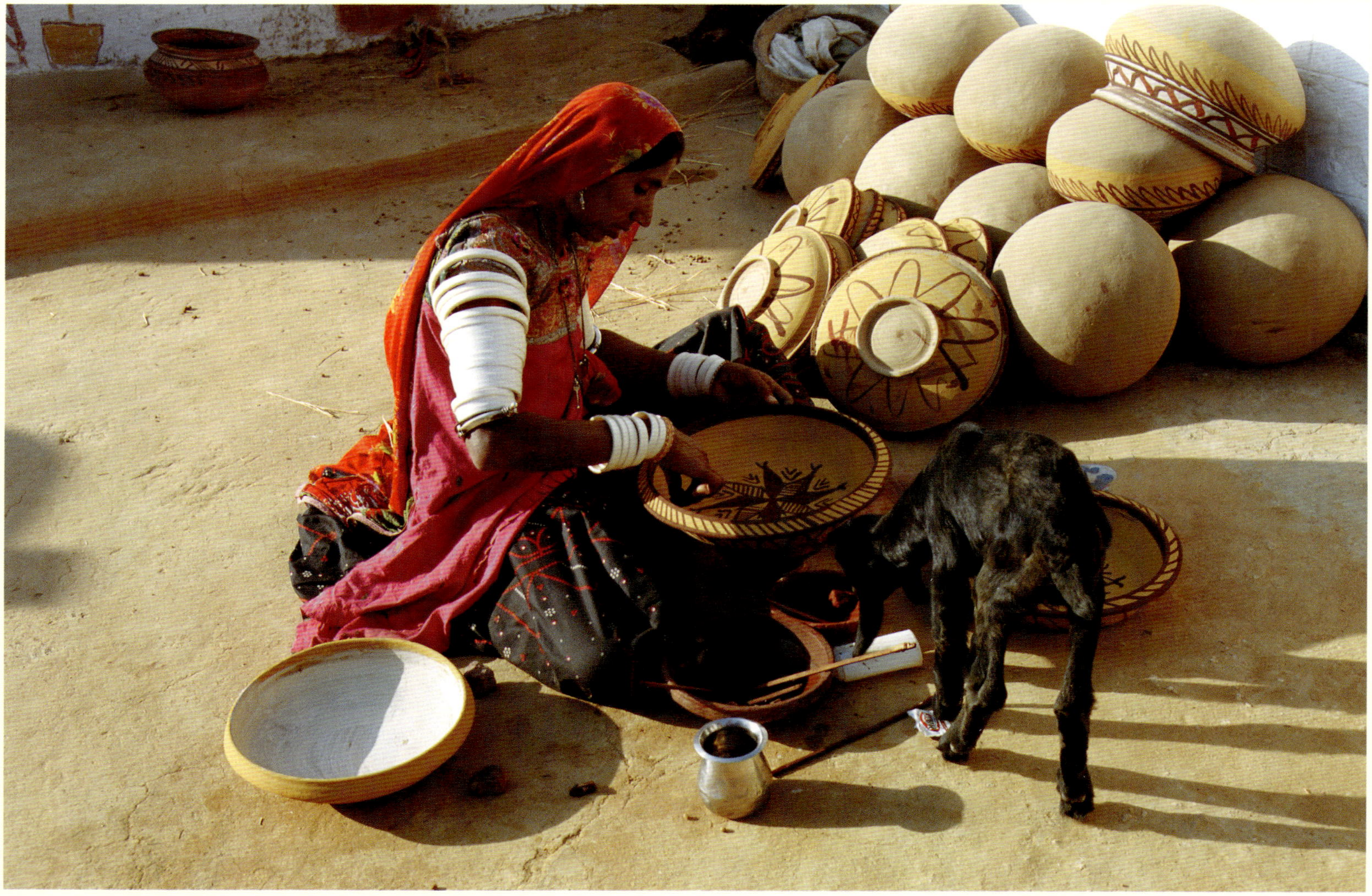

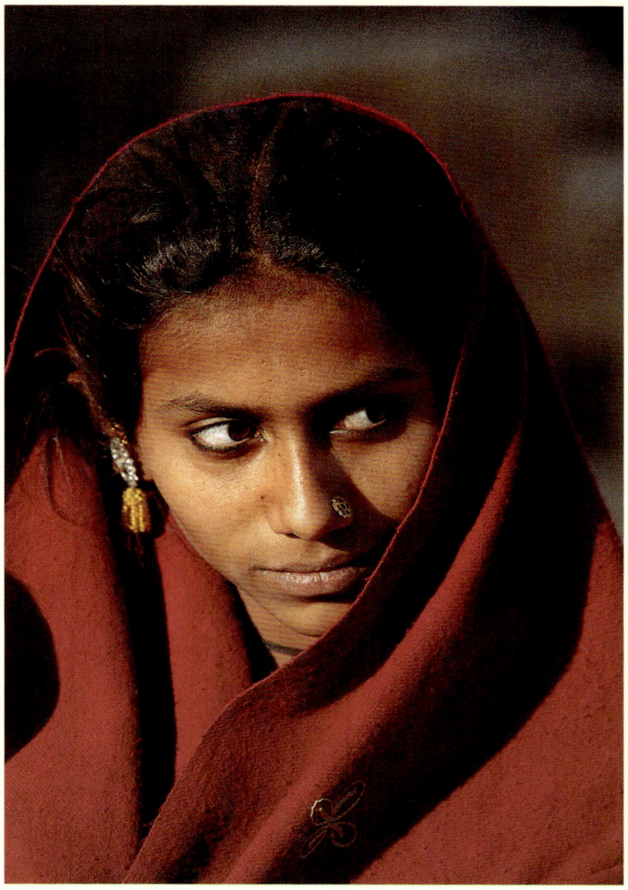

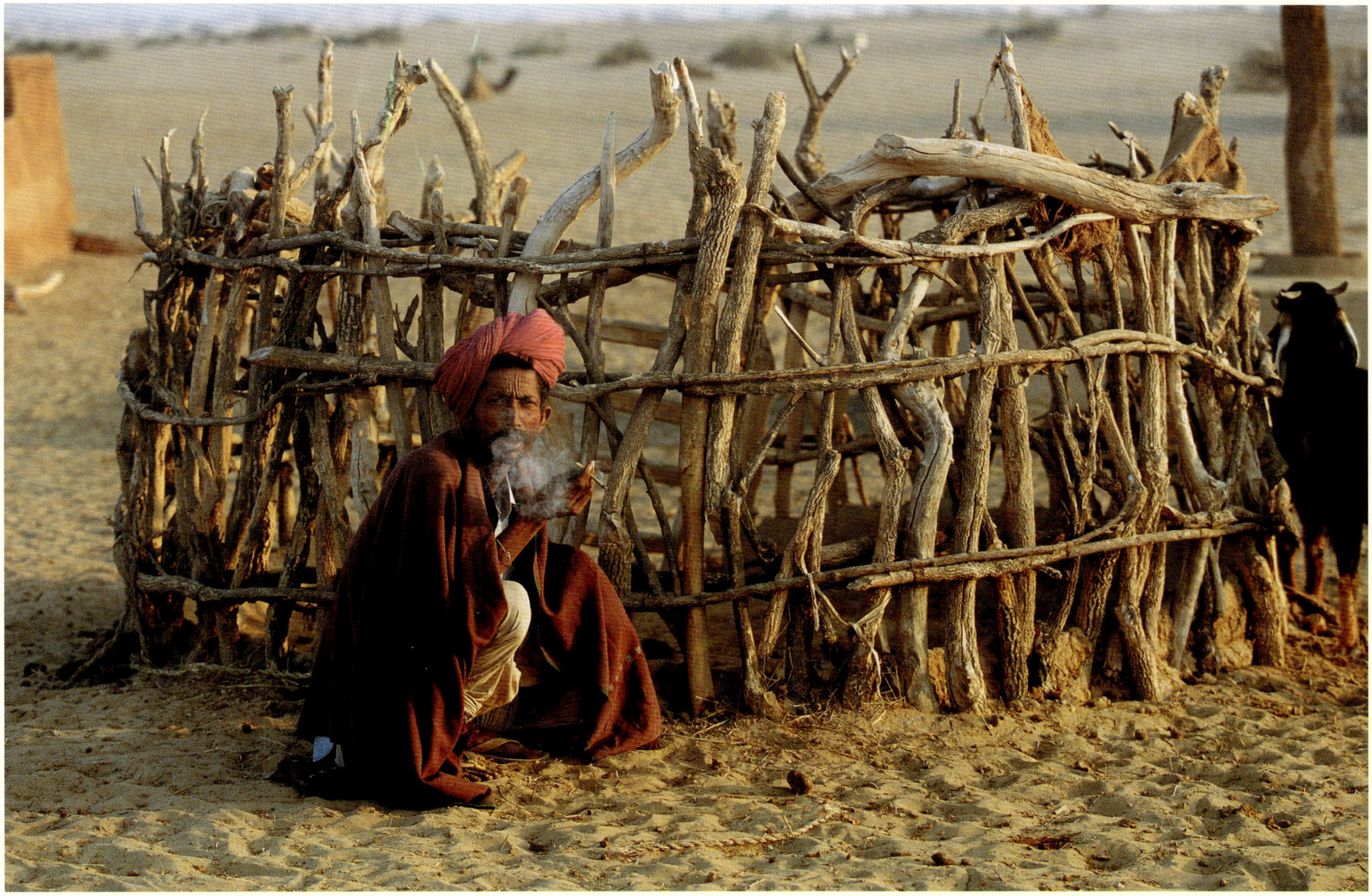

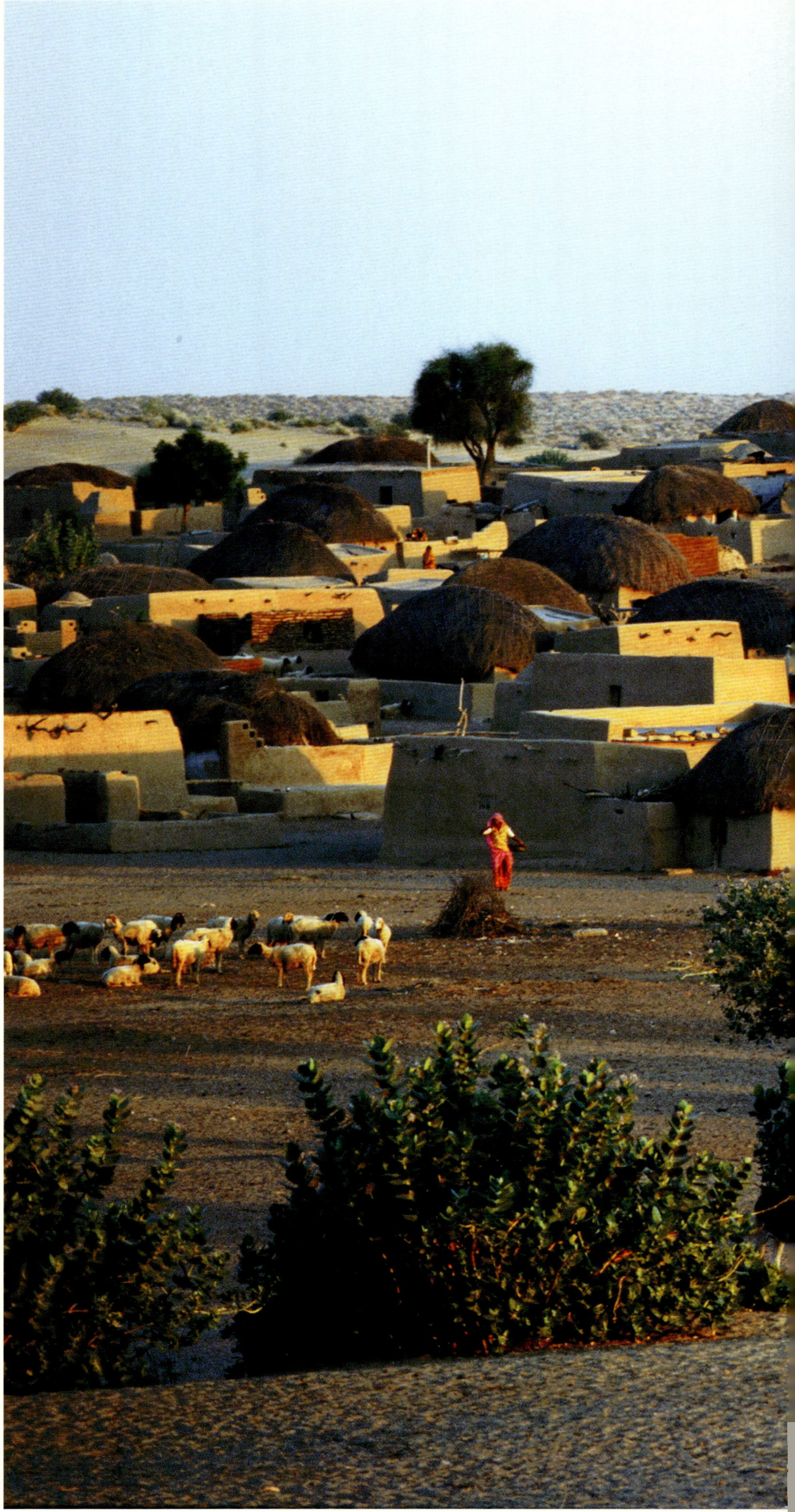

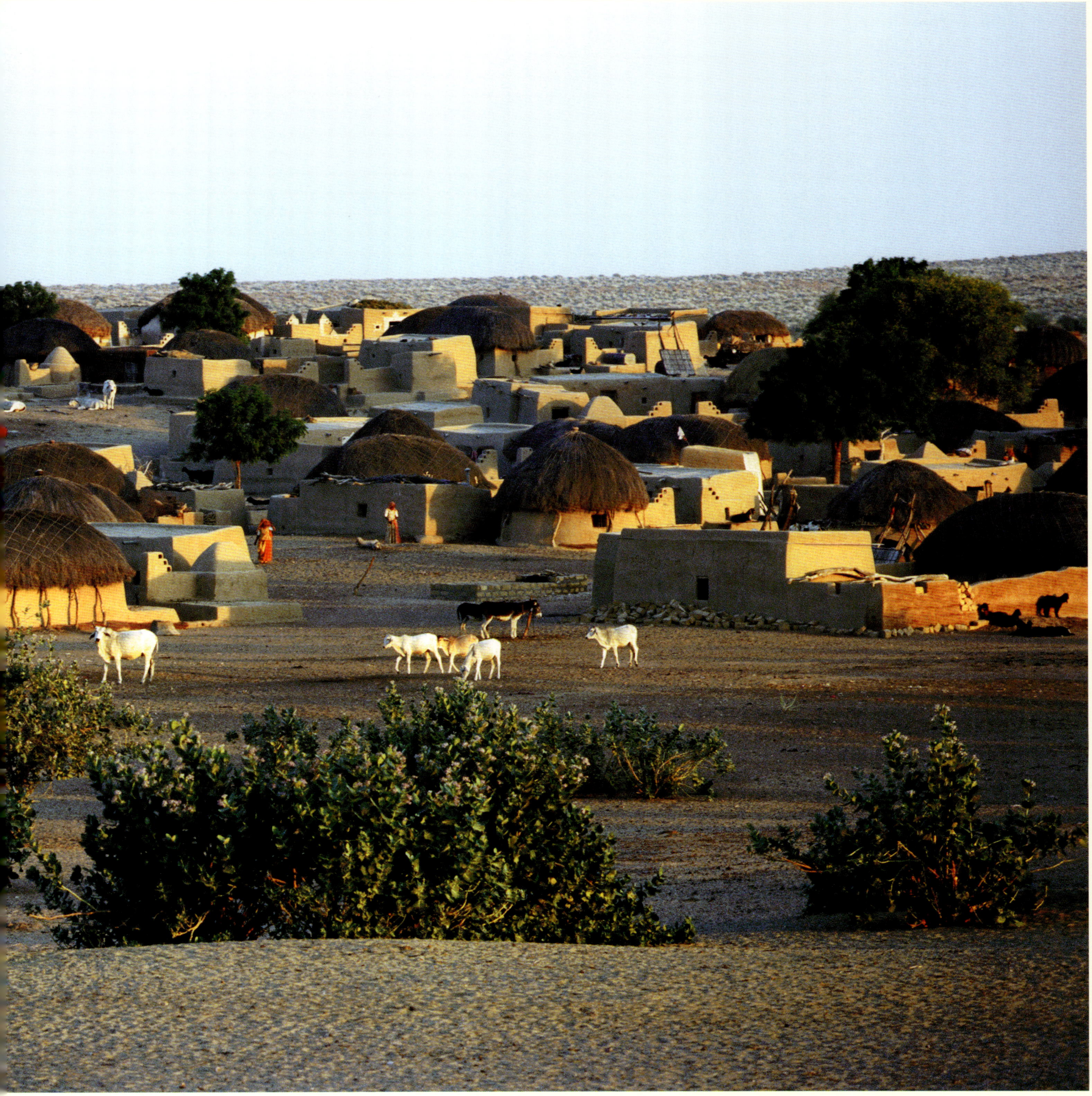

142

143

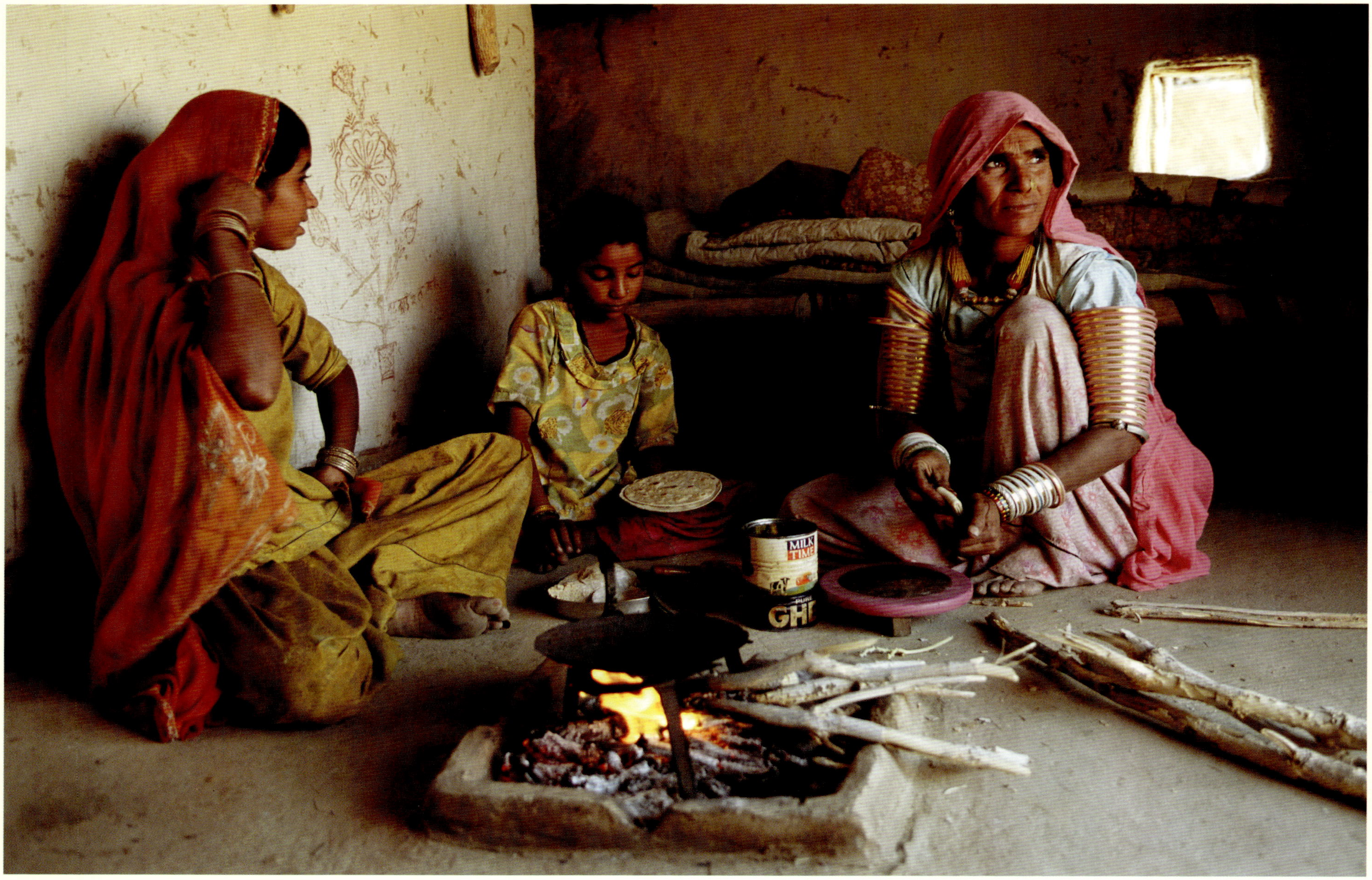
MILK
TIME
GHE

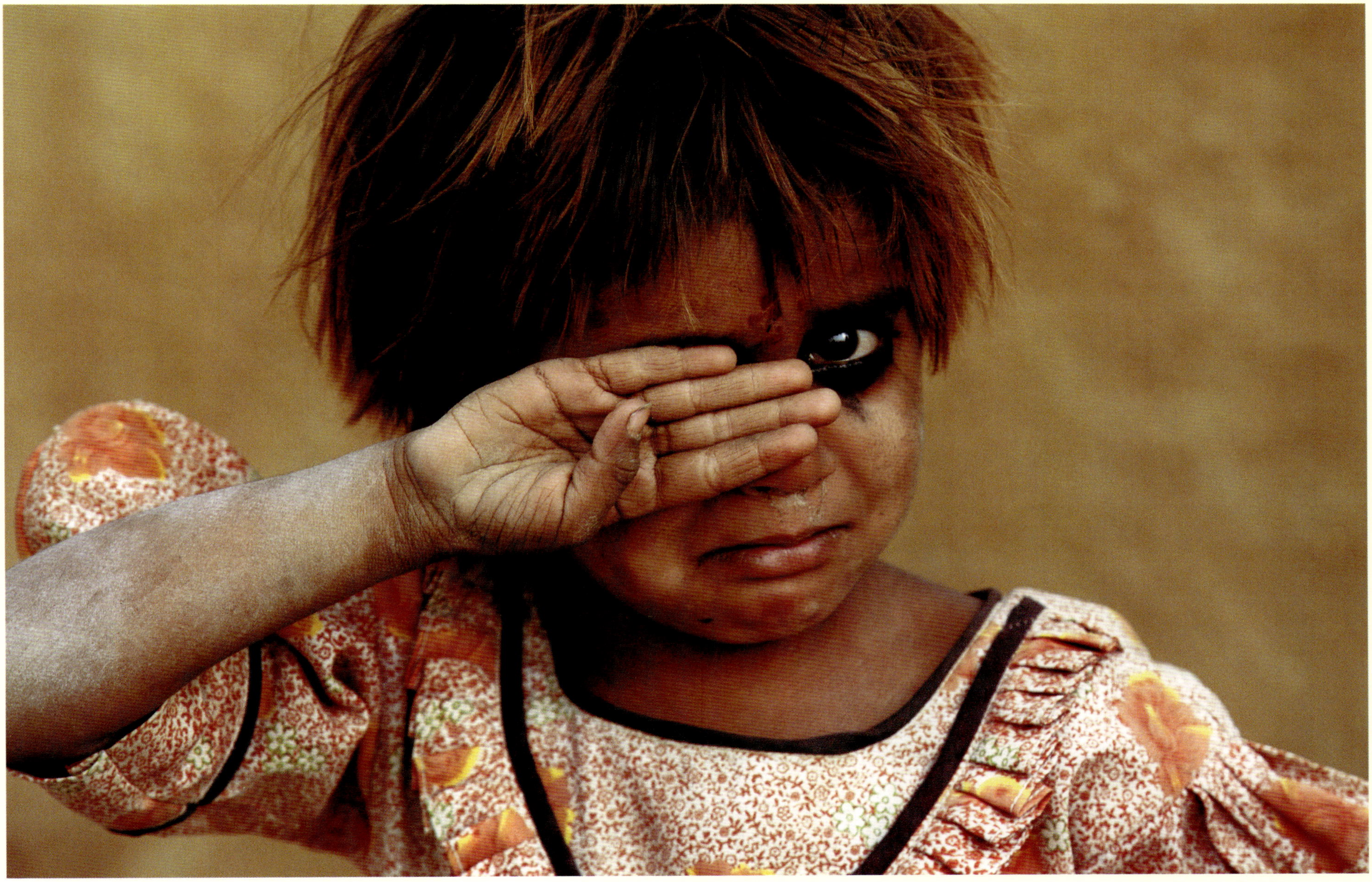

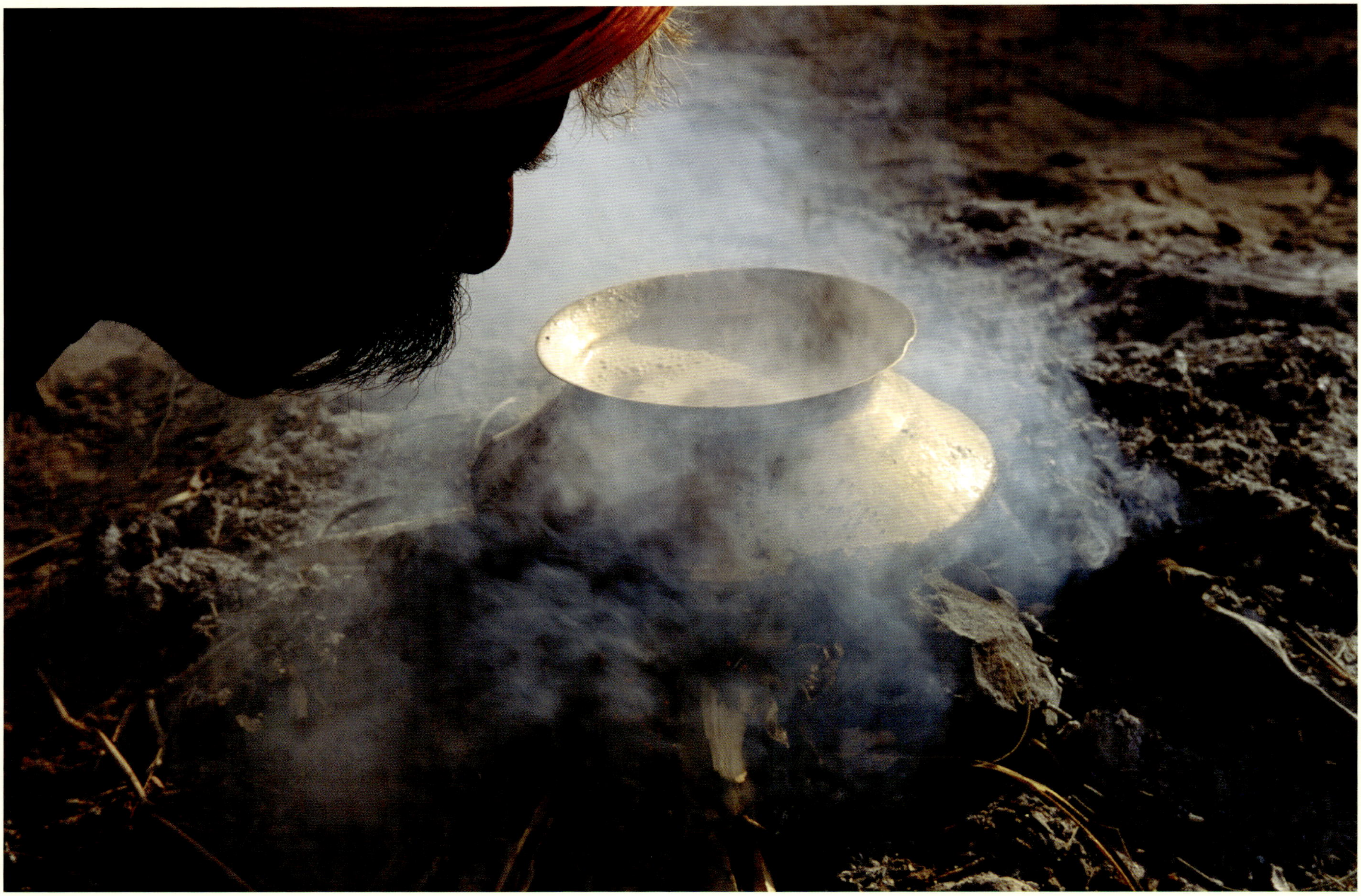

147

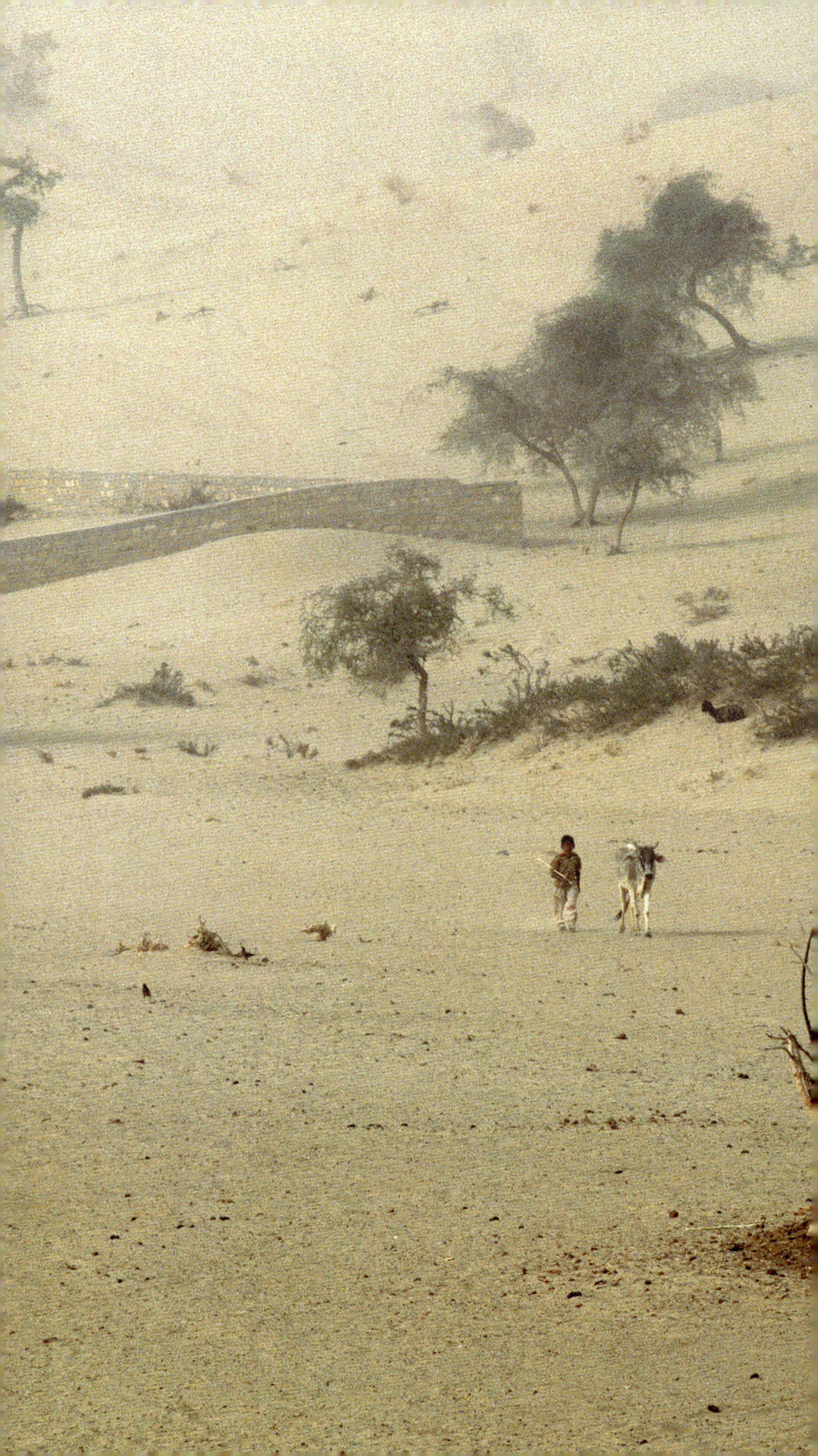

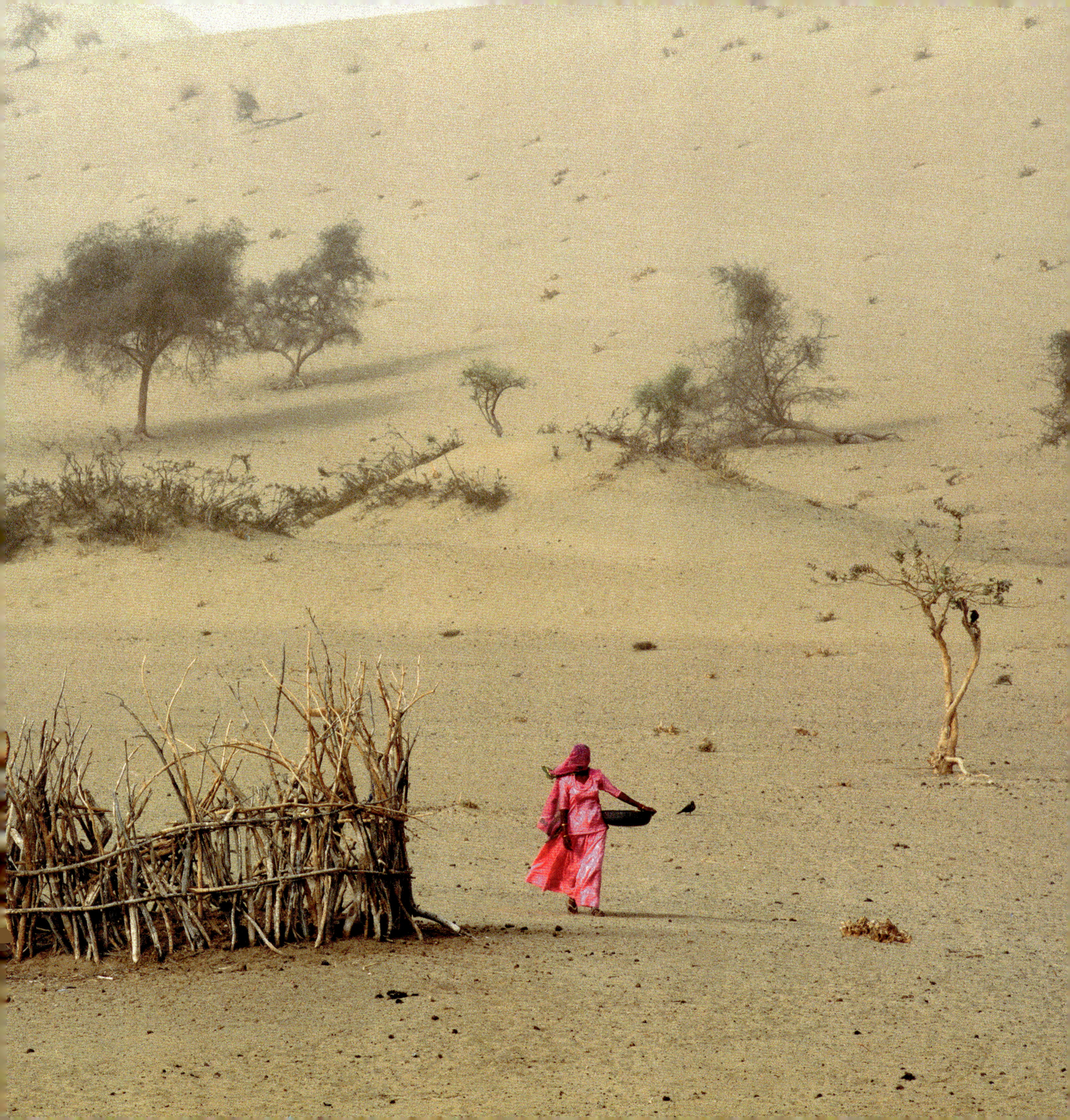

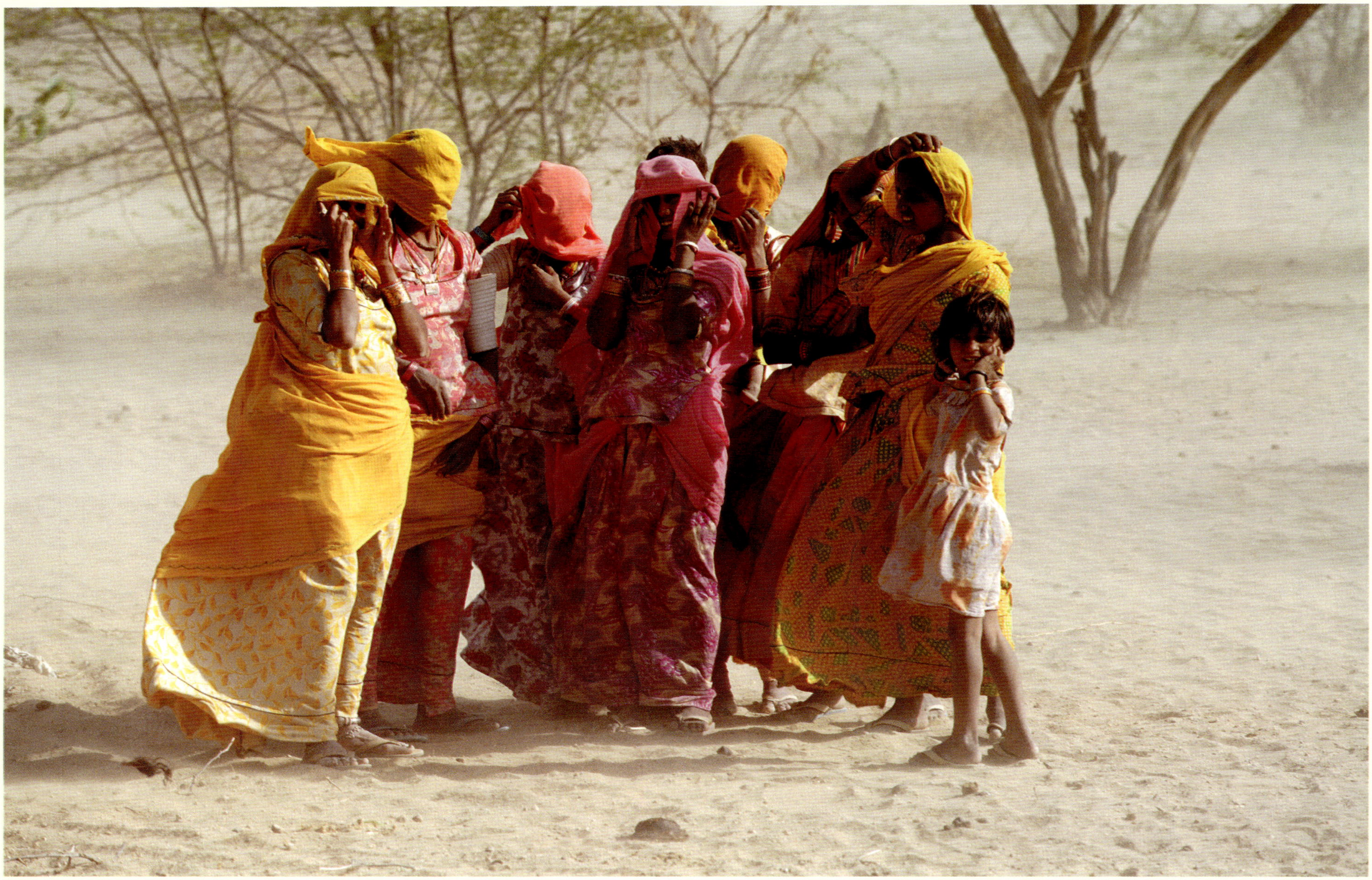

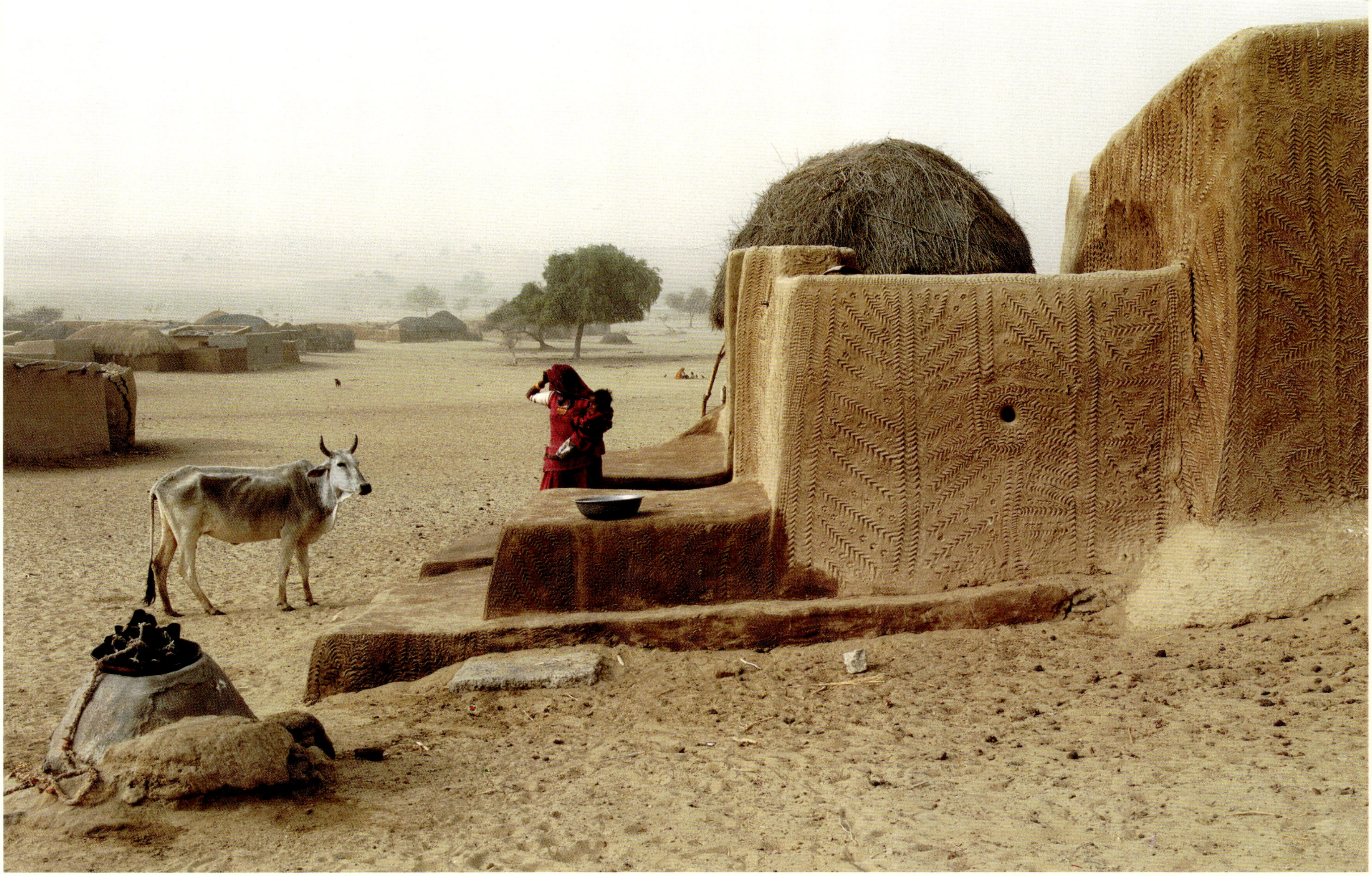

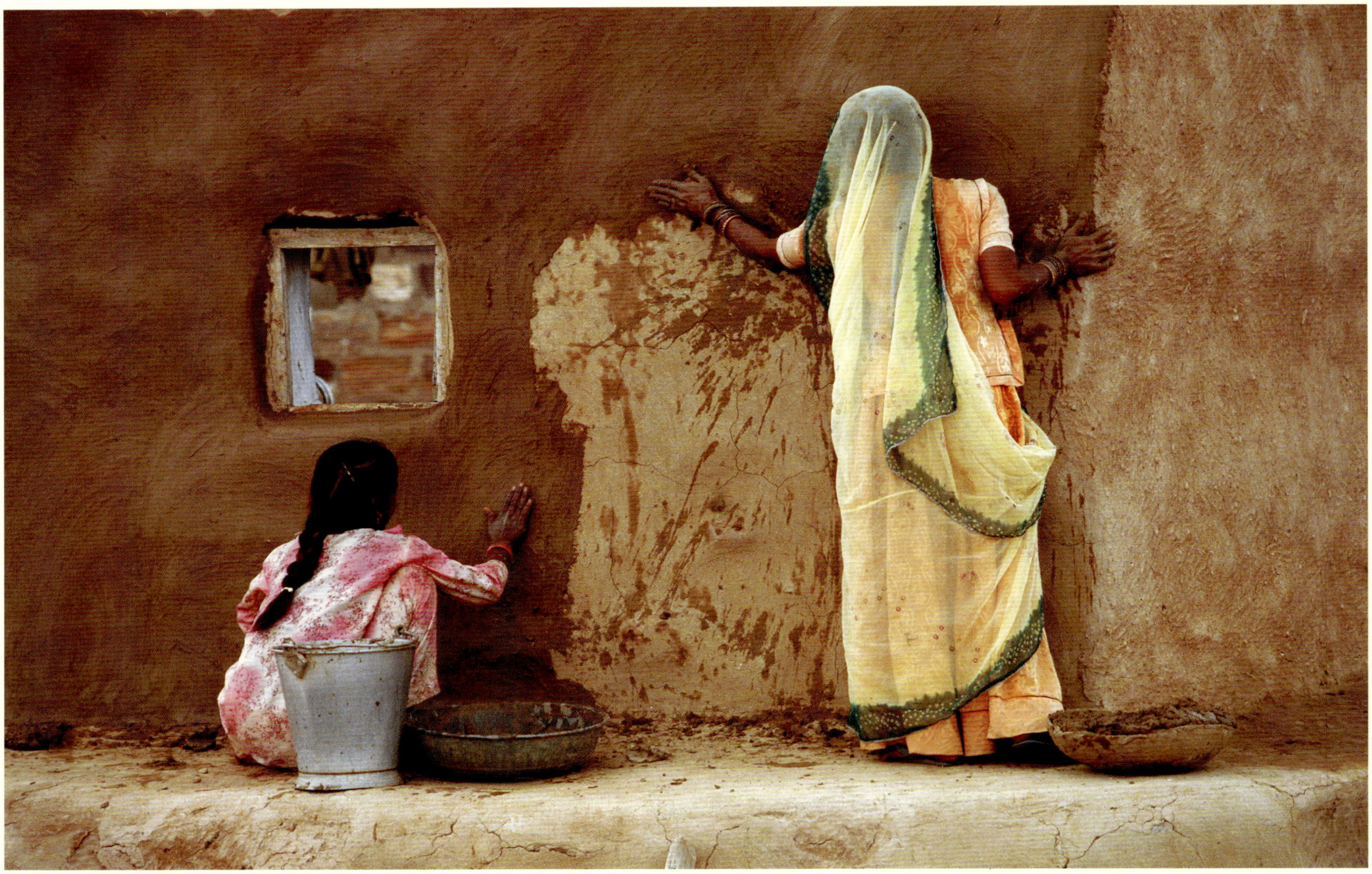

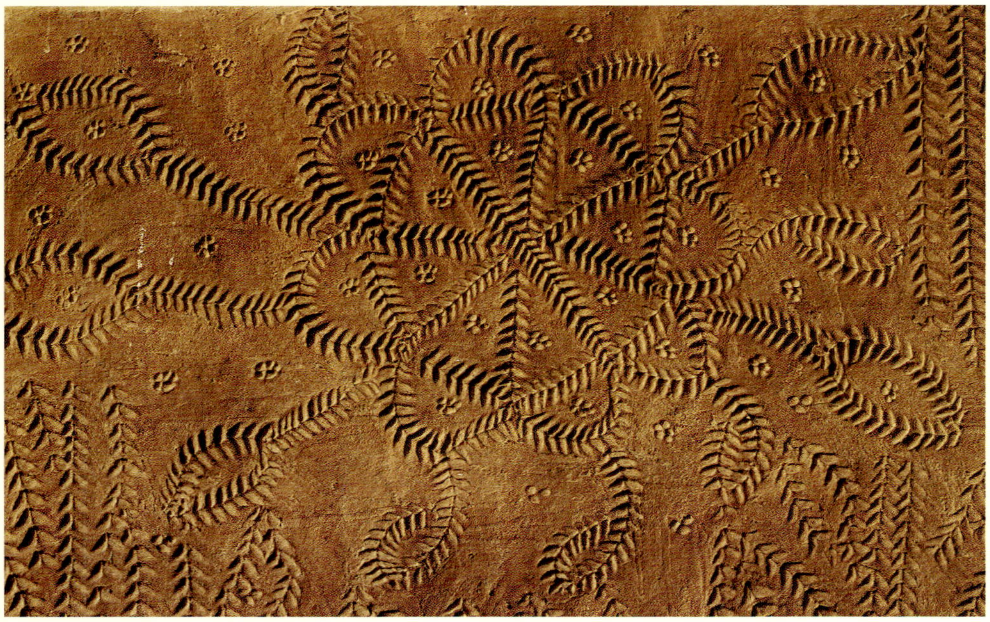

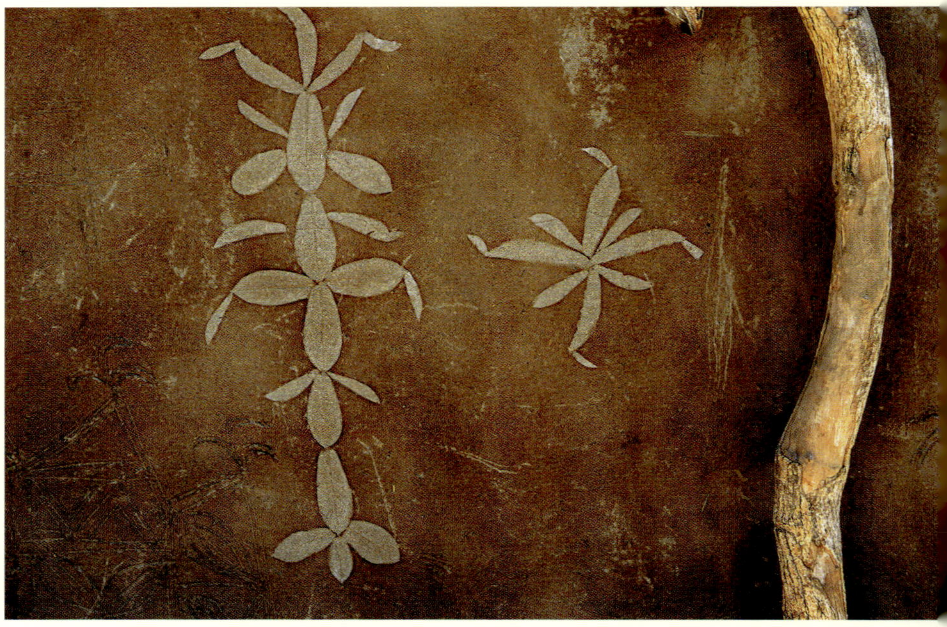

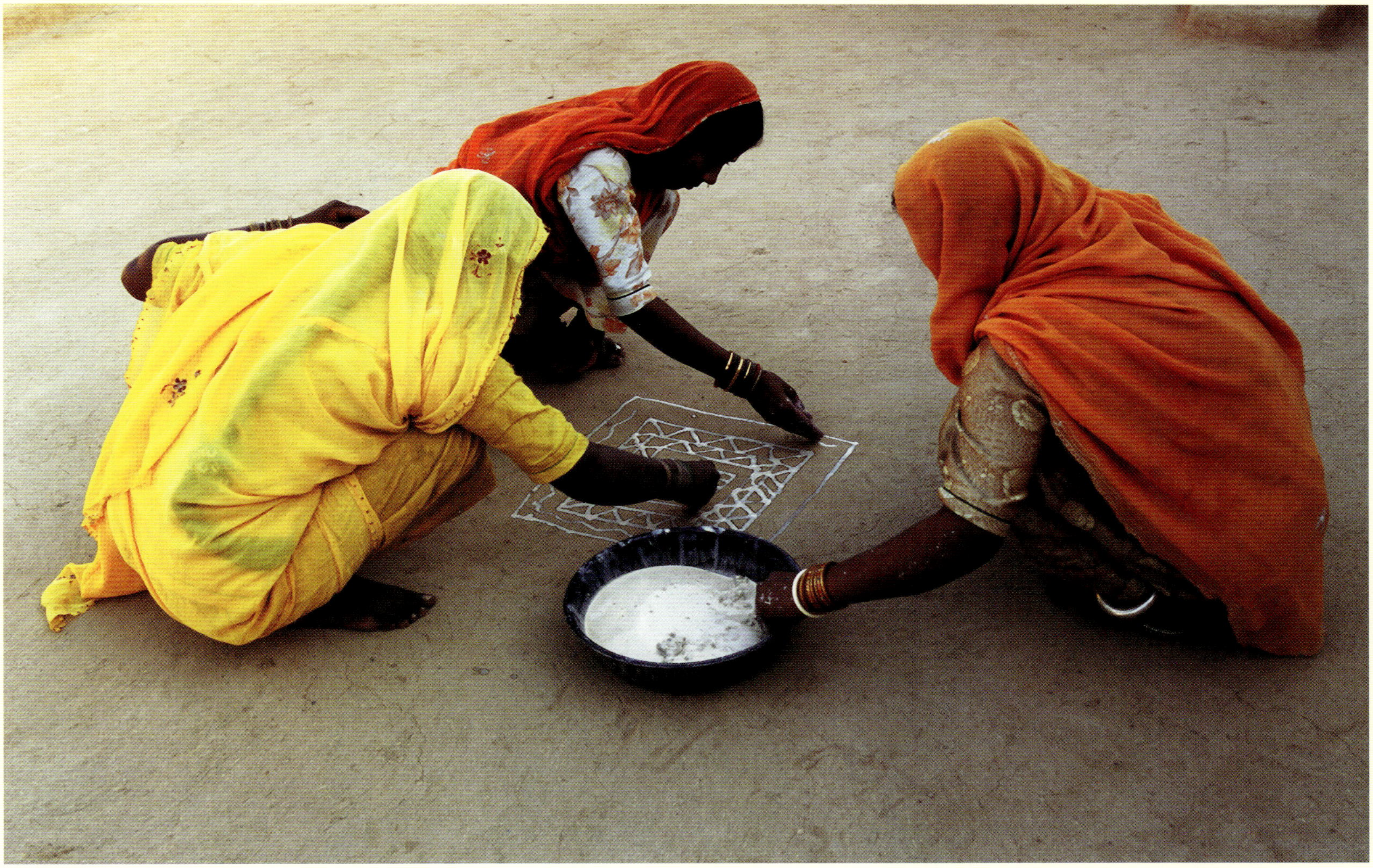

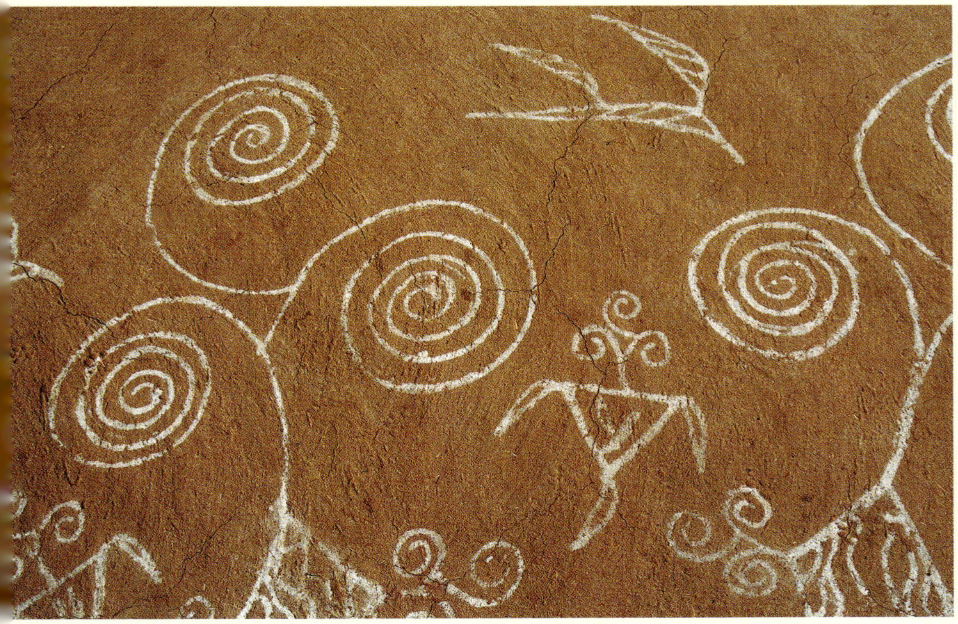

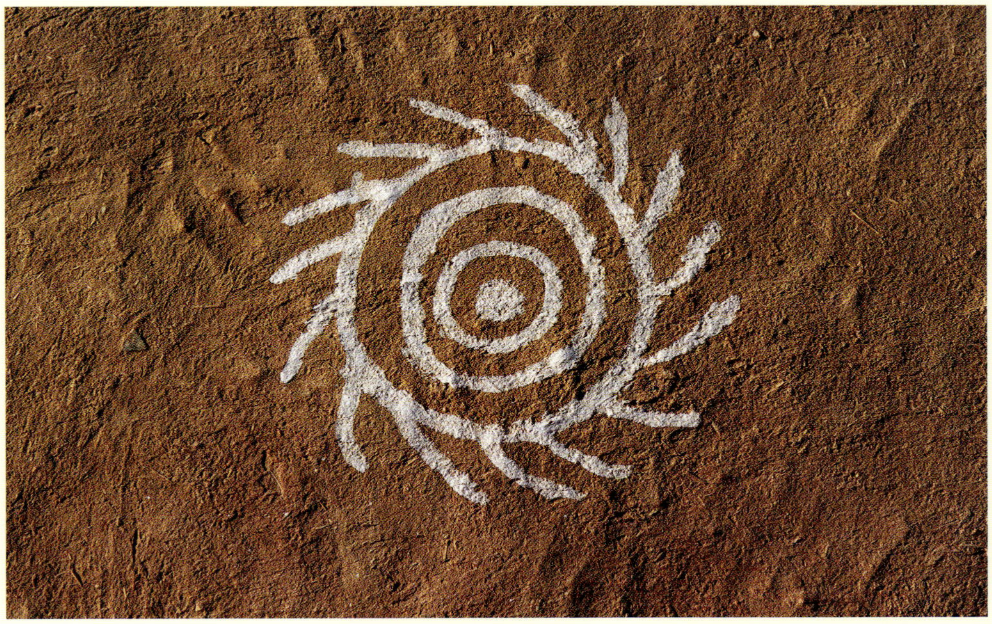

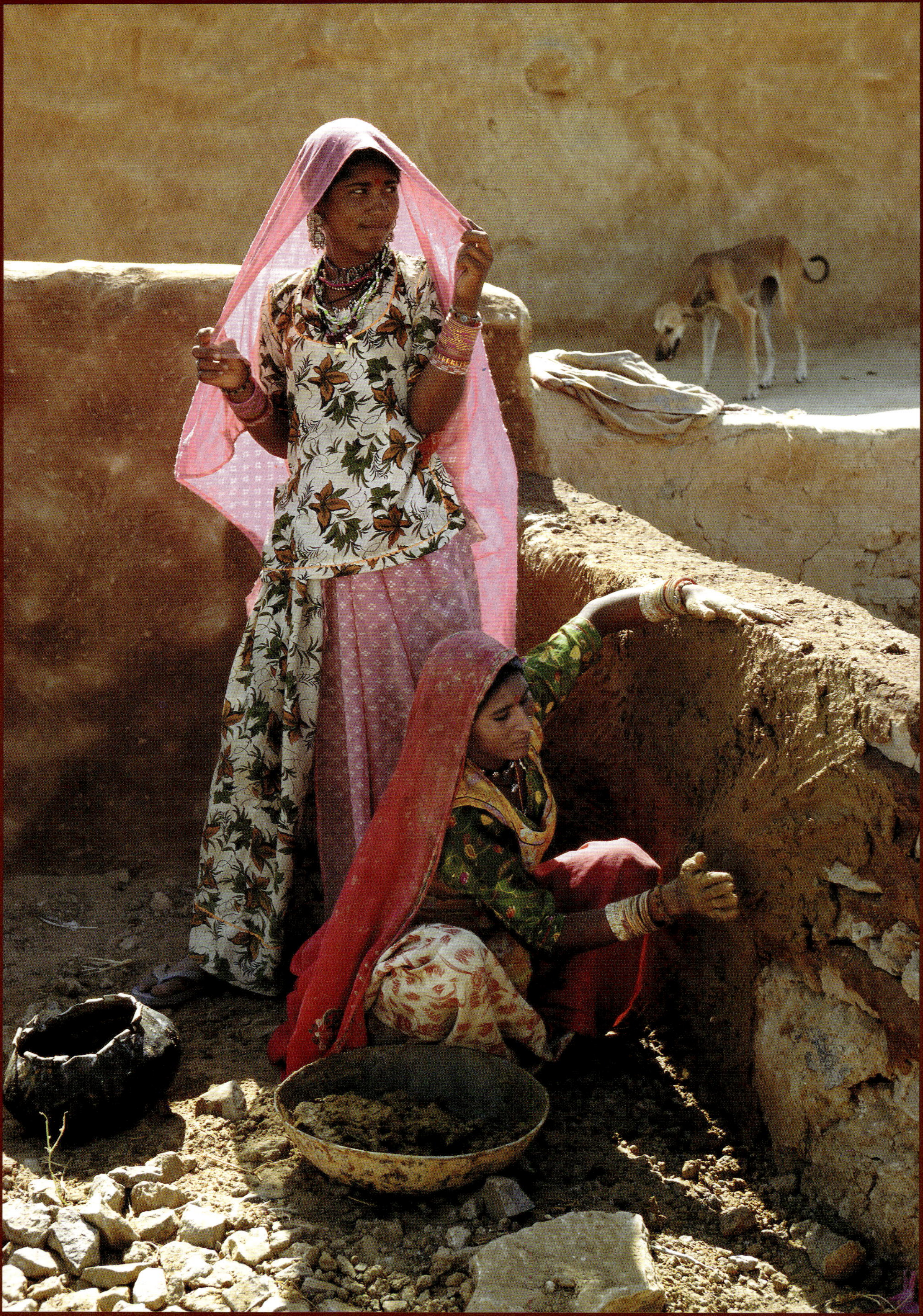

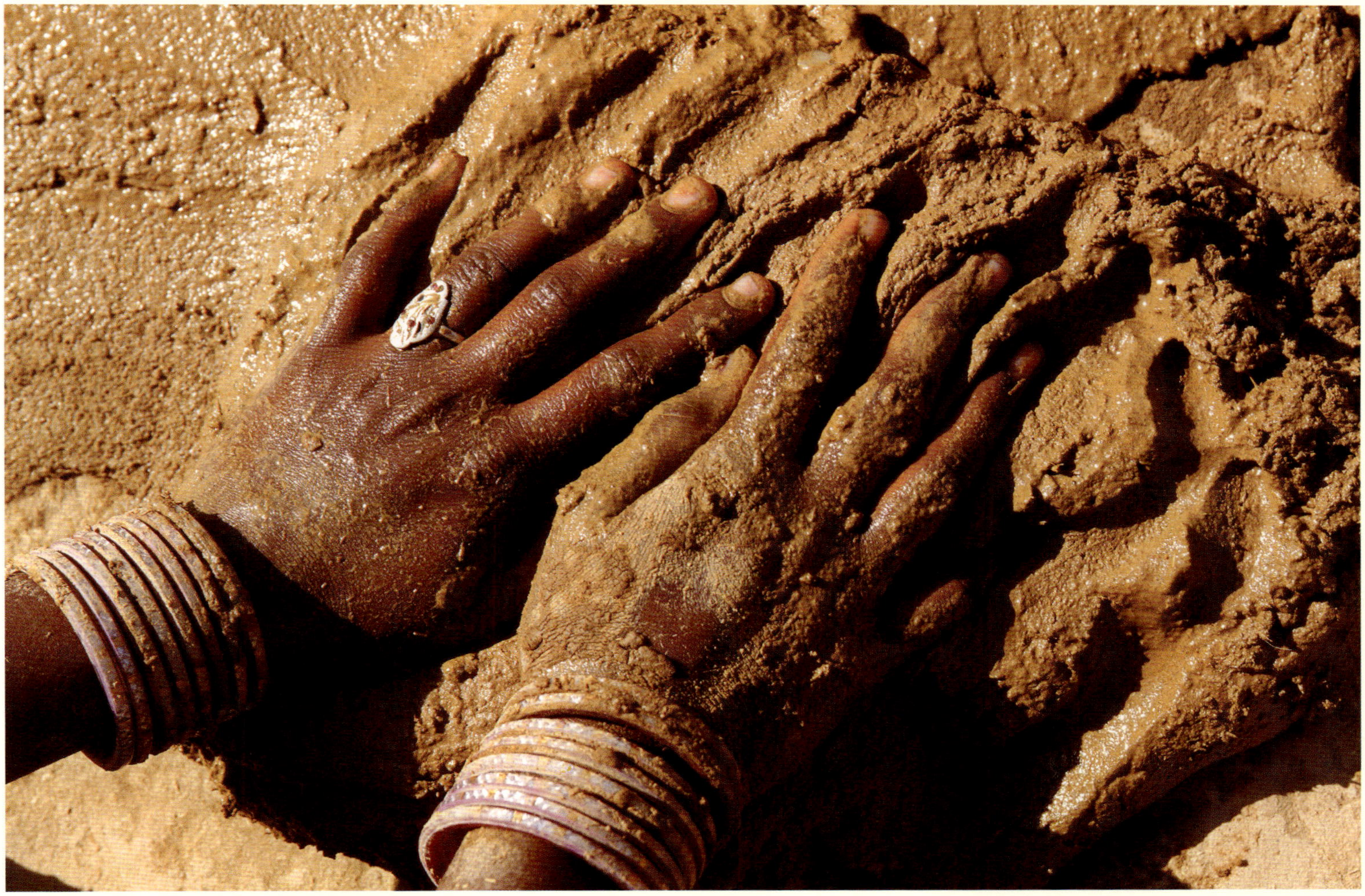

156

157

158

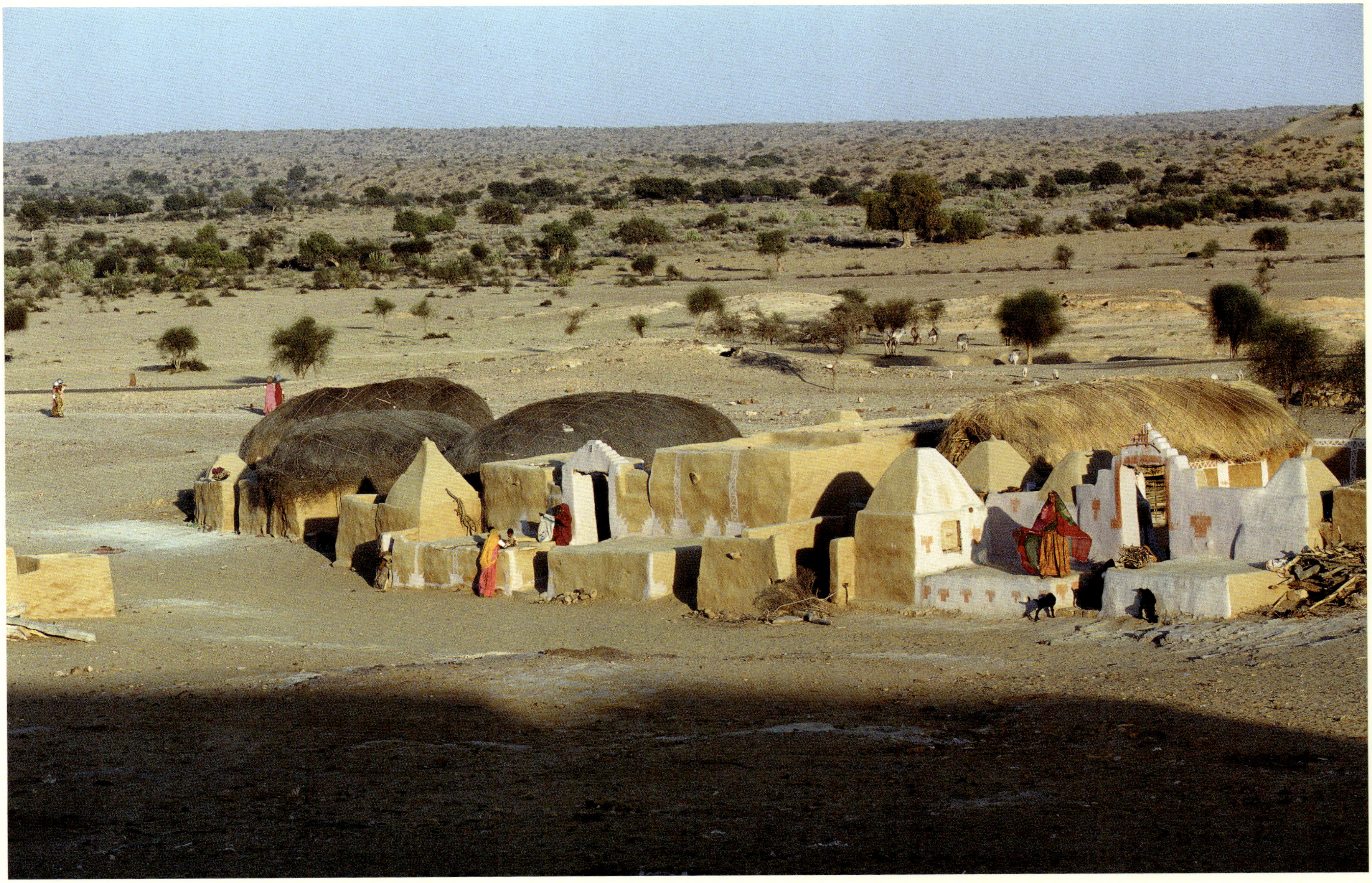

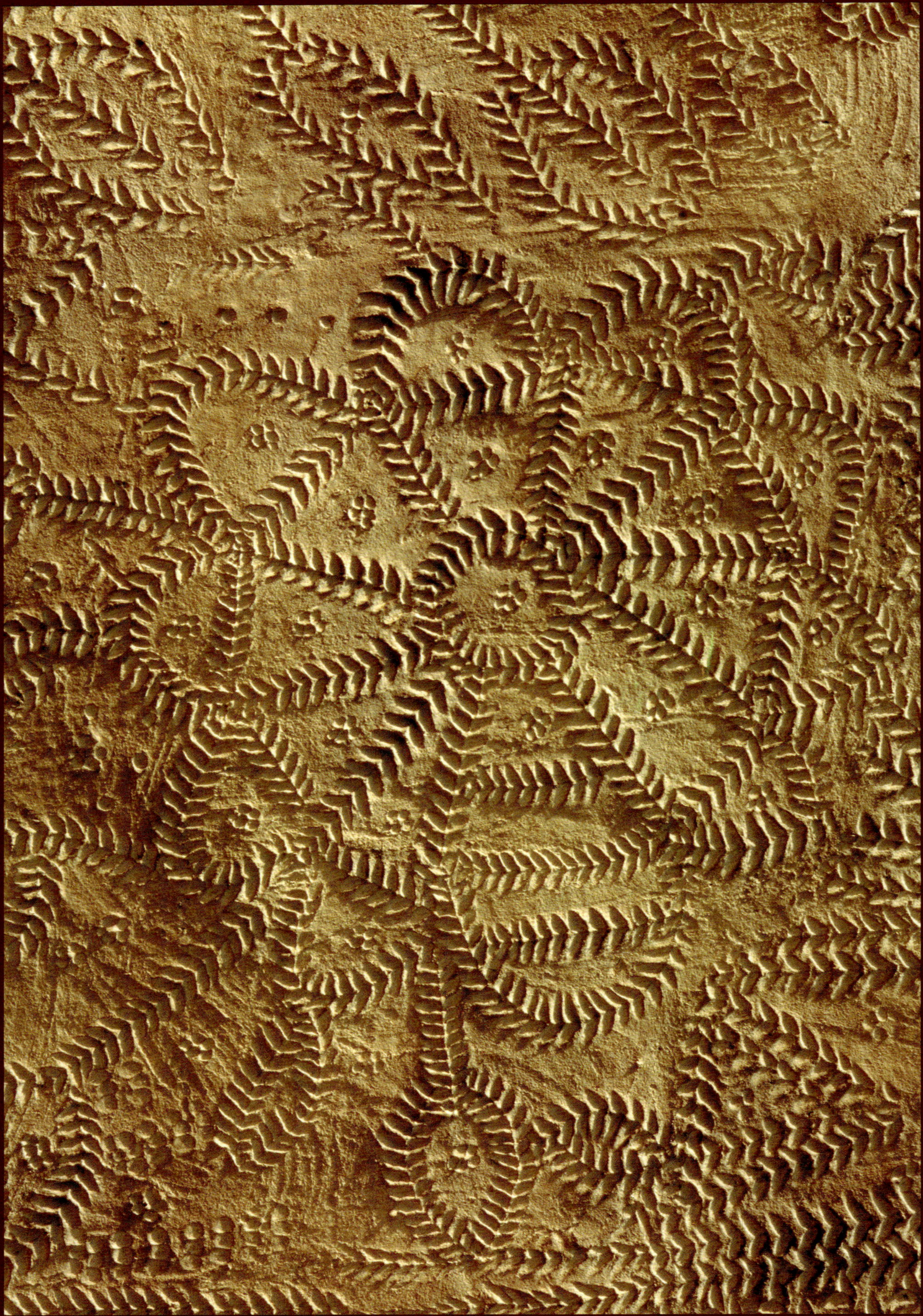

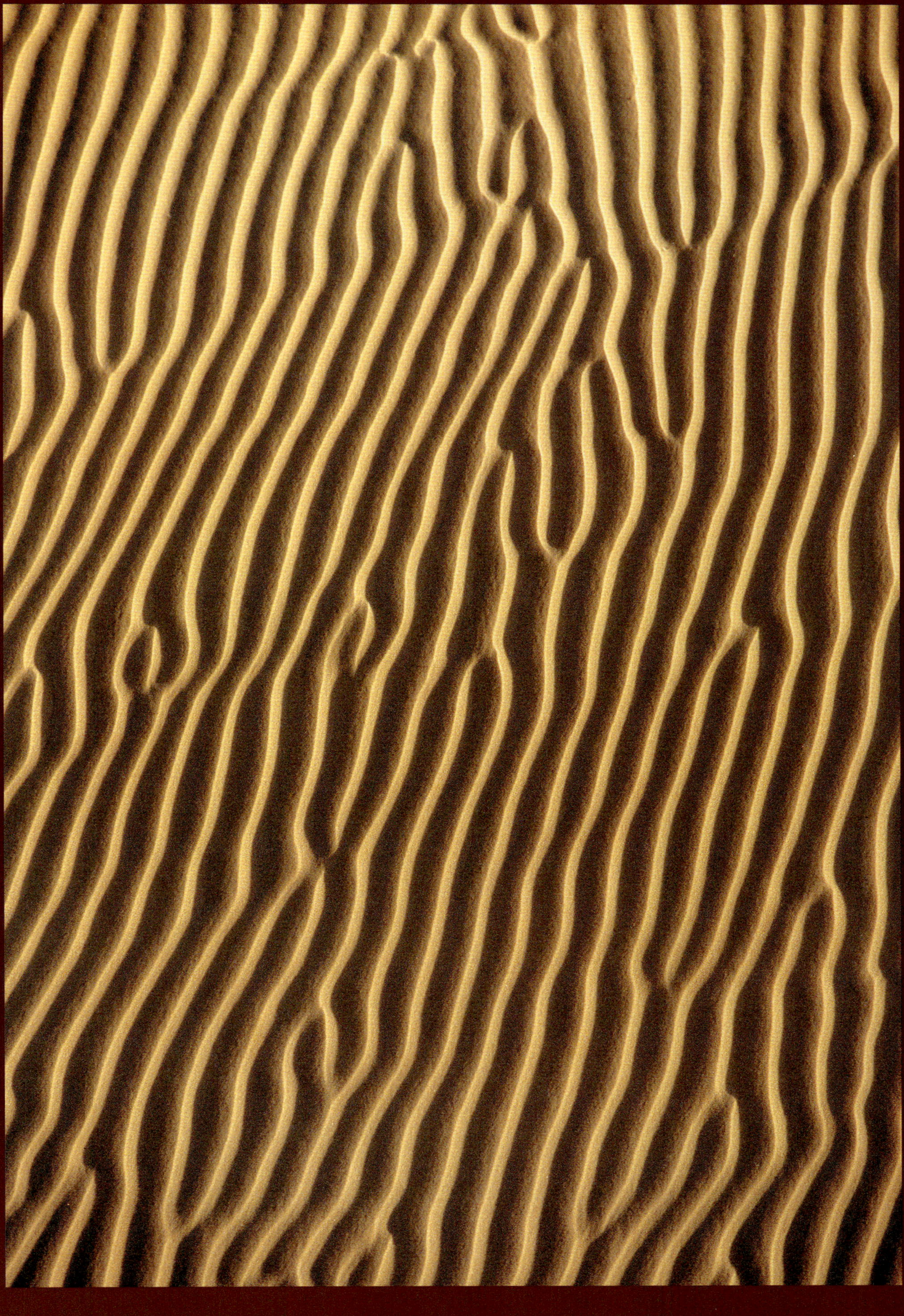

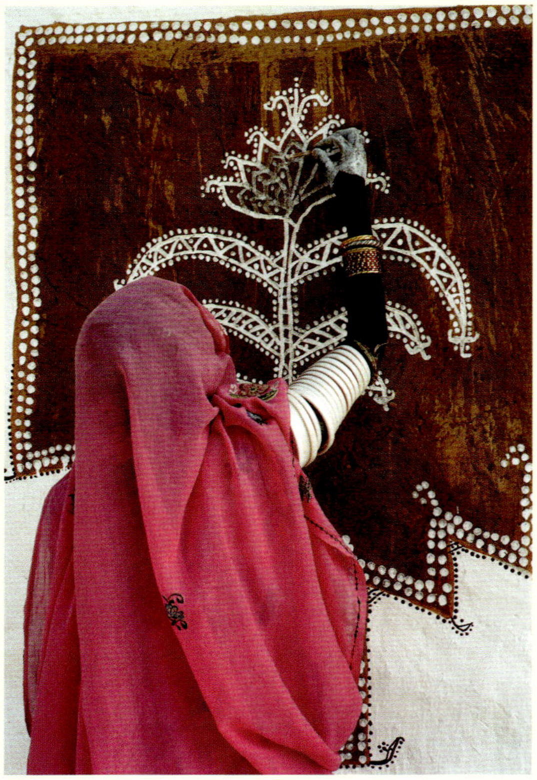

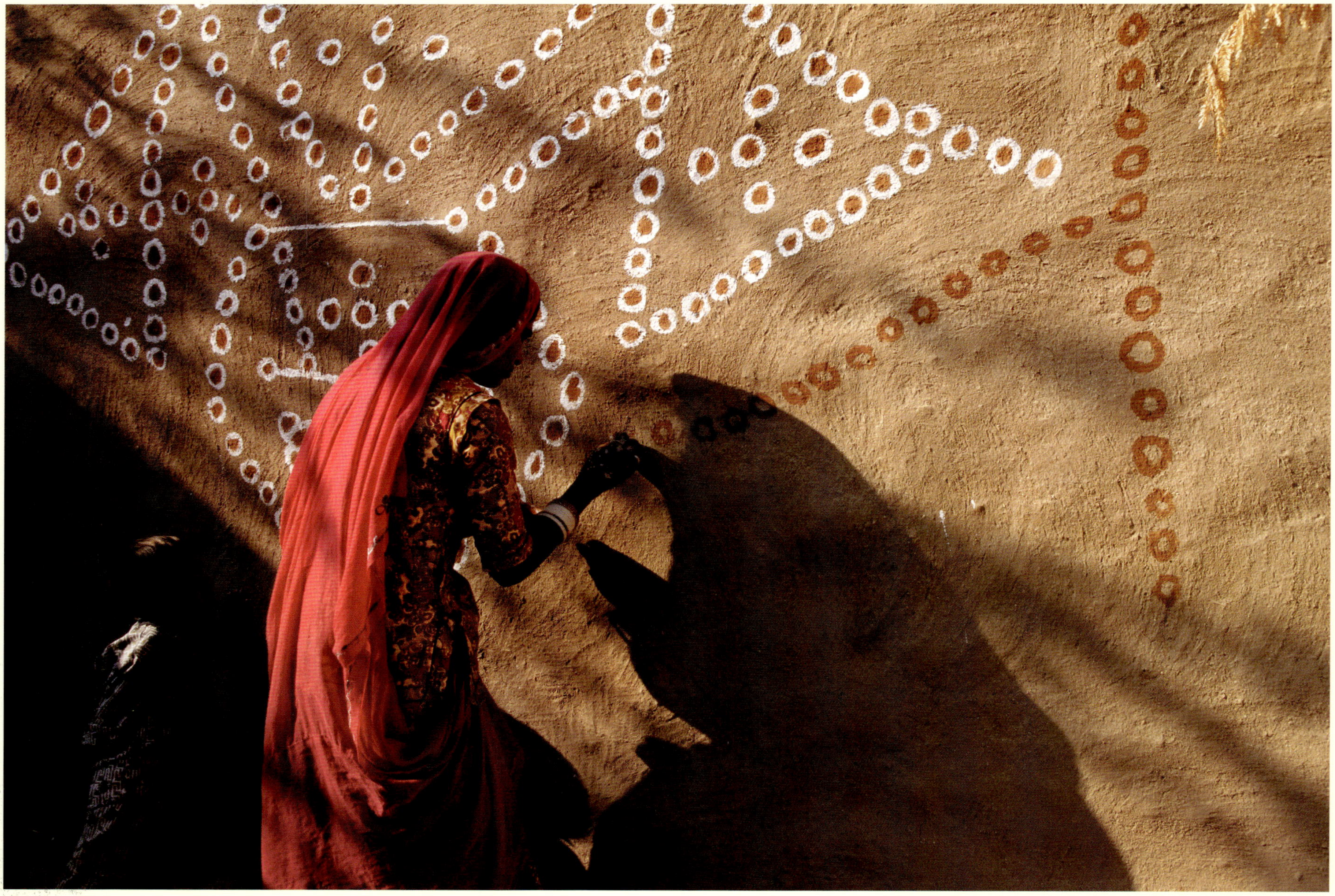

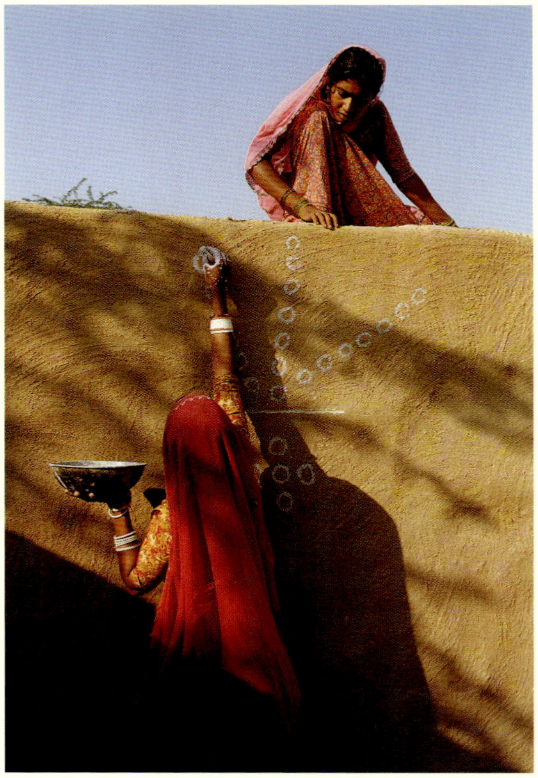

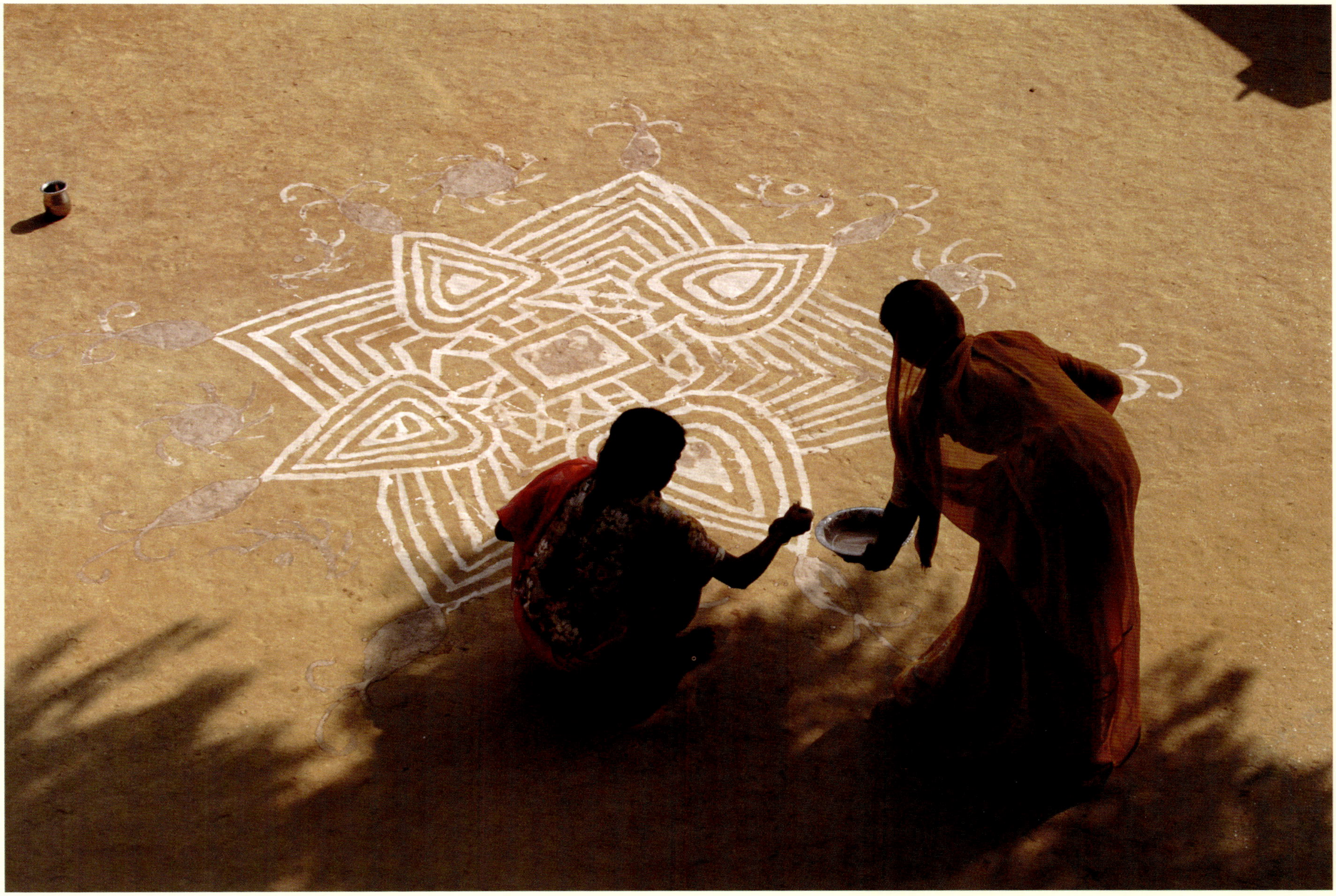

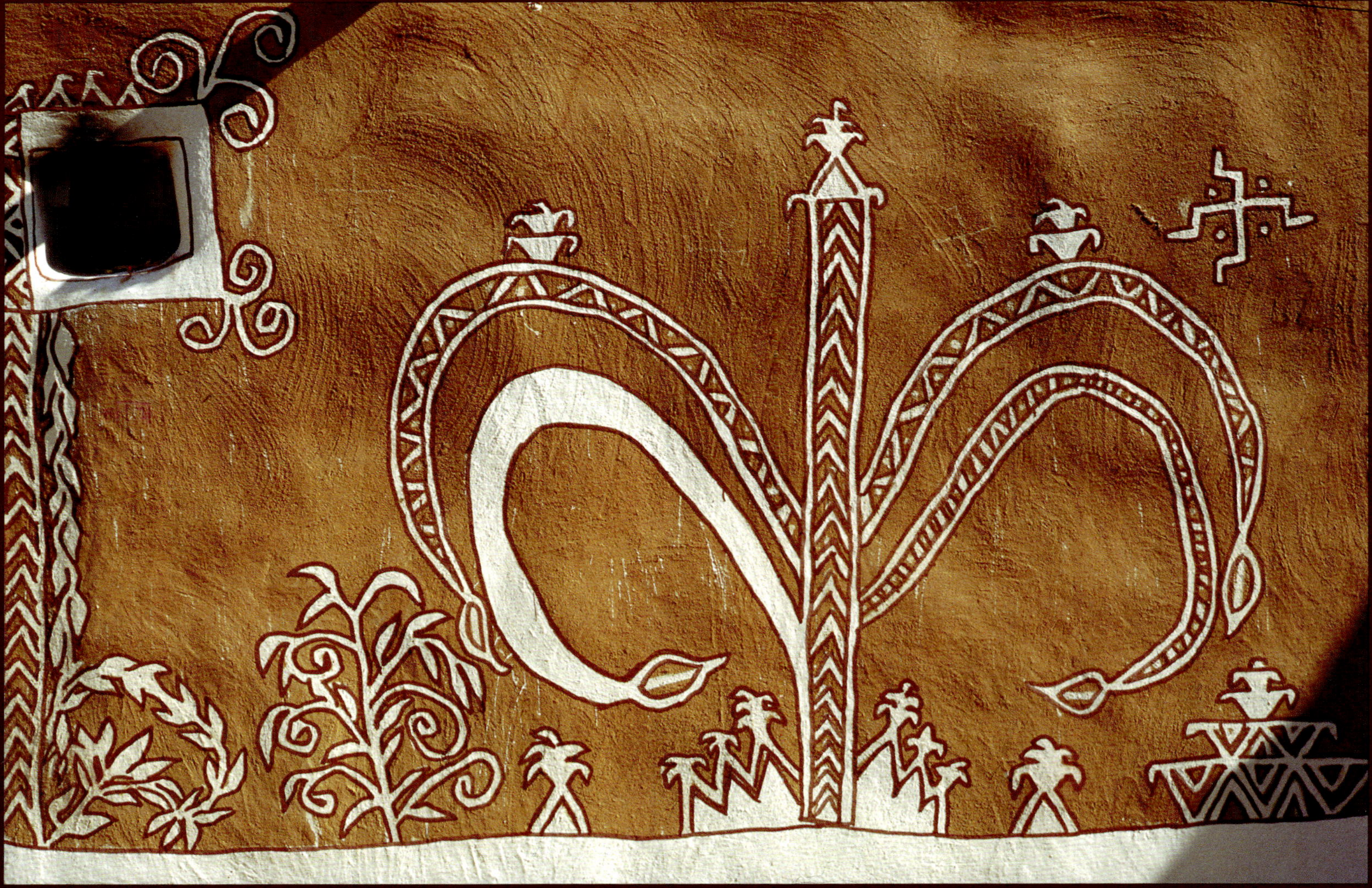
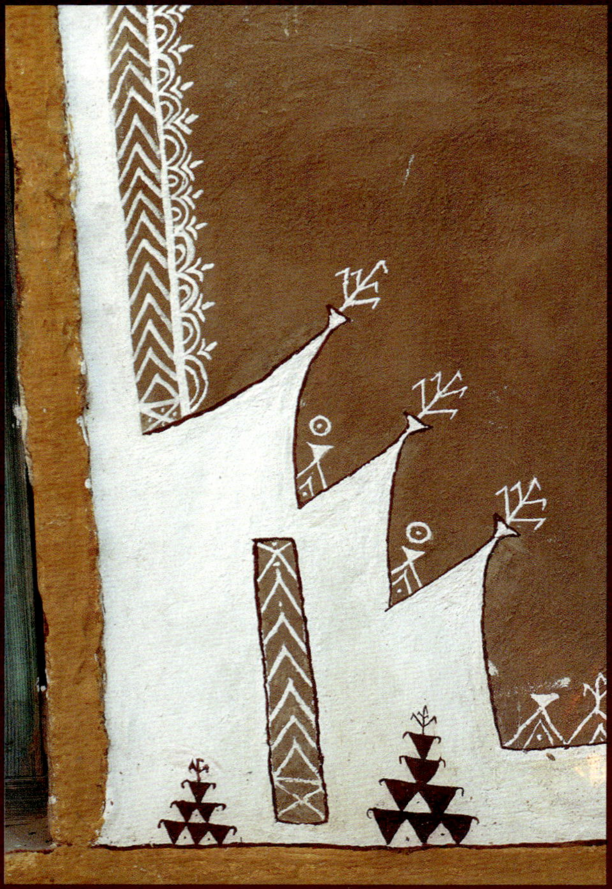
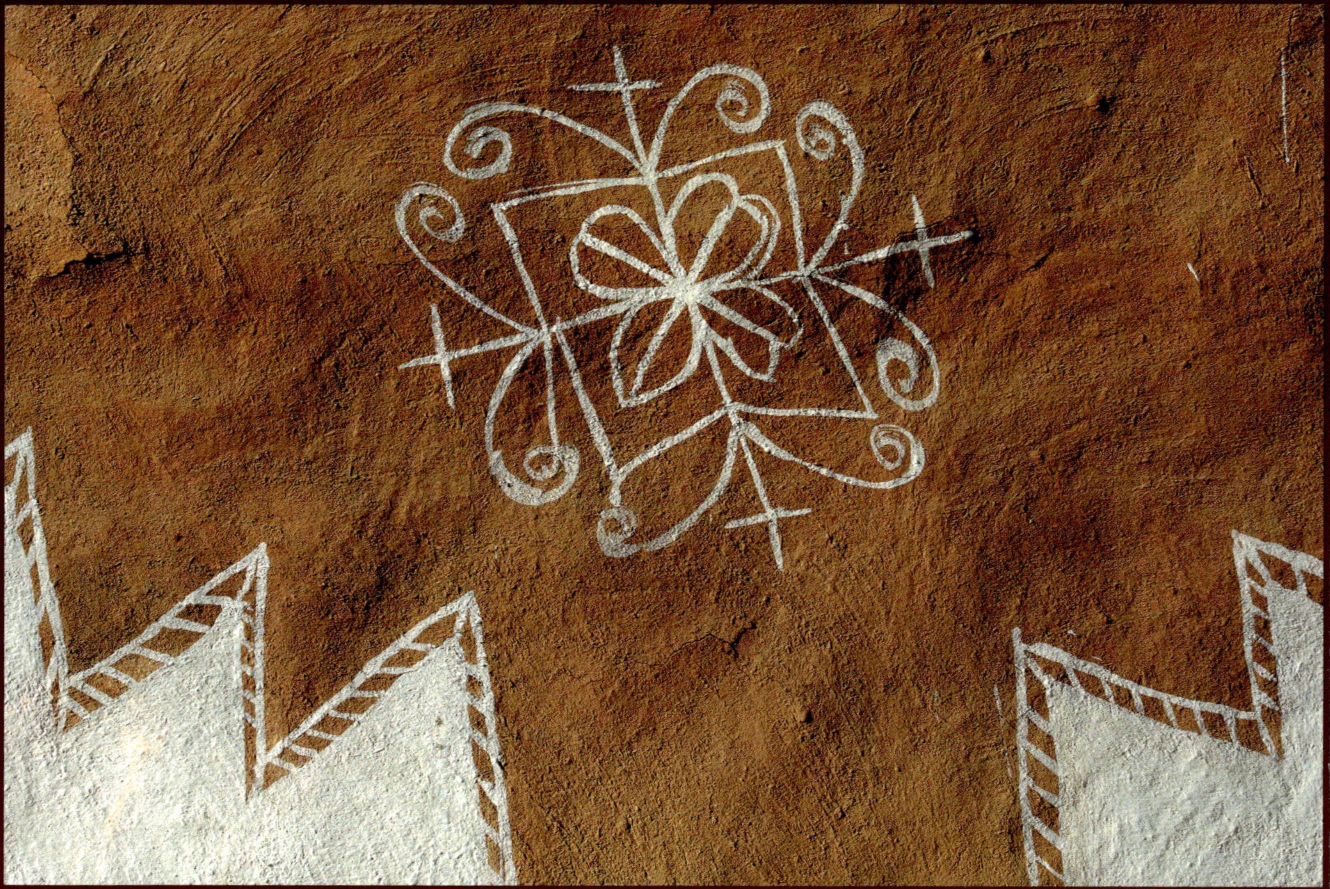

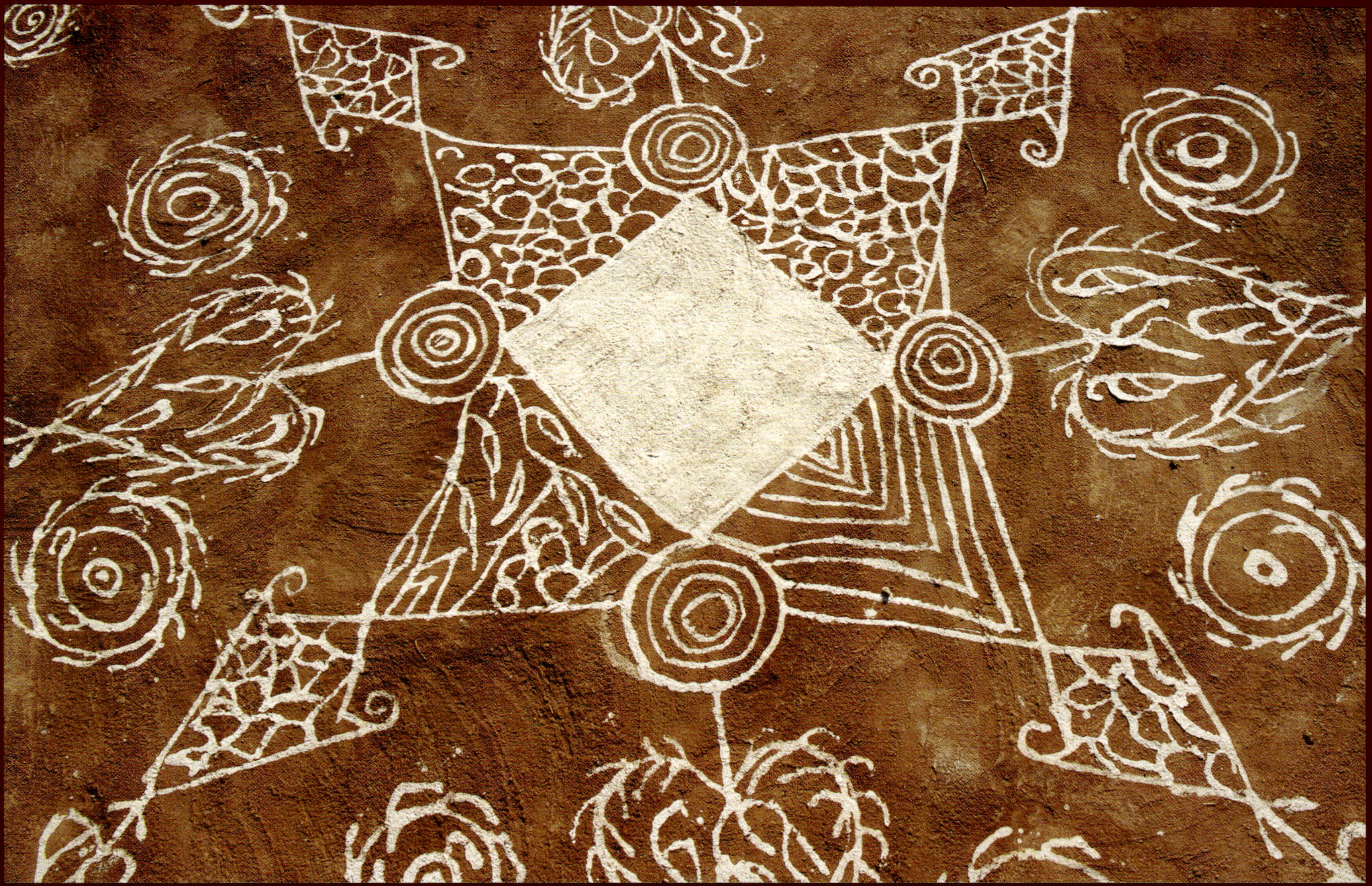
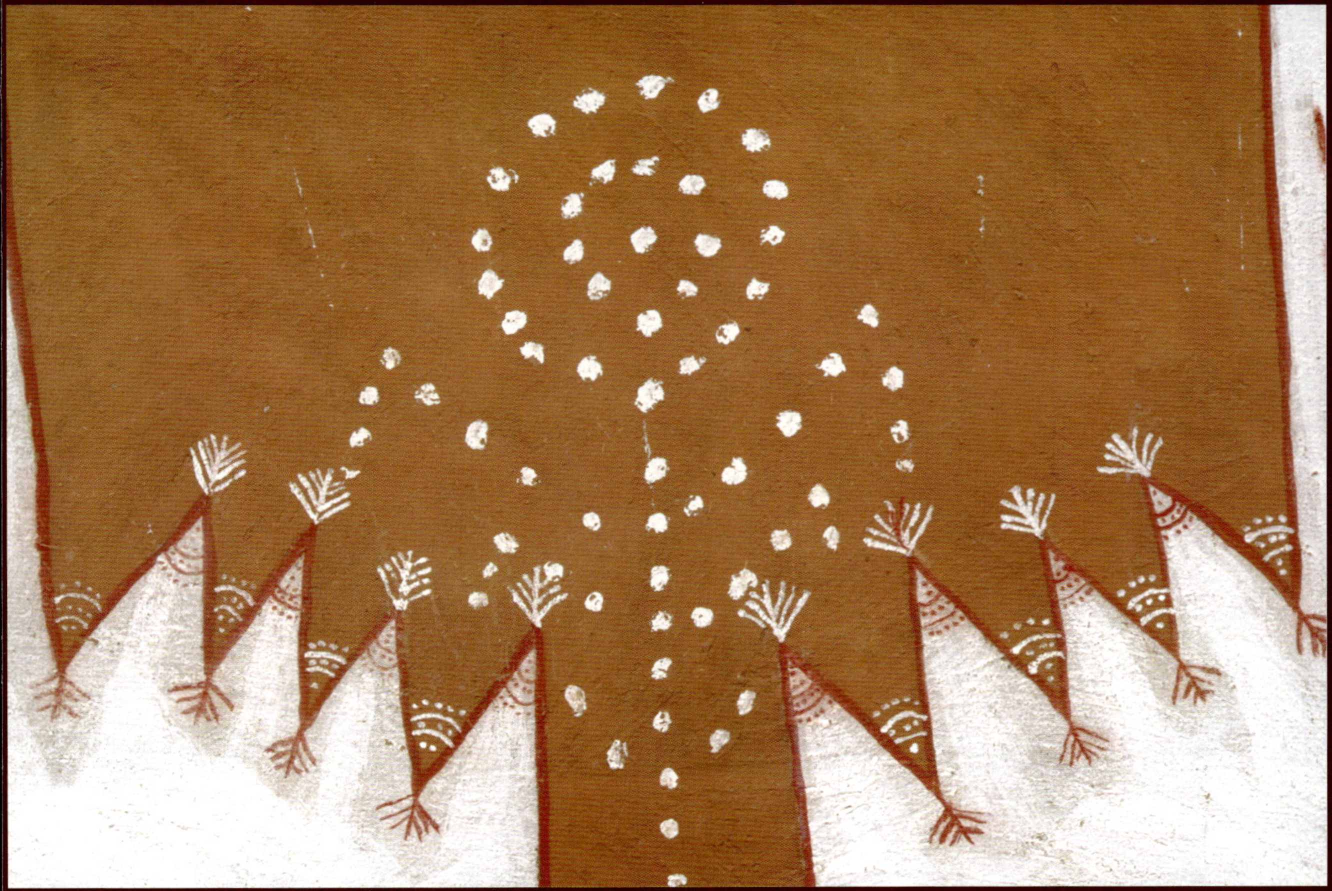
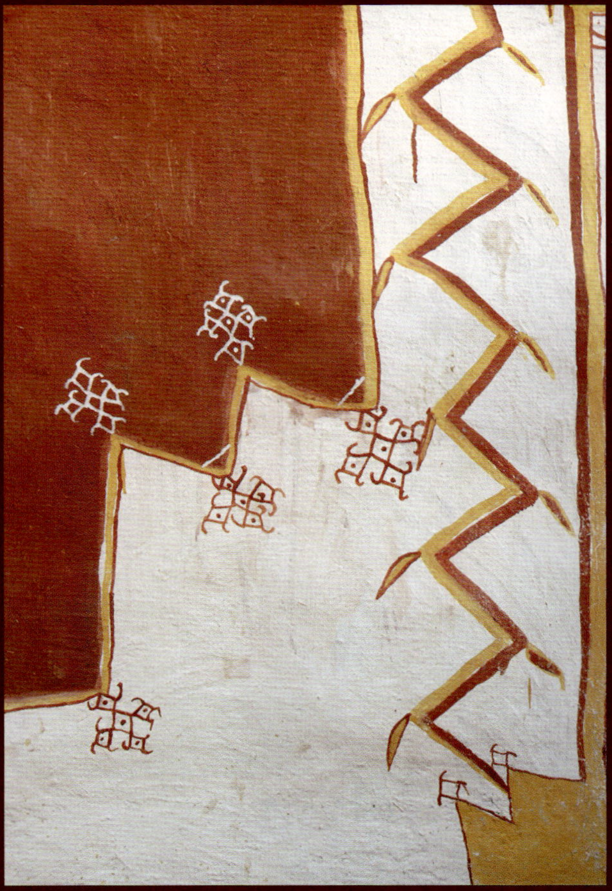

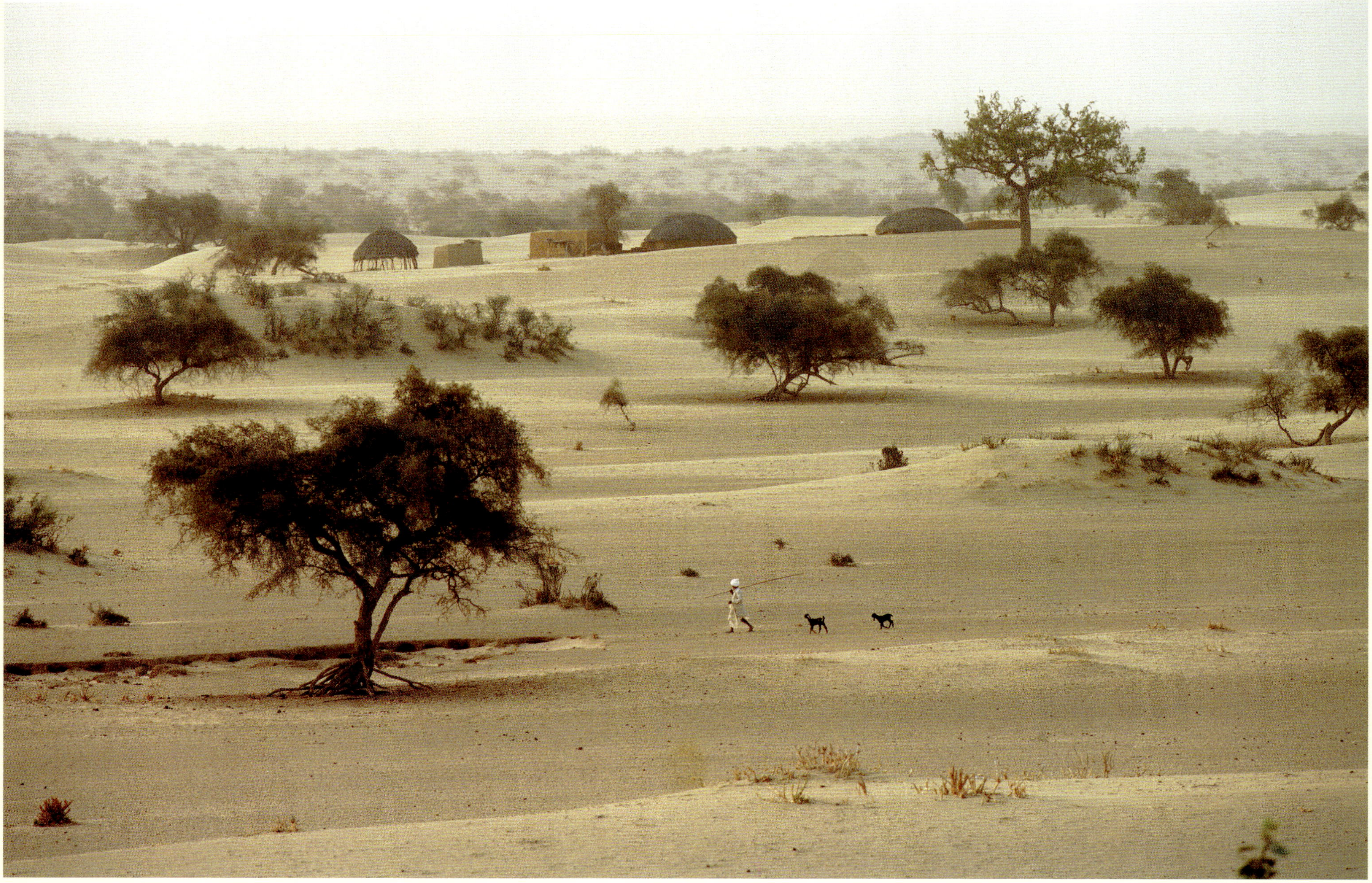

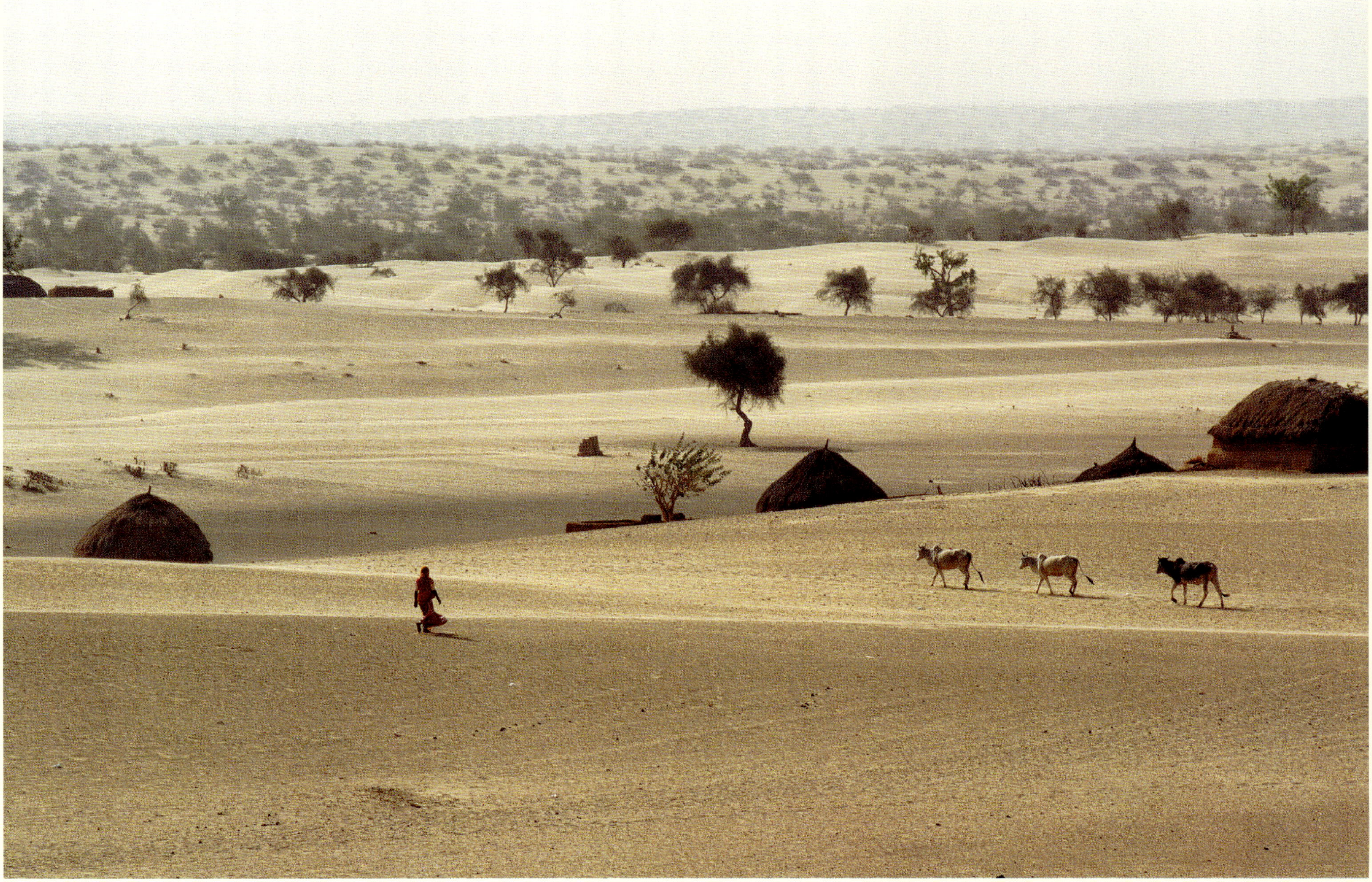

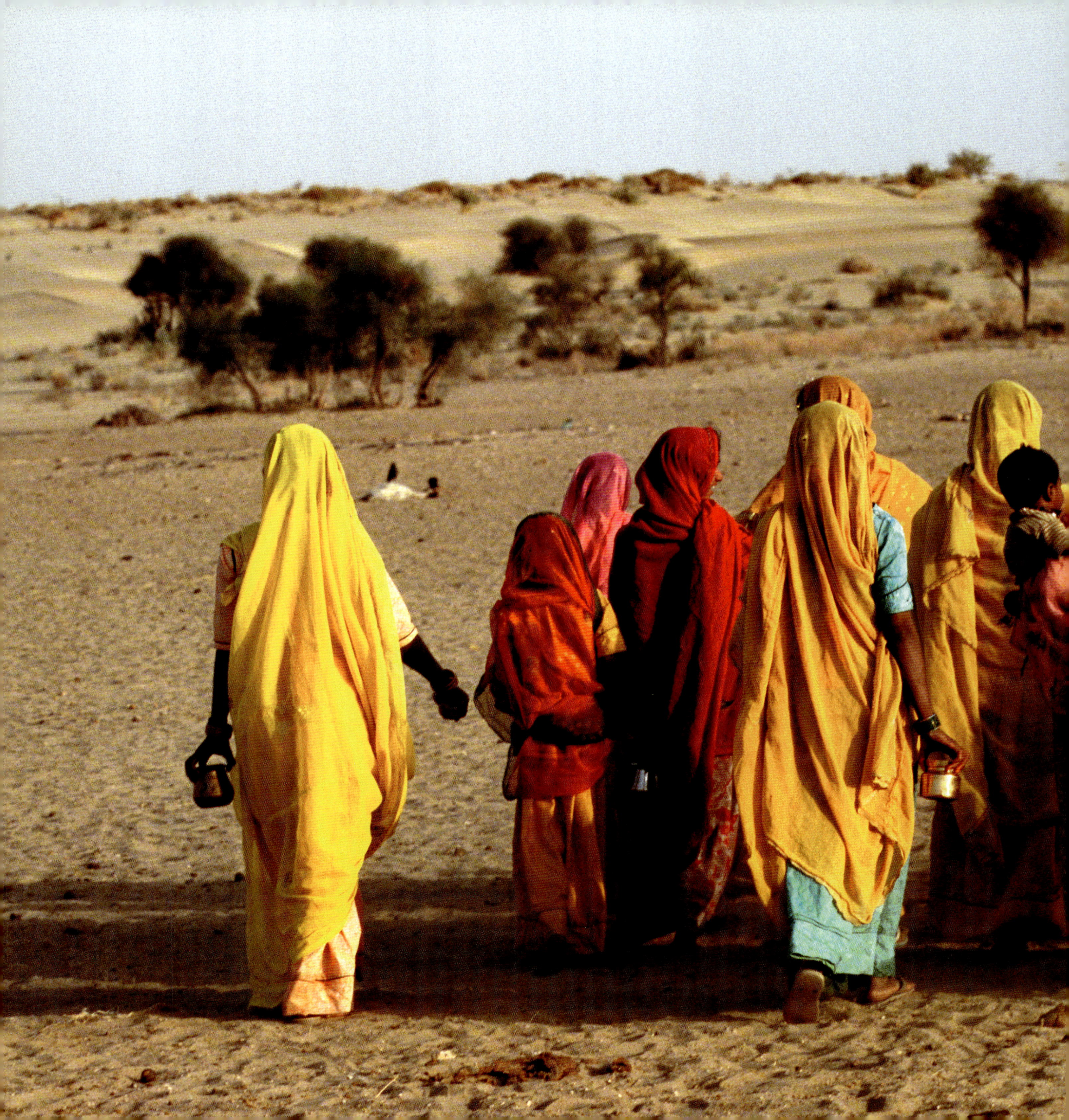

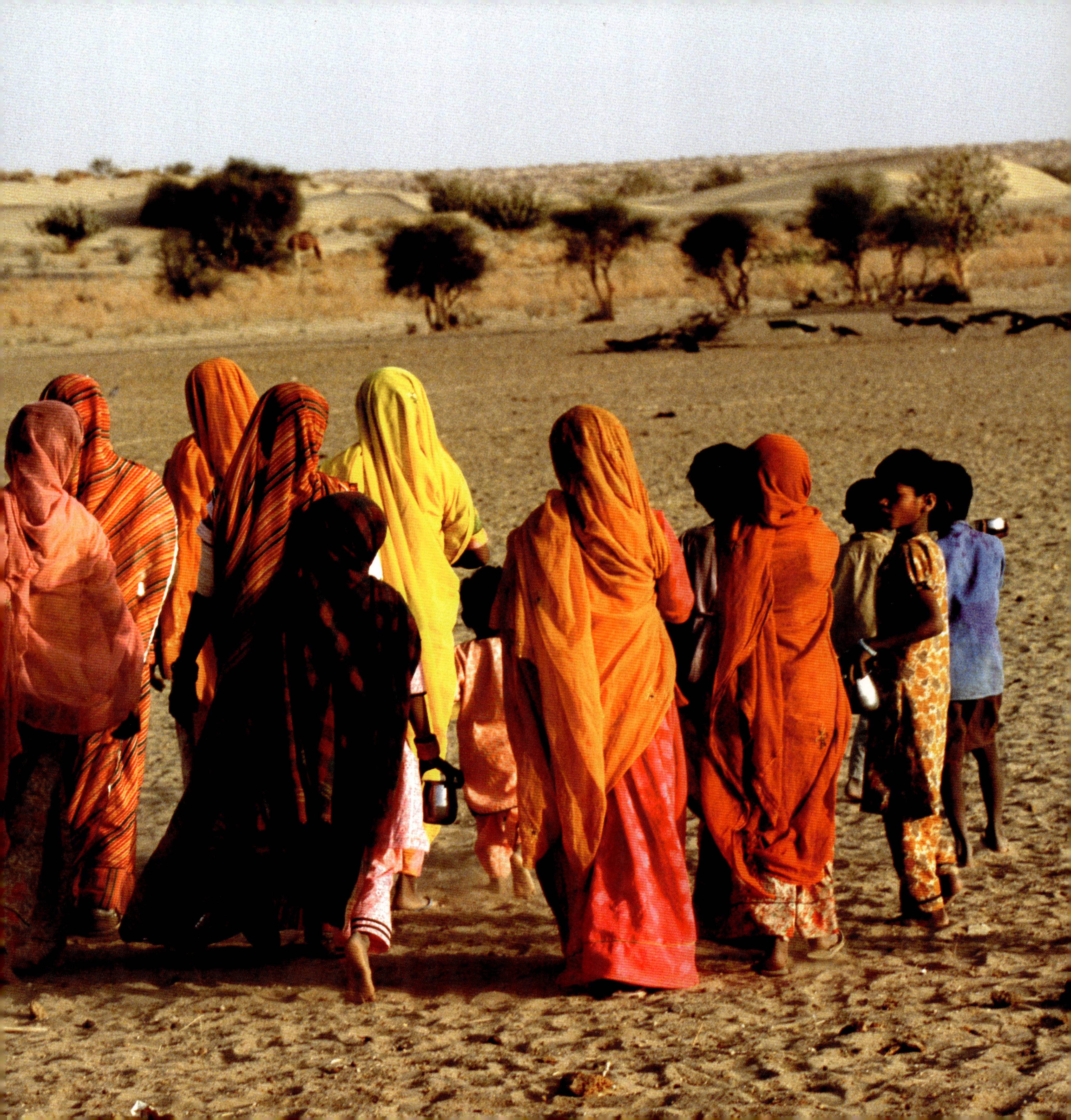

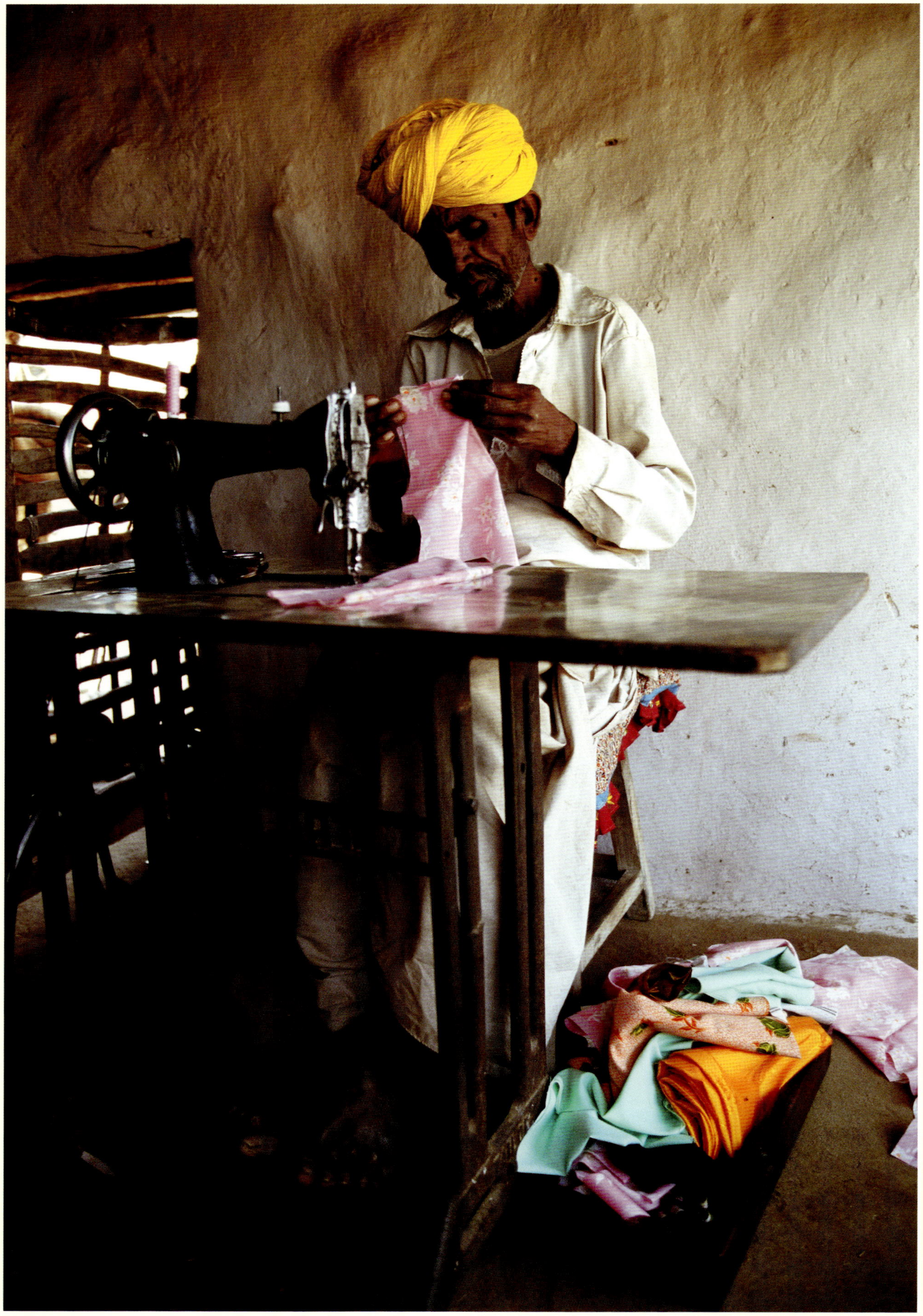

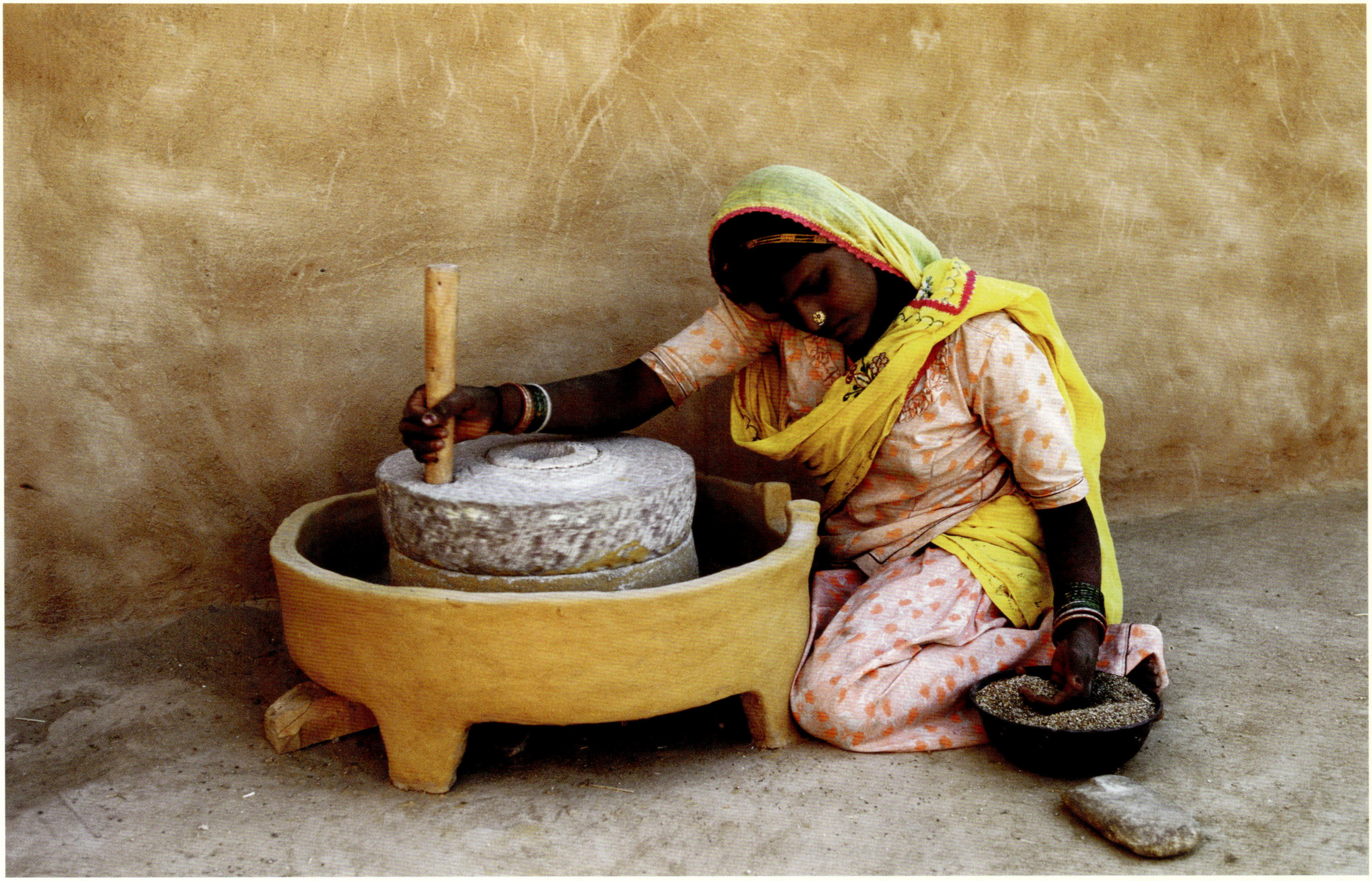

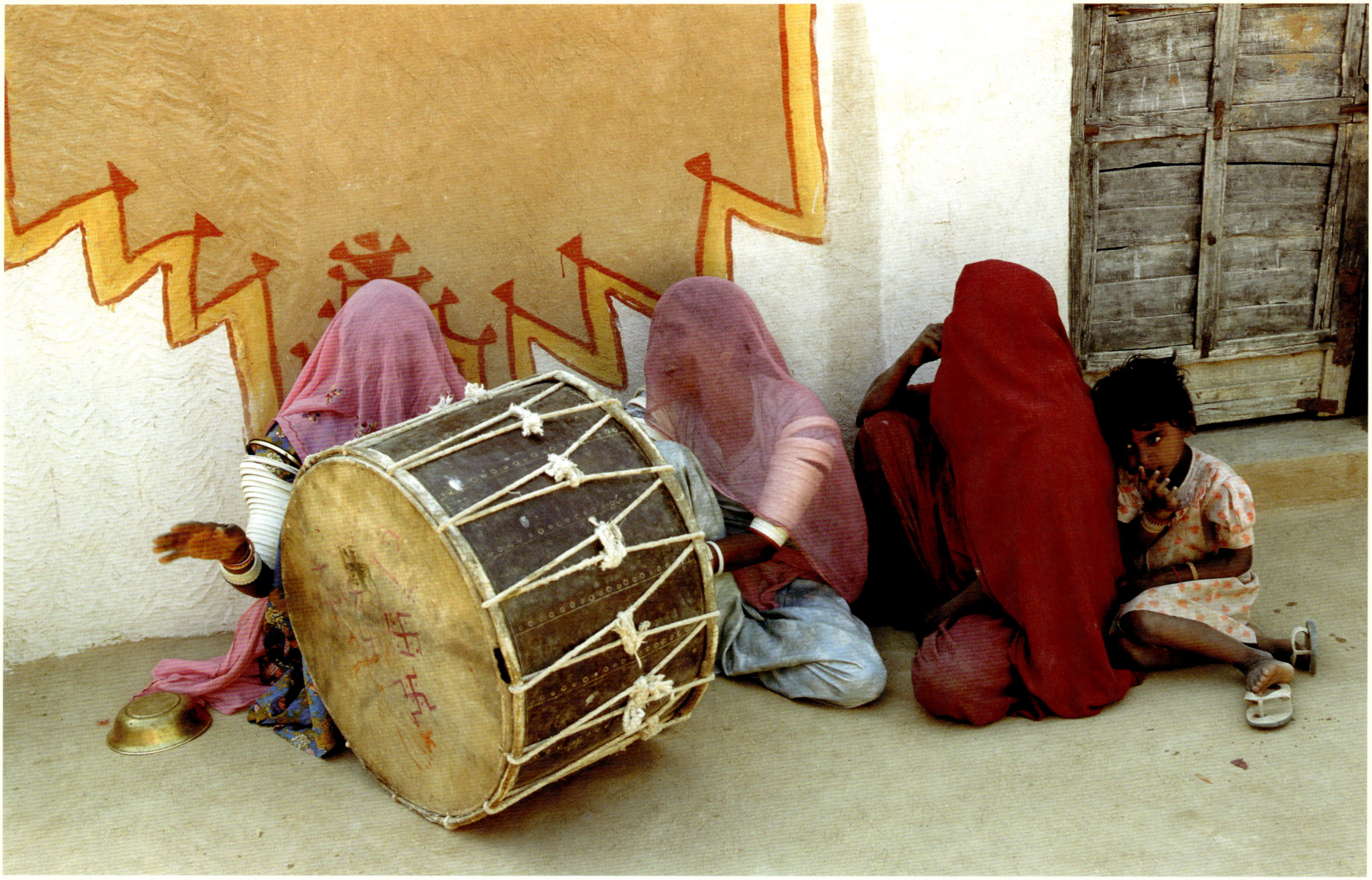

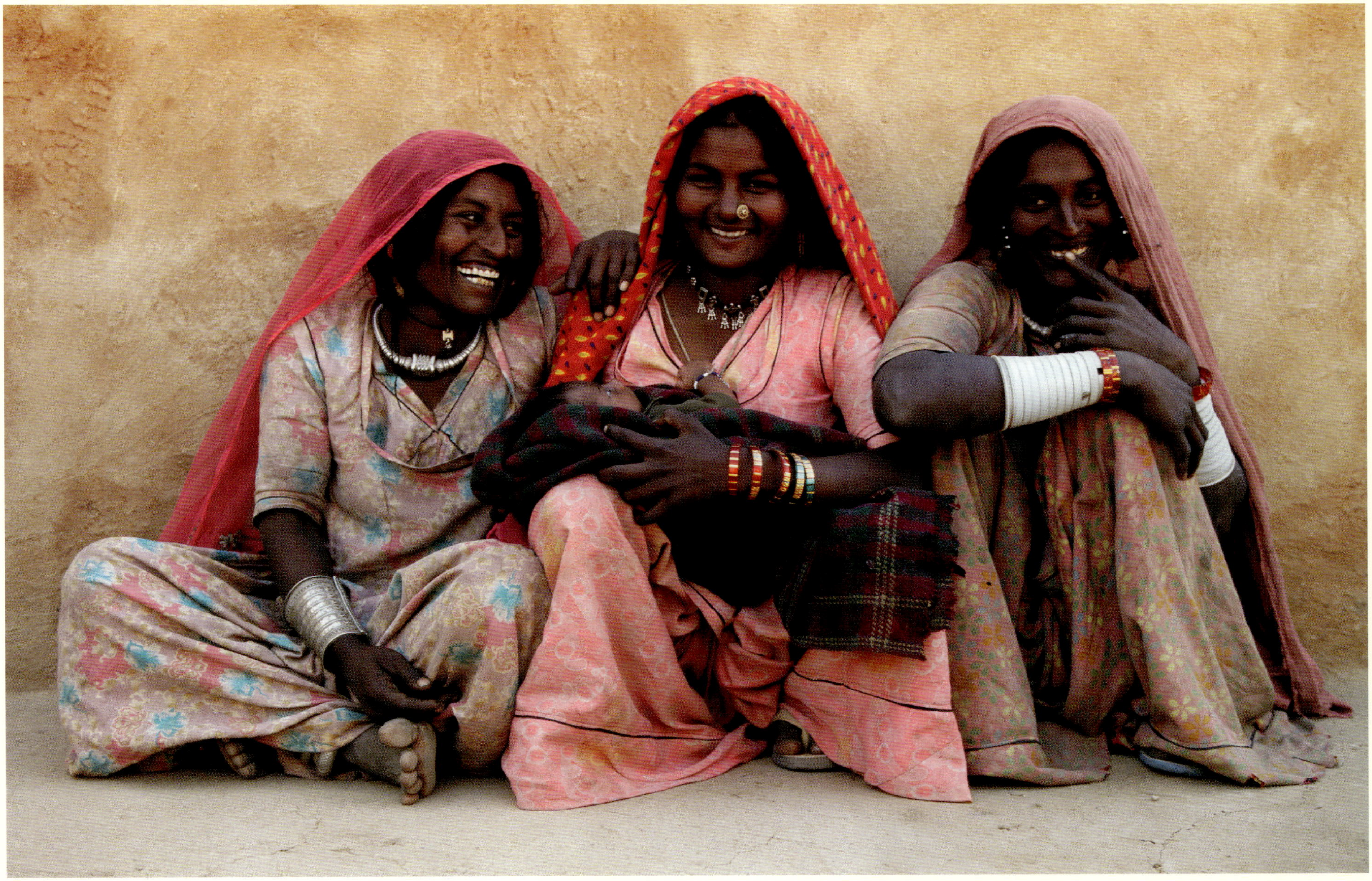

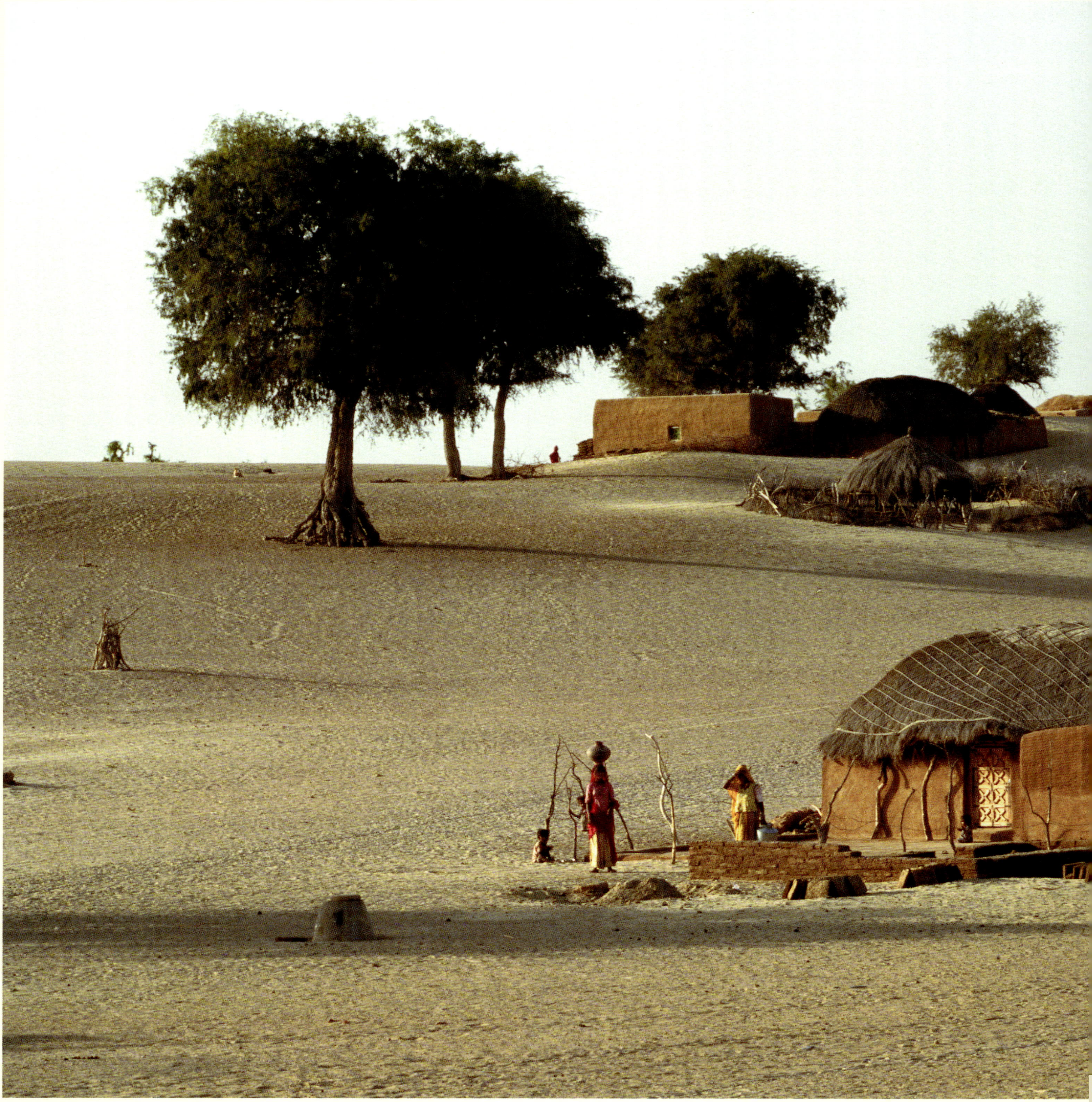

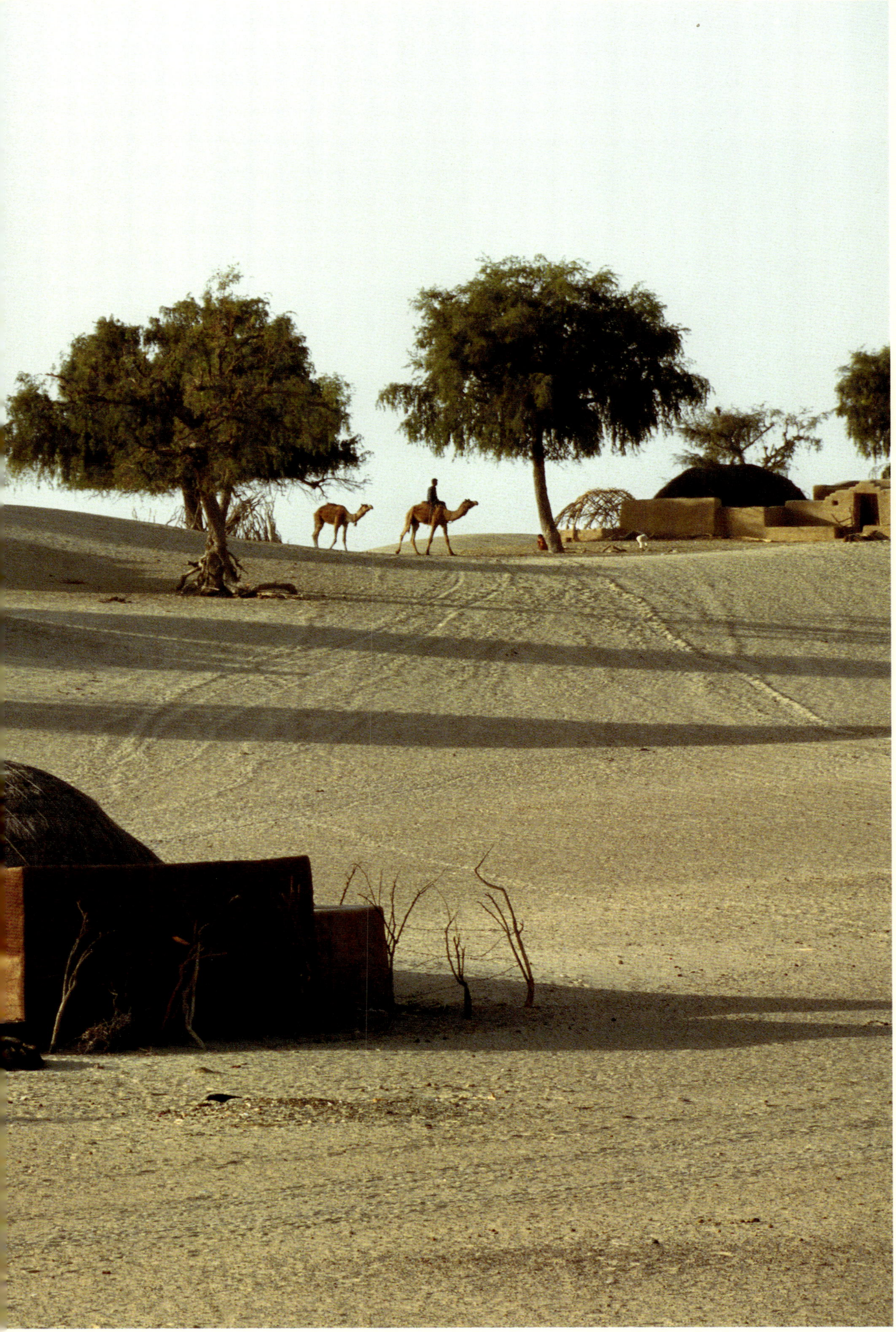

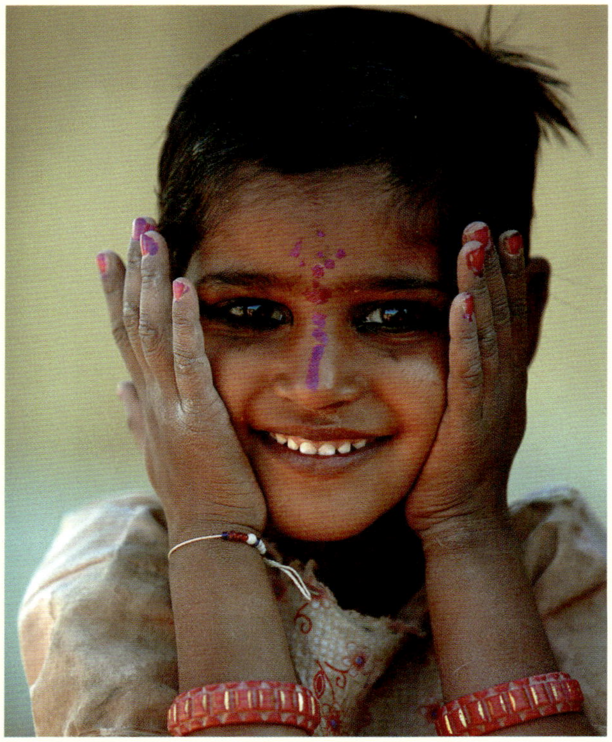
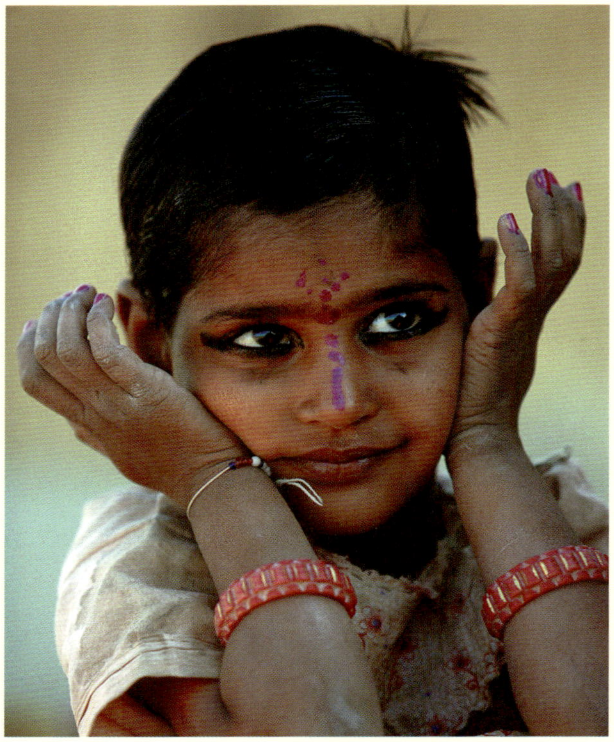
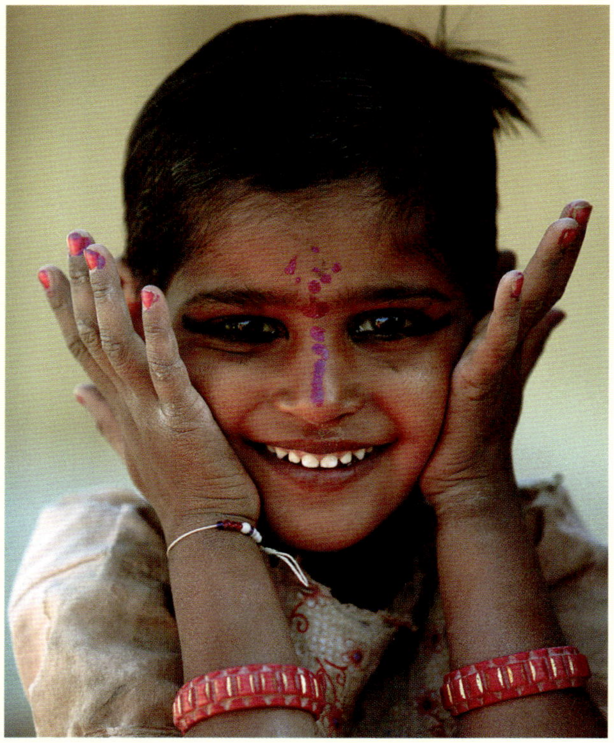
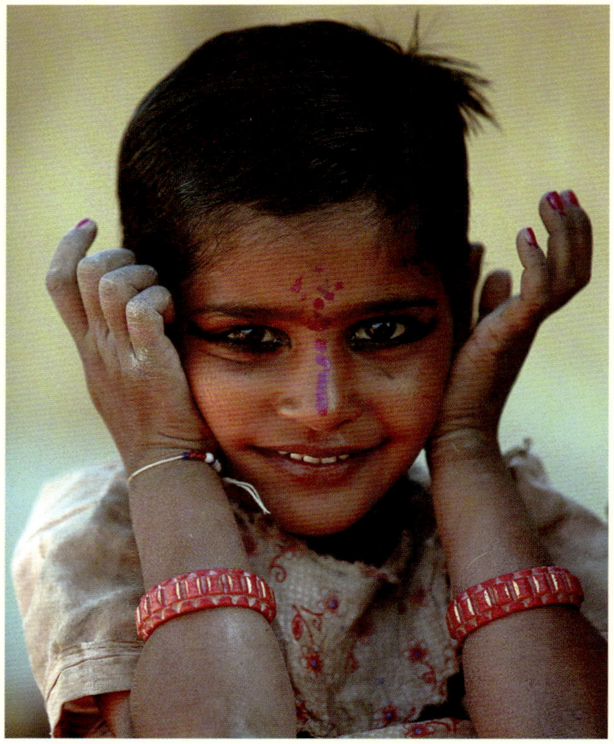

177

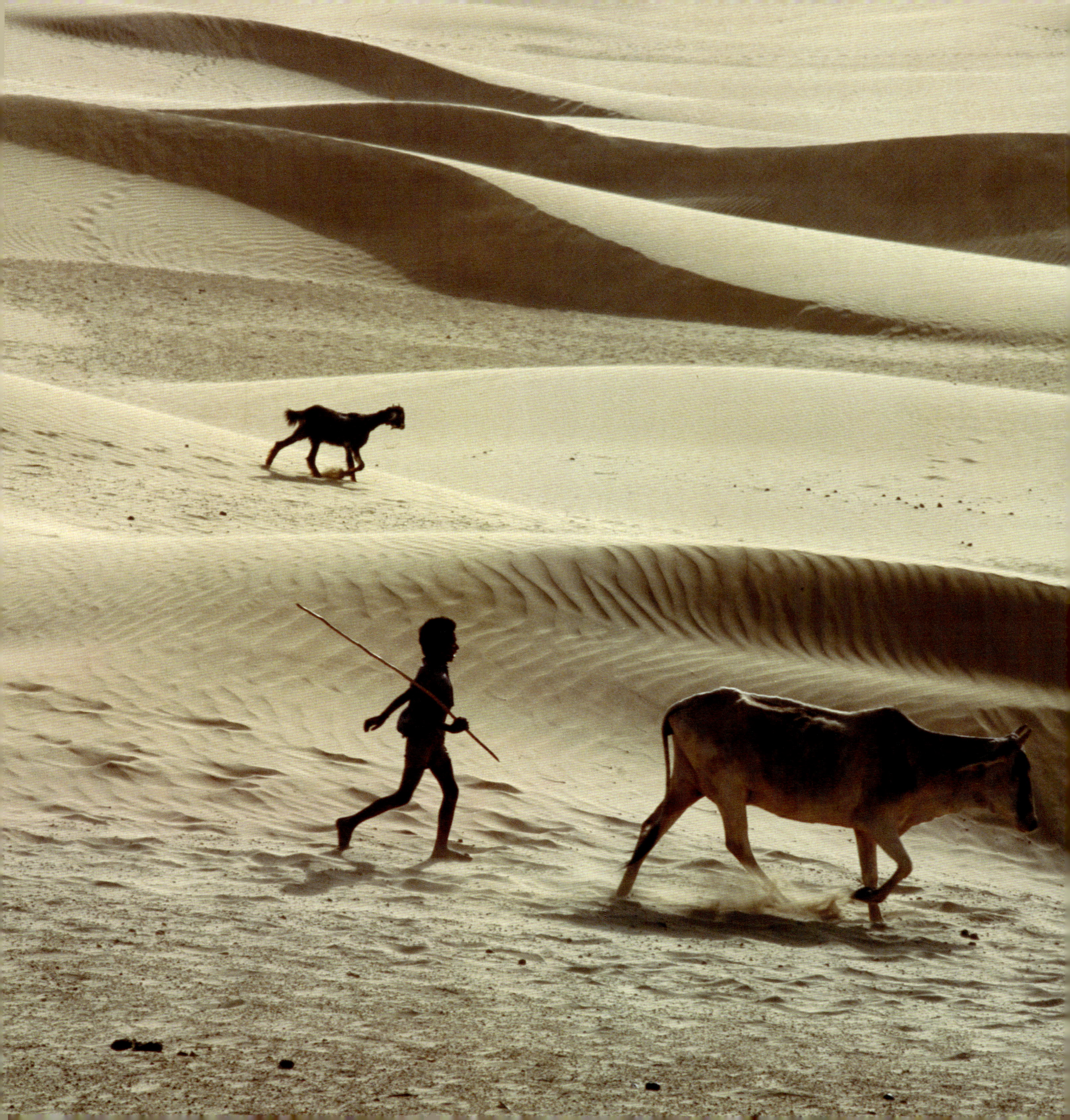

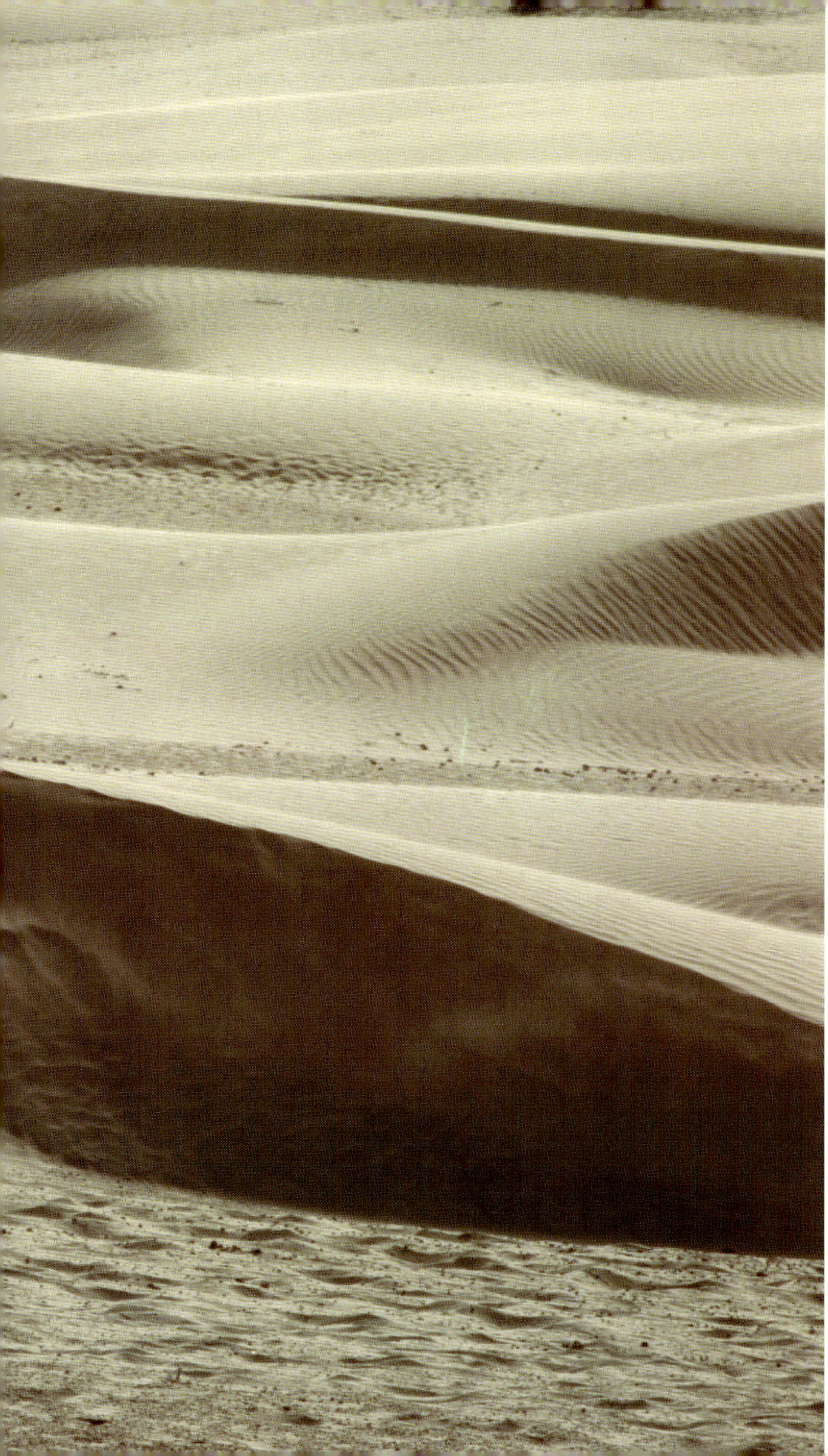

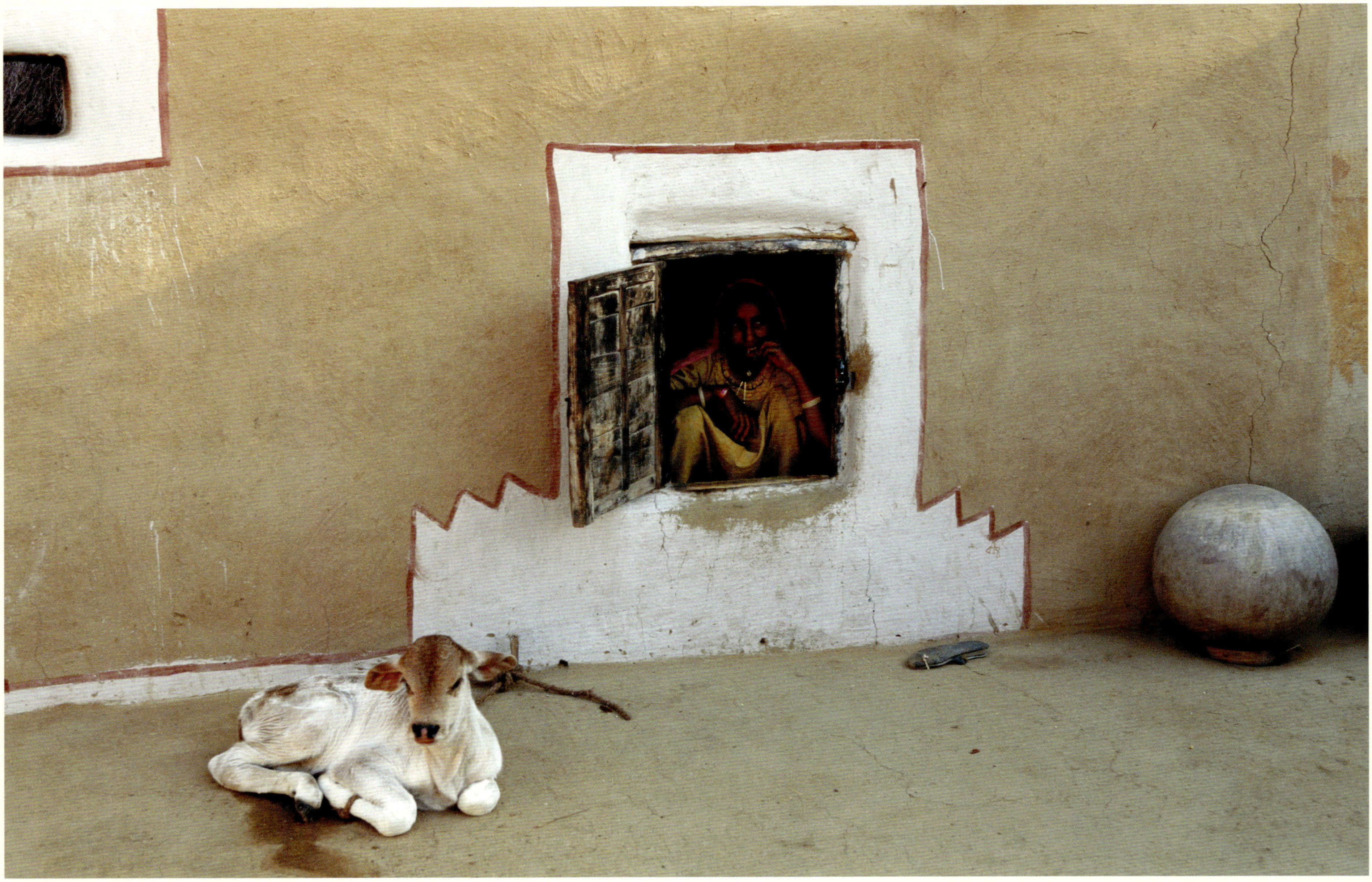

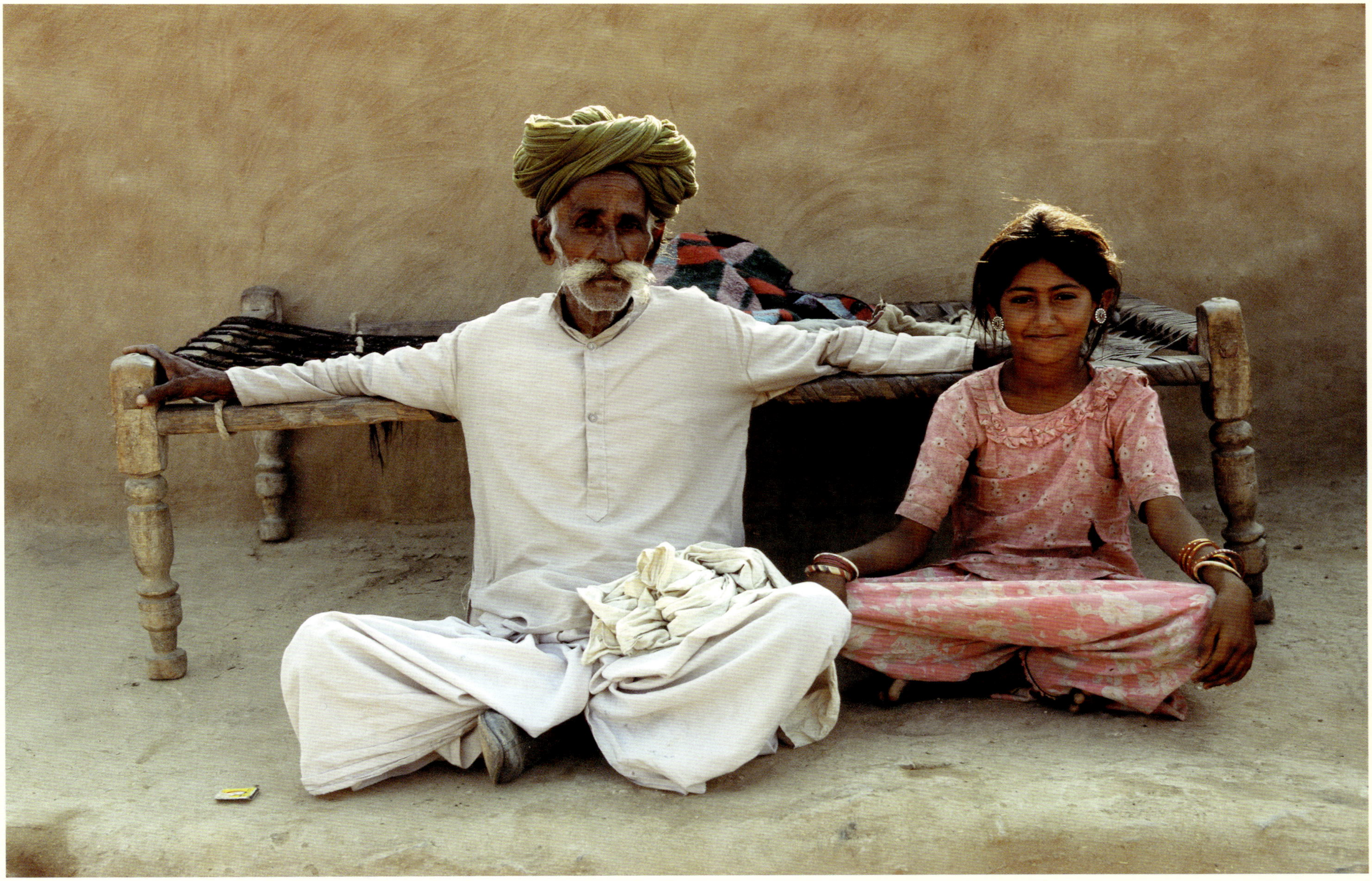

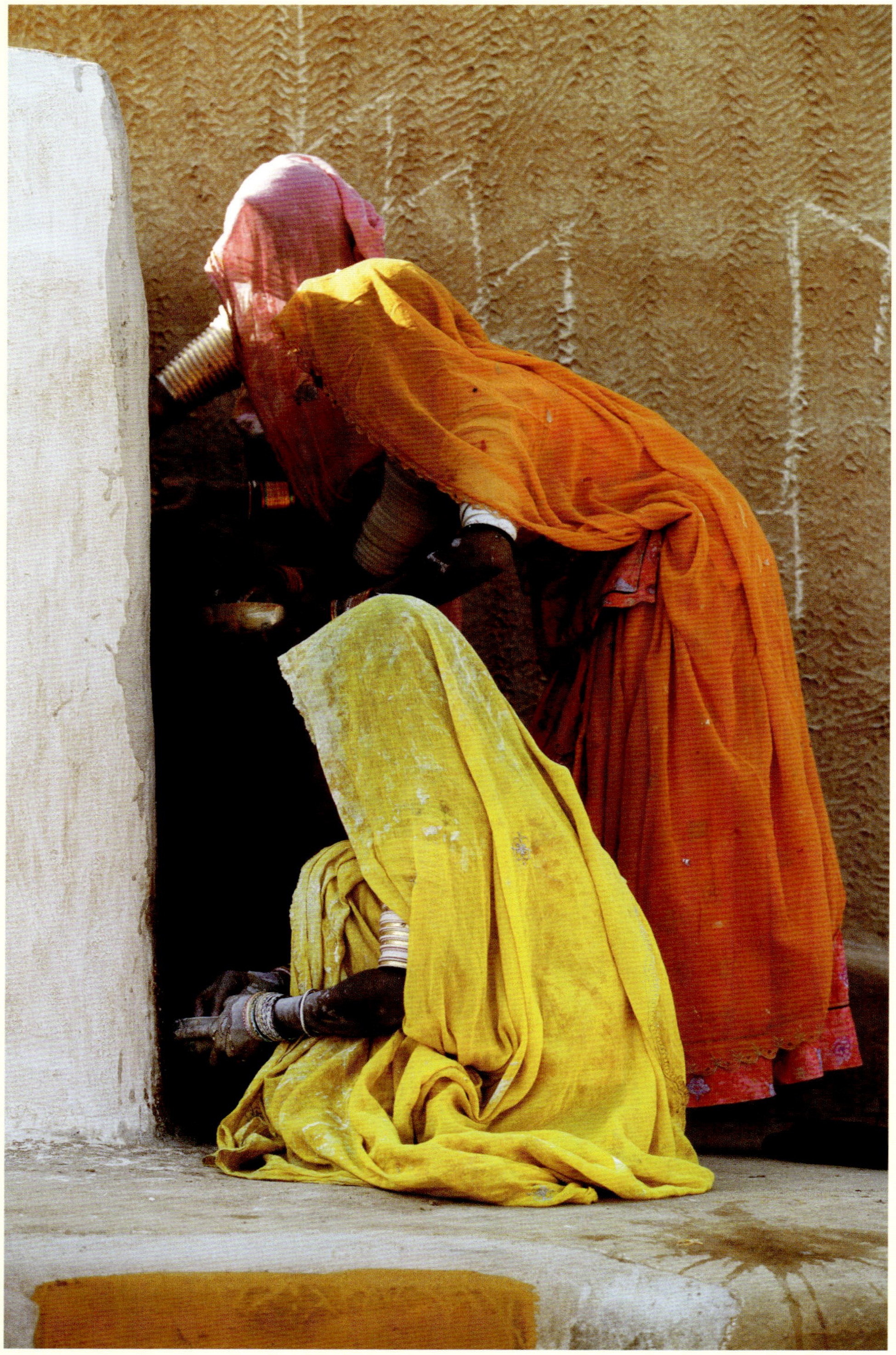

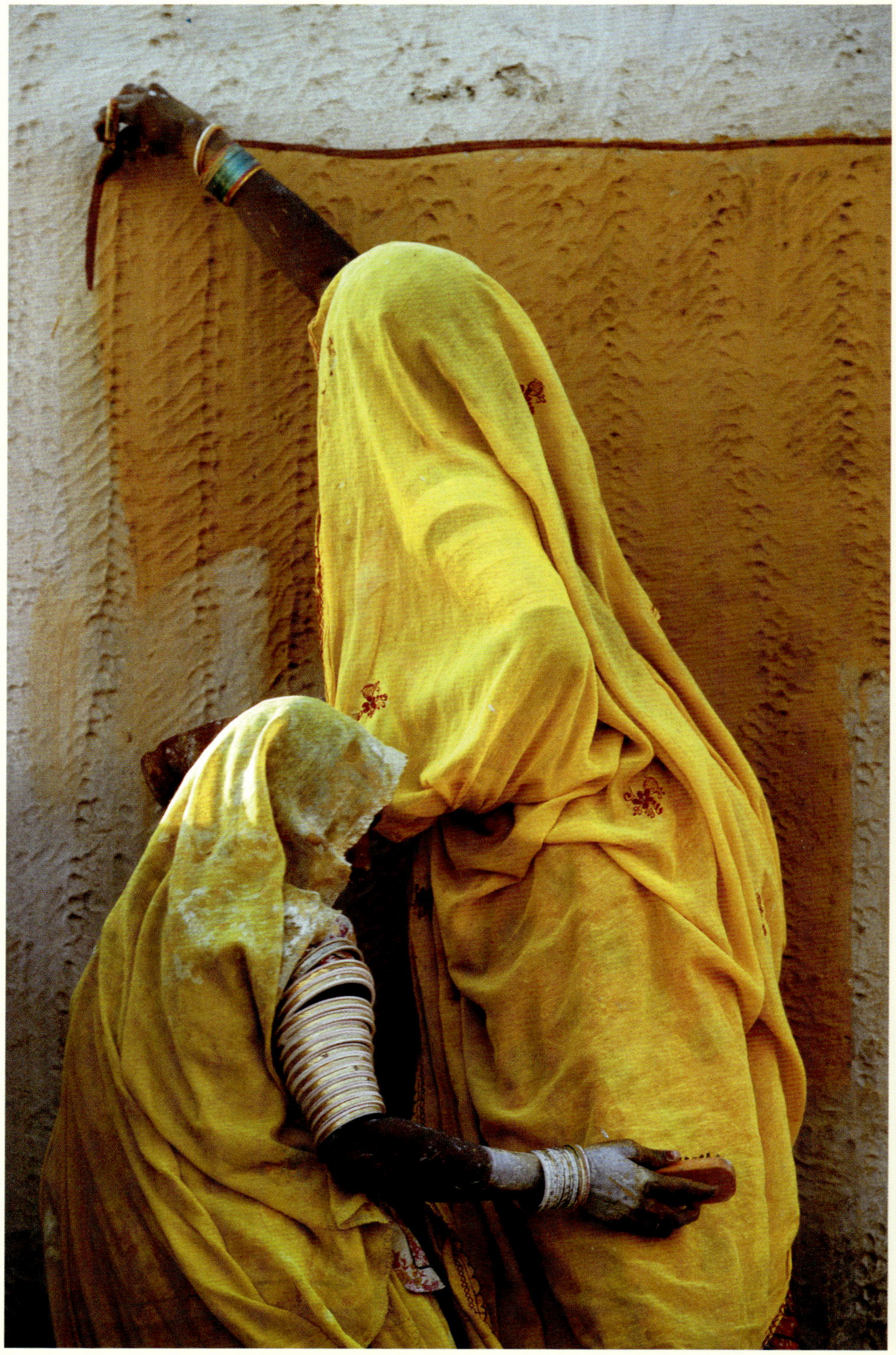

183

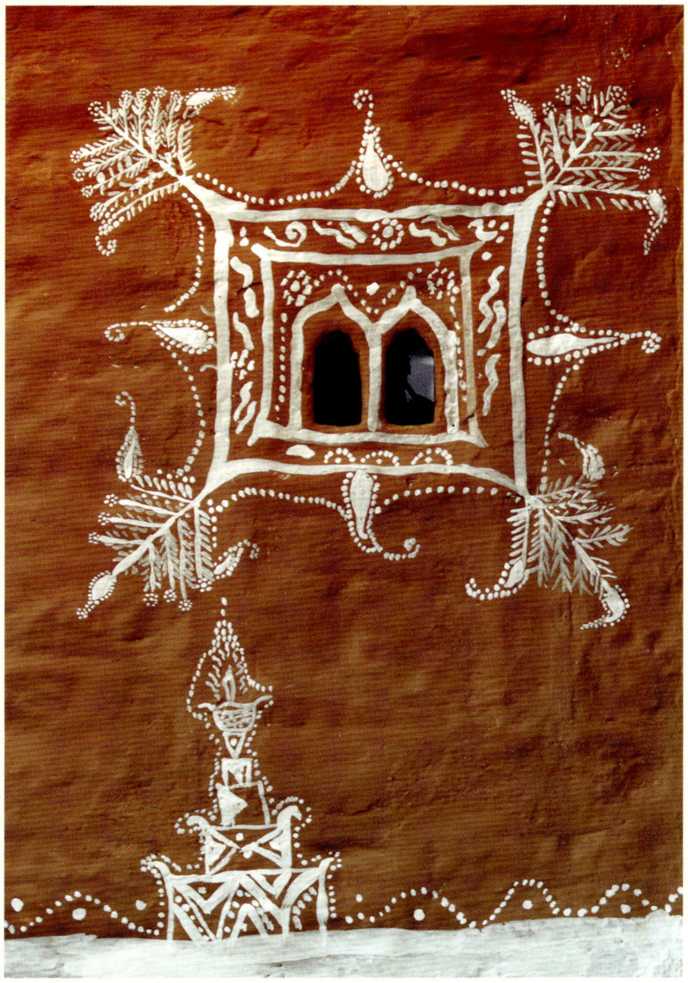
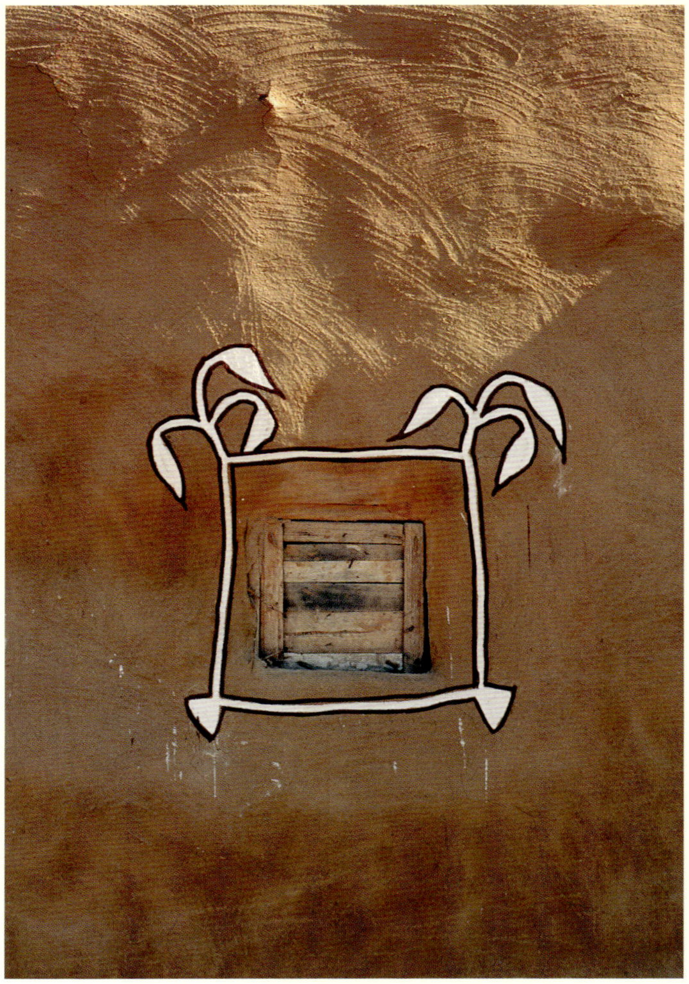
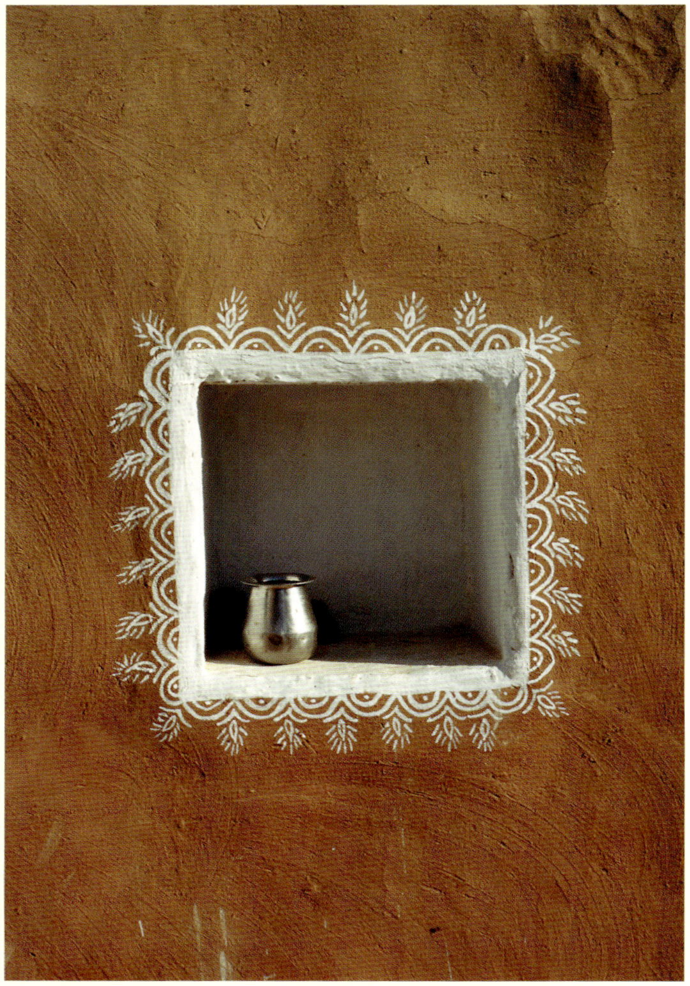
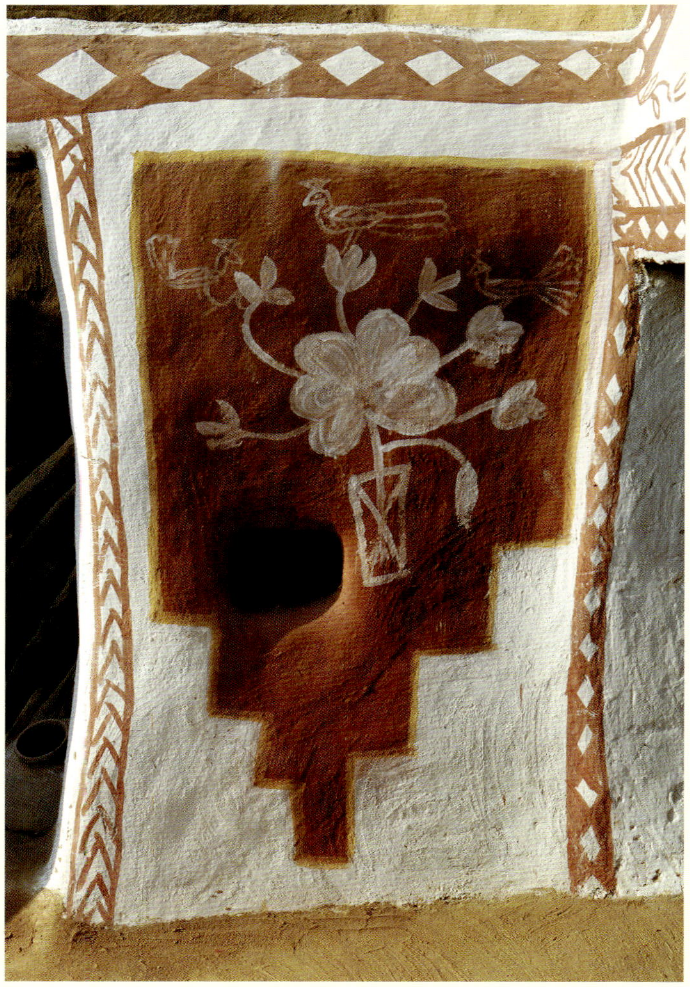

185

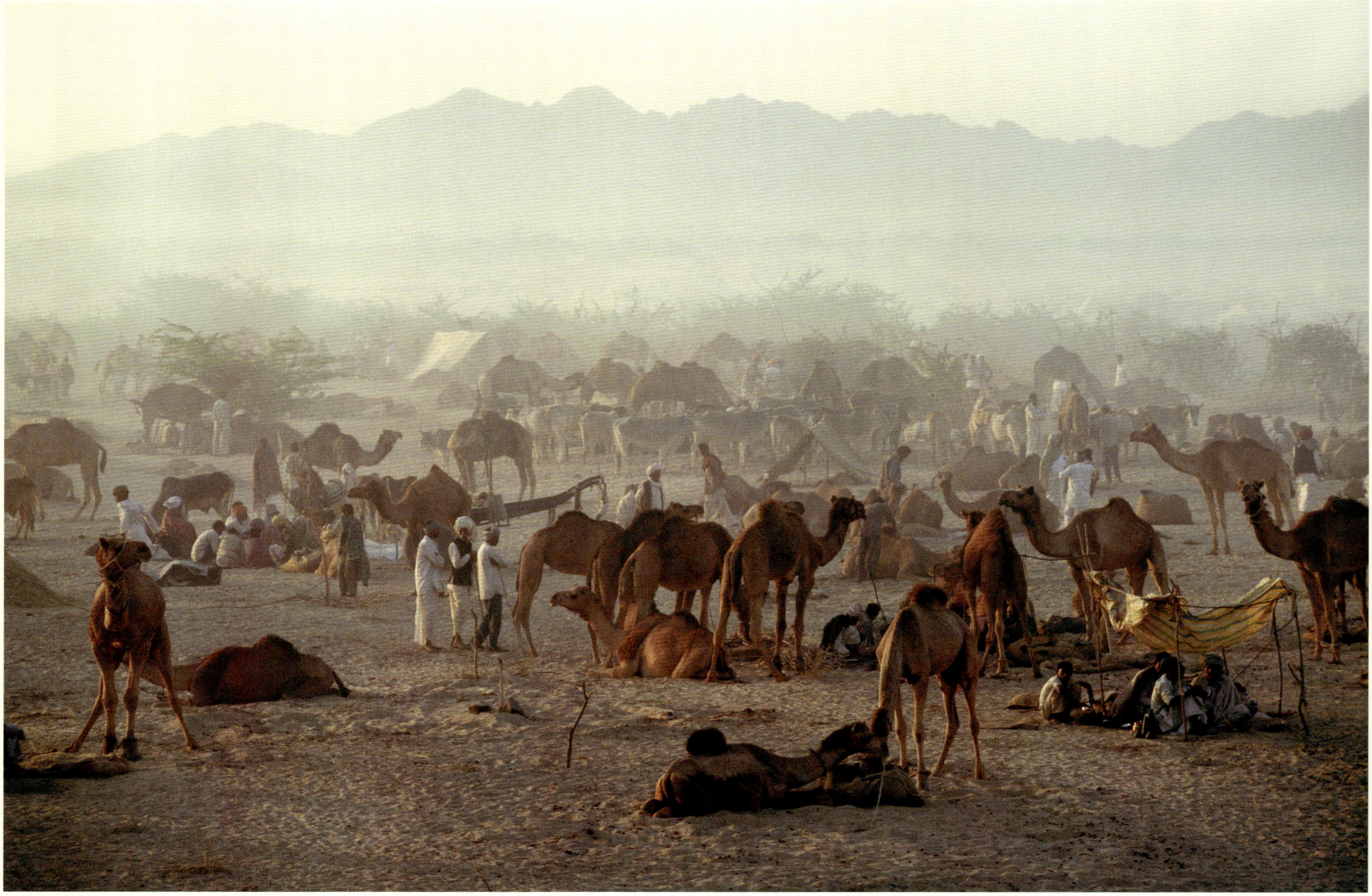

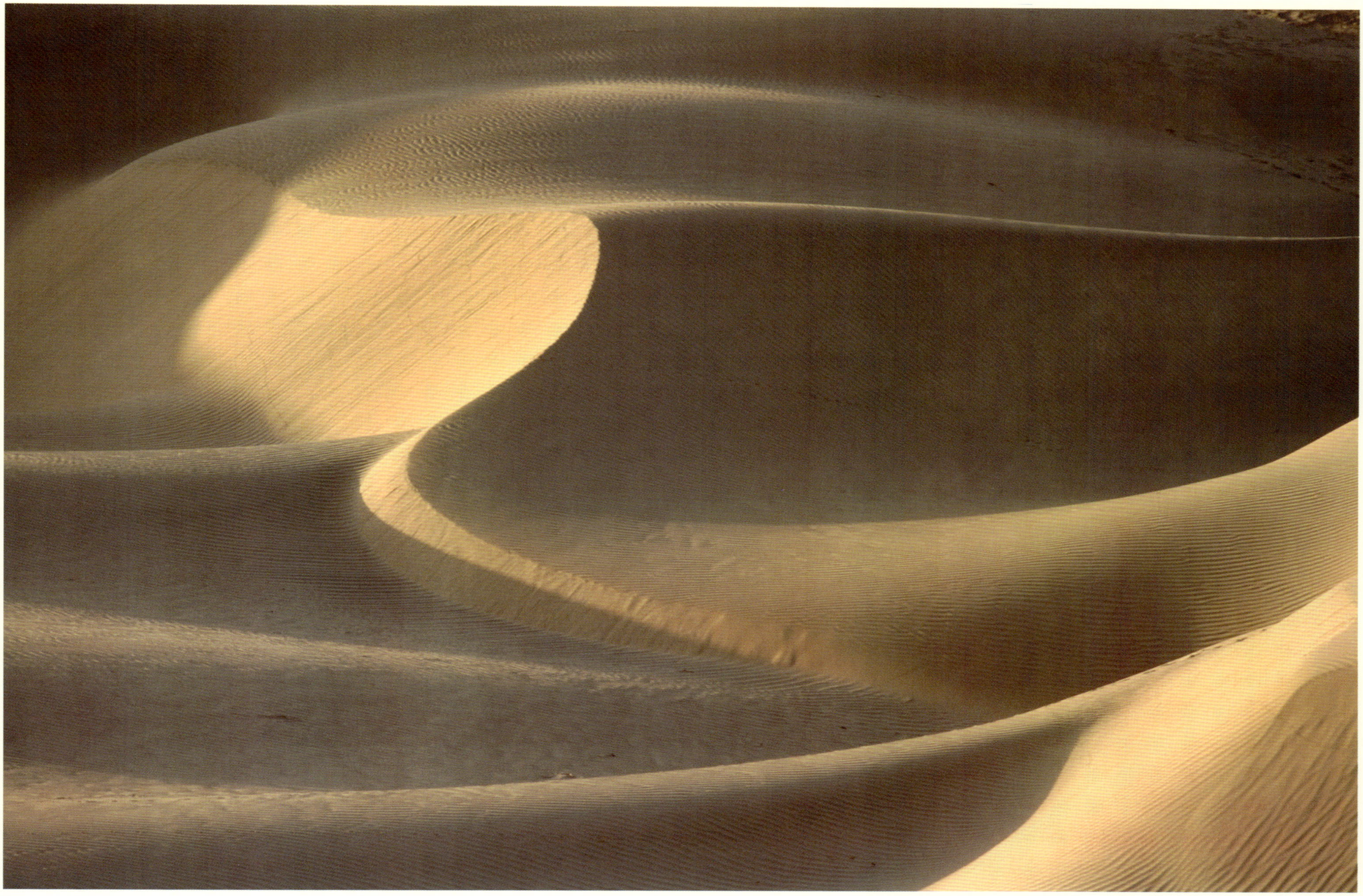

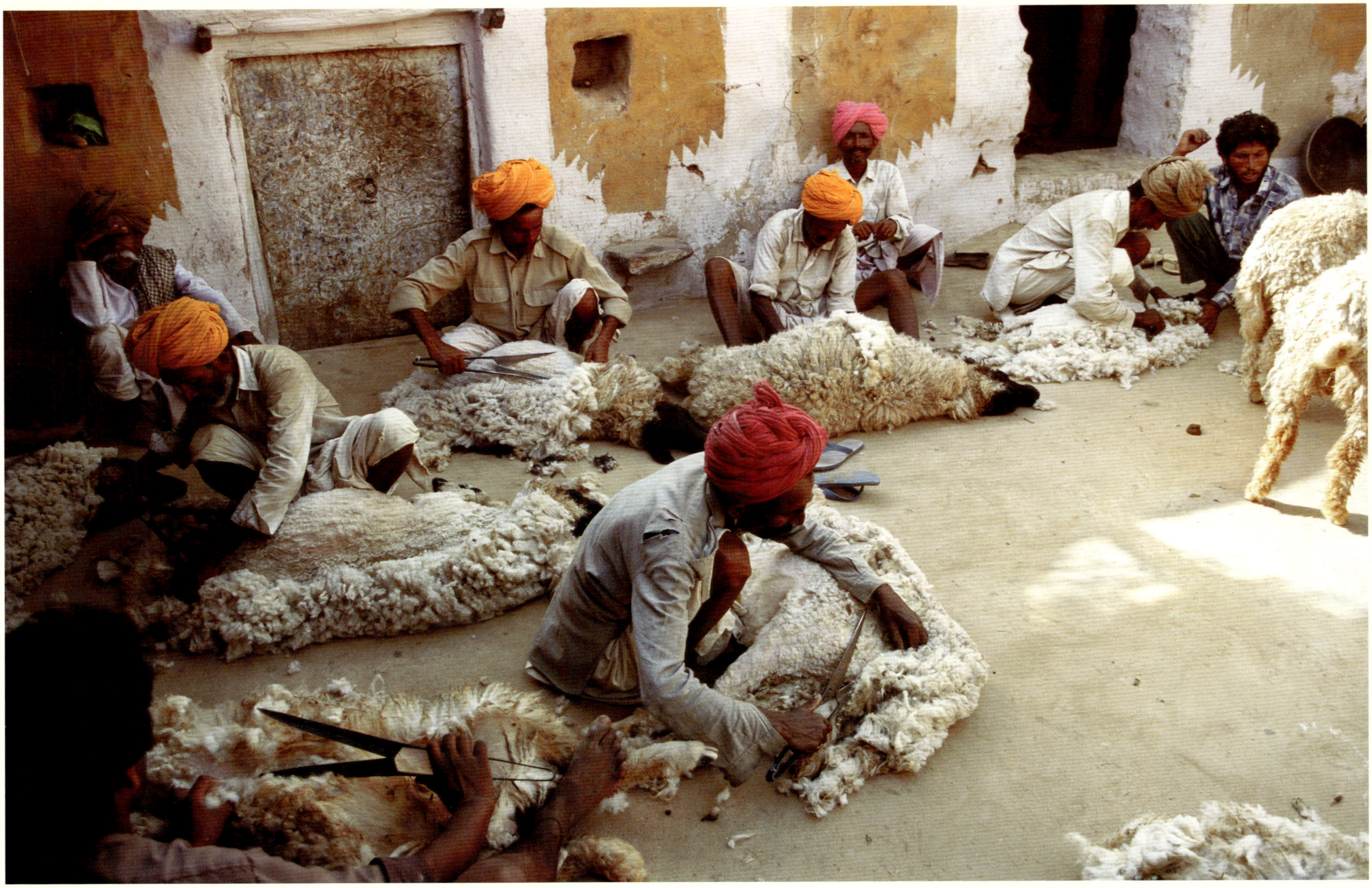

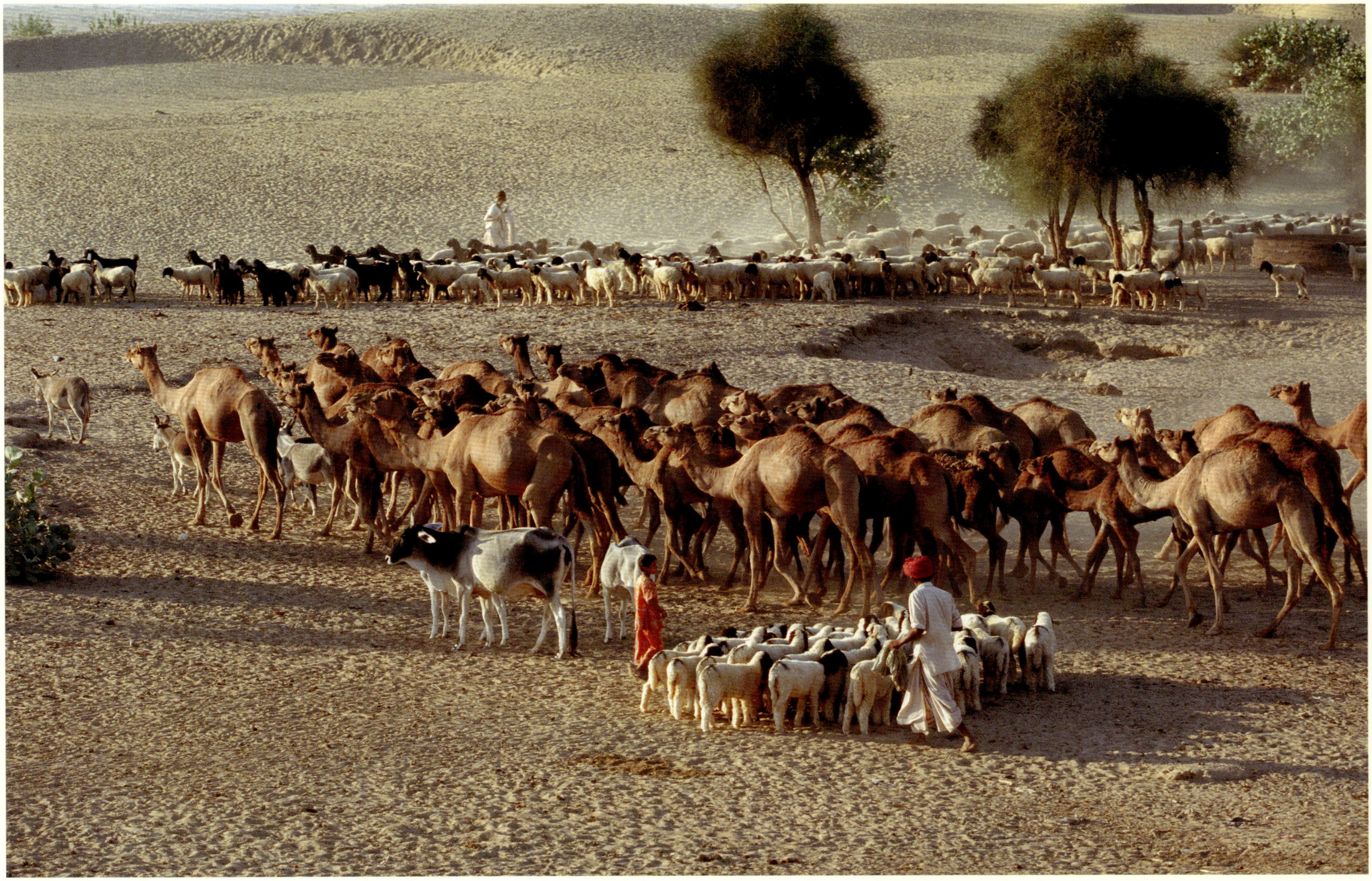

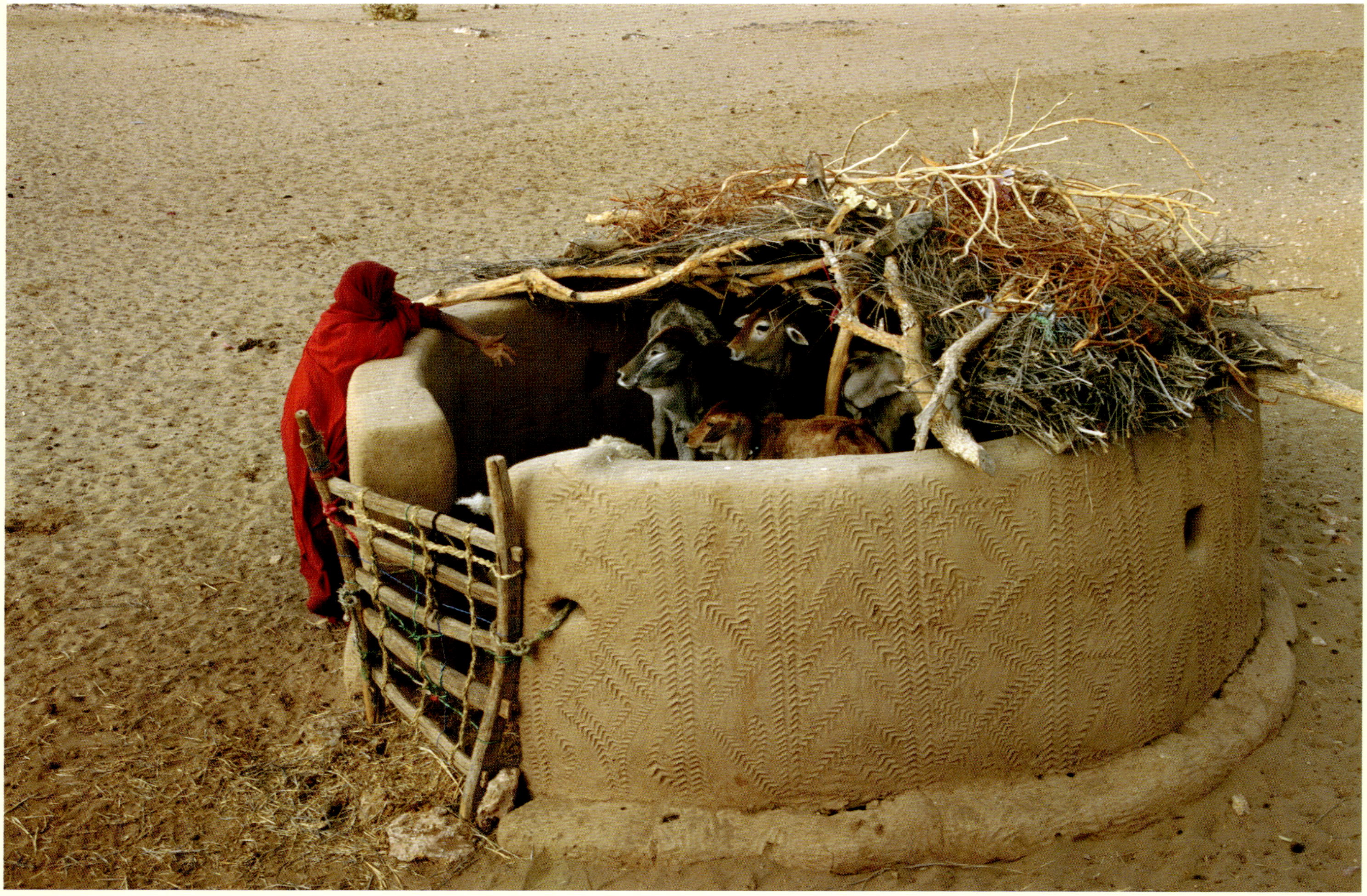

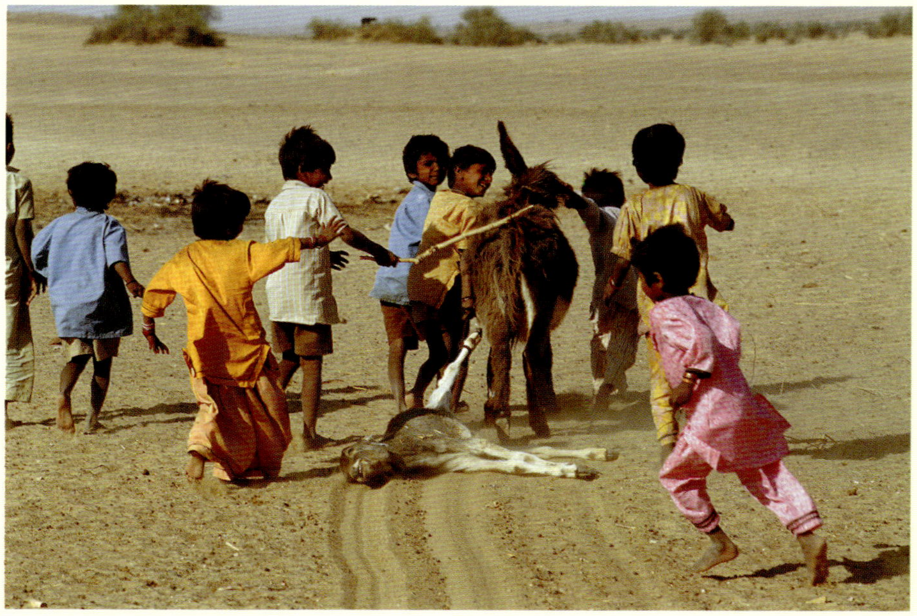

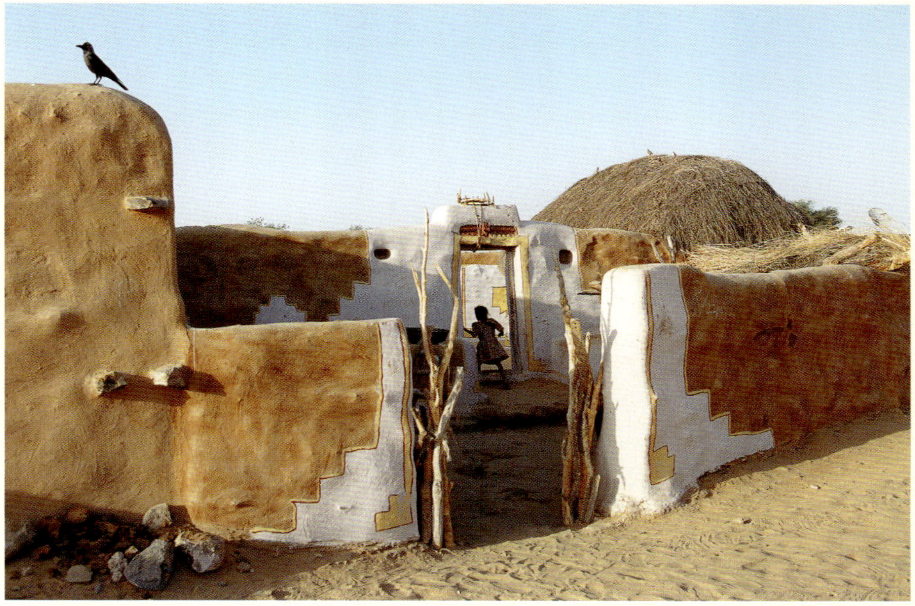

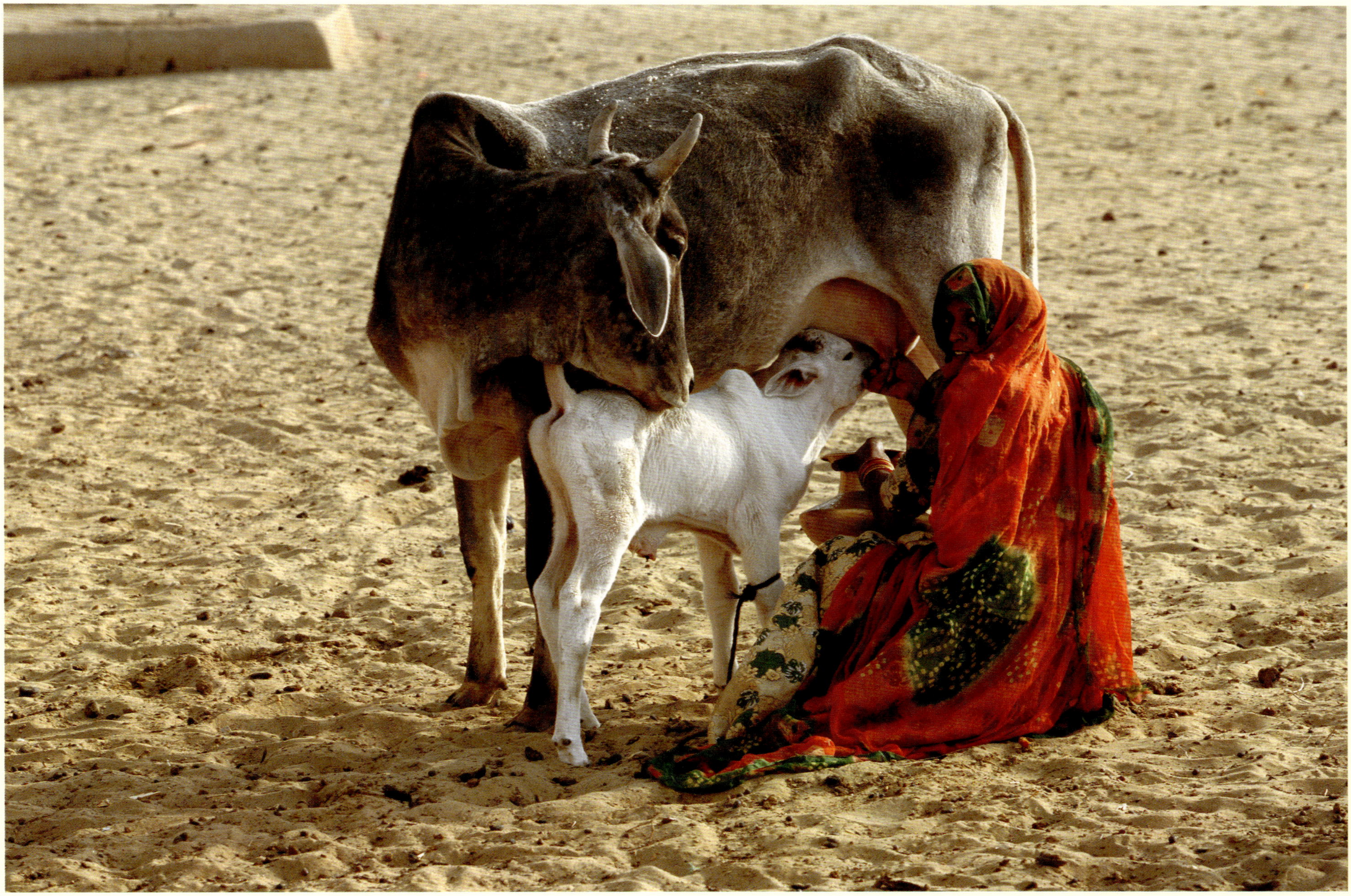

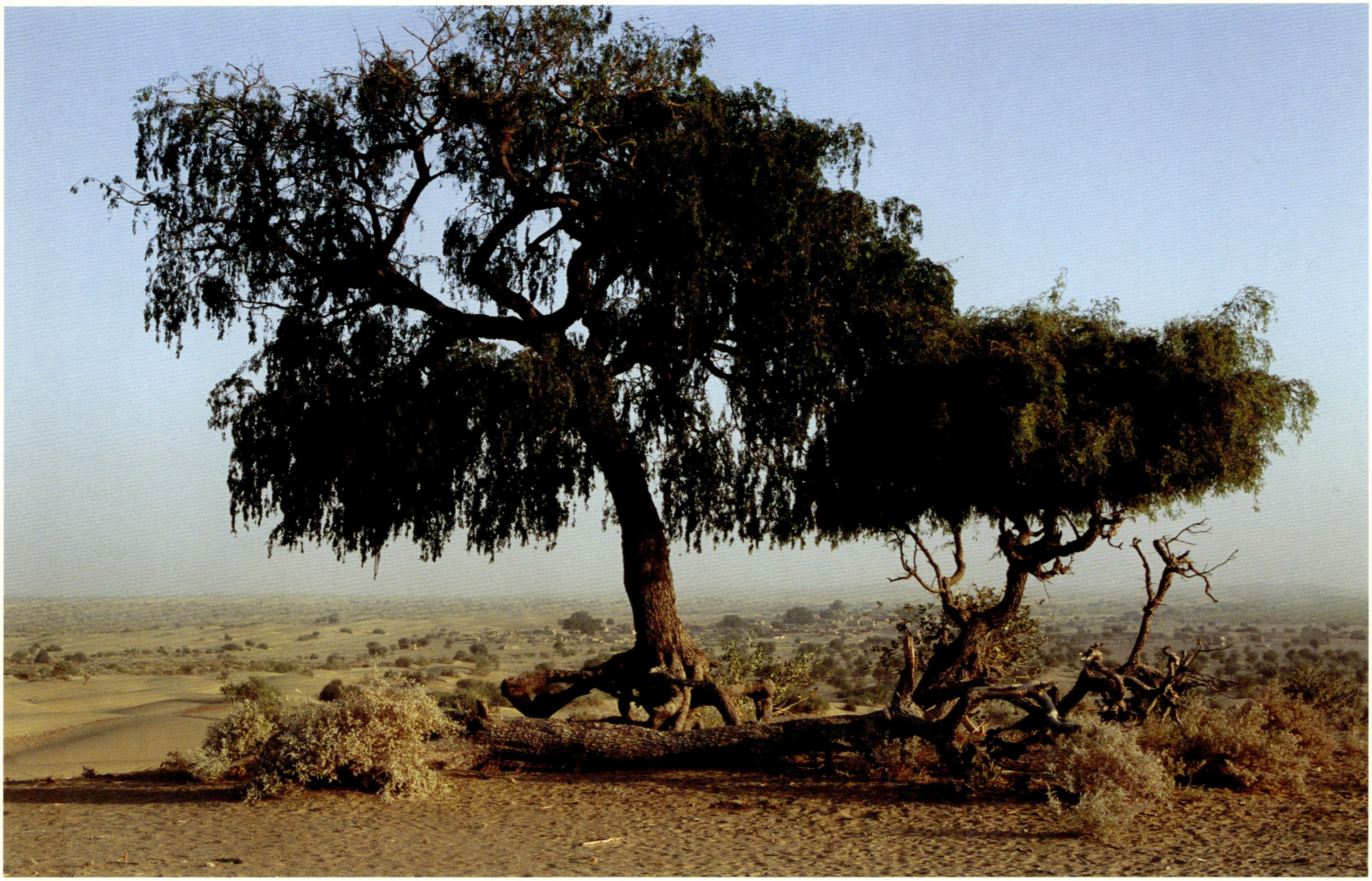

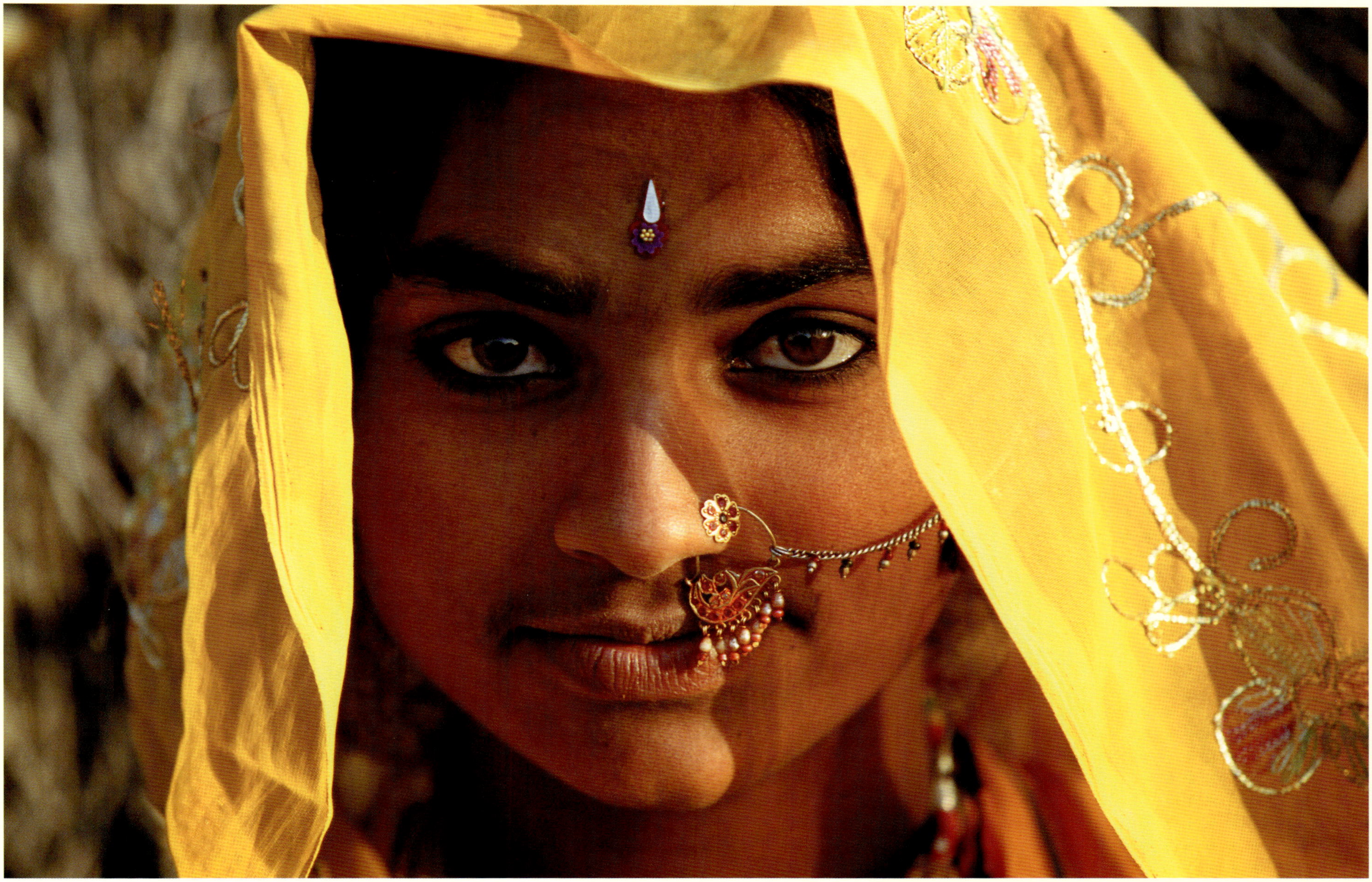

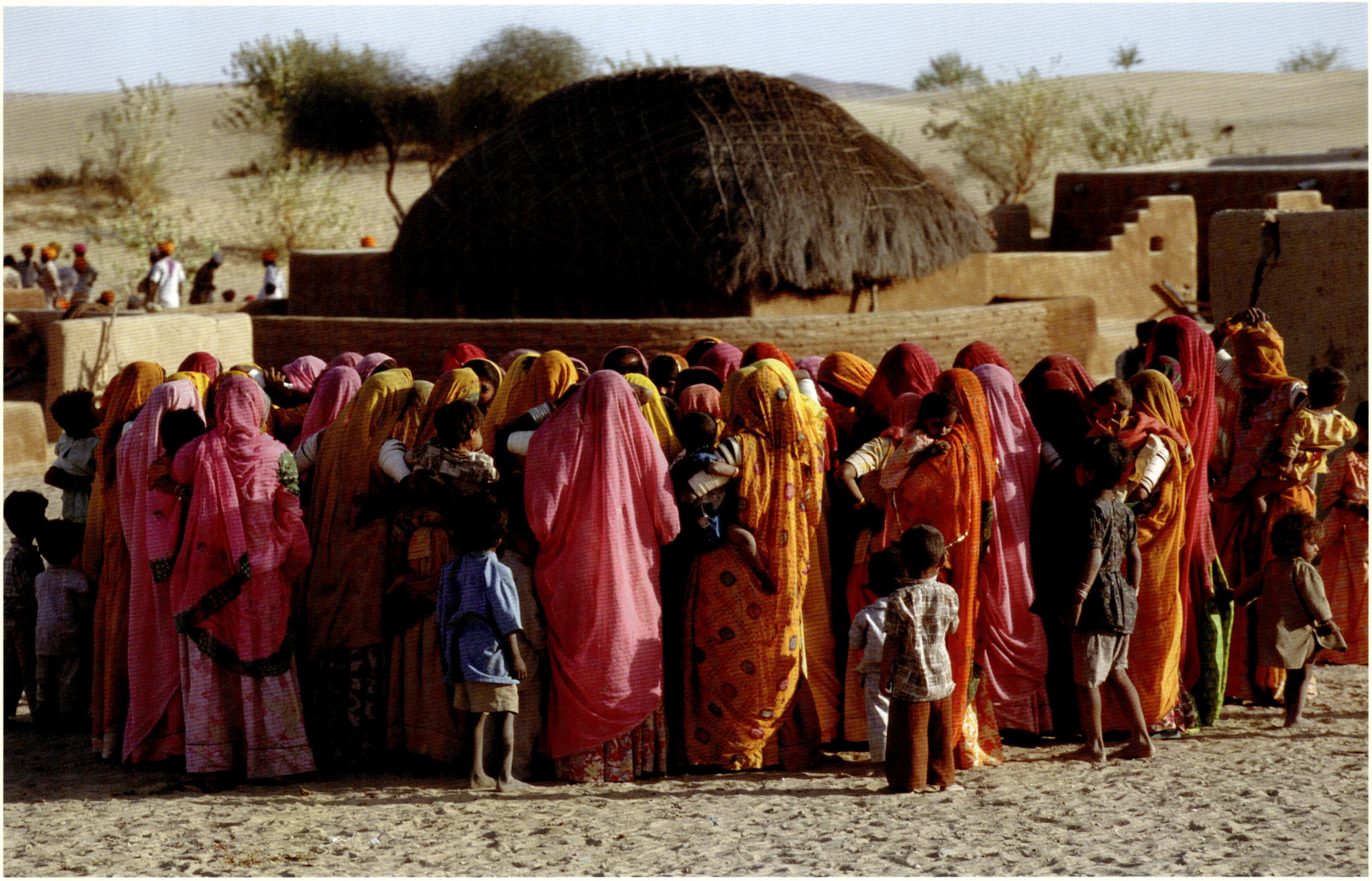

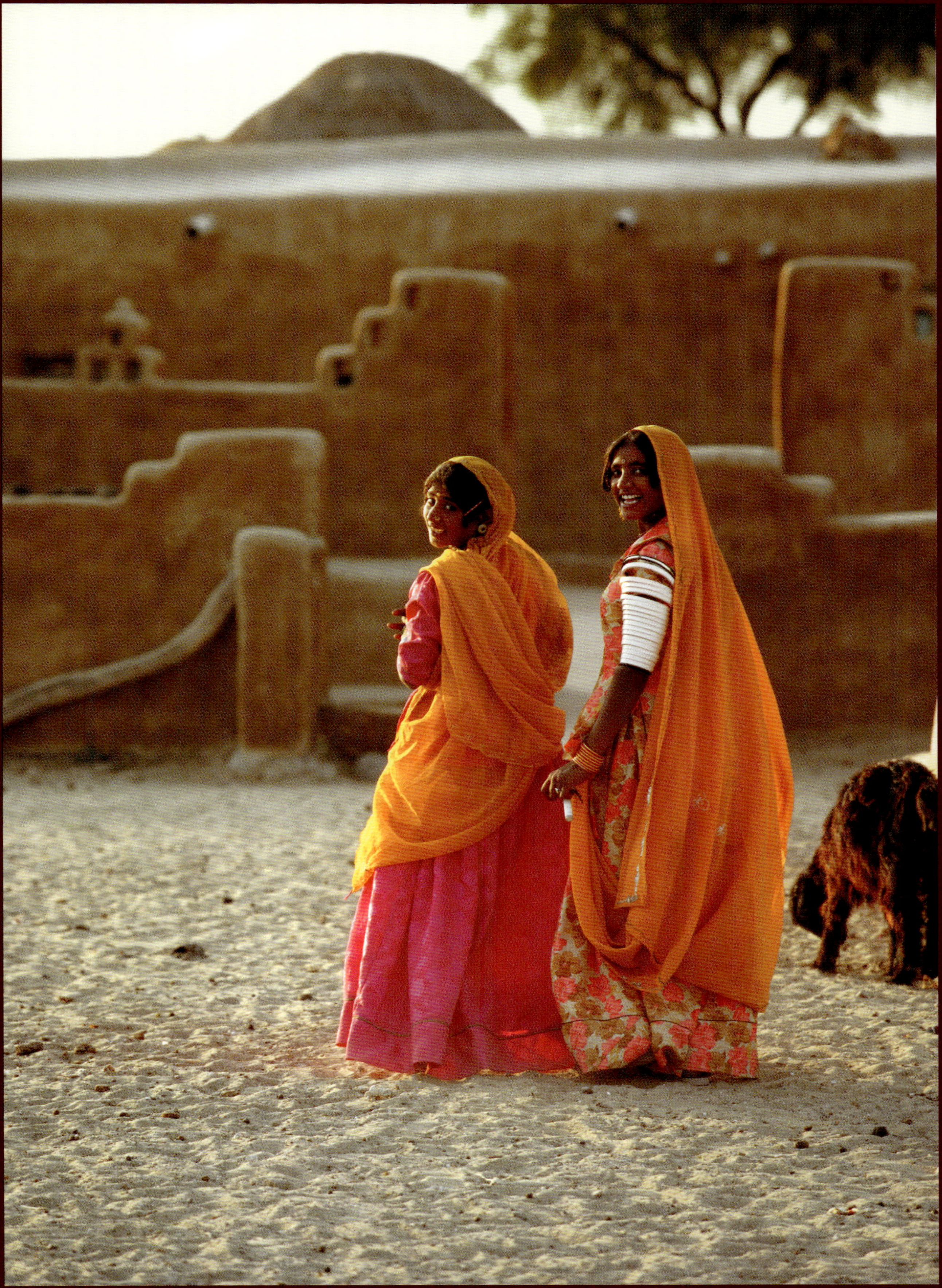

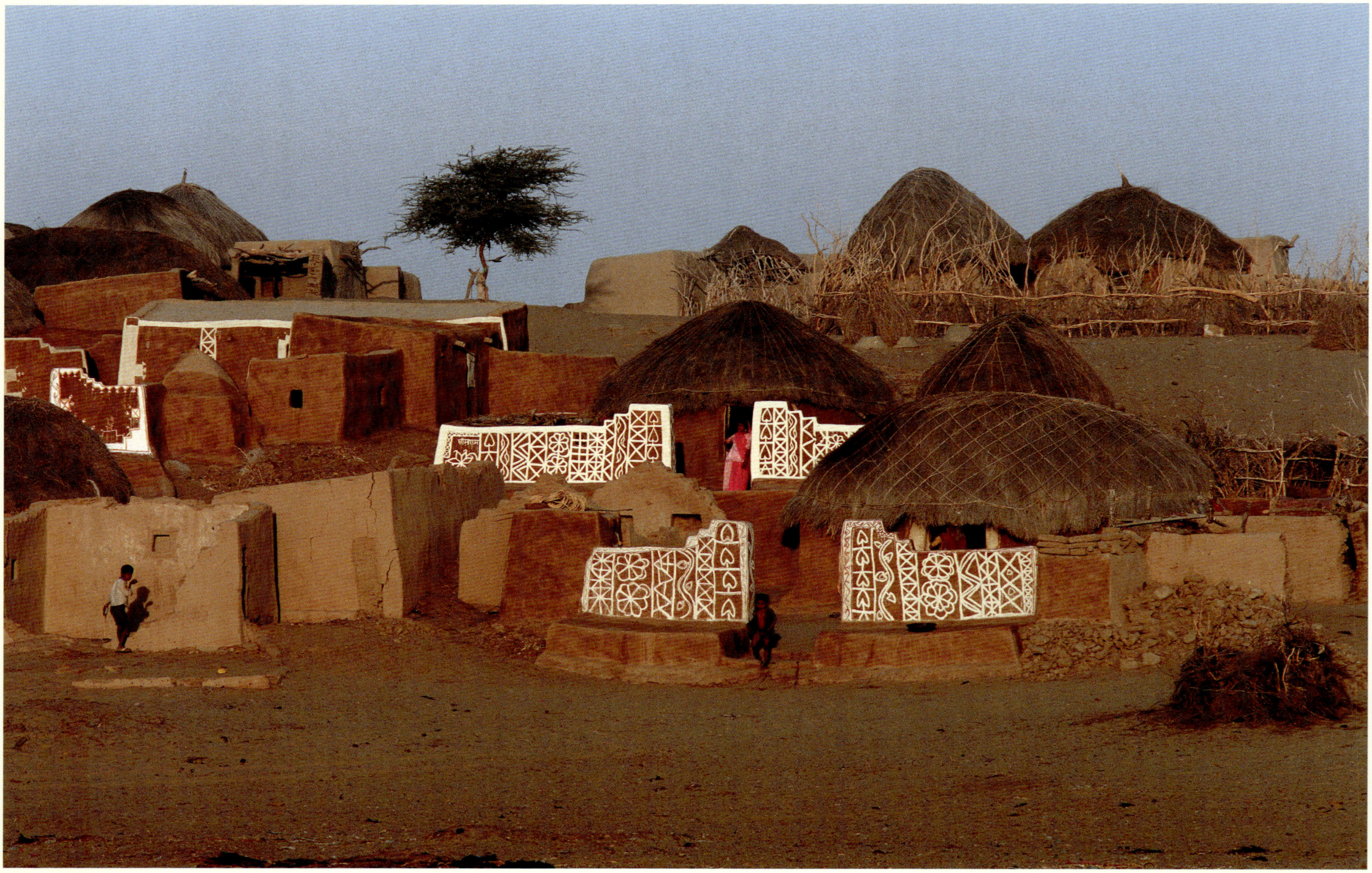

197

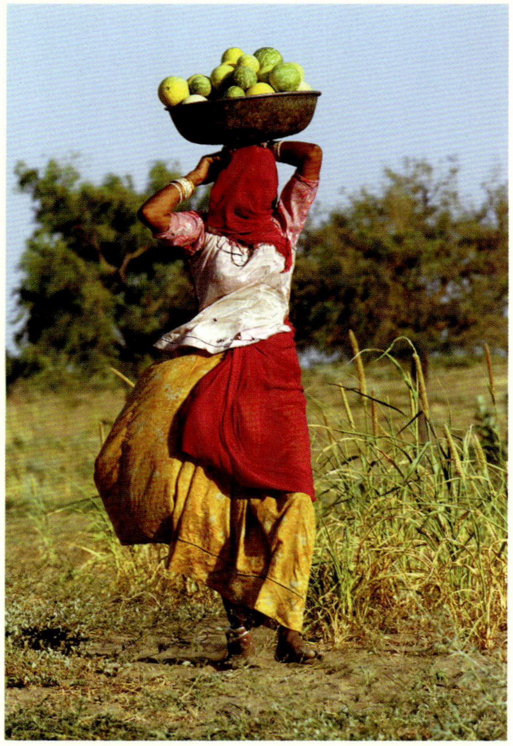

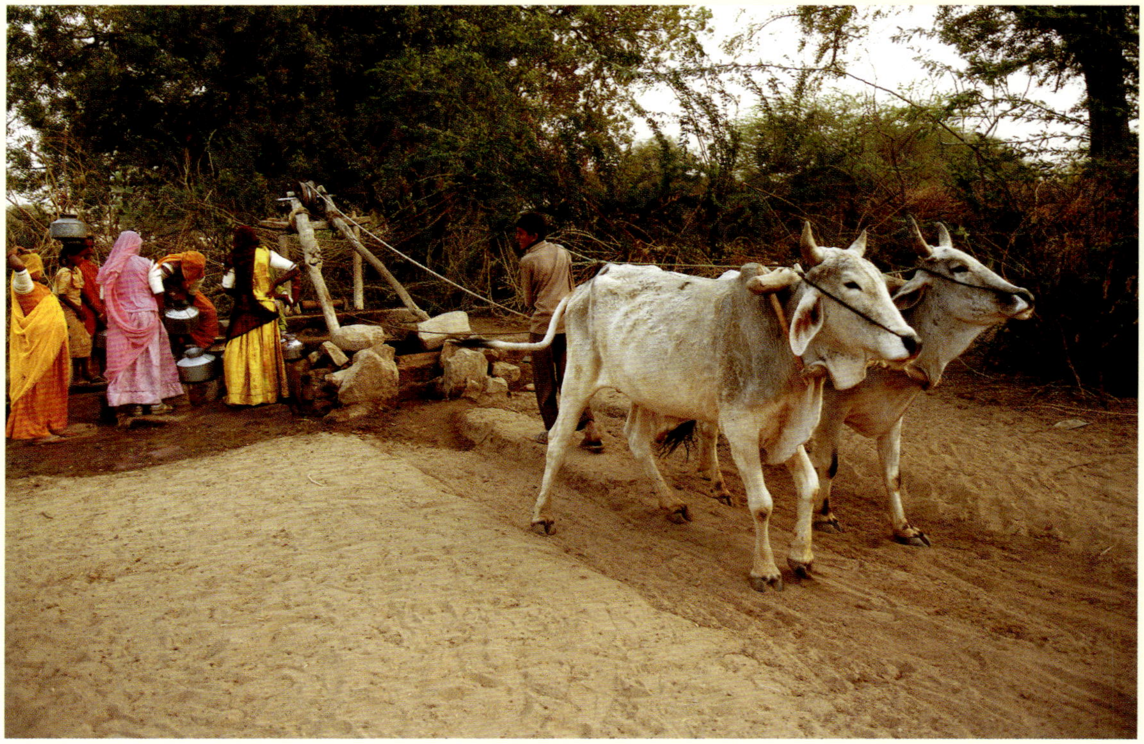

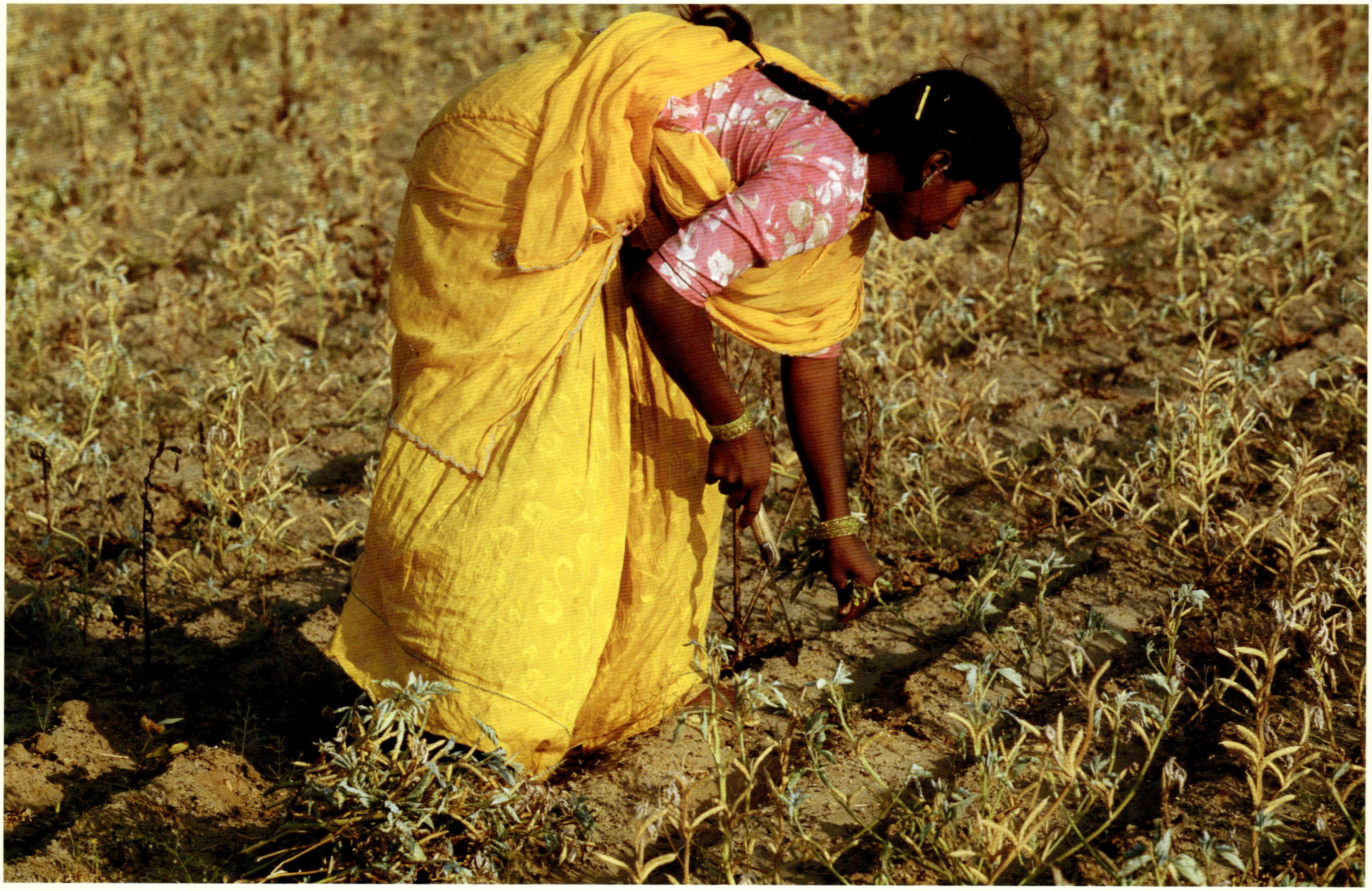

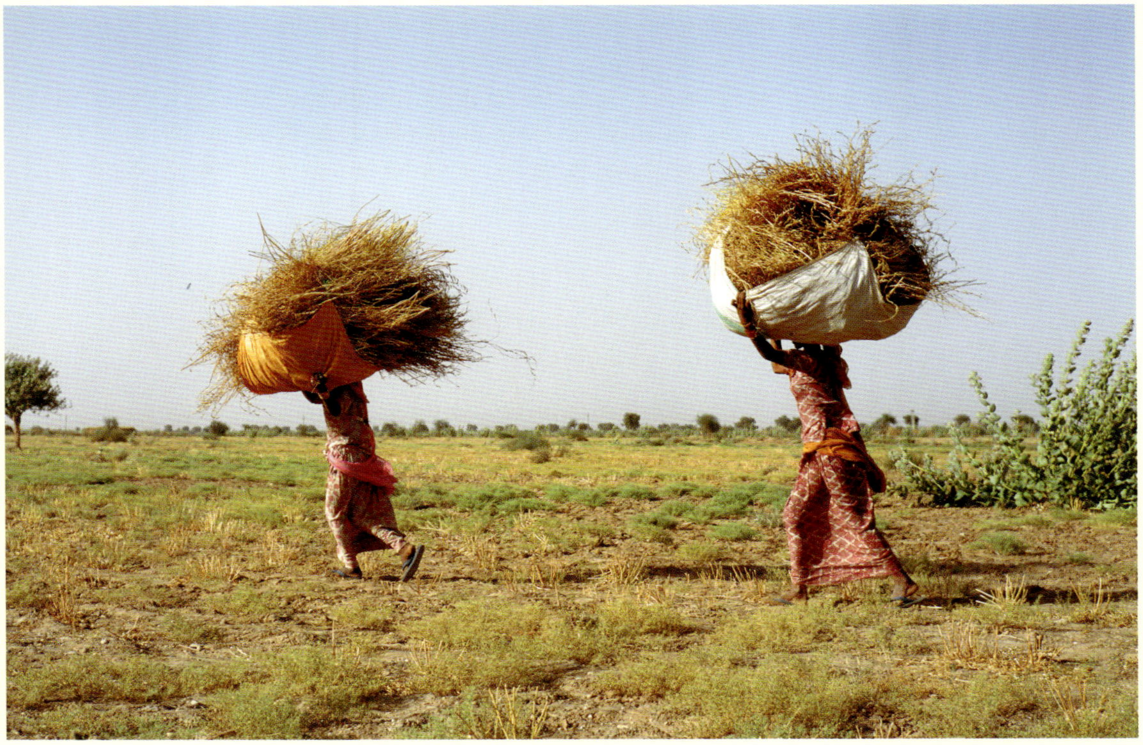

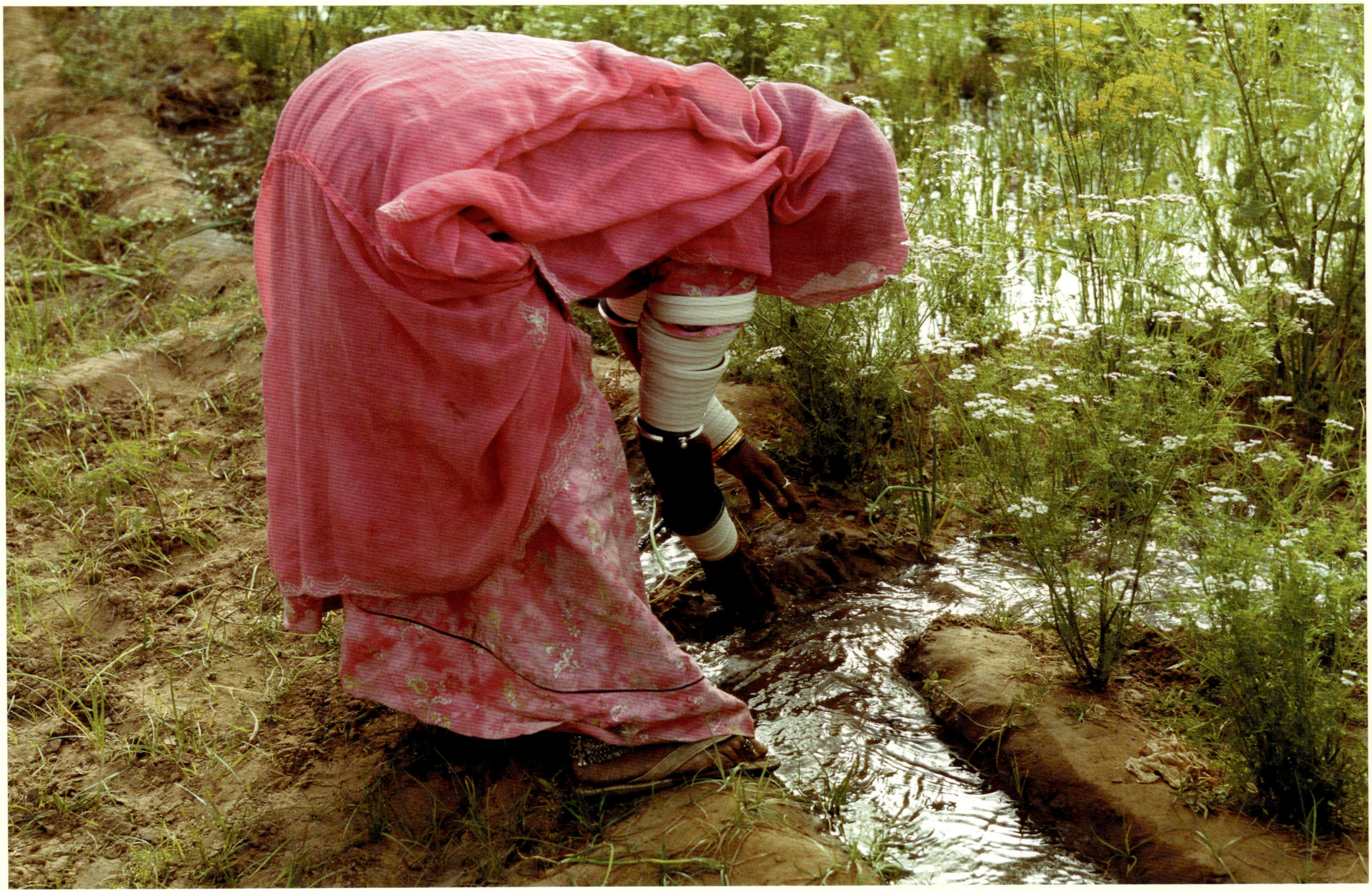

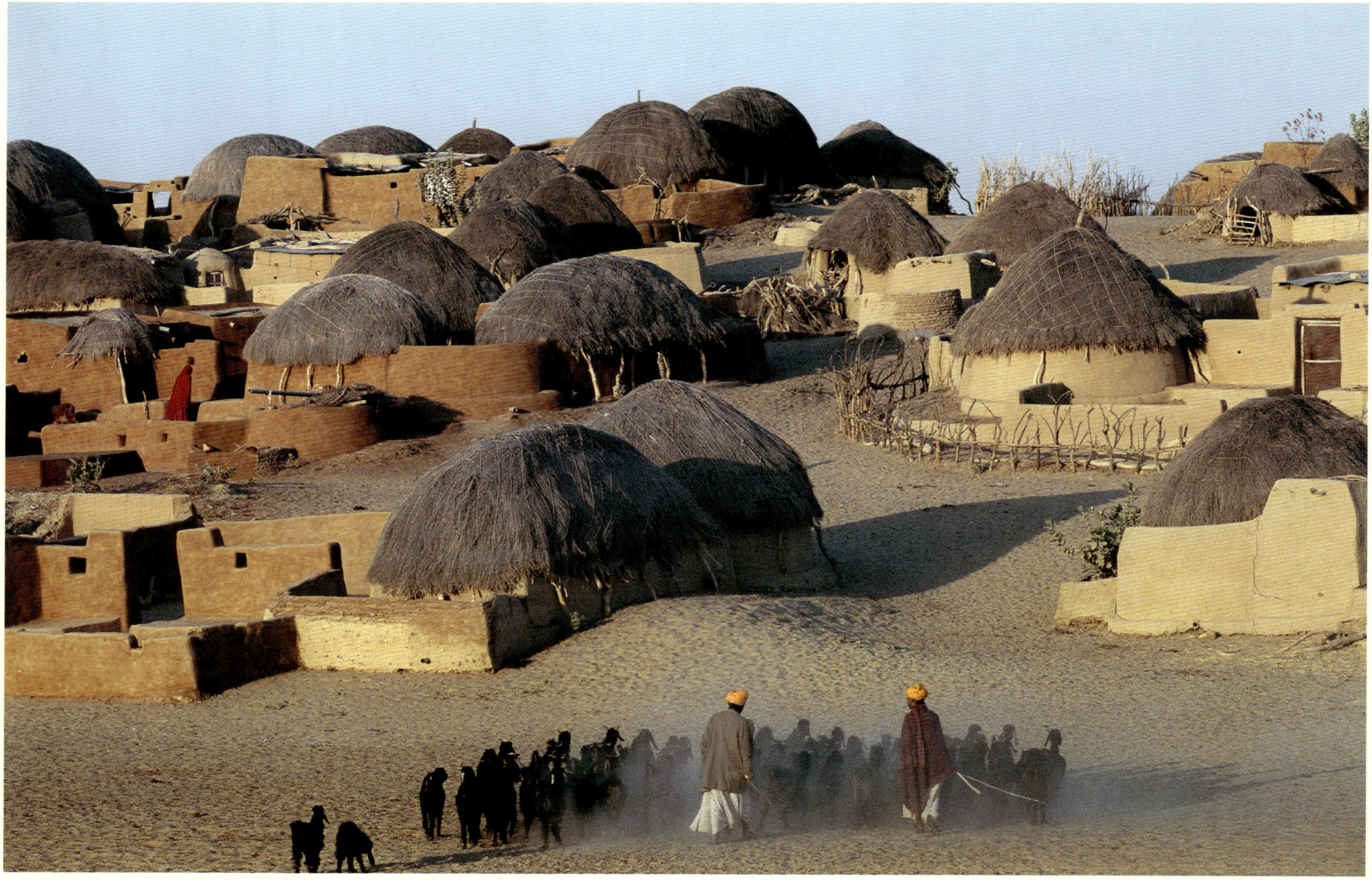

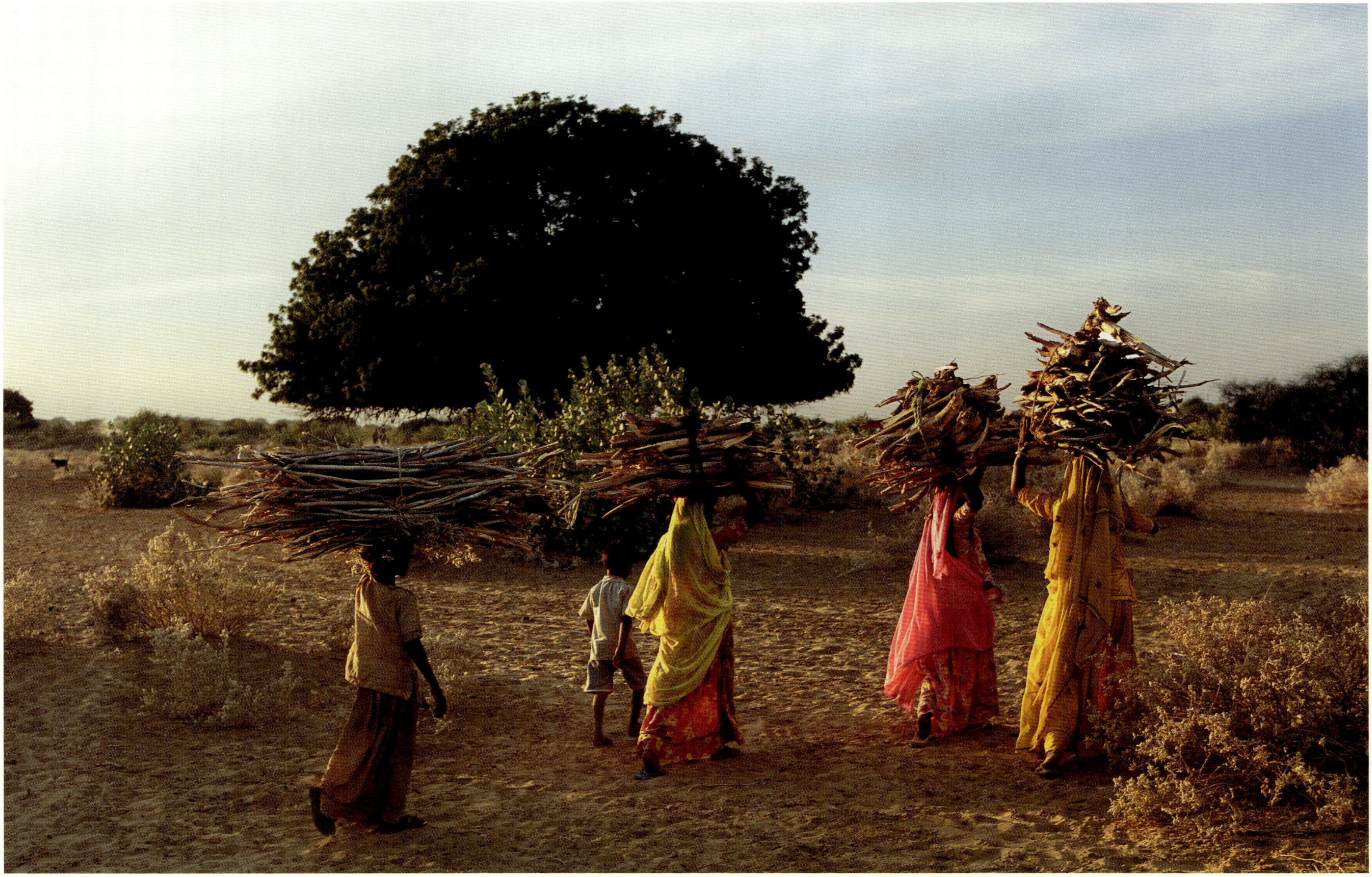

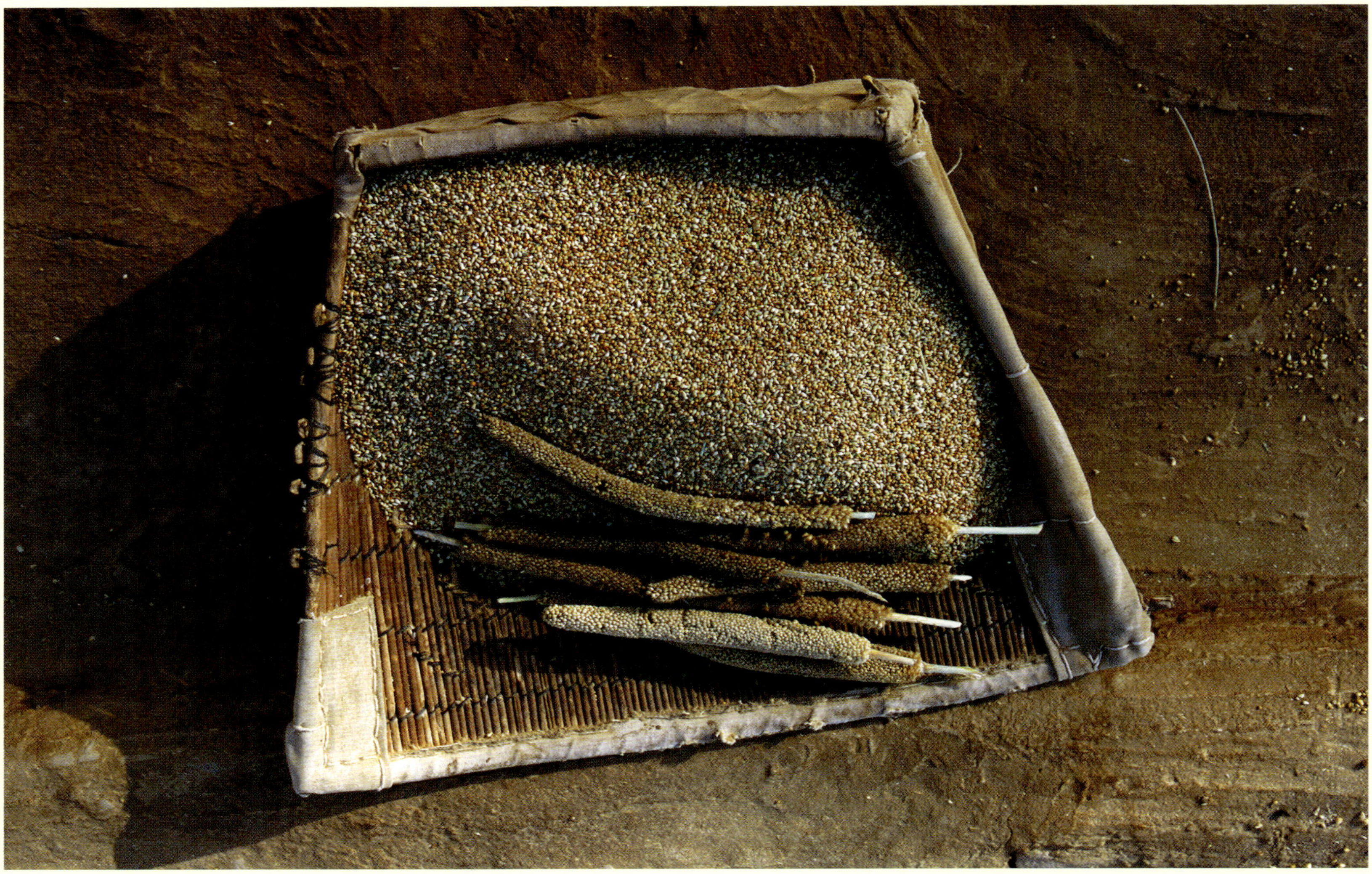

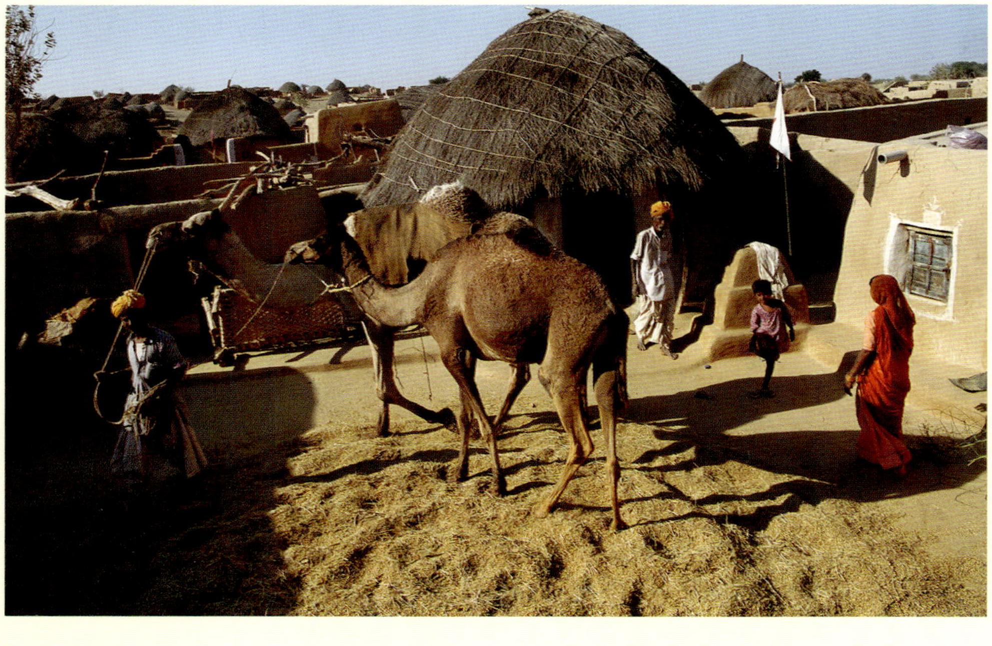

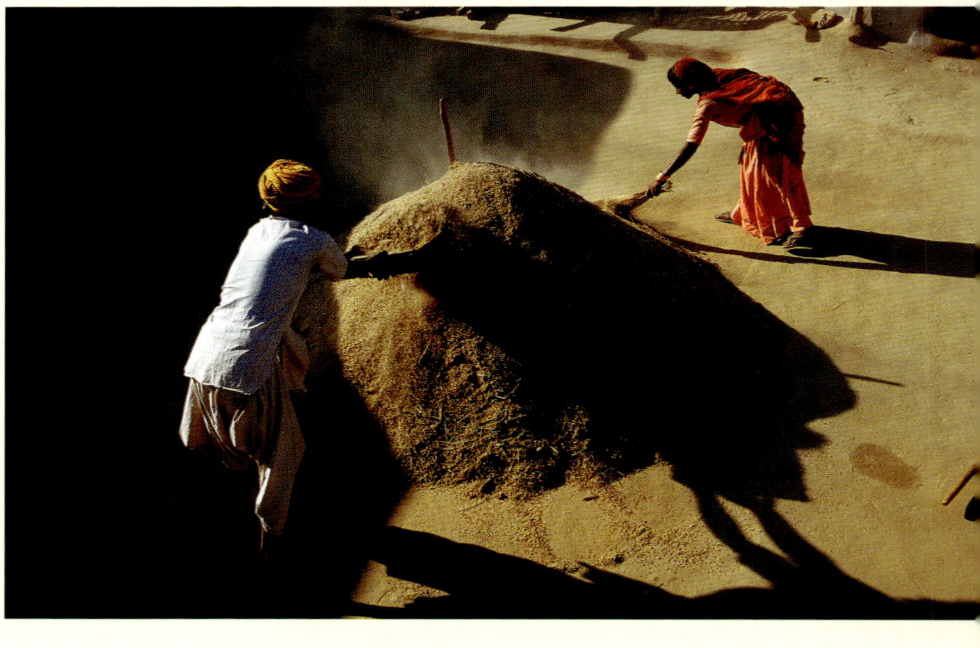

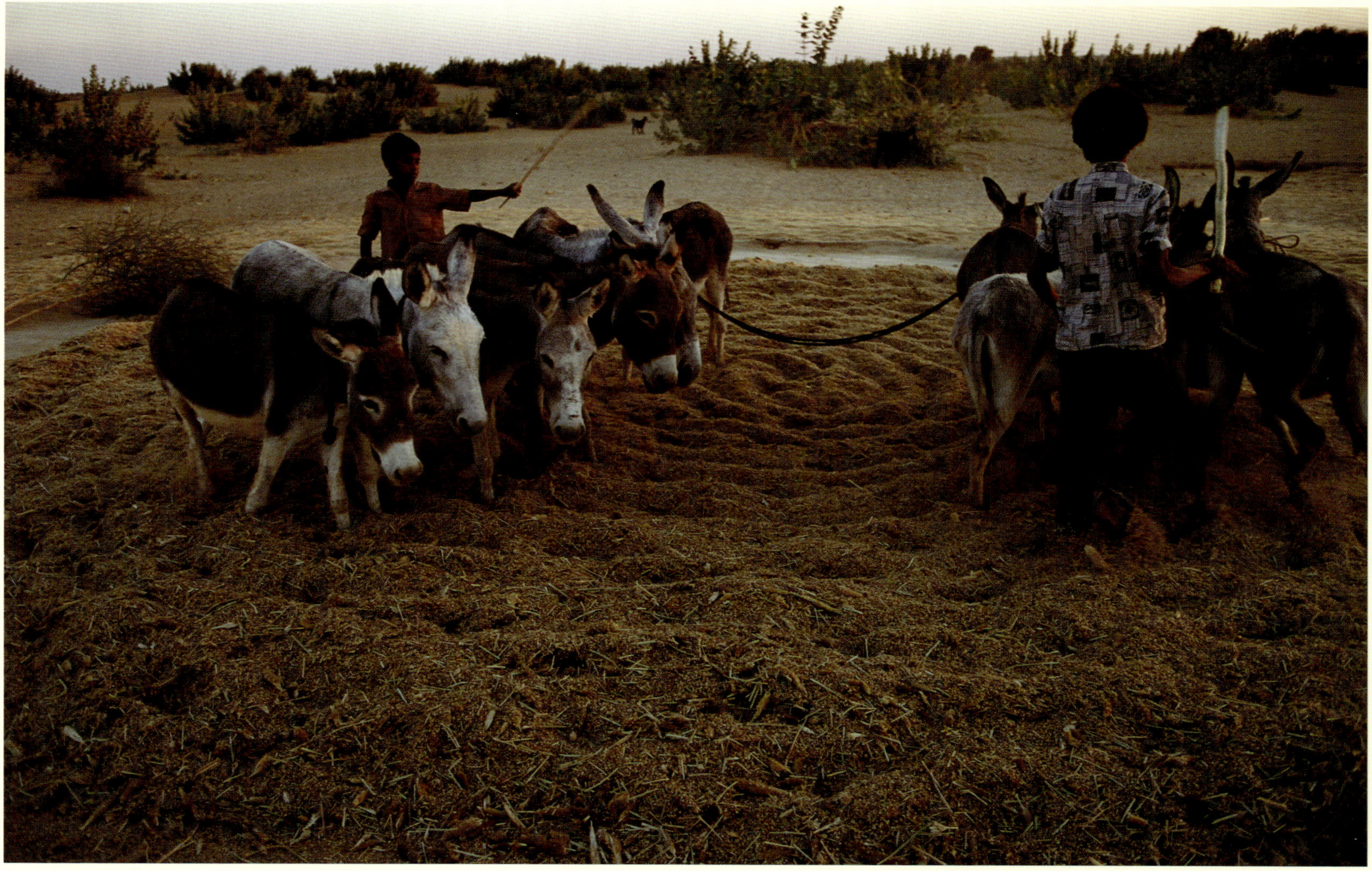

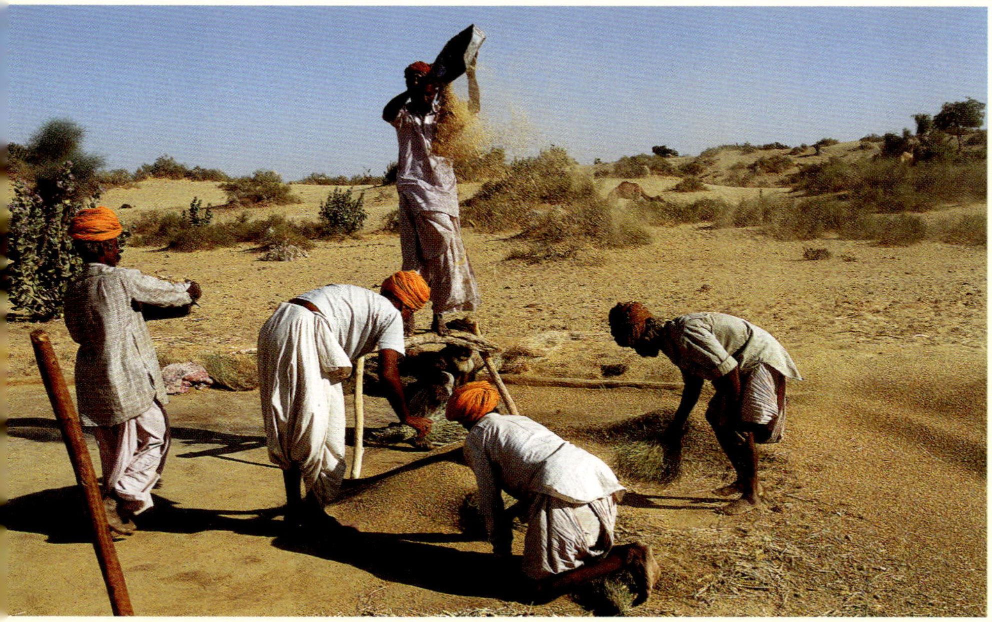

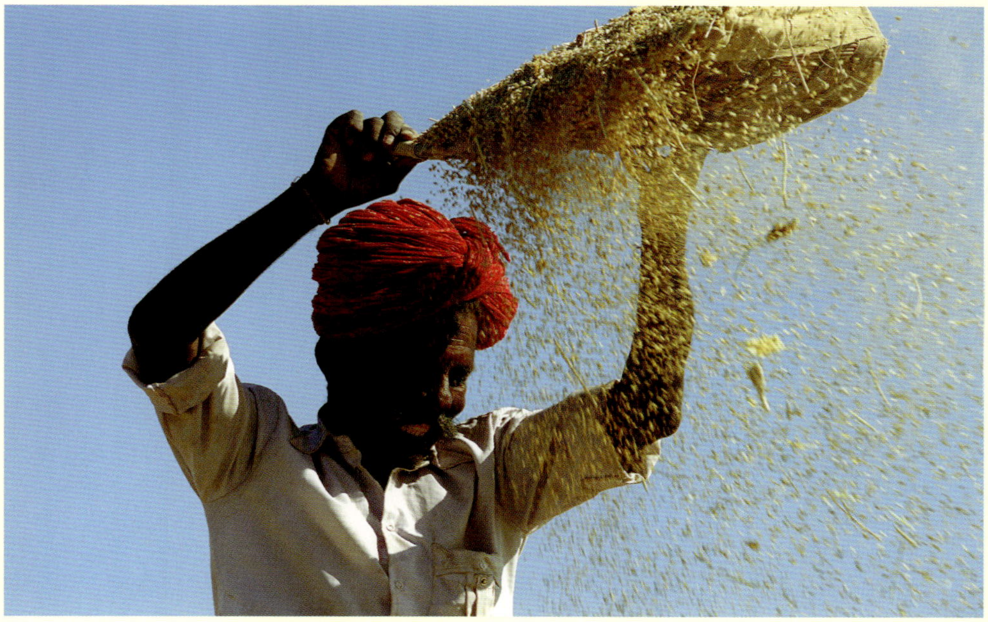

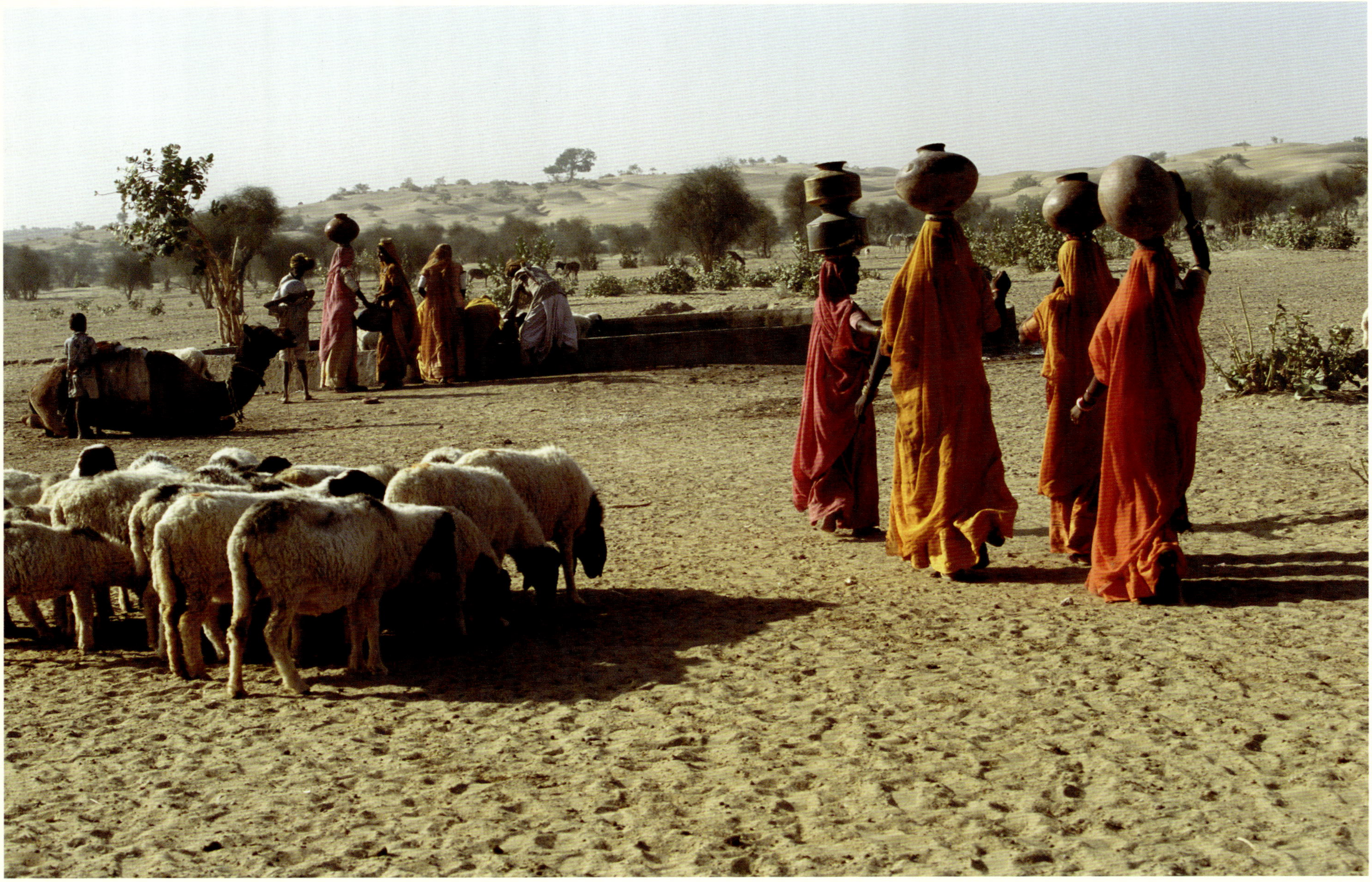

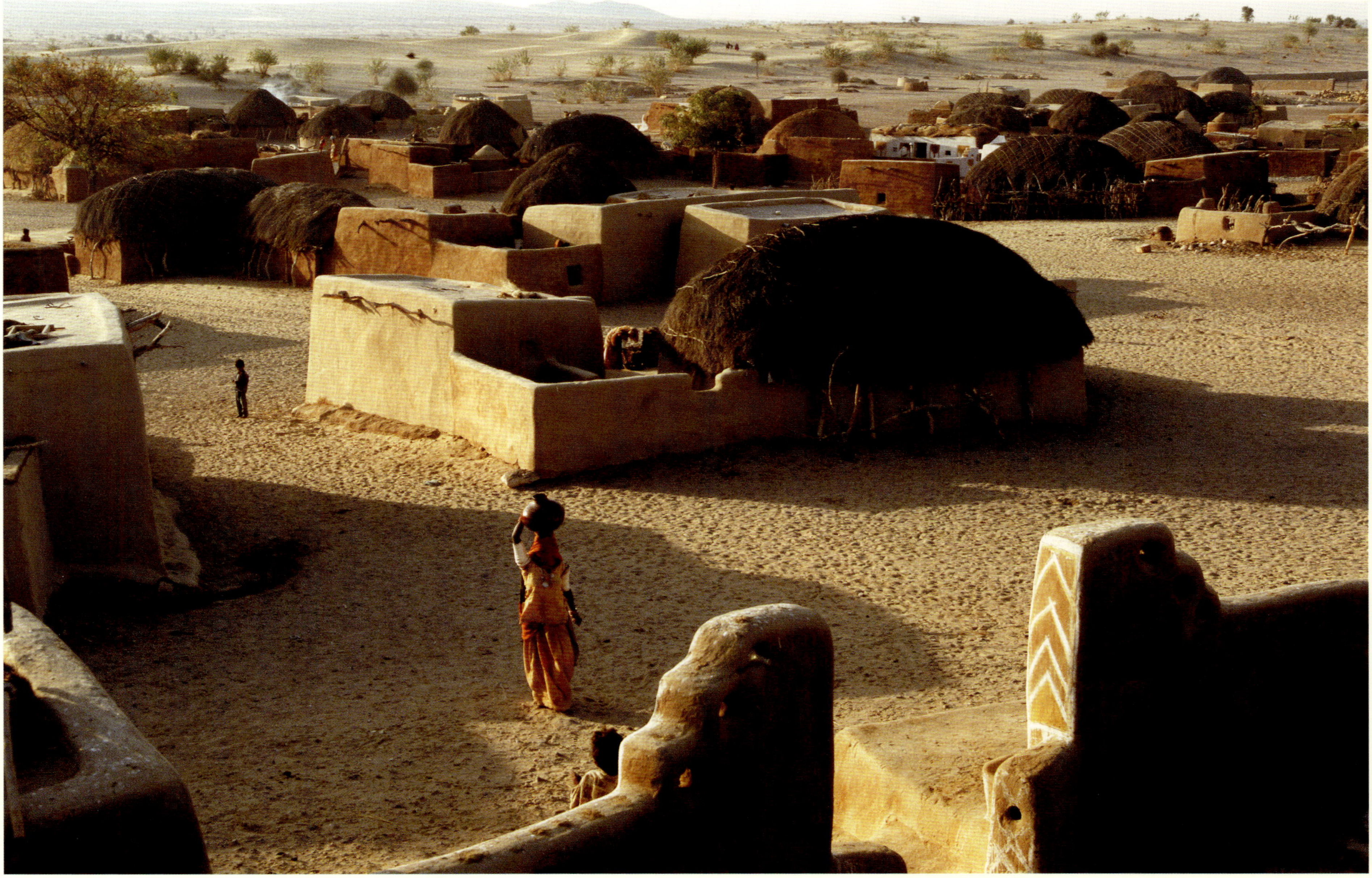

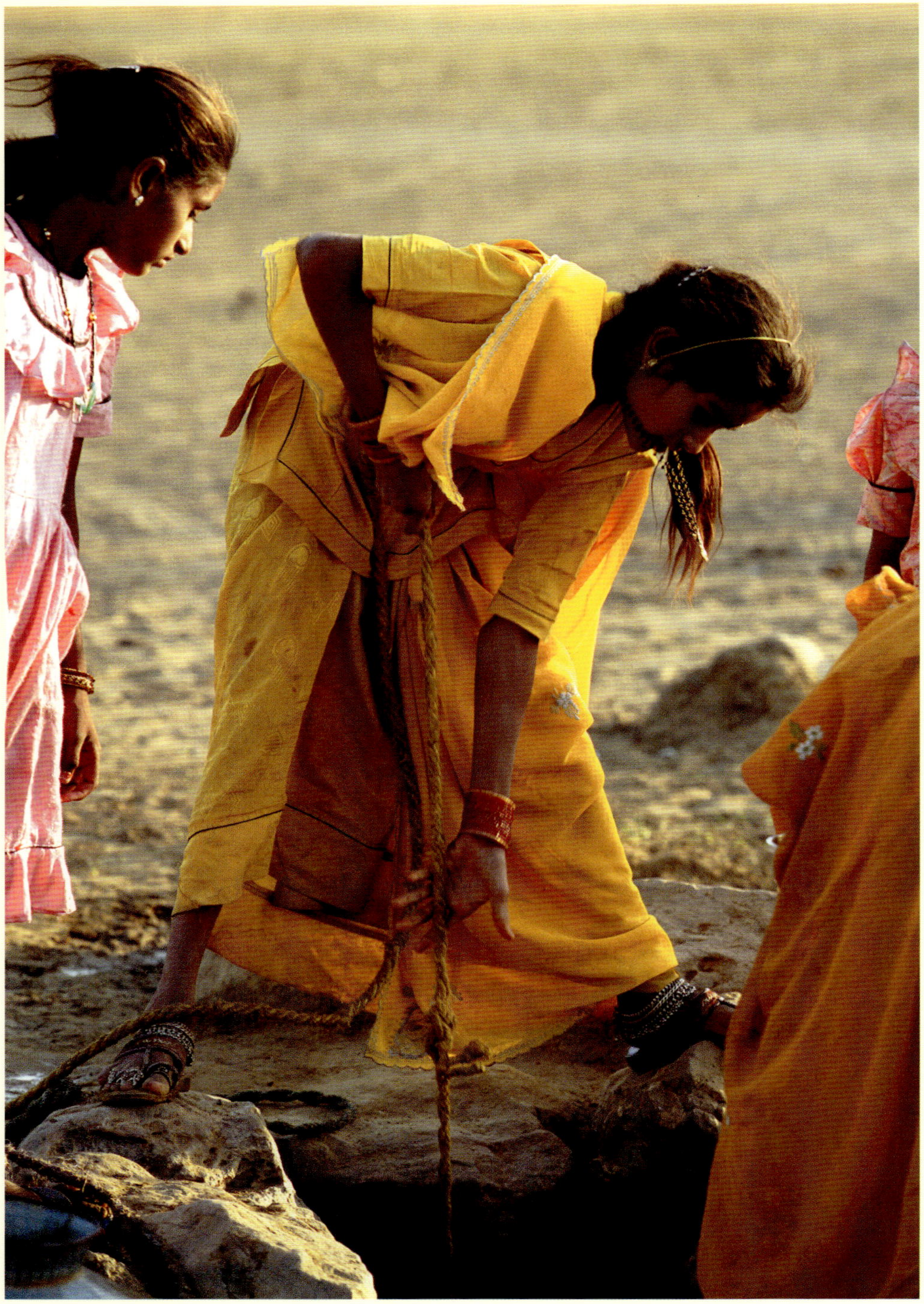

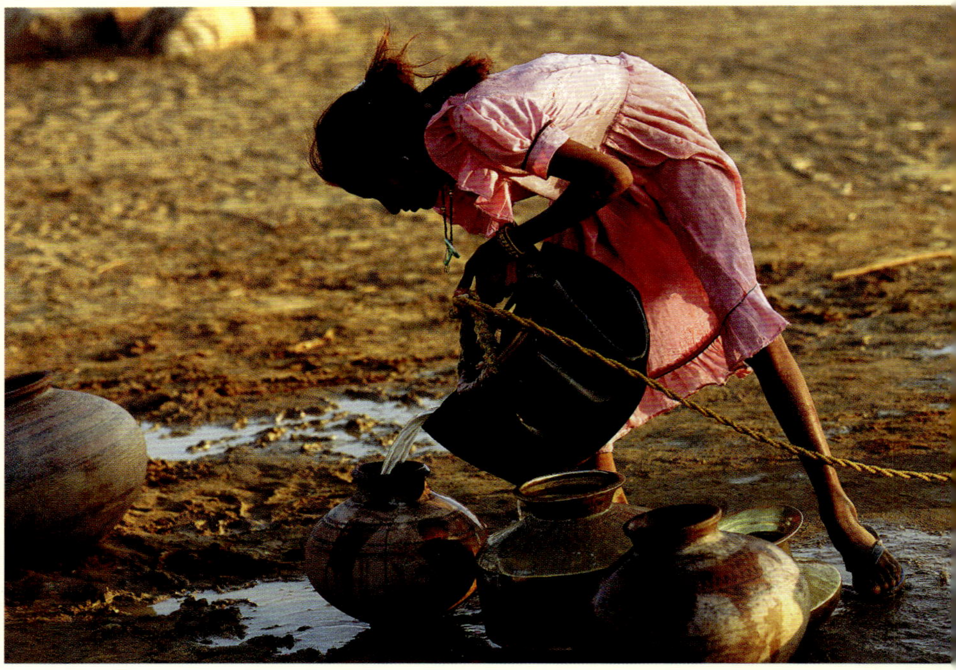

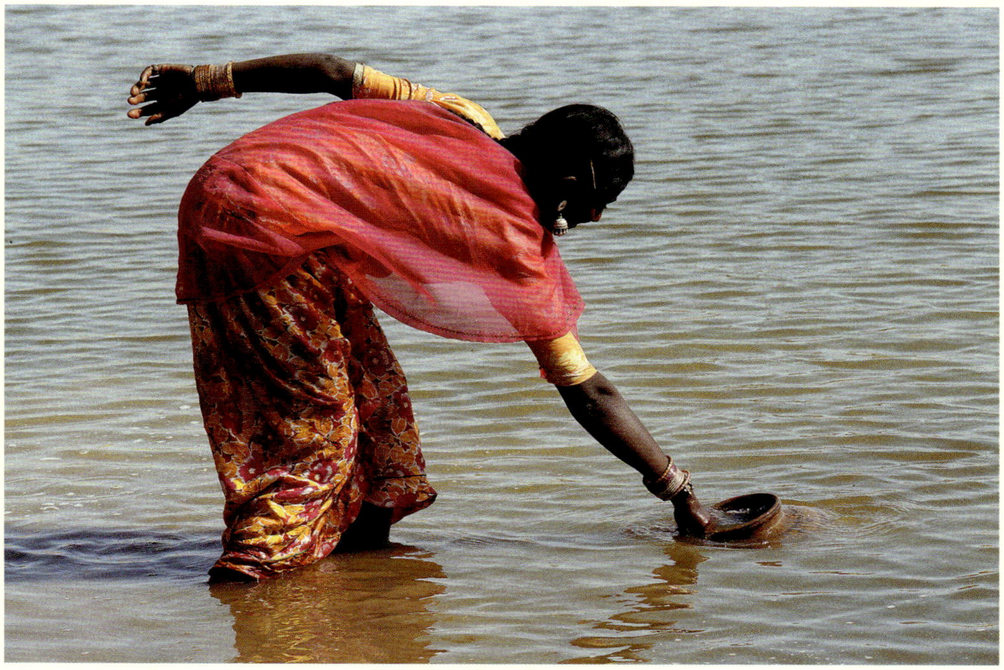

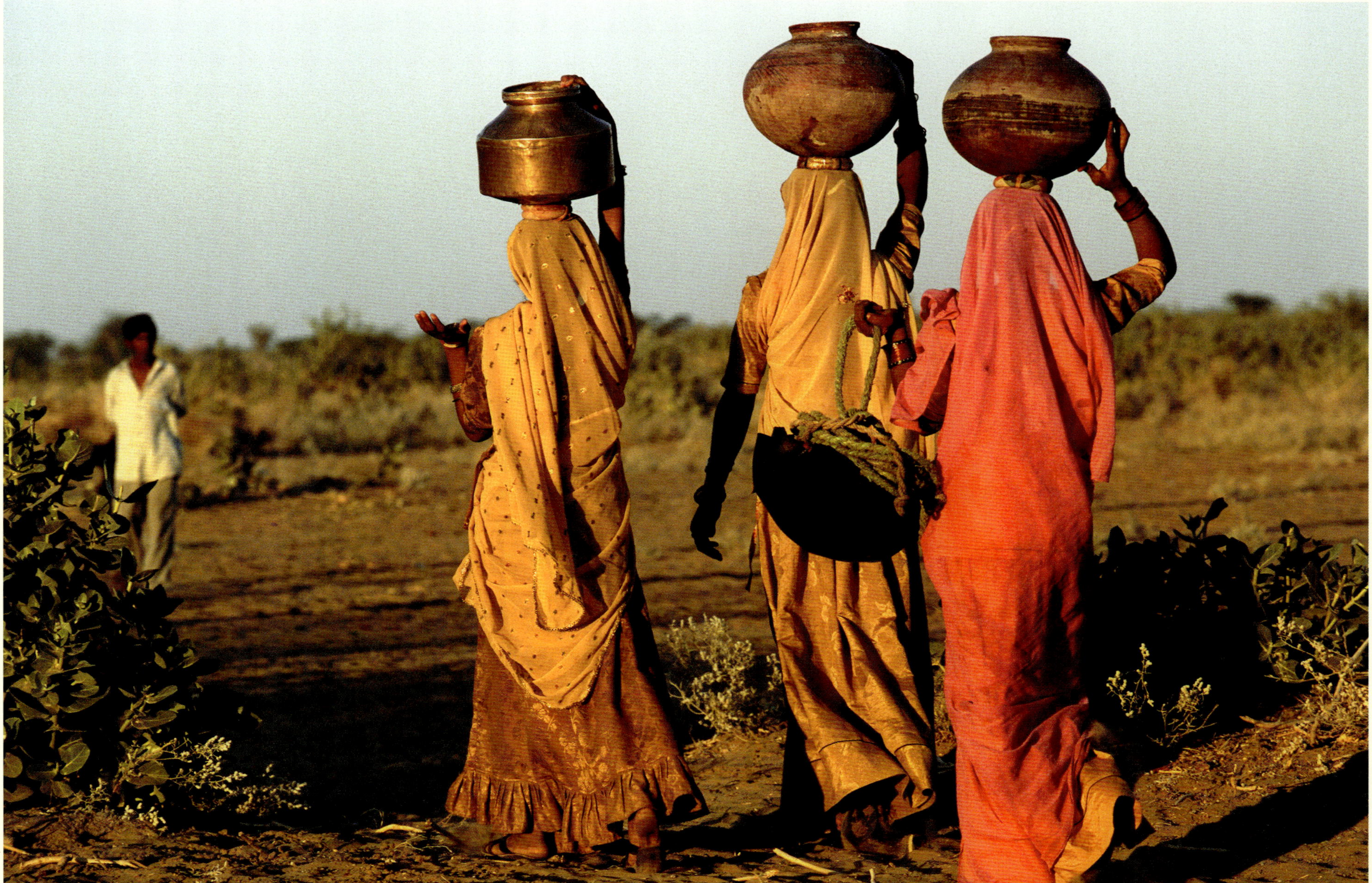

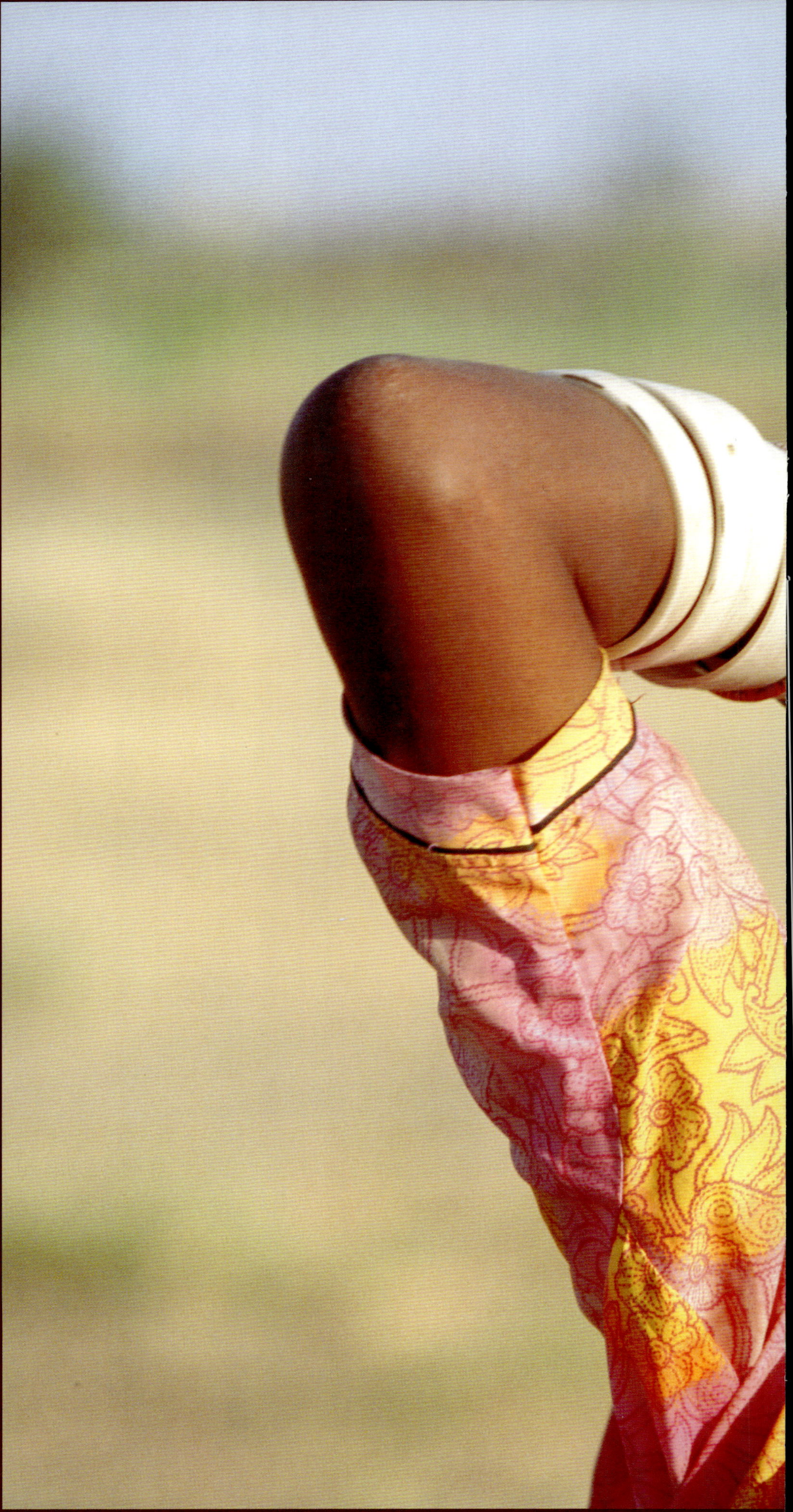

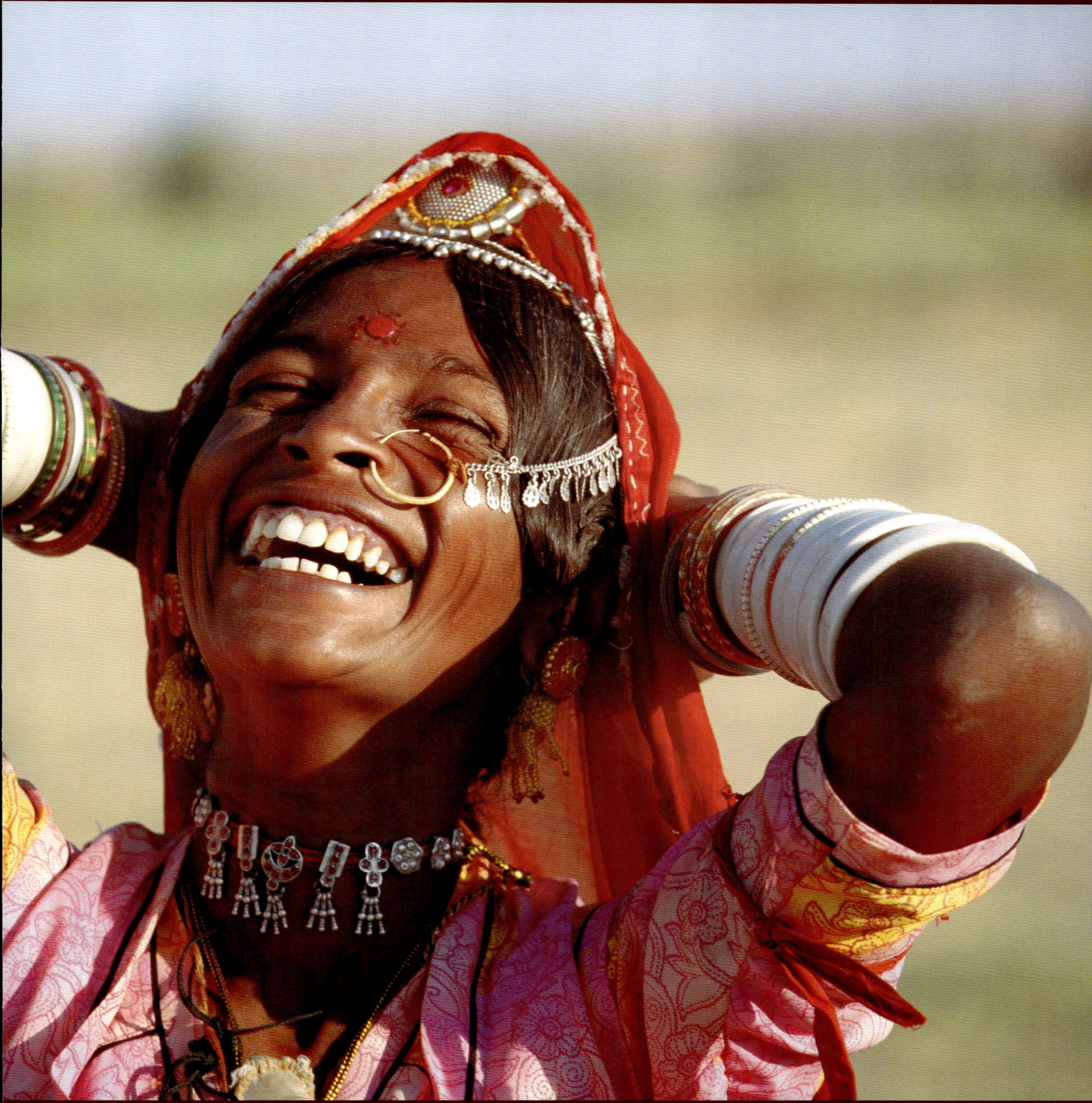

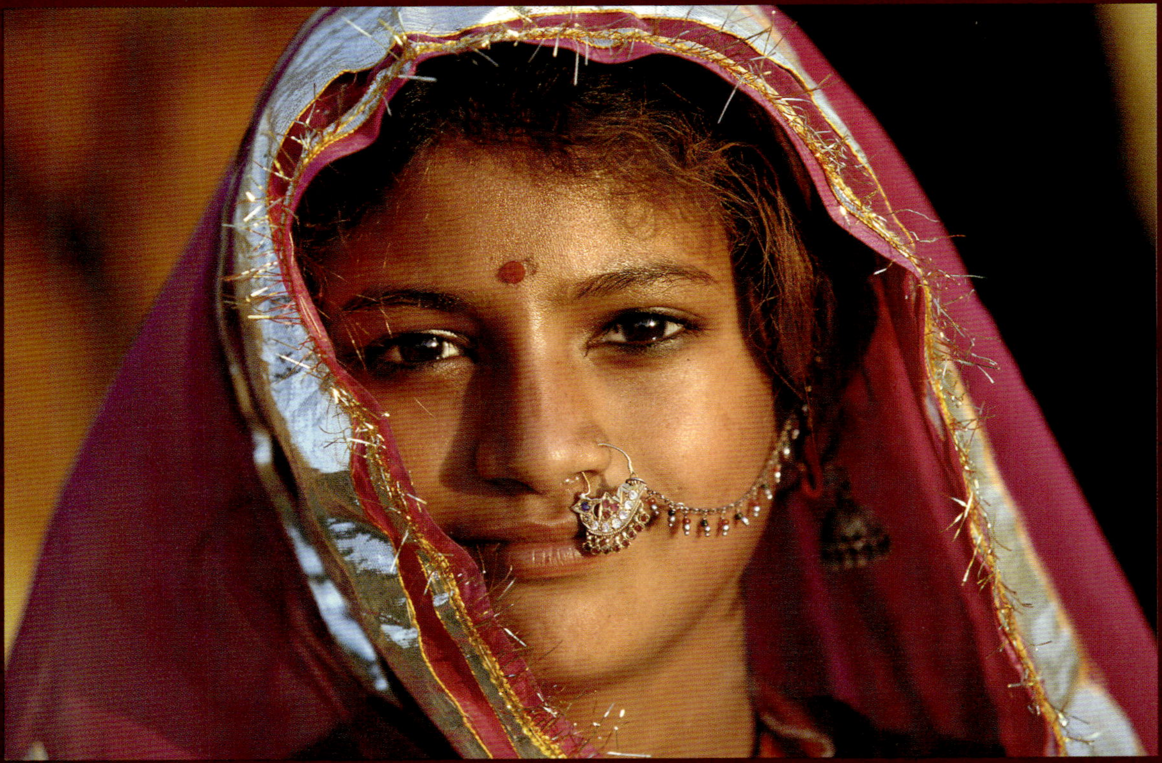
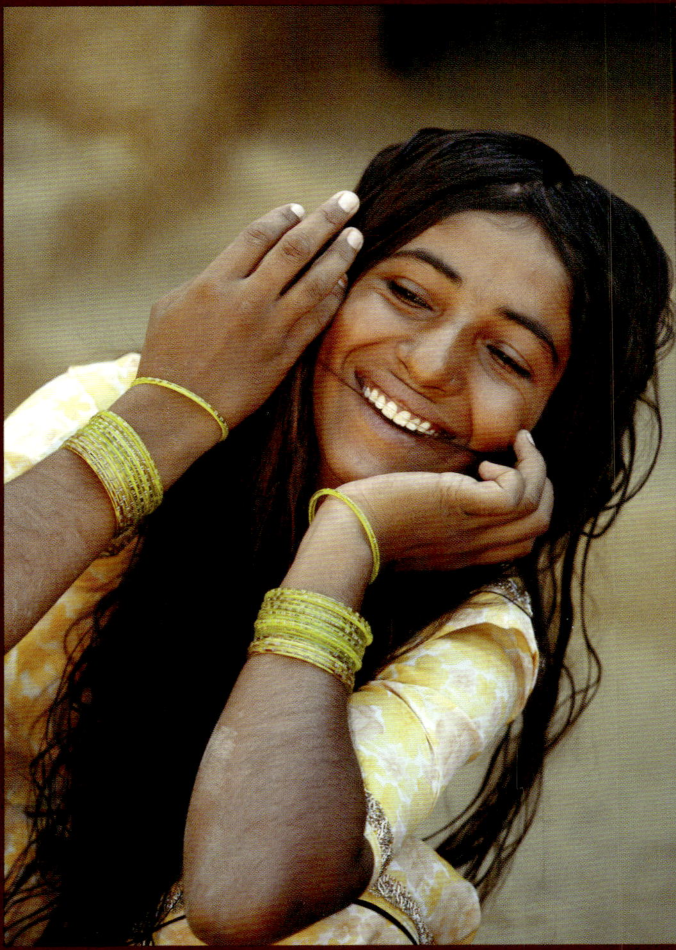
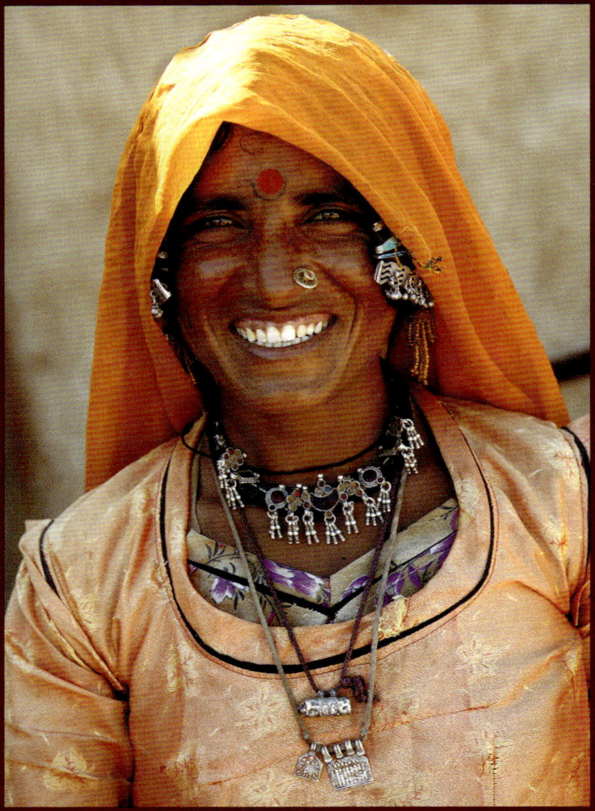
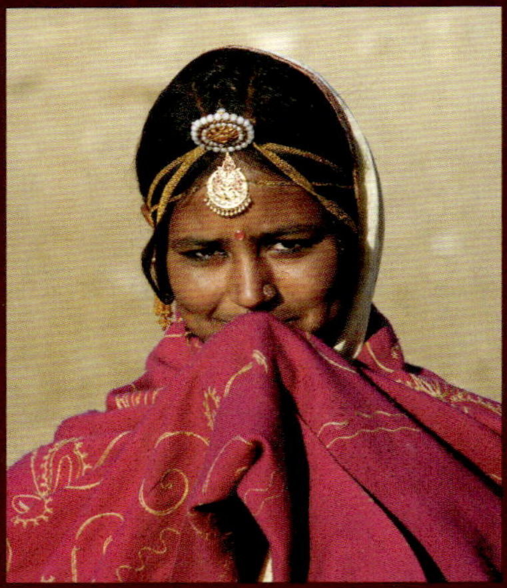
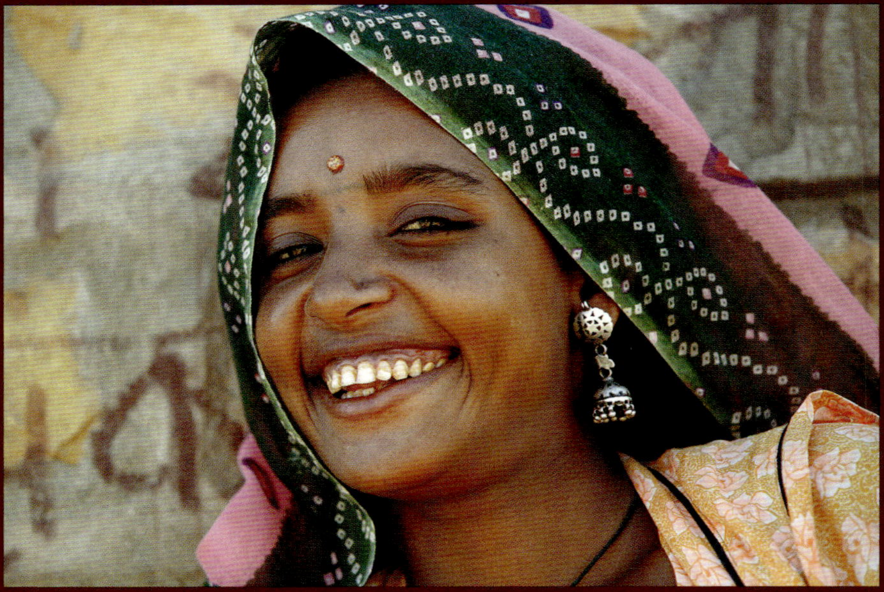

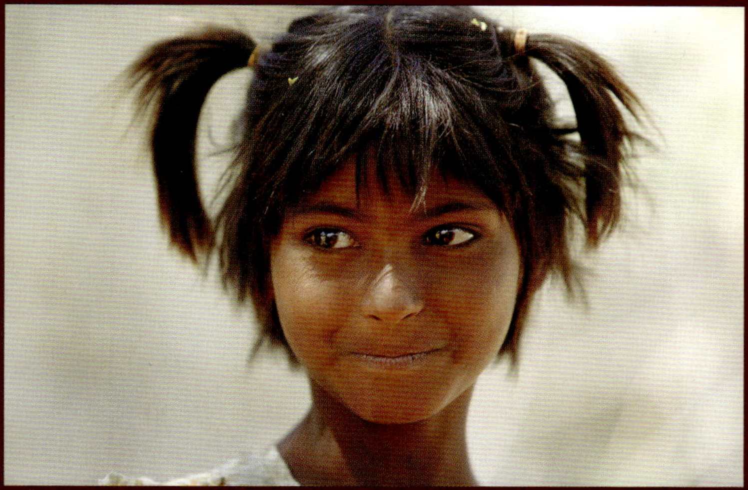
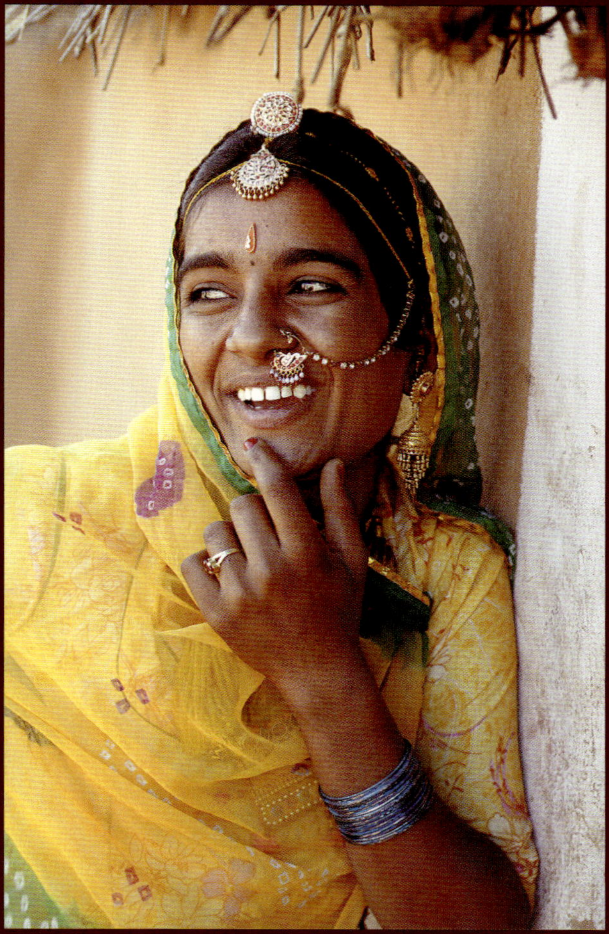
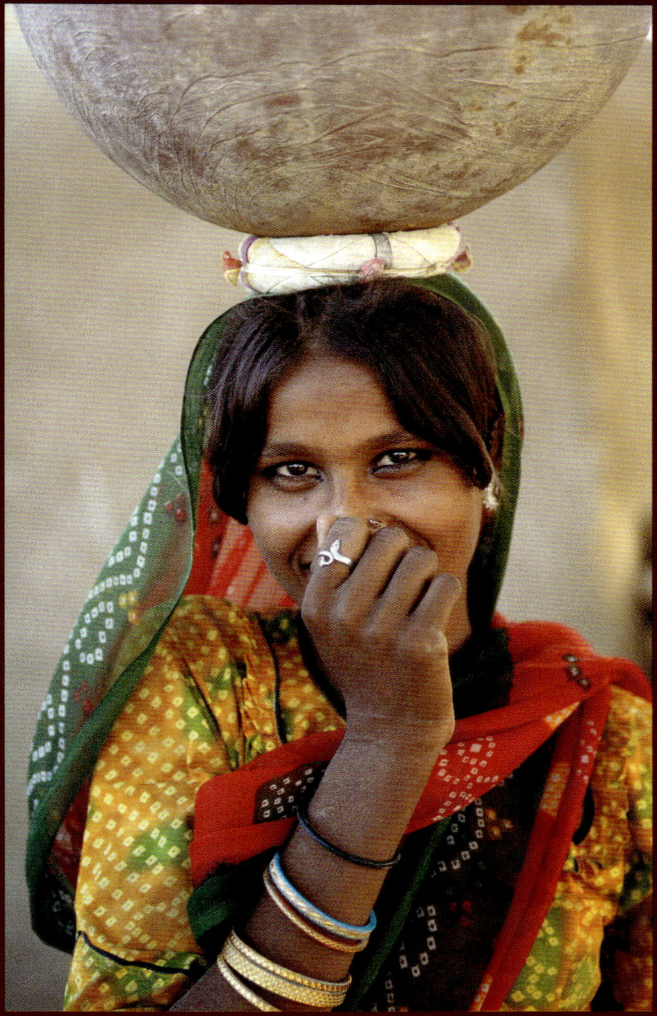
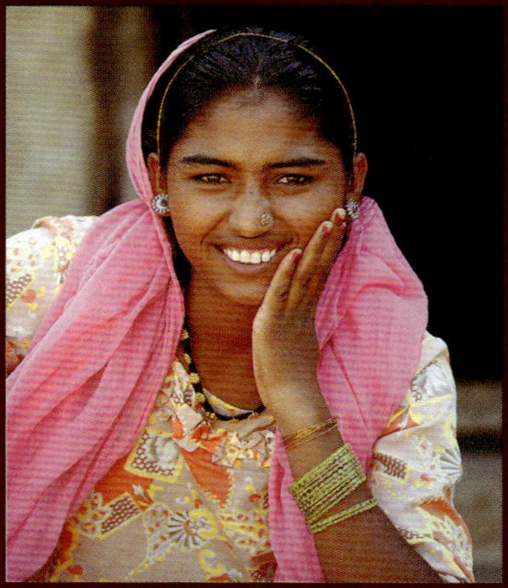
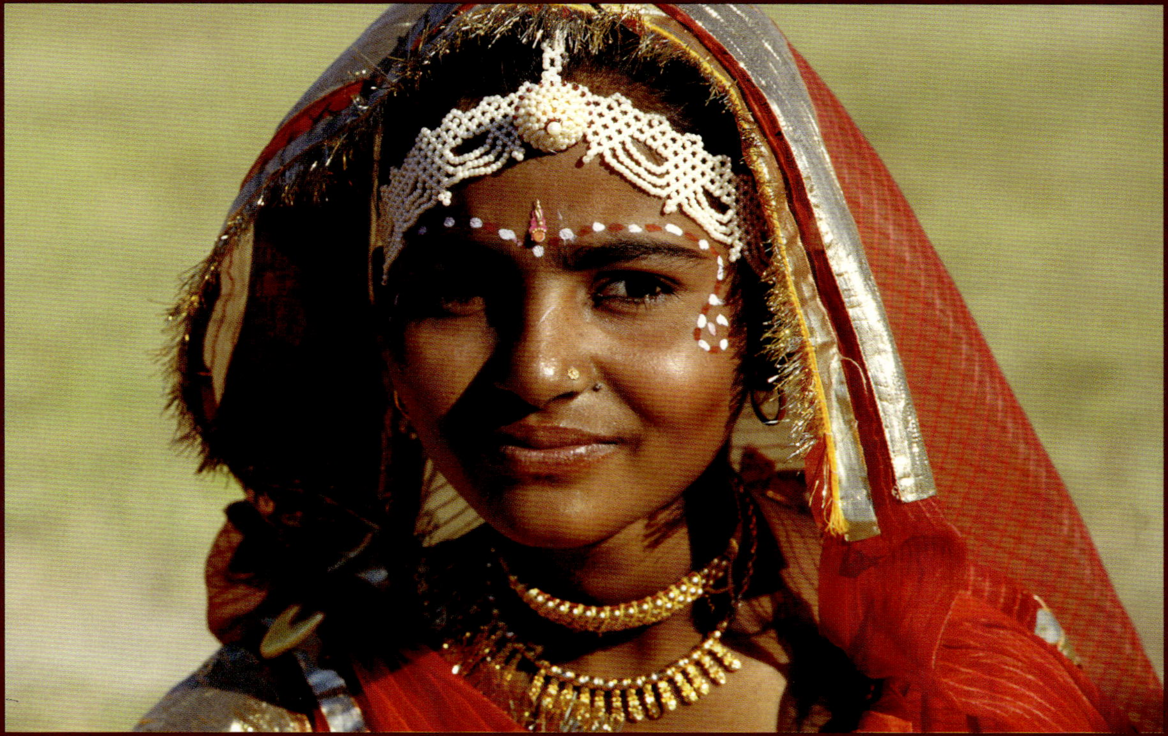

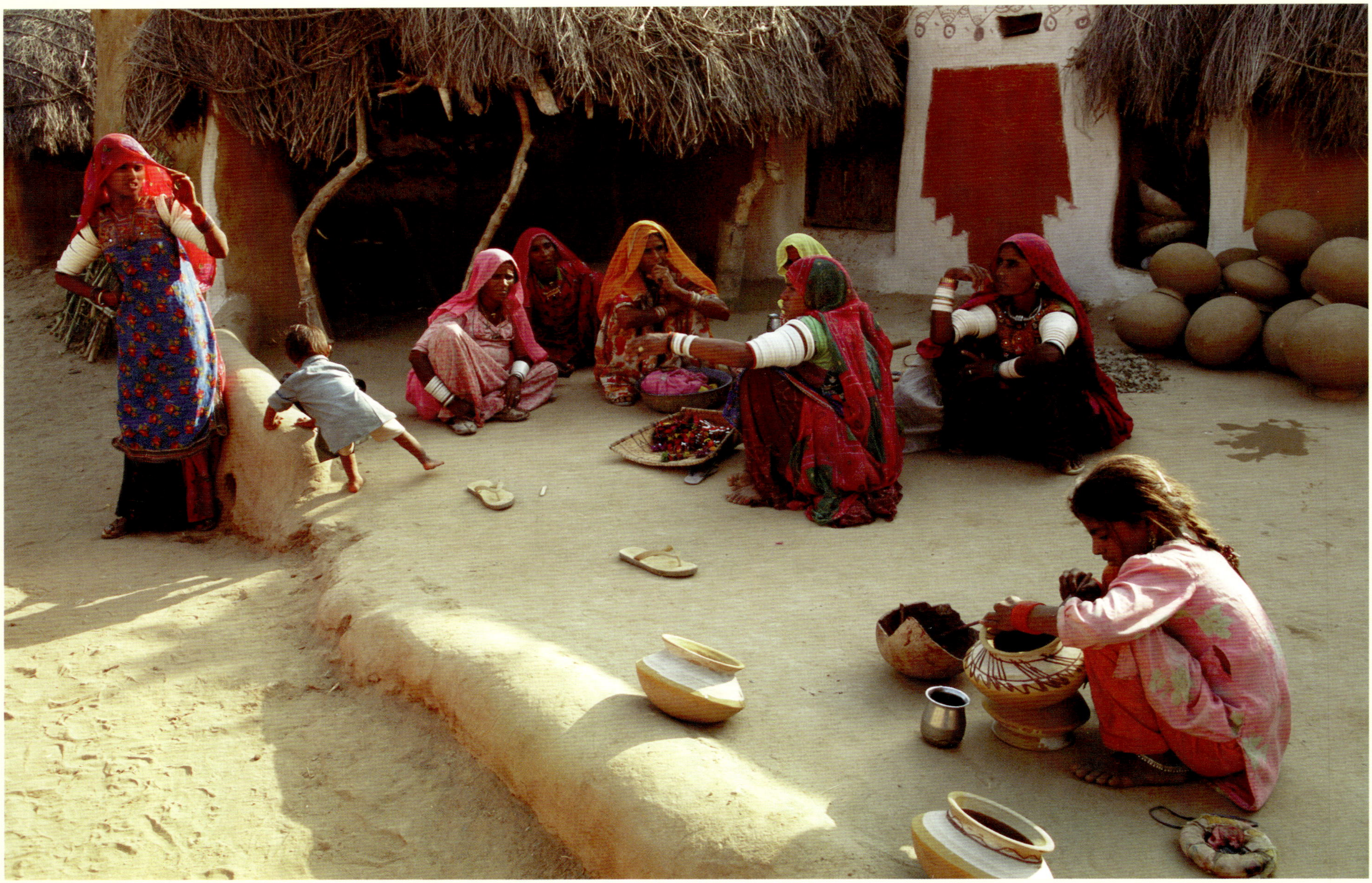

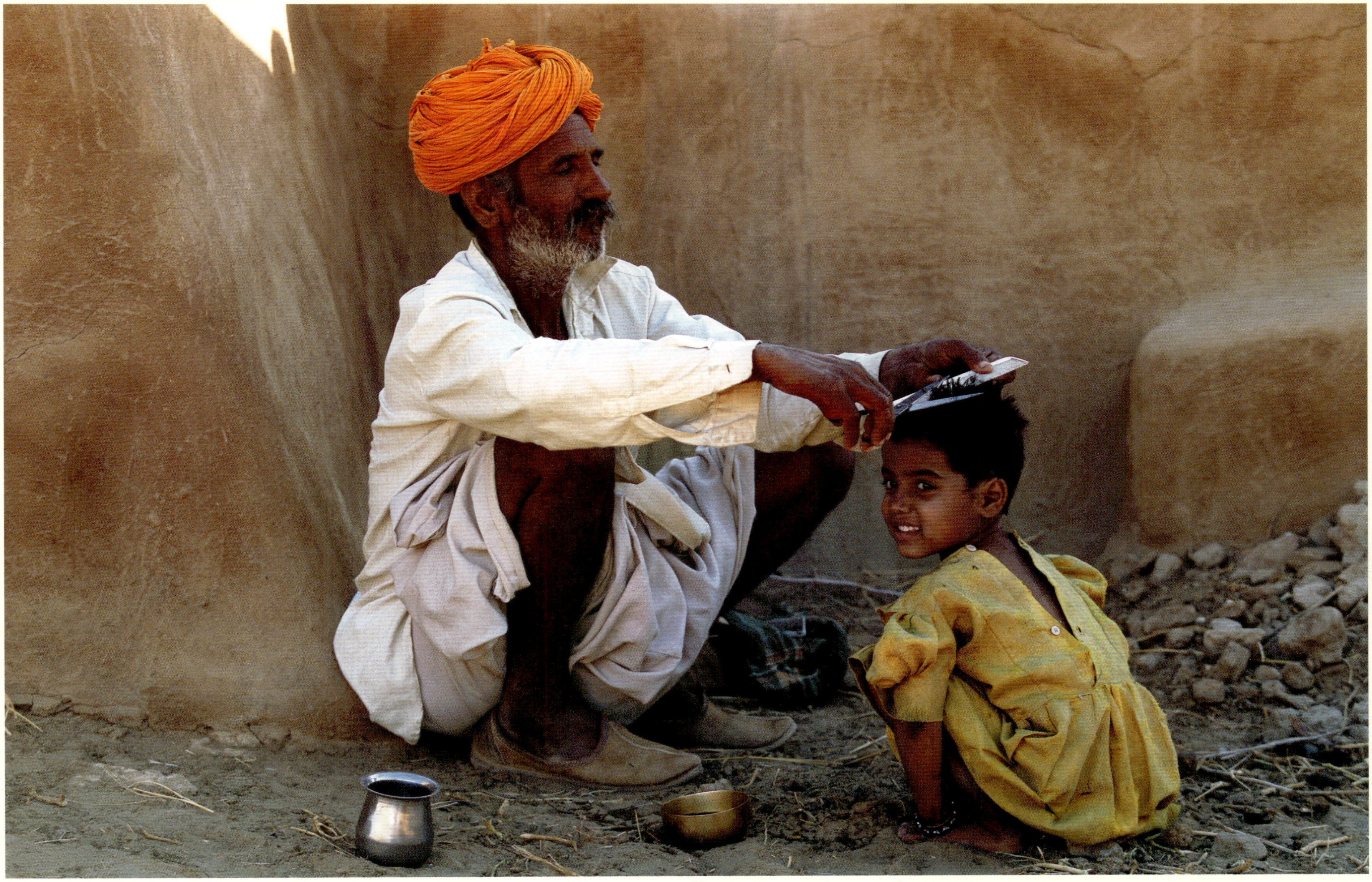

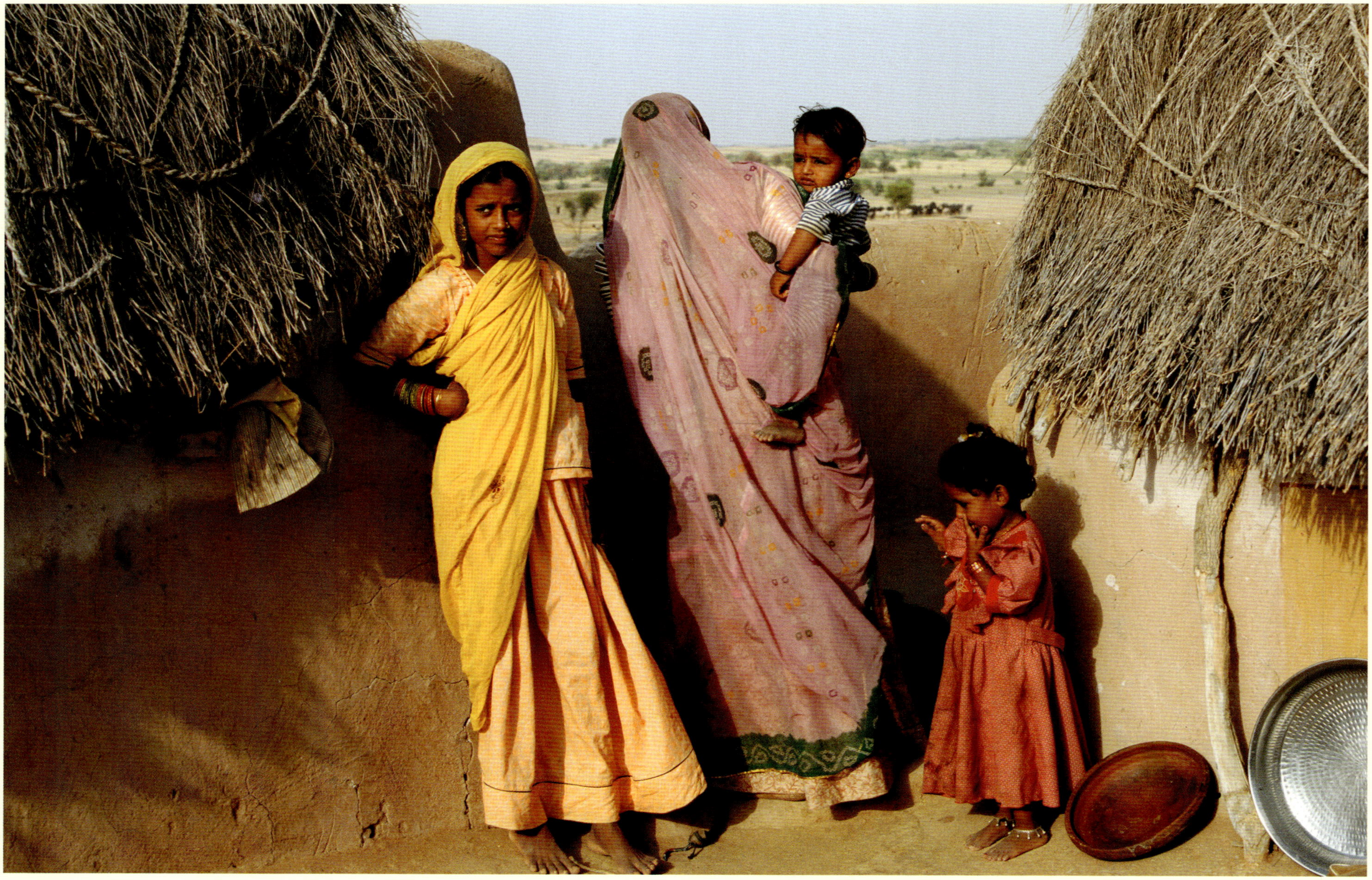

215

216

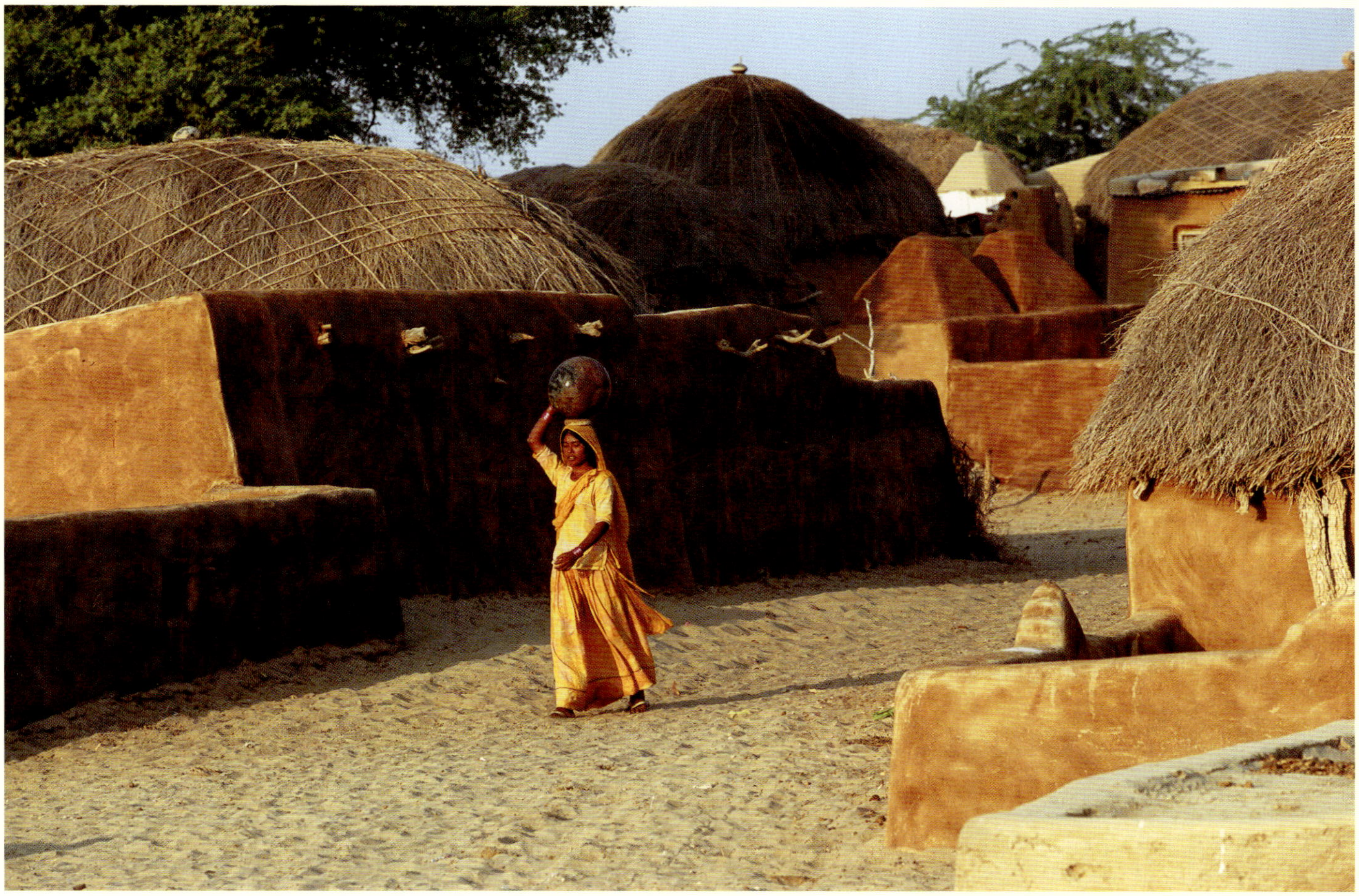

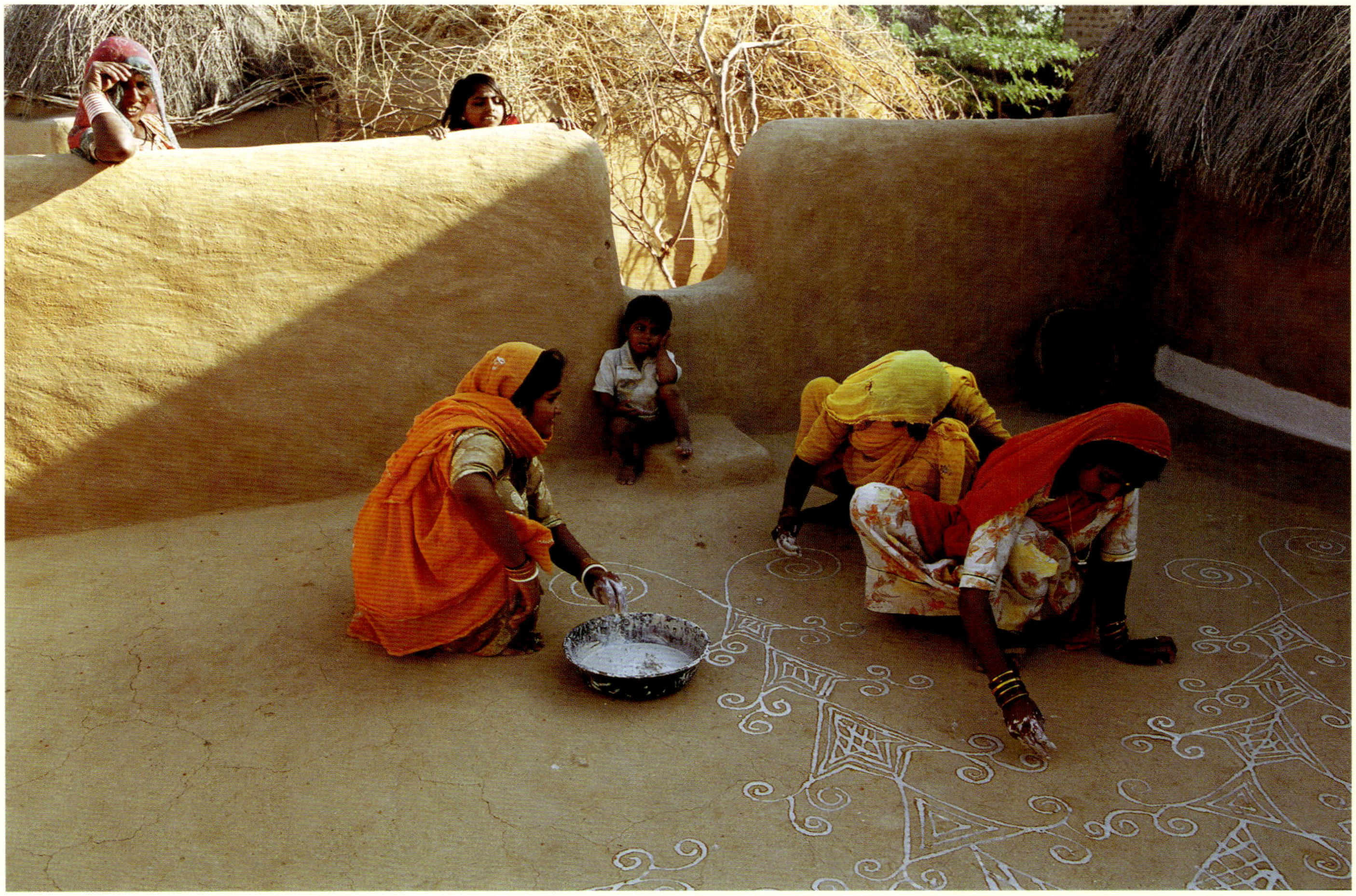

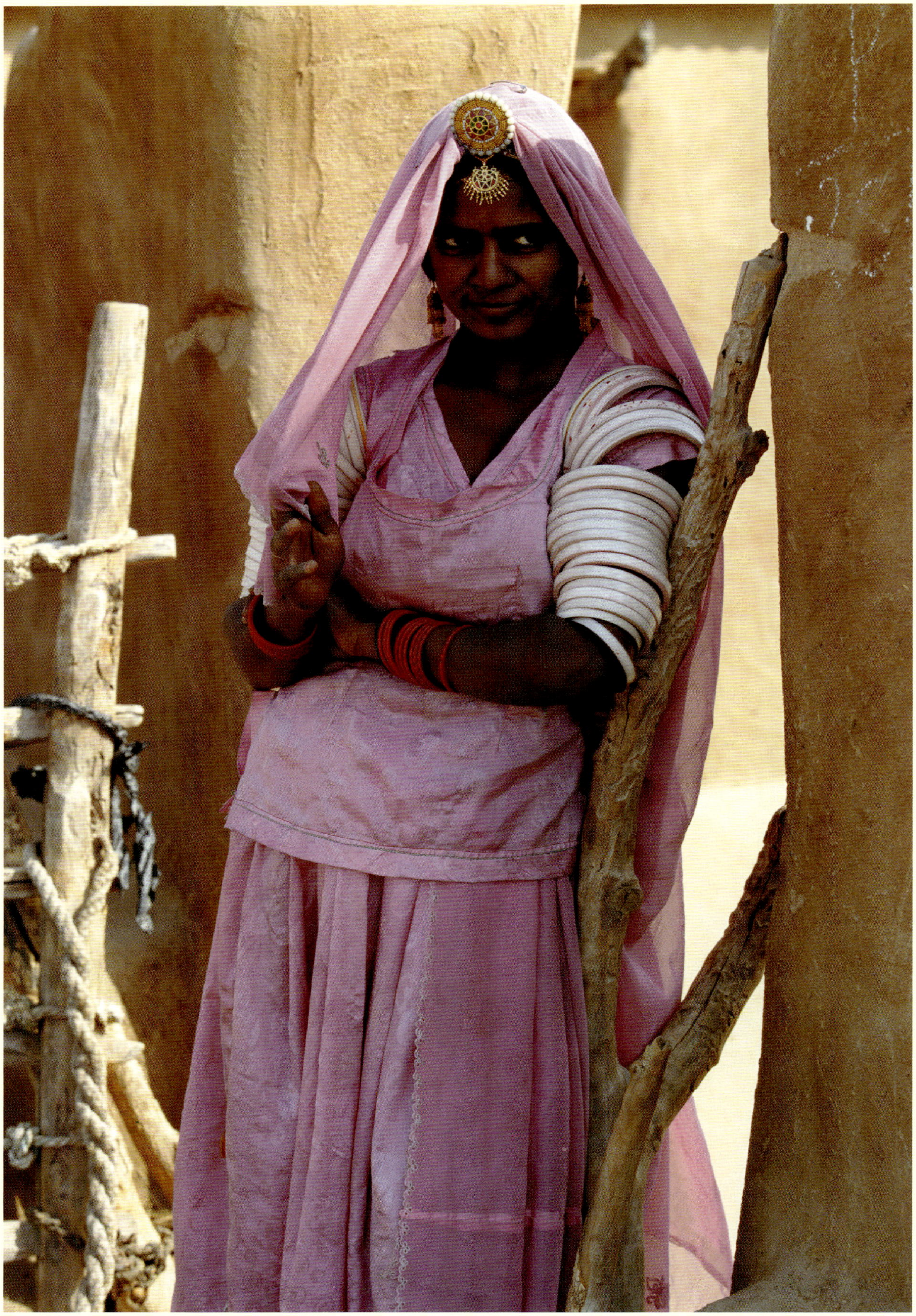

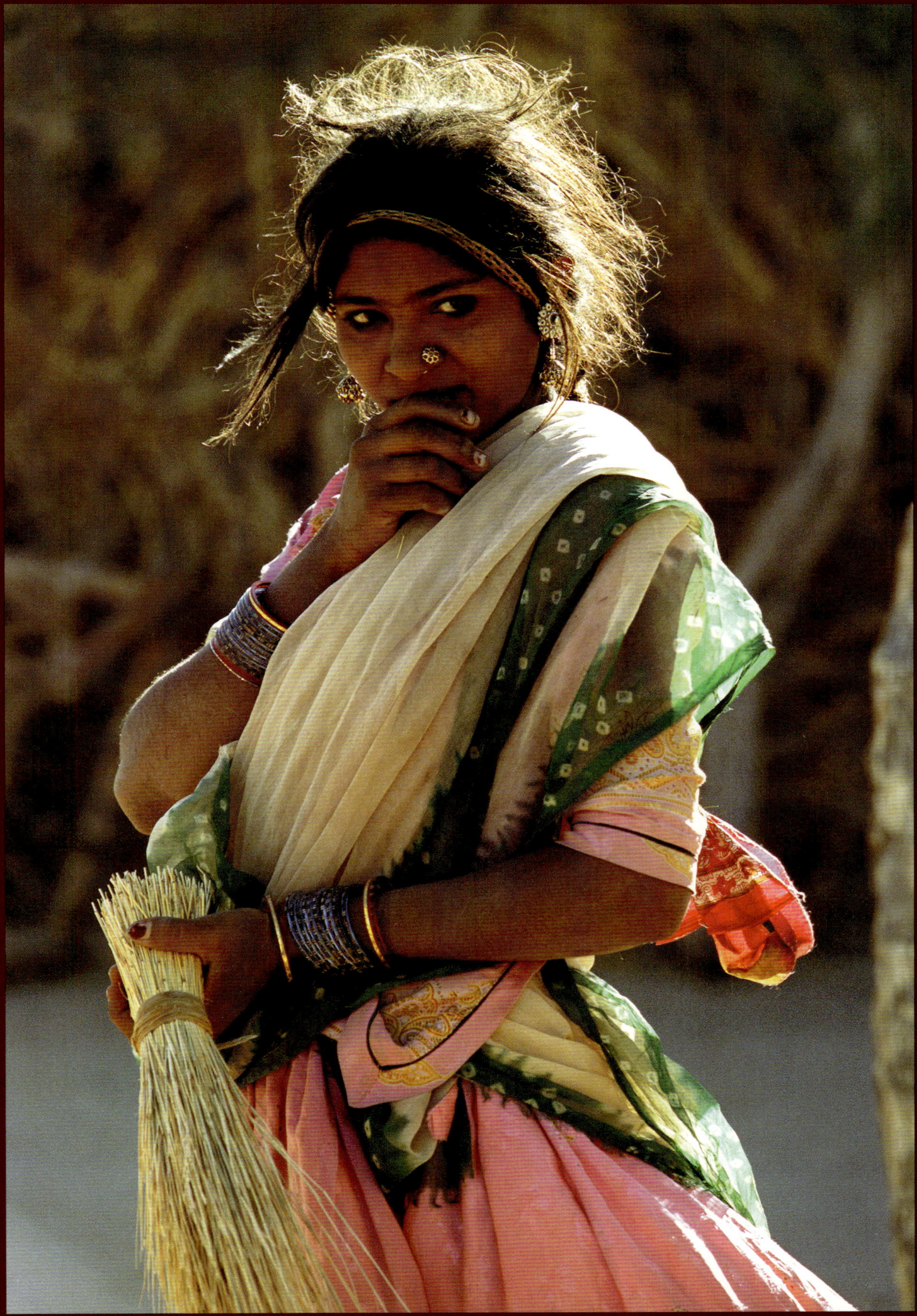

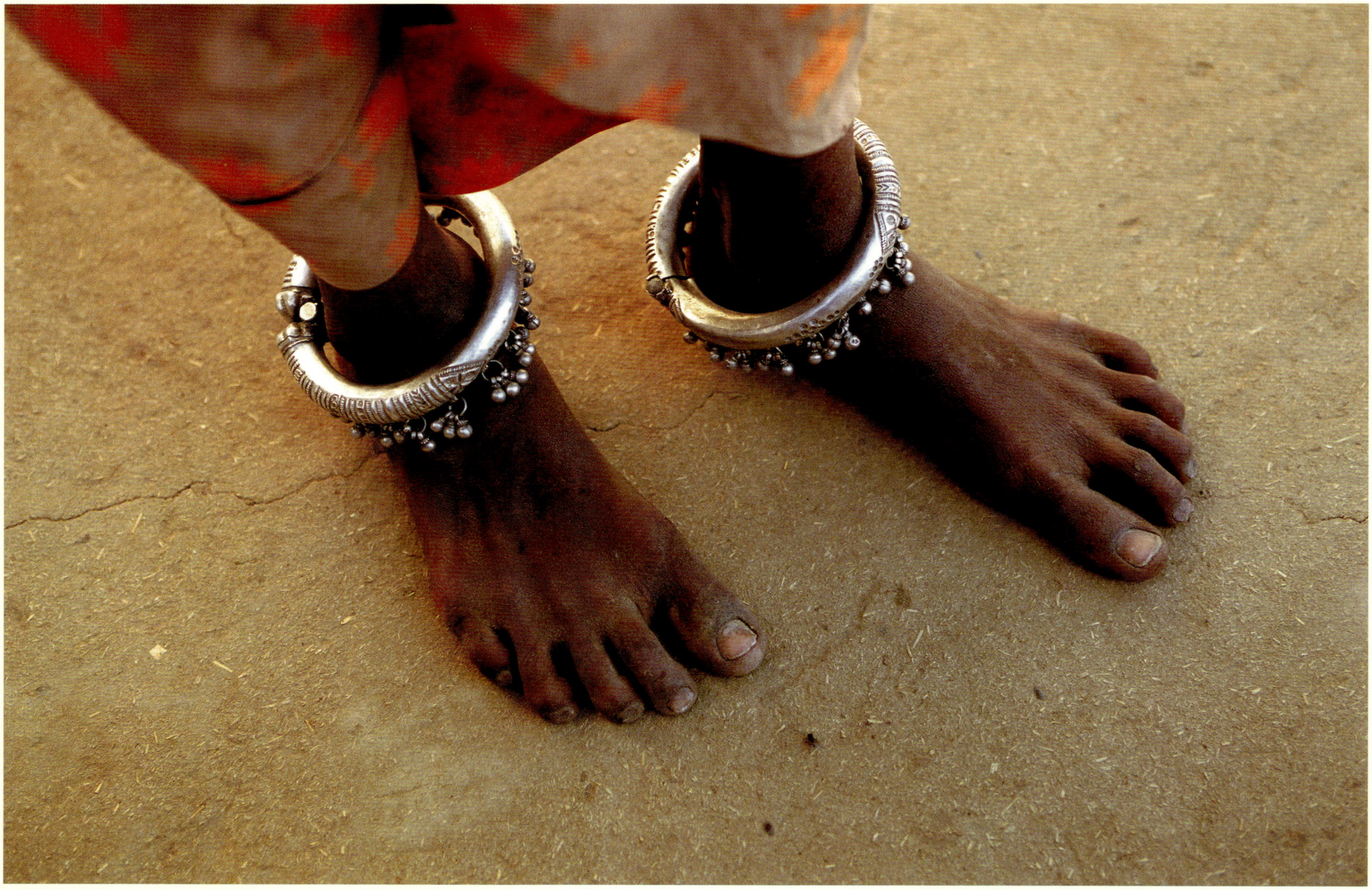

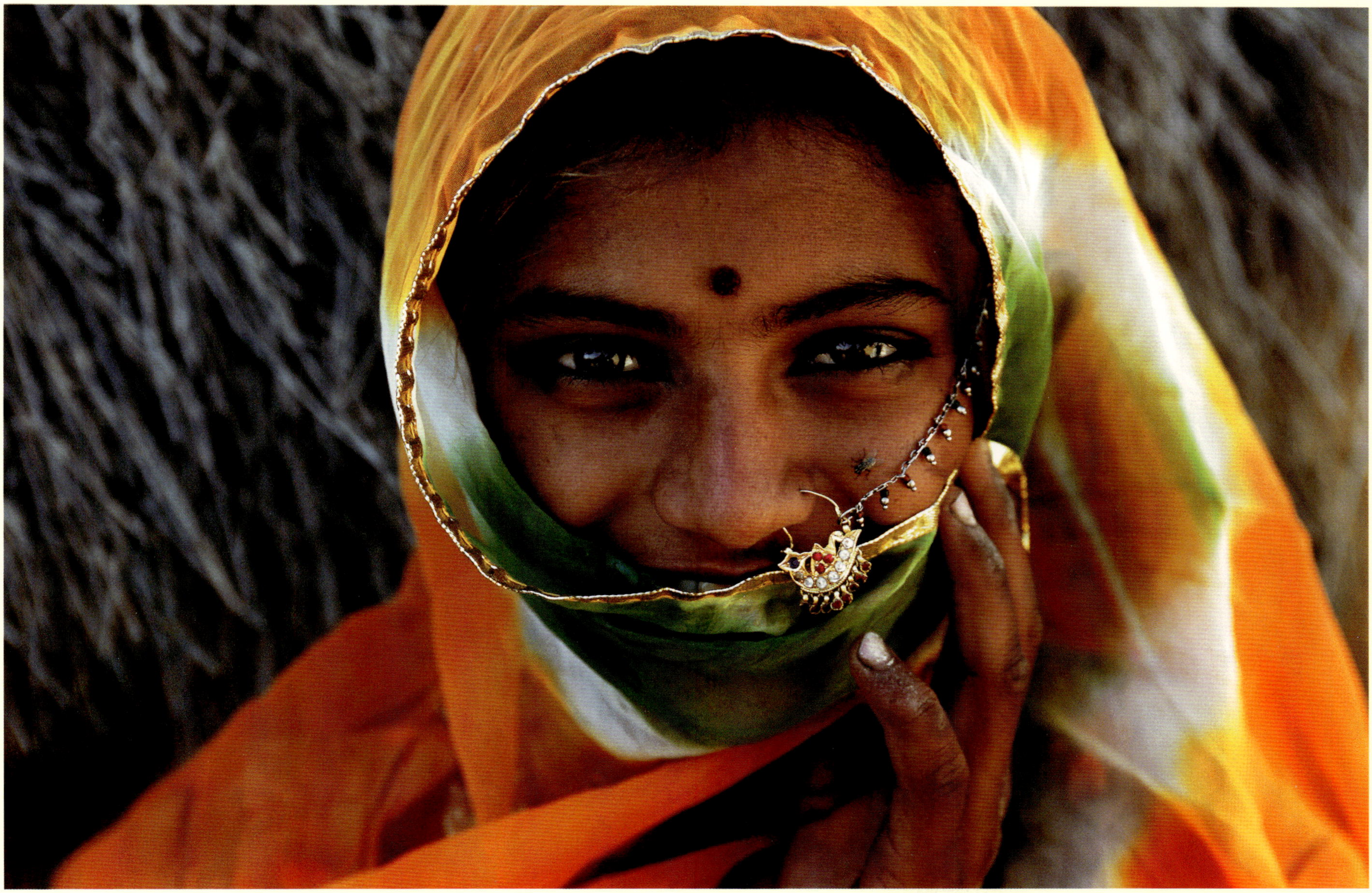

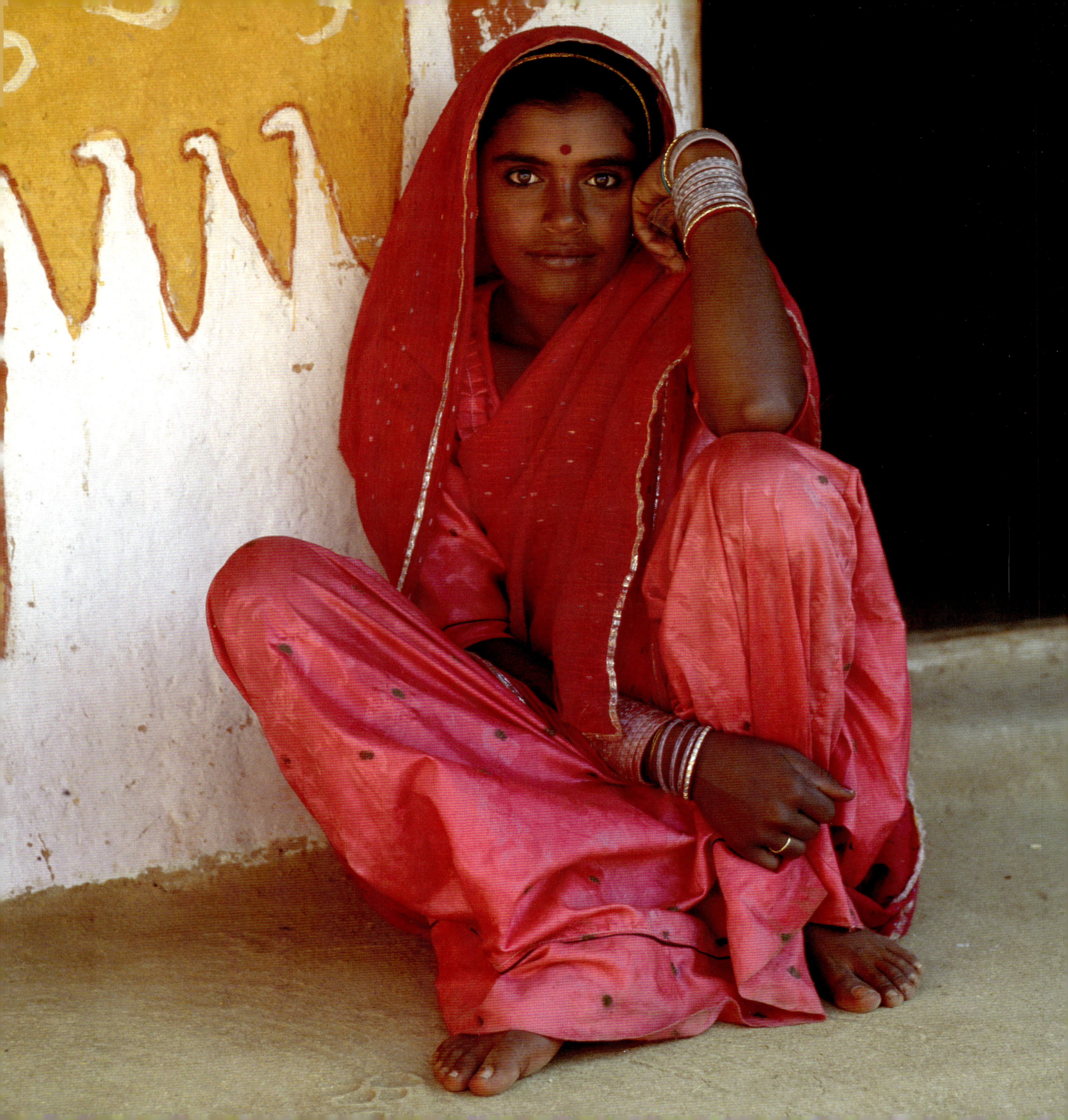

223

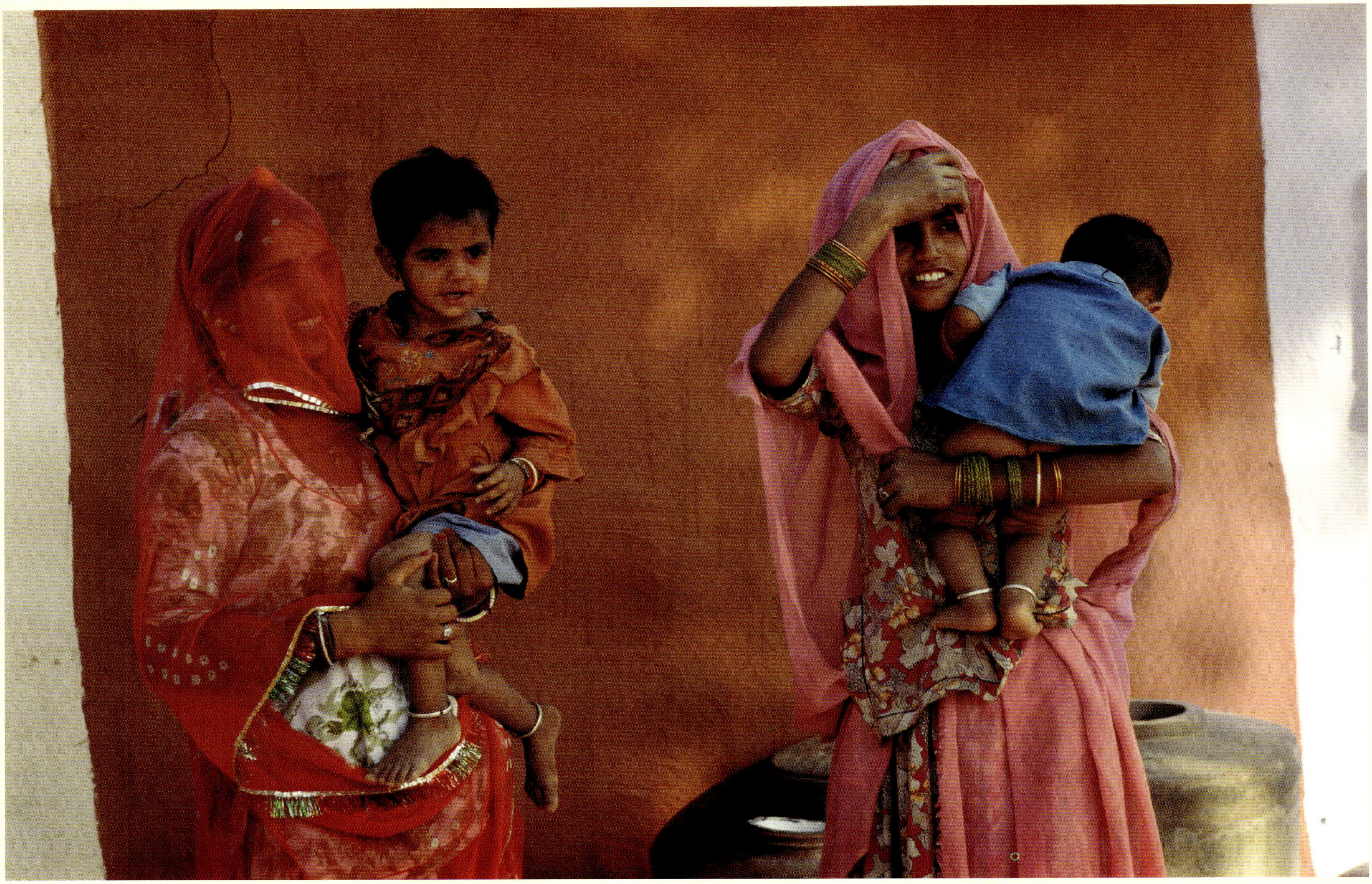

225

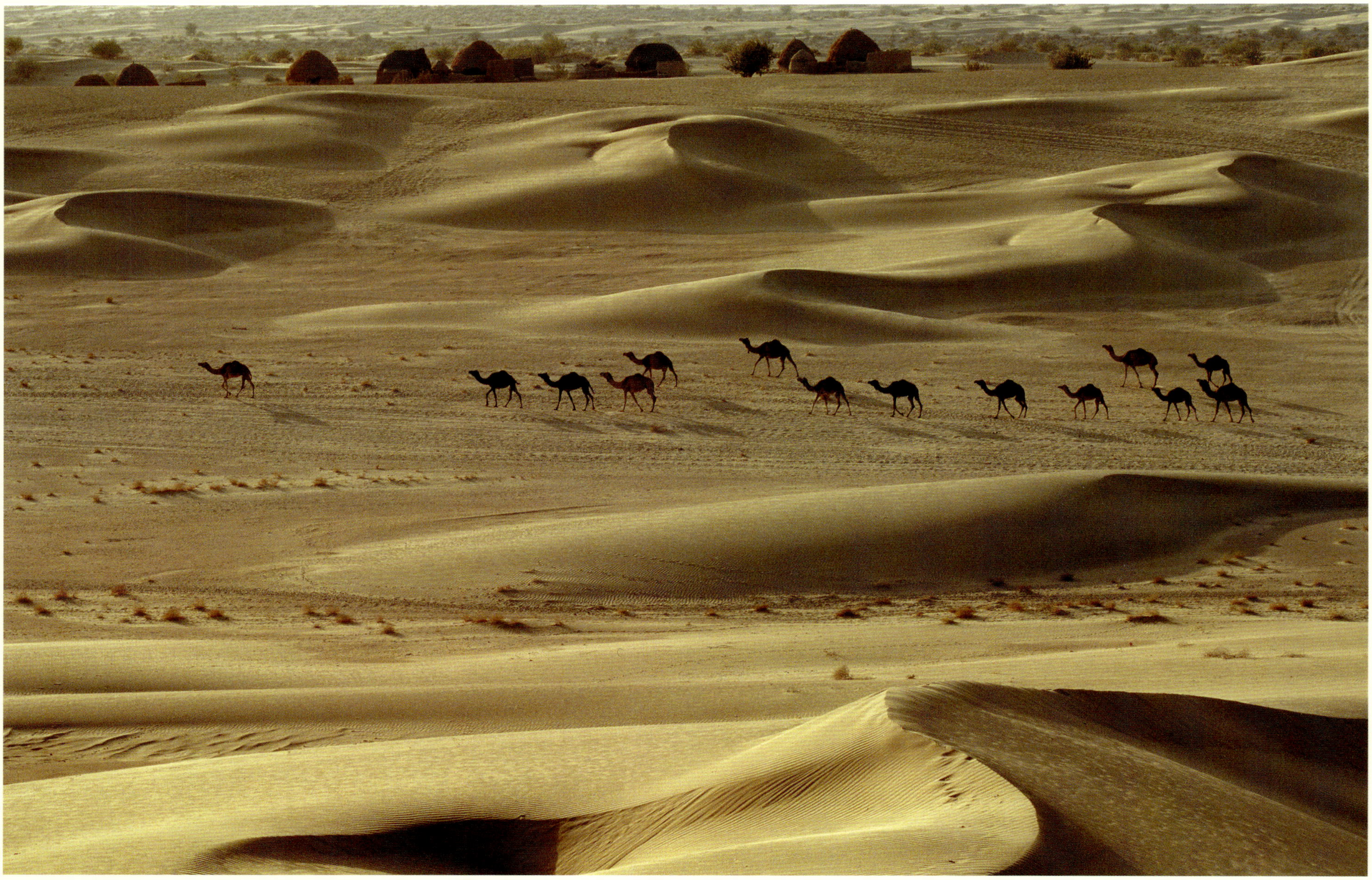

227

Erläuterungen zu den Bildern

Viele der Fotografien, die Hans Silvester von den Bewohnern der Wüste Thar gemacht hat, sprechen für sich. Doch da über das Leben dieser Menschen so wenig bekannt ist, werden im folgenden Informationen zu den wichtigsten Themen gegeben, zum Teil mit Seitenverweisen, die einige Bilder und Bildgruppen näher erklären.

Die Wüste

Die Wüste Thar, die an der Grenze zwischen Indien und Pakistan im Bundesstaat Rajasthan liegt, ist eine der heißesten Gegenden der Erde. Vor der Regenzeit im Mai/Juni herrschen Temperaturen von bis zu 56 Grad Celsius. In dieser Zeit fegen oft tagelang heiße Sandstürme über die Wüste, nur nachts läßt der Sturm nach (89, 148/149, 150, 151).

Für die meisten Pflanzen sind diese Bedingungen zu hart, doch es gibt Bäume, die dem Klima perfekt angepaßt sind (52, 85, 166, 167, 174/175, 192).

Aufgrund der Klimaveränderungen gibt es immer weniger Wasser, die Regenzeit wird kürzer; im Jahr 2000 dauerte sie an einigen Orten nur einen Tag.

Die Dörfer

Hans Silvester hat einige von den im indischen Teil der Wüste liegenden Dörfern näher kennengelernt und dort in der Dorfgemeinschaft gelebt.

Die Dörfer werden in der Nähe von erreichbarem Grundwasser gebaut, meist befindet sich ein Ziehbrunnen am Rand des Dorfes. Die Architektur ist sehr harmonisch (38, 52, 86, 104/105, 125, 140/141, 159, 174/175, 196, 205).

Da es keinen Müll gibt, sind die Dörfer auffällig sauber.

Ein Dorf hat etwa 100 bis 300 Einwohner. Es gibt getrennte Lebensräume für die beiden Kasten: Den einen Teil des Dorfes bewohnen die Angehörigen der höheren Kaste, die Rajputen, den anderen die Ram, die Unberührbaren.

Die Häuser

Jedes Haus hat einen Innenhof. Es gibt ein Haupthaus und einen Gästeraum. Das Haupthaus ist in zwei Räume unterteilt, in dem einen halten sich tagsüber die Männer auf, in dem anderen die Frauen. Nachts dient einer der Räume als Schlafzimmer für alle.

Die Häuser werden aus einer Mischung aus Erde, Kuhdung und Wasser gebaut. Die Erde muß eine bestimmte Konsistenz haben, damit die Mauern haltbar sind. Oft sind die Stellen, an denen geeignete Erde zu finden ist, weit vom Dorf entfernt. Die Erde wird ausgegraben und zu Fuß oder mit Eseln zum Dorf transportiert (108, 109, 110, 111). Auch der Kuhdung wird oft von weit her geholt (112).

Die Mauern müssen jedes Jahr nach der Regenzeit erneuert oder ausgebessert werden. Die Dächer sind aus Reisig, sie sind weniger ein Regen- als ein Sonnenschutz.

Die Frauen bauen die Mauern der Häuser (25, 154, 155, 156 oben, 157), die Männer die Dächer. Jede Familie hat ein eigenes Haus. Junge Paare bauen sich ihr Haus mit Hilfe der Familie und der Nachbarn selbst. Das erste Haus ist oft klein und wird mit dem Wachsen der Familie vergrößert.

Die Häuser sind immer offen: Jeder Dorfbewohner kann jederzeit in jedes Haus gehen.

Auf die Frage, warum sie ihre Häuser verzieren, antworten die Dorfbewohner: «Um sie schöner zu machen!»

Die Häuser werden außen und im Innenhof bemalt, meist mit Kalk und Ocker, oder es werden Muster in die Mauern geritzt oder mit den Fingern hineingedrückt. Die Frauen der Familie sind dafür zuständig, oft helfen auch Nachbarinnen (19, 20, 21, 22, 23, 27, 28, 31, 36, 44, 114, 116, 127, 130, 151, 158, 160, 162, 163, 172, 182, 183, 196).

Nach der Regenzeit wird die Verzierung erneuert, denn der heftige Regen spült sie fast vollständig weg. Wenn es einen Todesfall in der Familie gibt, bleibt das Haus schmucklos. Bei besonderen Anlässen, wie zum Beispiel Hochzeiten, schmücken die Frauen das Haus besonders schön.

Die Böden der Innenhöfe sind ebenfalls immer dekoriert, diese Bemalung wird mehrmals im Jahr erneuert (32 unten, 33 unten, 41 oben, 48/49, 153 oben, 185).

Die Motive sind oft floral – so schaffen sich die Menschen in der kargen Wüste ihre Blumen selbst. Auch Vögel werden gemalt. Zum Teil sind die Malereien abstrakt, es finden sich vereinzelt auch religiöse Symbole (45, 46, 47, 50, 51, 53, 132, 133, 152 unten, 153 unten, 164, 165, 184).

Von Jahr zu Jahr wechseln die Motive, die Bemalung ist nie gleich.

Auch Krüge und Schalen werden verziert, dabei hat jeder Töpfer seine eigenen Motive (138 unten, 212).

Die Tiere

Die Menschen leben zusammen mit ihren Dromedaren, Ziegen, Schafen, Kühen, Ochsen und Eseln (40 unten, 41 unten, 115, 127, 140/141). Aus Ästen, manchmal auch aus Lehm, werden Gehege für die Tiere gebaut (114 oben, 139 unten, 190 oben).

Die Dromedare dienen als Transport- und Reittiere. Jedes Dorf besitzt etwa halb so viele Dromedare wie Einwohner. Oft reiten die Männer nachts auf ihren Dromedaren von einem Dorf zum anderen, manchmal legen sie auch viel weitere Entfernungen zurück.

Die Ziegen liefern Milch und Fleisch. Sie werden in Herden von einem Hirten zu Futter- und Wasserplätzen getrieben, die meist weit vom Dorf entfernt sind (100, 200).

Die heiligen Kühe geben Milch (191 unten), aus der Sauermilch und Butter hergestellt werden.

Ganz selten werden Ochsen für die Arbeit eingesetzt, zum Beispiel am Ziehbrunnen (198).

Auch die Esel helfen bei der Arbeit – etwa beim Transportieren von Erde für den Hausbau oder beim Drechseln der Hirse (108, 110, 203).

Die Schafe werden von den Männern geschoren (188), aus der Wolle werden Pullover für die Kinder gemacht, oder sie wird auf dem Markt verkauft.

Arbeit und Lebensbedingungen

Wasser

Die Wasserversorgung ist ein großes Problem in der Wüste Thar, vor allem, seit sich in den letzten Jahren die Klimaveränderung immer stärker bemerkbar macht.

Die Frauen graben Wasserreservate, die sich in der Regenzeit füllen. Dort waschen sie sich und schöpfen Wasser, das sie dann ins Dorf tragen (55, 56, 57, 58, 59, 60, 61, 95, 206, 207). Das Wasser reicht – wenn es viel geregnet hat – für ein paar Monate.

Wenn die Reservate leer sind, wird Wasser aus den Ziehbrunnen geholt (54, 198). In vielen Dörfern hat die Regierung Dieselpumpen aufgestellt, doch diese sind oft kaputt, und es dauert lange, bis jemand aus der Stadt kommen kann, um sie zu reparieren. Manche Brunnenschächte sind bis zu 135 Meter tief (54).

Arbeit

Die Menschen der Wüste trennen ihr Leben nicht in Arbeit und Freizeit. Die Arbeit ist ein selbstverständlicher Teil des täglichen Lebens, und alle, auch die Kinder, helfen mit.

Die Unberührbaren arbeiten häufig für die Rajput, vor allem in der Landwirtschaft. Bestimmte Arbeiten dürfen nicht von den Rajput erledigt werden, zum Beispiel das Abtransportieren eines toten Tieres aus dem Dorf.

Die Frauen arbeiten auf dem Feld (198 und 199), sie suchen und transportieren das Material für die Häuser und Tiergehege (107, 108, 109, 110, 111, 112, 120/121, 124, 201), sie bauen die Häuser, sie spinnen Wolle (216 oben), sie schöpfen und tragen das Wasser (s.o.), sie machen Butter (32 oben,

37), sie stoßen Paprika zu Pulver (33 oben), sie holen Brennholz (122, 123, 124), sie reinigen das Haus (137), sie backen Fladenbrot, sie kochen, und sie kümmern sich um die Kinder. Seit 1999 arbeiten auch einige Frauen im Rahmen eines Regierungsprogramms im Straßenbau (118 und 119 unten).
Die Männer sind für die Tiere zuständig. Sie treiben sie zu Wasser- und Futterstellen (189, 197) und zum Markt, wo sie verkauft werden (186), und sie erledigen die Schafschur (188). Bei großen Festen kocht eine Gruppe von Männern das Festmahl für alle (142).

Ernährung

Die Wüstenbewohner ernähren sich fast ausschließlich von Fladenbrot aus Hirse, Milch und Tee, der mit viel Milch und Zucker getrunken wird. Diese Ernährung ist sehr gesund, die Menschen werden kaum krank, und viele von ihnen erreichen ein hohes Alter — manchmal über hundert Jahre. Nur ganz selten gibt es Fleisch, höchstens zehn Mal im Jahr wird eine Ziege pro Familie geschlachtet.
In jedem Haus und in jedem Innenhof ist eine Feuerstelle (144), auf der Essen oder Tee (146) gekocht wird. Jedem Besucher wird eine Schale Tee angeboten.
Da das Fladenbrot der wichtigste Bestandteil der Nahrung ist, spielt der Hirseanbau eine große Rolle — er wird jedoch wegen des fehlenden Regens immer schwieriger. Während der Ernte steht an einer bestimmten Stelle ein Korb mit frischer Hirse, der den Göttern geopfert wird (202 oben). Er wird jeden Morgen vor Arbeitsbeginn frisch gefüllt. Die Hirse wird mit Hilfe von Eseln oder Dromedaren gedroschen (203 oben), die Spreu wird von den Körnern getrennt (203 unten), und die Körner werden in die Innenhöfe der Häuser gebracht, wo sie nochmals gedroschen (202 unten und 216 unten) und dann in gemauerten Vorratskammern gelagert werden. Nach dem Mahlen der Hirse (171) wird das Brot entweder in der Pfanne oder lose auf dem Feuer gebacken (136, 147). Es wird pur oder mit Butter oder Zwiebeln gegessen.
Neben Hirse werden Linsen, Senf, Zwiebeln und Kürbisse angebaut (198 und 199). Aus den Senfkörnern wird Öl gewonnen. Die Speisen sind immer sehr stark gewürzt, vor allem mit scharfem Paprika.

Die Menschen

Das Zusammenleben

Die Dorfgemeinschaft ist eng. Beim gemeinsamen Verrichten der Arbeit wird viel geredet, und oft sitzen die Menschen zusammen und trinken Tee — Männer und Frauen jeweils unter sich. Es gibt intensive Frauen- und Männerfreundschaften.

Die Erfahrung alter Menschen, vor allem alter Männer, wird hoch geachtet. Entscheidungen, die die Gemeinschaft betreffen, werden vom Ältestenrat getroffen, der zu allen wichtigen Festen, auch zu Familienfesten, eingeladen wird.
Die Ehen sind arrangiert; meist sehen sich Braut und Bräutigam bei ihrer Hochzeit das erste Mal. Die Braut darf nie aus demselben Dorf kommen wie der Bräutigam, ihr Heimatdorf liegt mindestens 50 Kilometer entfernt. Die Mädchen sind bei ihrer Hochzeit 14 bis 17 Jahre alt, die Männer nicht viel älter.
Tagsüber sind Männer und Frauen fast immer getrennt und sprechen kaum miteinander; die Frauen sind verschleiert, wenn andere Männer dabei sind. Doch sobald sie mit ihren Ehemännern allein sind, legen sie ihre Schleier ab, und das Paar lacht und unterhält sich. Die Eheleute gehen liebevoll miteinander um, die meisten Ehen sind sehr glücklich.
Die Alten wohnen mit ihren Kindern und Enkeln unter einem Dach, in jedem Haus gibt es mindestens eine alte Person.
Die Paare haben meist zehn oder mehr Kinder. In vielen Dörfern gibt es heute Schulen, doch häufig finden sich keine Lehrer, die in die einsame Wüstenregion ziehen wollen. Hinzu kommt das Sprachproblem: Die Wüstenbewohner haben ihre eigene Sprache, die Kinder sprechen kein Hindi. So lernen die Kinder oft hauptsächlich von ihren Eltern — die Mädchen von den Müttern, die Jungen von den Vätern. Sie haben ein sehr freies Leben und dürfen sich im Dorf ganz ungezwungen bewegen und jedes Haus betreten (22, 23). Sie spielen (85, 190 unten), helfen den Eltern bei der Arbeit (212) oder sind einfach mit den Erwachsenen zusammen (39, 58, 59, 64 unten, 76, 88, 144, 172, 181). Die Mädchen bekommen schon mit fünf Jahren einen kleinen Krug zum Wassertragen.
Viele der Jüngeren verlassen heute ihre Dörfer: Die Ressourcen werden knapper, und es wird immer schwieriger, das Nötigste zum Leben zu erarbeiten. Die Mädchen heiraten in andere Dörfer, die Jungen gehen in die Städte, viele von ihnen zum Militär. Doch zu allen großen Festen kommen sie in ihr Heimatdorf zurück, sie fühlen sich für immer ihrer Familie und dem Dorf verbunden.

Kleidung, Schmuck und Schminke

In unregelmäßigen Abständen, oft vor Hochzeiten, kommt eine Händlerin, die Stoffe und Schmuck verkauft oder gegen Schafe oder Ziegen tauscht (87).
Wenn es eine Hochzeit gibt, kommt ein Mann mit einer Nähmaschine in das Dorf und näht die Festgewänder für das Brautpaar und sämtliche Gäste (170).
Oft haben die Frauen nicht mehr als zwei Kleider: Eines tragen sie, das andere — gerade gewaschen — trocknet.

Ihr Schmuck ist nicht wertvoll, doch sie tragen ihn mit Stolz. Bei ihrer Hochzeit bekommt jede Frau weiße Armreifen, die sie danach nicht wieder ablegt (z.B. 84).
Das Schminken spielt eine große Rolle. Säuglinge — Mädchen wie Jungen — werden gleich nach ihrer Geburt geschminkt, und auch ganz kleine Mädchen tragen dicke Kajalränder (70, 145, 176). Ein paar Mal im Jahr, zum Beispiel beim «Fest der Farbe» werden die Hände bemalt (50, 225); junge Mädchen verzieren ihre Hände auch bei Hochzeiten.
Die Männer tragen immer Turban und Ohrringe (83, 93, 101, 102/103). Nur nachts wird der Turban abgelegt und als Kopfkissen benutzt. Die Ohrringe sind nicht nur Schmuck, sondern dienen auch als Erkennungszeichen: Männer, die aus derselben Gegend kommen, tragen alle die gleichen Ohrringe.

Feste und Musik

Die wichtigsten Feste sind Hochzeiten (z.B. 80, 81), die Männer und Frauen getrennt feiern.
Es wird gegessen, getrunken, Musik gemacht und getanzt — zum Beispiel der Stocktanz, ein Säbeltanz, bei dem Stöcke die Säbel ersetzen (66/67). Frauen dürfen nur tanzen, wenn sie unter sich sind. Damit es bei Festen in der Männerrunde trotzdem Tanzaufführungen gibt, verkleiden sich Männer manchmal als Frauen und tanzen (68, 69, 70).
Rajasthan hat viele in Indien und weltweit berühmte Musiker hervorgebracht. Sie dichten ihre Texte selbst. In der Wüste wird viel Musik gemacht — nicht nur bei festlichen Anlässen (64, 65 unten, 96, 97) sondern auch im Alltag (32 unten, 34, 172).

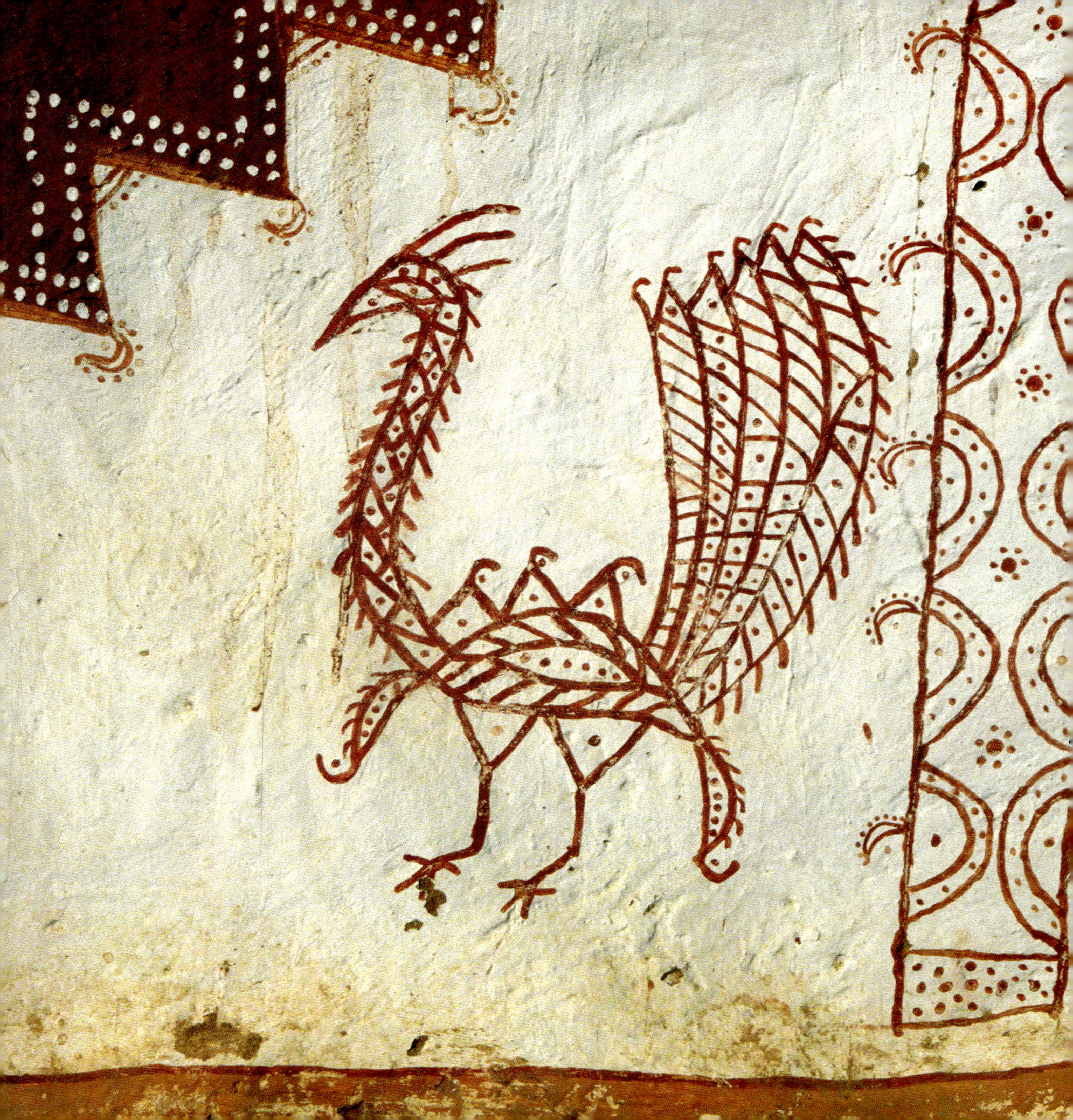

Fotografie: Hans Silvester
Text: Catherine Clement
Übersetzung: Susanne Staatsmann
Redaktion: Doris Steinbacher,
Gesche Wendebourg
Grafische Gestaltung: Benoît Nacci
Typografische Umsetzung der deutschen Ausgabe:
Gabriele Kutscha

© Éditions de La Martinière, 2001
Titel der Originalausgabe: Les Filles de Mirabaï
Erschienen bei: Éditions de La Martinière, Paris

Das Werk erscheint im C. J. Bucher Verlag.
Der C. J. Bucher Verlag ist ein Unternehmen der Econ
Ullstein List Verlag GmbH & Co. KG, München

© 2001 für die deutsche Ausgabe
Econ Ullstein List Verlag GmbH & Co. KG, München
Alle Rechte für die deutsche Ausgabe vorbehalten
Lithografie: Actual, CH-Bienne
Druck und Bindung Canale, I-Turin
Printed and bound in Italy
ISBN 3-7658-1292-7

Ich danke all meinen indischen Freunden.
Die Fotografien wurden mit einer Canon Eos gemacht.
Als Filme benutzte ich Fuji Sensia.

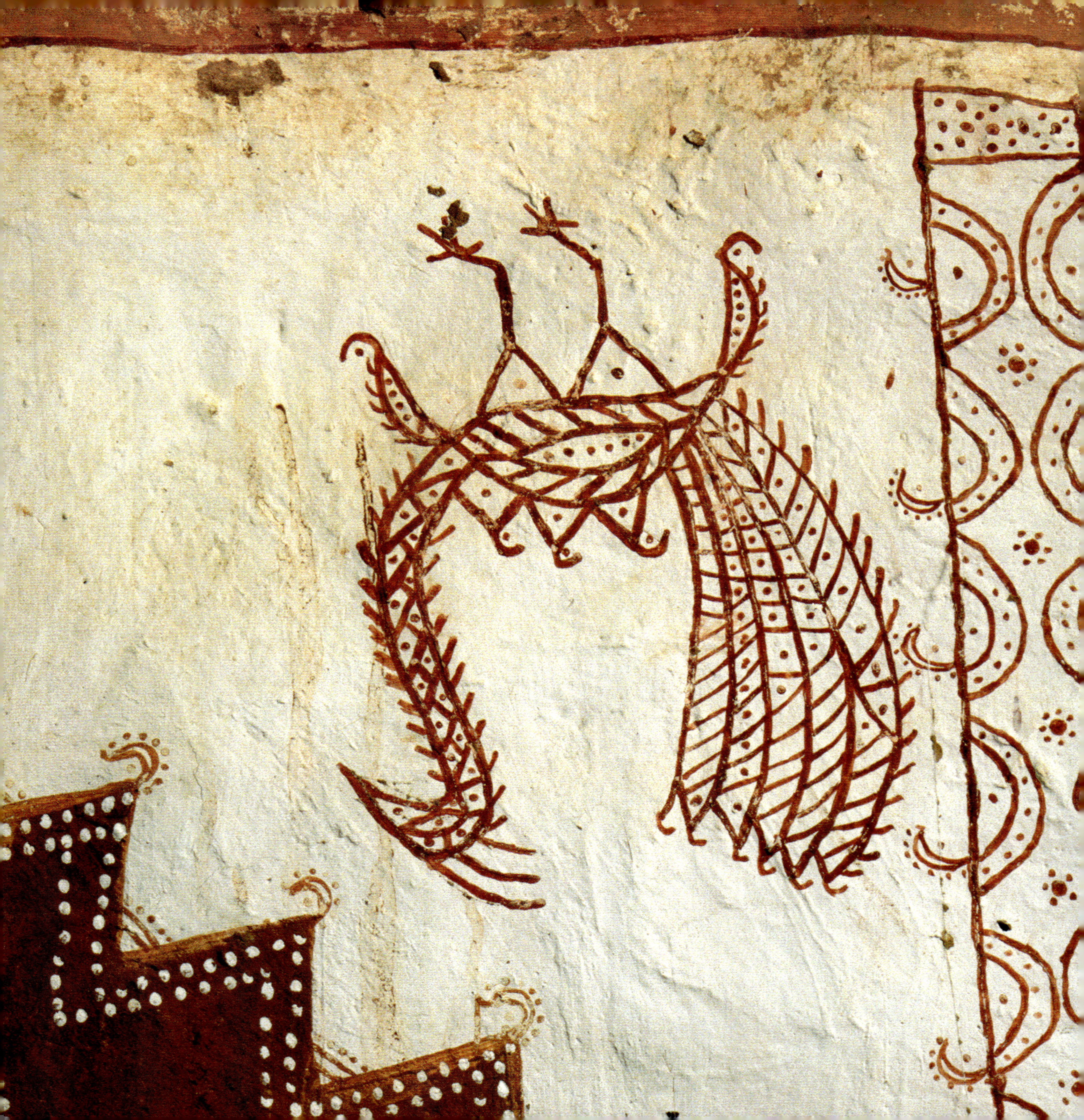